Tiziana Merani

Il mito di Proserpina

illustrato da **Alessandra Bagnoli**

Redazione: Donatella Sartor
Progetto grafico e direzione artistica: Nadia Maestri
Grafica al computer: Stefania Beccati
Ricerca iconografica: Laura Lagomarsino

Crediti:
Foto Marco Giannotti / marco.giannotti@email.it: 42; © Araldo de Luca / CORBIS: 45;
Osterreichische Nationalbibliothek, Vienna, Austria, Alinari / Bridgeman Art Library: 46.

Prima edizione: febbraio 2006

Saremo lieti di ricevere i vostri commenti, eventuali suggerimenti e di fornirvi ulteriori informazioni che riguardano le nostre pubblicazioni:
redazione@cideb.it
www.cideb.it

CISQ CISQ CERT
LIBRI DI TESTO E SUPPORTI DIDATTICI
La qualità dei processi di progettazione, produzione e commercializzazione della casa editrice è certificata in base alla norma
UNI EN ISO 9001

ISBN 88-530-0335-9
ISBN 978-88-530-0335-5

Stampato in Italia da Litoprint, Genova

Indice

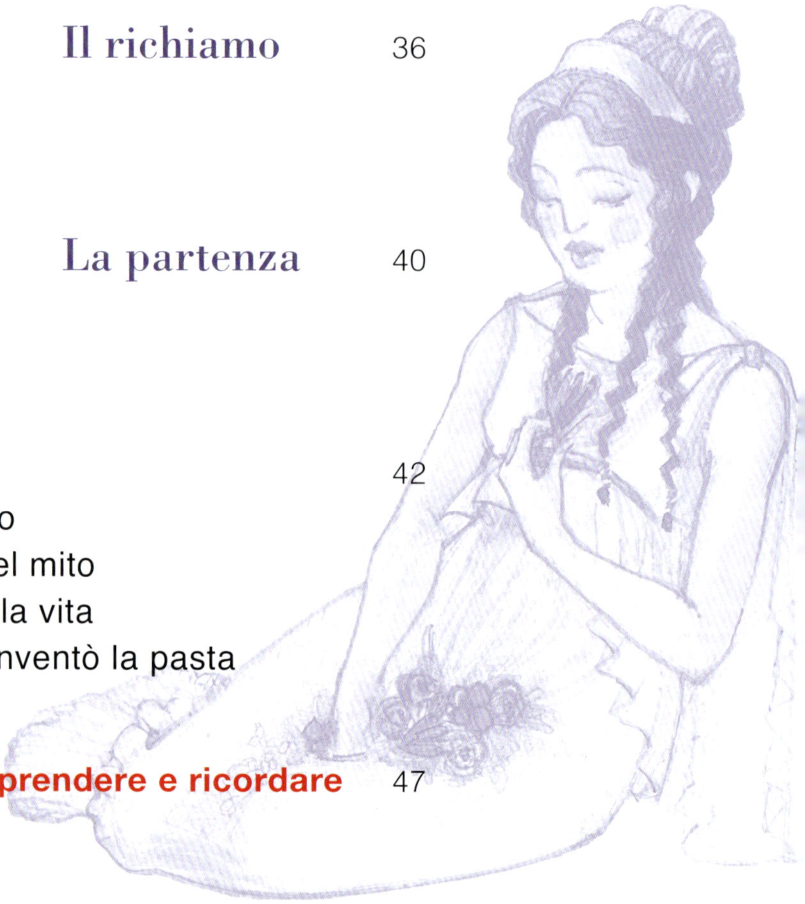

CAPITOLO **1**

Il sogno

Da qualche giorno Cerere fa sempre lo stesso sogno: sua figlia Proserpina la chiama con un urlo. Sembra invocare aiuto, ma il buio la inghiotte e la madre disperata non riesce a vederla.

Cerere si sveglia di soprassalto, apre gli occhi e, invasa dall'angoscia, si precipita nella stanza della ragazza.

La camera è vuota, il letto perfettamente in ordine.

Cerere intuisce dove può essere Proserpina a quell'ora.

Per lo meno spera che ci sia.

Indossa in fretta una tunica giallo oro ed esce rapida dal palazzo. Vorrebbe correre, ma desidera che sua figlia non si accorga della sua agitazione.

Così cammina lentamente in mezzo ai campi di grano, disseminati di rossi papaveri.

Il mito di Proserpina

Il grano è un dono che lei ha fatto alla gente di Sicilia. E anche per questo, lì, in quella terra dove il sole splende in eterno, tutti le vogliono bene.

Quando arriva vicino al lago Pergusa, la vede. È una bella mattina di primavera e il sole inonda[1] Proserpina che sta raccogliendo fiori di tutti i colori insieme alle ninfe dell'acqua.

Sua figlia ama moltissimo i fiori. Ma i papaveri, i fiori sacri a sua madre, sono i suoi preferiti. Raccoglie crochi, rose, violette. E osserva incantata i narcisi.

Un giorno forse diventerà esperta di erbe guaritrici, spera in cuor suo Cerere.

Ma poi scaccia quel pensiero. Non vuole fare previsioni sul futuro di sua figlia. A volte gli dei si divertono a mandare a monte i piani.

Proprio in quel momento Proserpina si volta e la vede. Lo sguardo le si riempie di gioia: sua madre è tutto il suo mondo.

– Ciao, mamma! Cos'è quella faccia?

– Nulla. Ho solo caldo.

– Vieni a mettere i piedi nell'acqua. È freschissima.

Cerere sorride alla figlia e si avvicina al lago. Poi si siede sulla riva, toglie i sandali e immerge i piedi nell'acqua.

– Hai mangiato? – chiede Cerere.

– Sì, frutta, pane e miele e latte – risponde Proserpina. – Non preoccuparti sempre per me, mamma. Lo sai che ho appetito. Tu, piuttosto. Sembri stanca in questi giorni...

– È per un sogno che faccio... – confida Cerere.

1. **inonda** : illumina, si diffonde su.

– Che sogno? – chiede la fanciulla.

Proserpina sembra preoccupata, un'ombra scura le attraversa lo sguardo.

Sa che i sogni di sua madre hanno sempre un significato nascosto. È una dea e vede cose che gli uomini non riescono a vedere.

Cerere non vuole spaventare la ragazza, ma sente di doverla mettere in guardia.

– Non uscire mai di notte – le consiglia con voce premurosa e suadente.

– Perché? Cosa vedi nel tuo sogno, mamma?

– Nulla… Sento la tua voce che mi chiama… – Cerere esita.

– … ed è buio – aggiunge in un soffio.

– E cosa significa? – chiede Proserpina ansiosa.

– Non lo so. Non lo so ancora, vedo così confuso…

Cerere se lo chiede ogni volta, ma l'interpretazione sembra allontanarsi.

Da quale porta della casa dei sogni sarà uscito? Da quella d'avorio, da cui arrivano i sogni premonitori, o da quella di corno, da cui giungono i sogni ingannevoli?

– Non sembra un sogno così brutto, mamma – la consola Proserpina.

Non le piace vedere sua madre preoccupata. Così fa un saltello nell'acqua, gli schizzi raggiungono Cerere e fra mille moine la figlia le dice sorridendo: – Va bene, non uscirò di notte. Te lo prometto.

– Sai… forse non significa proprio niente – la rassicura e prova a sorridere.

Capitolo 1

Poi si alza e l'abbraccia forte.

– Ti voglio bene, Core.

Spesso Cerere chiama sua figlia Core, cuore.[1] E molti la conoscono con questo nome.

Tutti sulla terra sanno che la ragazza è davvero il cuore di Cerere.

– Anch'io ti voglio bene, mamma. Tantissimo.

– Ora vado. Ti aspetto a pranzo, non tardare.

Cerere si sente meglio adesso.

Sua figlia la fa stare bene. Ha letto la gioia nel suo corpo, cosa può accaderle di male?

1. **cuore** : In realtà la parola *core* è greca e significa *fanciulla*. Ma in alcuni dialetti dell'Italia meridionale *cuore* si dice *core*. Per questa ragione spesso la parola ha creato confusione. Qui l'autrice sceglie intenzionalmente di mantenere l'interpretazione italiana del termine.

CAPITOLO **2**

Il rapimento

All'inizio la ragazza non capisce cosa succeda. Sente solo un boato e la terra si apre davanti ai suoi piedi. Gli occhi le si riempiono di fumo e polvere e dal baratro [1] arriva un calore insopportabile. La pelle scotta e la gola brucia. Vorrebbe chiedere aiuto, ma non riesce a emettere alcun suono.

Poi il rumore di colpo cessa.

La terra non trema più: tutto tace, anche gli animali.

Proserpina alza lo sguardo e vede, a pochi metri da lei, il cocchio [2] nero dell'inferno.

Lo guida il dio Plutone ed è trainato da quattro enormi cavalli mori, dalle code folte e dalla lunghissima criniera.

1. **baratro** : luogo profondo e oscuro, voragine.
2. **cocchio** : carrozza.

È la prima volta che la ragazza si trova davanti al dio dei morti, ma capisce al volo chi sia. La madre glielo aveva descritto.

E di colpo le è chiaro il significato del sogno di sua madre.

Piena di paura volta le spalle al dio e inizia a correre urlando, ma Plutone la raggiunge e la trascina a forza sul cocchio. Ciane, compagna di Proserpina, tenta di aiutare l'amica, ma con uno sguardo Plutone la blocca, trasformandola in una fonte d'acqua fresca.

Poi il dio frusta i cavalli che in un baleno si lanciano nella voragine della terra, giù, nel buio più nero.

Da quel baratro di mistero e di terrore si leva l'ultimo, disperato urlo di Proserpina.

Poi il nulla.

Solo il silenzio.

CAPITOLO **3**

Il dolore

Cerere sta impastando la farina di grano per fare il pane.

Impastare è una cosa che la rilassa. Affonda le dita in quell'impasto morbido e caldo. È serena.

Preparerà venti focacce e inviterà a cena le amiche di Proserpina.

Raccoglierà le ciliegie e le prugne mature.

Suoneranno il flauto, danzeranno e si faranno confidenze fino a tardi.

Mentre dispone le focacce vicino al fuoco, le pare di udire ancora quell'urlo – l'urlo del sogno – e si volta verso la finestra.

Capitolo 3

Anche la sua ancella ha udito qualcosa.

– Cos'era? – chiede Cerere.

– Sembrava un urlo – risponde la vecchia, con la paura negli occhi.

Cerere impallidisce e manda uno dei suoi figli a cercare Proserpina.

Lei resta incollata alla finestra sperando di essersi sbagliata, immaginando di vedere la ragazza apparire in lontananza da un momento all'altro. Passano minuti e poi ore che le sembrano eterni.

Ma Proserpina non ritorna.

Finalmente, quando il sole abbandona uomini e cose, Cerere scorge il figlio in lontananza.

– Non c'è là fuori, madre – dice il giovane. – Proserpina è sparita nel nulla. L'ho cercata dappertutto.

– Torna subito a cercarla – urla Cerere, come impazzita.

Poi ci ripensa e lo ferma.

– No, resta qui – dice. – Andrò io.

Con furia si strappa il diadema[1] dai capelli e si copre il capo con un velo nero.

– Ho bisogno di luce – aggiunge poi, parlando a se stessa.

Esce nella notte e, guidata dai bagliori del fuoco, raggiunge la sommità dell'Etna, il vulcano. Lì accende due torce e poi si rimette in viaggio.

Per nove giorni e nove notti, del tempo lungo degli dei,

1. **diadema** : nell' antichità classica era una fascia di tela o un cerchio d'oro portato sul capo per fermare i capelli, corona.

Il mito di Proserpina

Cerere cammina per i campi, illuminando ogni angolo buio con le fiaccole.

Dimentica di mangiare, dimentica di bere, dimentica di essere Cerere, dea della terra coltivata, generosa di frutti.

Capitolo 3

C'è solo un dolore nella sua mente che le spacca il cranio e le strazia l'anima.

È così violento e ostinato da indurire il suo cuore.

E il dolore la trasforma: chiude il suo cuore, stringe le mani a pugno, serra le labbra e con lo sguardo fisso nel vuoto, riprende tutto ciò che aveva donato.

Non mangerò e non berrò sino a che non ti avrò ritrovato, pensa Cerere.

La terra diventa arida e dura, i frutti seccano e le sorgenti si asciugano.

Gli uomini soffrono per la fame e per la sete e su di loro cala il buio delle tenebre, come già era calato per Proserpina.

CAPITOLO **4**

L'inferno

Il dio delle ombre si sfila l'elmo di pelle canina che lo rende invisibile e si mostra a Proserpina.

– Chi sei, tu, che sbuchi dalla terra all'improvviso, come un mostro dal fondo dell'oceano, e vieni a rapire me?

– Tu già sai chi sono – risponde il dio dalla lunga barba scura e dalla pelle annerita dal fumo. La sua voce è profonda e minacciosa.

– Voglio sentirlo da te. Dì il tuo nome, se ancora non ti vergogni a pronunciarlo. – lo provoca Proserpina.

– Attenta, ragazza. Io sono Plutone, dio degli Inferi, non ti conviene osare troppo con me.

– Attento tu, piuttosto. Io sono Proserpina, figlia di Cerere e di Giove, il più potente tra gli dei. – ribatte la ragazza con voce

ferma e orgogliosa.

– So bene chi sei ed è con il consenso di tuo padre che ora ti trovi qui.

– Tu menti, vecchio schifoso. Mio padre farà seccare i tuoi occhi e li appenderà alla sua cintura quando saprà che mi hai portato qui con la forza. – minaccia lei.

– Tu sarai mia moglie. Nessuno ti porterà via da me. Mi darai dei figli e un giorno imparerai a rispettarmi. – rispose lui calmo.

– Mai! Hai capito? Mai! – grida Proserpina, guardando con odio la schiena del dio, che si sta allontanando da lei.

– Slegami, maledetto! – urla ancora la ragazza.

Non piange.

Non si dispera.

Ha fiducia in sua madre.

Sa che Cerere non avrà pace finché non l'avrà trovata.

Sa che metterà il mondo in ginocchio per salvarla.

Sa che sua madre non l'abbandonerà.

Ma saranno giorni duri.

Non beve e non tocca cibo, perché la fame e la sete renderanno più lucida la sua mente e più puro il suo odio verso il dio della morte.

Ogni sera Plutone posa ai piedi della ragazza una ciotola con acqua fresca e un piatto con della frutta e cerca di invogliarla a interrompere il digiuno.

– Se ti slego, mangi qualcosa? – chiede.

Sono ormai nove giorni che Proserpina non apre bocca. Ha lo sguardo fisso nel nulla, come una folle.

Lentamente solleva gli occhi verso di lui.

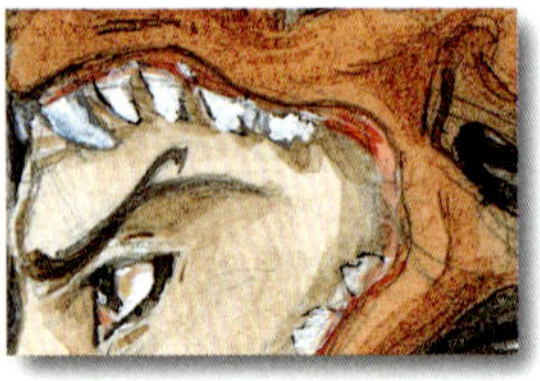

Il mito di Proserpina

Non è così alto come sembrava sul cocchio, non ha tutti quei muscoli che sembrava avere, appare stanco e sconfitto...

Sì, mia madre ce l'ha fatta, pensa Proserpina, presto verrà a liberarmi.

– Sai cosa ti dico? – sussurra la fanciulla con un filo di voce, accennando un sorriso ambiguo. – Forse mangerò la tua frutta e berrò la tua acqua. Perché no?

E beve.

E mangia.

Sette chicchi di melograno, il cibo dei morti, che Plutone le offre con l'inganno affinché lei non possa mai più allontanarsi da quella casa di tenebre. Potrà andare sulla terra, ma dovrà tornare laggiù.

Intanto Ascalafo, figlio di Acheronte, la spia acquattato [1] nel buio.

1. **acquattato** : rannicchiato, nascosto.

CAPITOLO **5**

Il desiderio

È mattina inoltrata quando, su un cocchio trainato da quattro cavalli dorati, Giove e Plutone s'incontrano alle porte dell'Inferno.

– Perché proprio lei? – chiede burbero il re del tuono.

– È bellissima – risponde il dio dell'oltretomba. – Perfetta per essere la madre dei miei figli.

– Altre mille sono ugualmente belle – risponde Giove. – C'è un'altra ragione, ne sono sicuro. Tu sei sempre stato diverso dagli altri dei. Le fanciulle non ti hanno mai fatto perdere la testa...

– Può darsi – esita Plutone.

Sa che Giove ha visto giusto, ma non vuole svelare le sue ragioni.

E tuttavia Giove intuisce la verità.

– È per la sua natura, vero? Per ciò che rappresenta? Lei è la vita, nel senso più alto del termine, figlia della terra di superficie, frutto di solo amore. È un dono fatto da Cerere agli uomini, un faro, pura e perfetta. Tu vuoi mescolare la tua ombra a quella luce. Si dice che sia figlia mia, ma in realtà Cerere la generò da se stessa...

Plutone tace. Sa che Giove ha ragione.

Ma c'è qualcosa di più, qualcosa che Plutone non riesce nemmeno a spiegare a se stesso.

È per scoprire questo enigma che vuole Proserpina come moglie.

CAPITOLO **6**

La verità

Cerere vaga pazza di dolore da un luogo all'altro: i capelli scarmigliati [1], le vesti stracciate. Le lacrime che escono dai suoi occhi bruciano la terra. Gli animali assetati muoiono nei campi e gli uomini si ammalano.

I piedi di Cerere sono gonfi e dolenti, le sue braccia, che tengono alte le torce, sono rigide come pezzi di legno, e le sue labbra, screpolate dalla sete, sono incurvate verso il basso.

All'incrocio di una via ella incontra una sagoma... è stremata, cade in ginocchio e chiede, piena di speranza: – Sei tu Proserpina?

– Salute, Cerere. Non riconosci la figlia di Asteria?

1. **scarmigliati** : in disordine, arruffati.

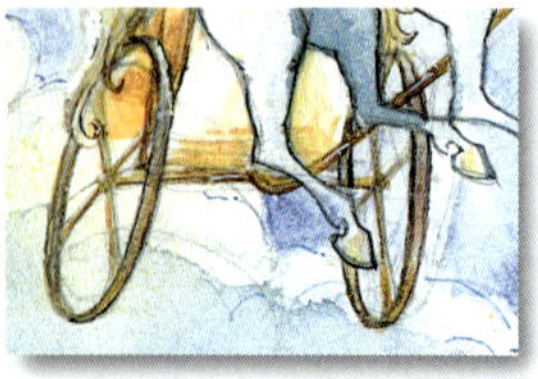

– Ecate! La dea tricefala[1]! – esclama Cerere.

– So che cerchi tua figlia. Posso portarti da qualcuno cui nulla sfugge. Lui ti riferirà informazioni su Proserpina.

– Sei certa di quello che dici?

– Mia madre fu inseguita da Giove e per potergli sfuggire si tramutò in isola. Qualcosa di simile è accaduto a tua figlia.

Così Cerere segue Ecate sino alla dimora di Elios, il sole, figlio dei Titani, che tutto vede e tutto ricorda.

Elios guida un cocchio incandescente trainato da luminosi destrieri. Quando vede arrivare Cerere, stanca e addolorata, le va incontro e l'abbraccia.

– Smetti di cercare tua figlia su questa terra! – le dice. – Lei ora si trova nel regno degli Inferi. Plutone l'ha scelta come sposa e l'ha trascinata con sé, nell'oltretomba. Solo Giove può convincerlo a restituirti la ragazza, per quanto dubito che abbia intenzione di farlo.

– Cosa intendi dire?

– La cosa è stata decisa tra loro, Cerere. Giove era d'accordo.

– Questo, dunque, il destino deciso per me dal dio della lussuria, dallo spregevole patricida che tutti venerano come Dio tra gli dei? Ah, se solo una volta potessi usare contro di lui le saette che egli scaglia contro gli uomini! Vecchio bugiardo, incostante e traditore.

– Non dovrai parlare così – la consiglia Elios. – Placa la tua rabbia e va' da lui in pace. Chiedigli di aiutarti. Supplicalo, se necessario. Non aggredirlo, usa le armi della persuasione se vuoi ottenere la sua clemenza. Giove è il solo che può obbligare Plutone a restituirti Proserpina.

1. **tricefala** : con tre teste.

CAPITOLO **7**

La morte

Cerere vorrebbe strappare la pelle dal viso di Giove.

Invece si getta ai suoi piedi, fingendo dolcezza e sottomissione.

Vorrebbe sentirlo urlare di dolore, come lui tante volte ha fatto urlare gli uomini.

Invece supplica che egli l'aiuti a riavere sua figlia. È brava Cerere a mascherare i veri sentimenti. E il risultato sperato arriva.

Giove sembra ben disposto verso di lei.

– Ora devi riposare, sei esausta – le si rivolge pietosamente. – Parleremo dopo.

Poi le offre una tisana di fiori di papavero per procurarle calma e riposo.

Cerere porta alle labbra il liquido e cade in un sonno profondo.

Ma appena si risveglia va a cercare il dio, intento ad accarezzare il suo cavallo preferito.

– Vedi? Adesso sono calma, possiamo parlare.

Perché hai mandato mia figlia a vagare tra le ombre? Viva tra i morti, prigioniera del dio cupo, lontana dalle cose che ama?

Giove è imbarazzato, ma si mostra disponibile al colloquio.

– Perché te la prendi tanto? Il dio invisibile ha buone intenzioni verso la ragazza. La farà regina degli Inferi. Sai che significa?

Sicuro che lo sa. E così ragiona tra sé.

A Giove sono toccati i cieli, a Poseidone i mari e a Plutone le ombre. Se Proserpina diverrà regina degli Inferi, Giove, suo padre, sarà quindi un po' più forte in quel regno, e Plutone un po' più debole...

– Tu giochi con i nostri cuori e le nostre vite – implora Cerere. – A lei non hai pensato?

– Chi ti dice che voglia venire via? Chi ti dice che laggiù non sia felice?

– Se così sarà, ti permetterò di fare a pezzi il mio corpo. Ma io so, come so di essere Cerere, che mia figlia non sarà mai felice sepolta viva in quella tomba. Ridammela, non ti appartiene.

– Taci! Ho fatto un accordo con lui. Non posso infrangerlo!

A quelle parole gli occhi di Cerere diventano di ghiaccio.

– E allora vedrai i tuoi uomini morire – minaccia la dea, con tono aspro.

Capitolo 7

Poi abbandona l'Olimpo, decisa a non metterci più piede. Inizia a vagare per il mondo, cercando di placare il suo disperato dolore.

Travestita da vecchia, giunge a Eleusi, in Attica, nel regno di Celeo che accoglie benevolmente la dea, pur senza sapere chi ella sia in realtà.

Il mito di Proserpina

Per ricompensa Cerere decide di rendere immortale Demofonte, figlio di Celeo e Metanira, perciò lo nutre con l'ambrosia, il nettare[1] divino.

E lo rafforza usando riti magici ed esponendolo al calore del fuoco.

Metanira, spaventata dai metodi della nutrice[2], se ne lamenta con Cerere che allora, abbandonate le sembianze di vecchia, svela la sua vera identità.

– Avresti potuto avere un dio come figlio, se solo avessi avuto fiducia in me. – dice Cerere. – Non avrebbe conosciuto la vecchiaia e la morte.

Cerere, delusa dai mortali, che non sanno intuire ciò che porterà gioia, chiede che venga costruito un tempio in suo onore e promette di insegnare al popolo di Celeo i sacri riti.

Immediatamente Celeo fa edificare il tempio e per un po' la dea vi trova rifugio.

Lì piange fiumi di lacrime che la prosciugano e prosciugano la terra, a cui lei è legata indissolubilmente.

Una dea non può morire, ma conosce una forma di morte diversa: la morte di ciò che ella era un tempo.

Uno dopo l'altro gli uomini spirano, come la dea aveva predetto. E muoiono gli animali e le piante.

E il cielo si tinge di nero.

Nero come l'abito che indossa Cerere in questi giorni di lutto.

1. **nettare** : nella mitologia classica era la bevanda degli dei. Il nettare, o ambrosia, aveva la proprietà di rendere immortali.
2. **nutrice** : donna che alleva e nutre un bimbo.

CAPITOLO **8**

La speranza

Dei e umani supplicano Giove di intervenire, offrendo sacrifici in suo onore.

La vita sulla Terra sembra al termine dei suoi giorni.

Alla fine, esasperato, il dio manda a chiamare Cerere e le comunica che invierà il suo messaggero da Plutone per un nuovo accordo.

Grazie a questa promessa, Cerere concede una tregua alla terra e quindi una tregua a se stessa.

Cessa di piangere.

Mercurio, nel frattempo, indossati i magici calzari è volato da Plutone.

– Devi restituire la ragazza a sua madre – consiglia Mercurio. – È Giove che lo ordina. La terra sta morendo per il tuo capriccio.

Il mito di Proserpina

Plutone ascolta in silenzio le parole del dio. Poi, vinto dal potere del Padre degli dei, si arrende:

– D'accordo, se Giove vuole che Proserpina sia restituita a sua madre, così farò.

Ma a patto che la fanciulla non abbia mangiato cibo degli Inferi. Sai bene che in quel caso dovrà tornare e trascorrere con me una stagione di ogni anno, per tutti gli anni a venire.

Mercurio e Plutone si recano da Proserpina.

Anche se ha sofferto dolori, sete e fame, la ragazza è ancora bellissima: gli occhi più profondi nella faccia scavata.

Il mito di Proserpina

Plutone la vuole come moglie ad ogni costo.

– Sono venuto per restituirti a tua madre – le dice Mercurio. – Ma prima devo sapere se hai mangiato cibo dei morti.

Proserpina sta per rispondere di no, quando Ascalafo esce dall'ombra e la precede.

– Mio signore – dice, – la fanciulla ha mangiato sette chicchi di melograno. Li ho contati uno a uno, mentre li portava alle labbra...

Proserpina abbassa lo sguardo e tace: un sentimento di impotenza e rassegnazione la assale.

– Quand'è così – interviene Plutone – sarai libera di tornare sulla terra per nove mesi all'anno, ma dovrai stare con me gli altri tre. Ora vai da tua madre e non essere triste. Ti prometto che sarò un buon marito.

Proserpina si illumina di colpo, quindi alza le spalle con indifferenza.

Non le importa nulla di quella prigionia stagionale. Ora che sa di poter tornare indietro dal regno degli Inferi, qualunque condizione le pare accettabile.

Vuole solo rivedere il sole, sentire l'aria fresca carezzarle la pelle, camminare nell'erba a piedi nudi... fra i fiori multicolori.

Vuole nuotare nel lago vicino al palazzo d'oro di sua madre, vuole cantare le vecchie canzoni...

Ma soprattutto vuole correre da sua madre, piangere e ridere insieme a lei, tenendola stretta.

CAPITOLO **9**

La libertà

Sua madre l'aspetta in piedi vicino al lago. È rinsecchita come la terra arida.
Le prime lacrime sono di sollievo. Il dolore inizia a sciogliersi e le zolle cominciano nuovamente a respirare.

Le lacrime che vengono dopo sono di gioia, e riempiono i fiumi e i laghi di acqua fresca e pulita.

Ma sono gli abbracci, le risate e il cuore sereno che ridanno vita alla natura, aprono le gemme, fanno cantare gli uccelli e riportano la pace.

Quel pomeriggio Proserpina e la madre siedono sull'erba nuova vicino al lago e restano in silenzio.

È troppo presto per i racconti. Ora vogliono gustare la reciproca vicinanza.

Non vogliono parlare del dolore.

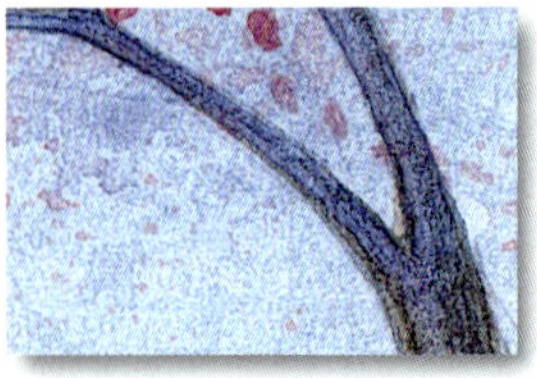

Il mito di Proserpina

– Raccontami una delle tue storie – propone Proserpina, sdraiandosi sul prato.

– Ti ho mai detto di Trittolemo, figlio di Celeo? Quando abitavo presso suo padre, regalai a Trittolemo un carro trainato da draghi alati, che lui usava per spostarsi.Suo compito era insegnare agli uomini la coltivazione del grano. Carnabone decise di eliminarlo e per impedirgli la fuga, ordinò di uccidere uno dei suoi draghi. Ma io vegliavo su di lui e riuscii ad arrivare proprio nel momento in cui stava per essere ucciso. Gli diedi un nuovo drago per il suo carro. Quanto al re, lo mandai in confino [1], infliggendogli la pena di tenere in eterno fra le mani un drago...

Cerere s'interrompe.

Proserpina s'è addormentata.

La dea resta seduta accanto a lei ed assapora dopo lungo tempo la serenità.

Più tardi andranno a casa e faranno un bagno purificatore.

Poi indosseranno abiti nuovi.

Quelli vecchi, gli abiti della sofferenza, verranno bruciati nel fuoco.

E a poco a poco il tempo cancellerà i giorni della paura.

Quella sera Proserpina e Cerere pranzano come ai vecchi tempi, sorridono alle ancelle, ascoltano la musica.

Ma il colore dei loro occhi è diverso.

Il nero degli occhi di Proserpina è diventato più tenue.

L'azzurro degli occhi di Cerere è diventato più scuro.

1. **in confino** : in un luogo lontano.

Capitolo 9

Adesso i loro occhi sono più simili.

I loro pensieri più vicini.

La lontananza ha cambiato qualcosa nella luce dello sguardo, nel modo di sorridere.

Hanno vissuto un'esperienza forte e drammatica, ma sono diventate più sagge.

CAPITOLO **10**

Il richiamo

Proserpina e Cerere sono sedute sul prato davanti alla loro casa.

Quasi nove mesi sono trascorsi dal giorno in cui Plutone aprì le porte del regno per far tornare Proserpina sulla Terra.

– I fiori rappresentano la bontà, mamma – dice ad un tratto Proserpina. – Bisogna che tu continui a dare fiori alla terra.

Sono un po' di giorni che Cerere osserva la figlia.

Le appare inquieta e preoccupata, ma non ha il coraggio di chiederle cosa l'affligga.[1]

Cerere ha paura di quello che la figlia potrebbe risponderle: intuisce, ma scaccia via i cattivi presagi.

1. **l'affligga** : la tormenti, la rattristi.

Capitolo **10**

– Là non ci sono fiori. Solo terra scura, rocce e fumo. E più giù pietre incandescenti, un calore spaventoso e fiamme alte come giganti...

È la prima volta che Proserpina parla del regno dell'oltretomba. Cerere ascolta in silenzio.

– ... e i quattro fiumi che scorrono laggiù hanno acque scure e fetide. Nessuna musica, madre. Eppure dovrò tornarvi.

– Perché dici queste cose? – chiede Cerere impietrita.

– Sento che lui mi sta chiamando, vuole che vada.

Gli occhi di Proserpina scrutano[1] un punto lontano all'orizzonte. Oltre il lago. Oltre questo mondo.

– Cosa è successo quando eri lì? C'è qualcosa che non mi hai detto? – chiede Cerere allarmata.

– Per nove giorni ho digiunato e ho patito la sete. Sono rimasta incatenata alla roccia, in attesa di un segno. Il decimo giorno ho finalmente avuto la mia visione. Sapevo che presto sarei tornata a casa e mi sono concessa sette chicchi di melograno.

– Il cibo dei morti! – urla Cerere.

– Allora non lo sapevo. Plutone me lo ha offerto per legarmi a lui. Avrei potuto mentire, dire che non avevo toccato nessun frutto infernale, ma il suo servo, Ascalafo, gli ha riferito di avermi vista mangiare. Lo spione stava nascosto nelle tenebre e mi osservava...

Ma non sei obbligata ad andare. Tu non hai promesso niente, sei stata rapita e ti hanno teso una trappola...

La ragazza comprende il dolore della madre, perciò le si rivolge con dolcezza e pietà: – Mamma, ascoltami e non ti inquietare. Io sento che devo andare. Lo sento dentro, capisci? Ma sarà solo per una breve stagione. Tre mesi, non di più. Passeranno in fretta.

Cerere fa un lungo sospiro, il pensiero si allontana a ricordare le sofferenze non ancora dimenticate.

– Hanno voluto punire me, – sospira dopo un po' – perché mi

1. **scrutano** : guardano con attenzione, fissano.

sono sempre sentita più vicina ai mortali che agli dei.

– Sii buona, madre, nei tre mesi che starò via. Non prendertela con gli uomini, gli animali e la natura. Tu sei sempre più simile a loro che ai tuoi fratelli. E gli uomini ti adorano. Saperlo mi è di conforto. Io ti amo per la tua bontà e mi fa male pensare che ti si possa maledire proprio mentre il tuo cuore soffre.

– Gli uomini non maledicono me, Proserpina. Loro imprecano contro Giove. Ma se il dolore mi vince, la terra soffre. Non posso fare nulla per cambiare le cose.

Proserpina resta in silenzio per un po'. Poi ricorda:

– Quando ero laggiù ero diversa.

– Che cosa vuoi dire?

– Provavo sentimenti che non avevo mai conosciuto prima: rabbia, desiderio di vendetta...

– È normale, ti hanno portata via con la forza dal luogo che ami, ti hanno trattata come un animale, calpestando la tua libertà, ignorando i tuoi sentimenti. Anch'io ero piena di odio.

– È quel posto, madre. È l'inferno. Ti fa sentire cattiva, ti fa nascere pensieri folli e ti fa parlare con crudeltà. Ti fa desiderare la morte dei tuoi nemici... È la cosa che temo di più.

– Per questo non devi tornare. L'inferno è la casa dell'odio. Resta qui nel regno dell'amore.

– Ama tu per me. Riempi la terra di fiori... di frutti... di gioia!

Proserpina allunga una mano verso la madre che l'afferra e la stringe fra le sue.

– Quando tornerò sarà tutto come prima – la rassicura la ragazza.

Ma Cerere sa che nulla sarà più come prima.

CAPITOLO **11**

La partenza

Cerbero, il mostro con le tre teste di cane, si ritrae [1] e lascia che Proserpina varchi la soglia dell'Inferno.

Sua madre la saluta con la mano.

Ascalafo guarda le due donne che si salutano e non riesce a nascondere un perfido sorriso di godimento: è per merito suo che Proserpina ha dovuto tornare nel regno delle ombre.

A Cerere non sfugge quel sorriso e prima di andarsene, quando già ha voltato le spalle alle porte del mondo invisibile, solleva una mano lentamente e punta un dito contro Ascalafo, mutandolo [2] in gufo.

1. **ritrae** : si fa da parte, si ritira.
2. **mutandolo** : trasformandolo, cambiandolo.

Poi torna alla sua isola e prende una decisione.

– Dormiremo. La terra, io, gli uomini... Nei mesi in cui Proserpina resterà nell'oltretomba, cadremo in una sorta di letargo. Non ci saranno fiori, né frutti. Soltanto al suo ritorno la terra rifiorirà di mille colori. Così nascerà il ciclo delle stagioni, che alterneranno il freddo e il caldo, la pioggia e il sole...

E il freddo servirà alla dea e agli uomini per amare di più i giorni caldi e luminosi che verranno.

Un dolore così grande non sopporterebbe troppa bellezza intorno.

Così alla fine decide che l'inverno sarà buio, grigio e freddo.

– Lei partirà e io morirò ogni volta. Ma al suo ritorno ogni volta riavrò la mia vita e la primavera riporterà fecondità, colori e luce.

I luoghi del mito

La dea Cerere, che i Greci chiamano Demetra, in antichità veniva onorata da molti popoli del Mediterraneo, ma secondo la tradizione il mito di Cerere e Proserpina ebbe luogo in Sicilia, in particolare ad Enna, dove la dea veniva celebrata dagli abitanti con fiaccolate, donazioni e feste religiose.

Non lontano da questa città si trova il lago di Pergusa, che è legato alla leggenda del ratto di Proserpina e che è noto anche per uno

Il lago di Pergusa

strano fenomeno: ad intervalli di tempo che corrispondono più o meno a dieci anni, infatti, le acque del lago assumono un colore rossastro a causa della presenza di microrganismi. Purtroppo prima che l'area venisse tutelata da leggi adeguate, proprio intorno al perimetro del lago, nel 1958 venne costruito un autodromo. Da diversi anni il WWF porta avanti le sue lotte e le sue proteste affinché l'autodromo venga spostato altrove e la zona sia dichiarata Riserva Integrale e, quindi, definitivamente protetta, ma ad oggi l'autodromo è ancora presente e attivo.

Nel mito di Cerere e Proserpina, infine, si parla anche dell'Etna, il più grande vulcano d'Europa e uno dei più attivi del mondo. La lava di questo vulcano nell'arco di secoli ha coperto molte delle zone circostanti e su queste zone oggi sorgono numerosi paesi.

I personaggi del mito

Cerere: Figlia di Crono e di Rea, Cerere è la dea dei campi, della vegetazione e dell'agricoltura, oltre che madre di Proserpina. Quando Plutone le rapì la figlia, Cerere rese la terra sterile e i campi senza vita.

Proserpina: Conosciuta anche coi nomi di Persefone e Kore, era la giovanissima figlia di Cerere rapita da Plutone mentre raccoglieva fiori in un prato. Il dio la trasportò nell'oltretomba e la fece sua sposa. Proserpina era molto più pietosa di Plutone. Fu lei che aiutò Orfeo a scendere nel regno delle ombre per consentirgli di raggiungere l'amata Euridice.

Plutone: Fratello di Giove, noto ai Greci col nome di Ade. Da Giove ottenne il regno dei morti. Aides significa 'invisibile' e infatti il suo elmo, donatogli dai Ciclopi, lo avvolge in una nebbia che lo rende tale. Era molto brutto di aspetto e poiché nessuna dea lo voleva come sposo, decise di rapire la figlia di Cerere, Proserpina, per condurla nel suo regno sotterraneo.

Giove: Figlio di Saturno, Giove (Zeus per i Greci) fu salvato dalle fauci del padre dalla madre Cibele (Rea), che lo nascose in una grotta. Fu nutrito dal latte della capra Amaltea, mentre i sacerdoti di Cibele coprivano il suo pianto con suoni di scudi e armi, affinché Saturno non lo udisse. Diventato adulto assalì Saturno e lo obbligò a vomitare i suoi fratelli, che aveva precedentemente inghiottito. Sposò Giunone e divenne re degli dei e degli uomini.

Elios: Era la personificazione del Sole e per questo il suo compito era portare la luce agli uomini. Fratello di Selene (Luna) e di Eos (Aurora), Elios percorreva il cielo da Oriente a Occidente a bordo di un cocchio d'oro, trainato da quattro magnifici cavalli, mentre al ritorno navigava i cieli sulla sua nave dorata. Per la sua capacità divina di vedere ogni cosa era considerato nemico di chi commetteva il male. Sposò Perseide, da cui ebbe numerosi figli, tra cui Circe e Medea.

Cerere, dea della vita

Perché Cerere in antichità era considerata così importante dagli uomini?

Innanzi tutto Cerere era il simbolo della fecondità e della fertilità, e quindi la dea della vita stessa.

Inoltre Cerere era la dea dei campi coltivati e la protettrice delle istituzioni familiari; era la dea che donava raccolti abbondanti e, come potete immaginare, la nascita dell'agricoltura portò enormi cambiamenti nella vita sociale. Finalmente gli uomini cominciarono a controllare la natura decidendo dove, quando e cosa far crescere. Naturalmente fu un processo lento.

In Italia i primi villaggi agricoli, abitati cioè da popolazioni stanziali [1] che non vivono più di caccia e raccolta, ma si nutrono di prodotti nati dalle semine, nascono più di settemila anni fa nel meridione. In Puglia e in Basilicata sono stati ritrovati i resti di semi carbonizzati che risalgono a quell'epoca. Si tratta soprattutto di semi di piselli, farro, orzo e lenticchie, vegetali provenienti dal vicino Oriente.

1. **stanziali** : che dimorano stabilmente in un luogo.

Cerere e Giunone, Raffaello e la sua Scuola (1518 c.)

Quale popolo inventò la pasta?

Come forse già sapete non è possibile attribuire l'invenzione del pane o della pasta a un unico popolo.

Quasi tutte le popolazioni antiche, dopo aver scoperto l'utilizzo dei cereali e averne ricavato la farina, hanno scoperto che impastando acqua e cereali polverizzati si ottenevano degli impasti (da cui deriva la parola pasta).

Si è creduto comunque che la pasta come la intendiamo oggi, con le sue varie forme, corte o allungate, sia stata importata in Italia dai Cinesi attraverso il viaggiatore veneziano Marco Polo.

In realtà, già prima del suo ritorno dal viaggio in Oriente, a Genova veniva steso un testamento, in cui il signor Ponzio Bastone, lasciava agli eredi una cassa di 'macaronis', ovvero maccheroni.

Pare che gli Etruschi preparassero già le lasagne di farro e i Romani conoscevano le *lagane* (simili alle lasagne). Inoltre intorno all'anno Mille era già apparsa la prima ricetta di pasta: è del cuoco Martino Corno ed è inserita in un libro di ricette dell'epoca.

Preparazione della pasta, Scuola italiana (XIV secolo)

LEGGERE, COMPRENDERE E RICORDARE

1 Indica quali di queste affermazioni sono vere (V) o false (F).

	V	F
1. Proserpina ha sognato di scomparire nel buio.	☐	☐
2. Cerere raccoglie i fiori perché è un'esperta guaritrice.	☐	☐
3. Plutone rapisce Proserpina e la sua amica Ciane.	☐	☐
4. Plutone ha un elmo simile alla testa di un cane.	☐	☐
5. Nel regno delle ombre Proserpina può mangiare solo frutta.	☐	☐
6. Trittolemo è figlio di Cerere.	☐	☐
7. Ascalafo è il servitore di Plutone.	☐	☐
8. Proserpina potrà tornare sulla terra una volta soltanto.	☐	☐

2 Metti una ✗ sulla risposta che ritieni più adeguata. (hai più di una possibilità)

1. Su quale di questi regni Cerere ha potere?
   - **A** Cielo
   - **B** Mare
   - **C** Terra
2. Cerere fa un dono agli uomini.Quale?
   - **A** Insegna agli uomini come conoscere le piante.
   - **B** Dona raccolti abbondanti.
   - **C** Insegna agli uomini come coltivare la terra.
3. Plutone rapisce Proserpina perché:
   - **A** Ha litigato con Cerere.
   - **B** Vuole una moglie bella e giovane e la rapisce senza tener conto dei sentimenti della ragazza.
   - **C** Vuole fare un torto a Giove.
4. Cerere è arrabbiata con Giove perché:
   - **A** Giove ha rapito Proserpina.
   - **B** Giove era d'accordo con Plutone circa il rapimento di Proserpina.
   - **C** Giove è un dio che racconta molte bugie.
5. Proserpina dovrà tornare da Plutone perché:
   - **A** Ormai è diventata la sua sposa.
   - **B** Questo è l'accordo tra Giove e Cerere
   - **C** La ragazza ha mangiato il cibo dei morti.

3 Metti le frasi in ordine cronologico.

a. ☐ Dopo, Cerere e la figlia andranno a casa e faranno un bagno purificatore.
b. ☐ Cerere indossa in fretta un vestito ed esce dal palazzo.
c. ☐ Cerbero si ritrae e lascia che Proserpina varchi la soglia dell'Inferno.
d. ☐ Da qualche giorno Cerere fa sempre lo stesso sogno.
e. ☐ Il freddo servirà alla dea per amare di più i giorni luminosi che verranno.
f. ☐ Piena di paura volta le spalle al dio e inizia a correre urlando.
g. ☐ Per nove giorni e nove notti Cerere cammina per i campi.
h. ☐ Celeo fa edificare il tempio e Cerere vi trova rifugio.
i. ☐ Mercurio, indossati i magici calzari, è volato da Plutone.

4 Rifletti e rispondi.

1. Nel mito esiste un rapporto molto stretto tra il mondo naturale, gli uomini e il mondo divino.
   Anche in questa storia ci sono esempi di questa unione. Riesci a trovarne almeno uno?
   ....
   ....
2. Cerere è una dea, ma è anche una madre. Secondo te in questa storia prevale la figura di madre o di dea?
   ....
   ....
3. I miti hanno spesso significati nascosti. Quello di Cerere e Proserpina allude a un fenomeno della natura. Sai dire quale?
   ....
   ....
4. Quali sono secondo te le virtù di Proserpina? Fai una breve descrizione di questo personaggio.
   ....
   ....

5 Inventa una storia che rovesci il mito. Ad esempio Proserpina che rapisce Plutone...

নরক

ইতালীয়-বাংলা অনুবাদমালা

গ্রন্থমালা-সম্পাদক: সুকান্ত চৌধুরী

দিব্য-মিলন

১: নরক

দান্তে আলিগিয়েরি

অনুবাদ ও টীকা

আলপনা ঘোষ

ভূমিকা ও টীকা

সুকান্ত চৌধুরী

যাদবপুর বিশ্ববিদ্যালয় প্রকাশনা

২০২৩

নরক (ইনফের্নো)
দান্তে আলিগিয়েরি

Narak (Inferno)
Dante Alighieri

প্রথম সংস্করণ: ২০১৬, যাদবপুর বিশ্ববিদ্যালয় প্রকাশনা
দ্বিতীয় সংশোধিত সংস্করণ: ২০২৩, যাদবপুর বিশ্ববিদ্যালয় প্রকাশনা

ISBN: 978-93-83660-86-5

প্রকাশক
যাদবপুর বিশ্ববিদ্যালয় প্রকাশনা
যাদবপুর বিশ্ববিদ্যালয়
কলকাতা ৭০০ ০৩২

মুদ্রক
শরৎ ইমপ্রেশনস প্রা. লি.

প্রচ্ছদ ও অলংকরণ
আরাত্রিকা চৌধুরী

পৃষ্ঠাবিন্যাস
কৌশিক আকী

উৎসর্গ

আমার প্রথম শিক্ষক,
বিদ্যানুরাগী অগ্রজ
শ্রী দেবপ্রসাদ মুৎসুদ্দি
ও
তাঁর সহধর্মিণী
শ্রীমতি অর্পিতা মুৎসুদ্দিকে
শ্রদ্ধায় ভালোবাসায়

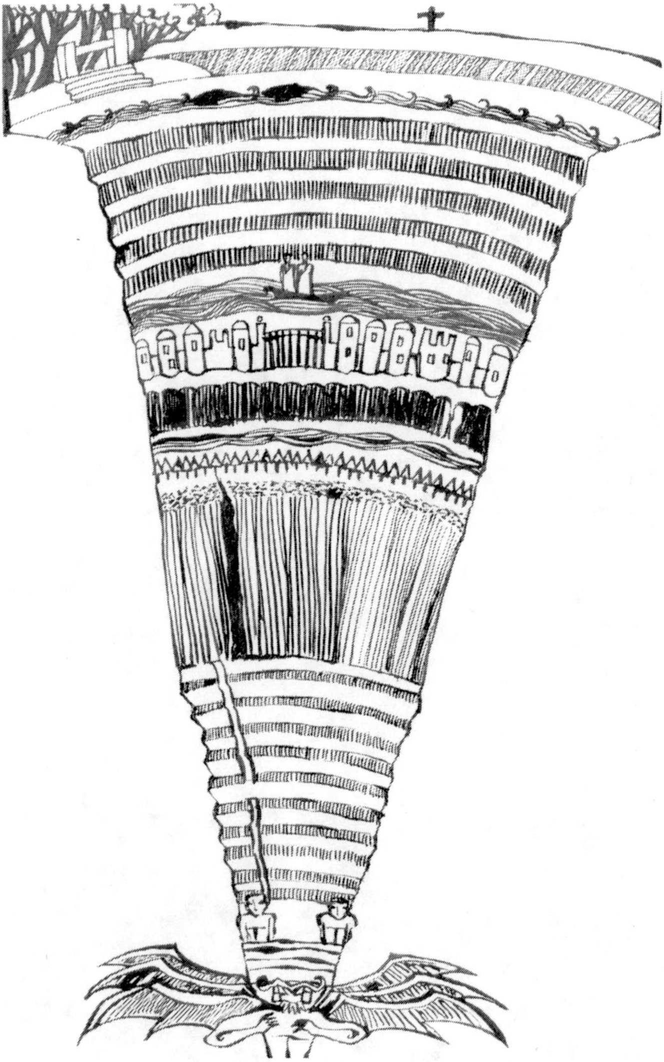

নরকের সম্পূর্ণ চিত্র

নরকের অষ্টম ও নবম চক্র

সূচি

গ্রন্থমালা-সম্পাদকের নিবেদন

'ইতালীয়-বাংলা অনুবাদমালা' যাদবপুর বিশ্ববিদ্যালয় প্রকাশনার প্রথম কয়েকটি উদ্যোগের অন্যতম হিসাবে আত্মপ্রকাশ করেছিল। দীর্ঘদিন বাদে এই গ্রন্থমালায় একটি নতুন শিরোনাম সংযোজন করতে পেরে আমরা আনন্দিত। এই গ্রন্থমালার বৈশিষ্ট্য, অনুবাদগুলি করা হচ্ছে সরাসরি ইতালীয় ভাষা থেকে। ঐতিহাসিক কারণে, ইউরোপীয় সভ্যতার সঙ্গে আমাদের আদান-প্রদান প্রথম ও প্রধানত ইংরেজি ভাষার মাধ্যমে। এতে ওই জগৎ সম্বন্ধে আমাদের ধারণা থেকে যায় গুরুতরভাবে আংশিক ও একপেশে। আজকের দুনিয়ায় এমন পরিপ্রেক্ষিত বিশেষভাবেই অচল।

নতুন প্রকাশনটি বিশেষভাবে উল্লেখযোগ্য তার বিশালতা ও ঐতিহাসিক গুরুত্বের জন্য। দান্তের *দিব্য-মিলন* অনেকের মতে শুধু ইতালীয় নয়, সারা ইউরোপীয় সাহিত্যের সর্বকালীন শ্রেষ্ঠ রচনা, বিশ্বসাহিত্যের অগ্রগণ্য সম্পদ। দান্তের ভাষা আপাতভাবে সহজ কিন্তু গভীর তাৎপর্য ও সূক্ষ্ম ব্যঞ্জনায় সমৃদ্ধ। সাতশো বছর আগের তস্কানো ভাষার সঙ্গে বর্তমান ইতালীয় ভাষার ফারাকও দুস্তর। উপরন্তু কাব্যটি অধুনাবিস্মৃত ঘটনার উল্লেখে এবং ইউরোপীয় মধ্যযুগের চিন্তা ও জীবনযাত্রার উপকরণে পরিপূর্ণ। এমন রচনা আধুনিক বঙ্গভাষী পাঠকের কাছে পরিবেশন করা সহজ নয়। শ্রীমতী আলপনা ঘোষ সেই দুরূহ কাজ সম্পন্ন করেছেন। *দিব্য-মিলন*-এর প্রথম অংশ নরক এই পর্যায়ে প্রকাশিত হল। বাকি দুটি অংশ-ও যথাসময় প্রকাশ করার পরিকল্পনা আমাদের অবশ্যই আছে। এর আগে *দিব্য-মিলন*-এর অন্ততঃ দুটি বাংলা অনুবাদ হয়েছে। সেগুলিকে কোনো অংশে অশ্রদ্ধা না করেও বলব, এই নতুন ভাষান্তরটি অনুবাদশৈলীর গুণে পাঠকসমাজে একটি বিশেষ স্থান পাবে বলে আমরা আশা করি। সেই সঙ্গে ভূমিকা ও টীকা-ভাষ্যও অল্প কথায় যথাসাধ্য পূর্ণাঙ্গ করার চেষ্টা হয়েছে, যাতে বিষয়বস্তুর অস্পষ্টতার ফলে কাব্যের রসাস্বাদনে বিঘ্ন না ঘটে।

লিপ্যন্তর-পদ্ধতি ও কিছু আনুষঙ্গিক বিষয় নিয়ে বইয়ের সূচনায় আলাদা নিবেদন আছে, এখানে তার পুনরাবৃত্তি করব না। গ্রন্থমালার সাধারণ নীতি অনুসারে প্রত্যেক ব্যক্তিনাম ও স্থাননামের মূল ভাষার রূপ যথাসাধ্য অনুসরণ করা হয়েছে। তবে পাঠকের সুবিধার জন্য পরিচিত ইংরেজি নামগুলি শেষের নির্ঘণ্টে অন্তর্ভুক্ত হয়েছে।

সব শেষে ধন্যবাদ জানাবার পালা। আপাত-সহজ কিন্তু বিন্যাসে জটিল ছবিগুলি প্রস্তুত করেছেন আরাত্রিকা চৌধুরী। আর বাহুল্য মনে হলেও অবশ্যই ধন্যবাদ জানাতে হয় যাদবপুর বিশ্ববিদ্যালয় প্রকাশনার অধিকর্তা অভিজিৎ গুপ্ত, তার সহকারী কৌশিক আকী ও প্রলয় কুমার মণ্ডল।

সুকান্ত চৌধুরী

সম্পাদকীয় বিধি ও পদ্ধতি

এই অনুবাদমালার সাধারণ প্রথা অনুসারে সব ব্যক্তিনাম ও স্থাননামে মূল ভাষার বানান ও উচ্চারণ যথাসাধ্য অনুসৃত হয়েছে, দান্তের ব্যবহৃত ইতালীয় রূপে নয়। যে নামের উল্লেখ দান্তের পাঠে নেই, কেবল টীকা-ভাষ্যে আছে, সেগুলির ক্ষেত্রেও একই বিধি প্রযোজ্য। সুতরাং গ্রীক, লাতিন, হিব্রু, আরবি, ফরাসি, হিস্পানি বা ইংরেজি নামও যথাসম্ভব ওই ভাষায় প্রচলিত রূপে উল্লেখিত হয়েছে।

এক ভাষার বানান ও উচ্চারণ অন্য ভাষায় পুরোপুরি দূরে থাক, কিয়দংশে রক্ষা করাও প্রায়ই দুঃসাধ্য। দান্তের *কম্মেদিয়া-য়* আছে বহু ভাষা থেকে ব্যুৎপন্ন অসংখ্য নামের সম্ভার। তাদের আদি রূপ খুঁজে পাওয়াই সময়-সময় কঠিন; উচ্চারণ নির্ণয় করা আরও কঠিন, প্রাচীন ভাষার ক্ষেত্রে প্রায় অসম্ভব। আধুনিক ভাষার ক্ষেত্রে সেই ভাষায় প্রচলিত উচ্চারণে স্থান-কাল-পাত্র অনুসারে তারতম্য অবধারিত। এ ক্ষেত্রে একমাত্র সমাধান বিশেষ চিহ্ন (diacritical marks) ব্যবহার করা; কিন্তু তাতে পাঠকের পড়ার স্বাচ্ছন্দ্য বিঘ্নিত হবার প্রবল আশঙ্কা। এতগুলি ভাষার জন্য ভিন্ন-ভিন্ন চিহ্নপ্রণালী পাশাপাশি ব্যবহার করাও দুষ্কর, জট পাকিয়ে যাবার সমূহ বিপদ।

উচ্চারণ ছাড়া শব্দের রূপ বা গঠন নিয়েও নানা প্রশ্ন থেকে যায়। দান্তের সাতশো বছর আগের ভাষার সঙ্গে আধুনিক ইতালীয় ভাষা প্রায়ই মেলে না। অনেক ক্ষেত্রে কোনো শব্দের ব্যুৎপত্তি কোন ভাষা থেকে, তা নিয়েও প্রশ্ন থেকে যায়।

নির্ঘণ্টের লিপ্যন্তরে নানা অসঙ্গতি আছে; মতান্তরের অবকাশ আছে অজস্র। বিনীত নিবেদন, বিশেষ চিহ্ন ব্যবহার না করলে সম্পূর্ণ অসঙ্গতিমুক্ত লিপ্যন্তরবিধি বোধহয় সম্ভব নয়, বিশেষতঃ যেখানে অনেকগুলি ভাষা হিসাবে রাখতে হচ্ছে। কিছু ভুলভ্রান্তিও থেকে যাবার যথেষ্ট সম্ভাবনা। দুরূহ কাজে এই ত্রুটির জন্য সম্পাদক ক্ষমাপ্রার্থী।

কিছুটা সঙ্গতি আনার উদ্দেশ্যে এই সূত্রগুলি অনুসরণ করা হয়েছে:

(১) শব্দ বা শব্দের রূপ নির্বাচন:

- ইউরোপীয় দেশের নামগুলি প্রায়ই ইংরেজিতে প্রচলিত রূপে বাংলায় সহজভাবে গৃহীত হয়ে গেছে; সেগুলি এখন বাংলা শব্দই বলা চলে। জার্মানির বদলে 'ডয়েচলাণ্ড' বা 'গ্রীস'-এর বদলে 'হেল্লাস' (সেই সঙ্গে এউরোপা) লিখলে পাঠকসমাজের মেনে নিতে অসুবিধা হতে পারে। তাই দেশ ও মহাদেশের নামে 'ইতালি', 'ফ্রান্স', 'গ্রীস' প্রভৃতি ইংরেজি থেকে বাংলা-হয়ে যাওয়া রূপগুলি ব্যবহৃত হয়েছে। কোনো দেশের নাম ইংরেজির বদলে অন্য কোনো সূত্রে বাংলায় গৃহীত ও প্রচলিত হলে (যেমন 'তুরস্ক') সেই রূপটিই ব্যবহৃত হয়েছে।

- গোটা দেশের চেয়ে ছোট কোনো অংশ, যেমন রাজ্য, নগর, অঞ্চল প্রভৃতির নামে স্থানীয় রূপ ও উচ্চারণ যথাসম্ভব অনুসরণ করা হয়েছে। এর কিছু নাম ইংরেজি থেকে গৃহীত রূপে বাংলায় বহু প্রচলিত; কিন্তু সামঞ্জস্যের খাতিরে এই নামগুলিও স্থানীয় রূপে লেখা হয়েছে। অতএব 'রোম' নয় 'রোমা', 'ফ্লরেন্স' নয় 'ফিরেন্‌ৎসে', 'ভেনিস' নয় 'ভেনেৎসিয়া'। সব স্থাননামই উল্লেখিত হয়েছে বর্তমানে প্রচলিত রূপে, যা সবসময় দান্তের ব্যবহৃত রূপ নয়।

  এই নামগুলি থেকে বিশেষণ গঠনের সময়ে সংস্কৃত তথা বাংলার অভ্যস্ত নিয়ম অনুসৃত হয়েছে: যথা 'রোমক', 'ফিরেৎসীয়, 'ভেনেৎসীয়'। পাঠকের সুবিধার জন্য বইয়ের শেষে নির্ঘণ্টে সব নামের আদি ইতালীয় (বা অন্য) রূপ, অভ্যস্ত ইংরেজি রূপ (যদি থাকে), ও এই বইয়ে ব্যবহৃত বাংলা রূপ পাশাপাশি পেশ করা হয়েছে।
- পাত্রভেদে ব্যুৎপত্তিগতভাবে একই ব্যক্তিনামের বিভিন্ন রূপ দেখা যেতে পারে, যথা ইতালীয় 'মিকেলে' কিন্তু ইংরেজি 'মাইকেল'।
- পোপদের পদলব্ধ নাম যেহেতু লাতিন থেকে নেওয়া হয়, এগুলি লাতিন রূপেই উল্লেখিত হয়েছে, দান্তের ব্যবহৃত ইতালীয় রূপে নয়।
- প্রাচীন গ্রীক ও লাতিন নামের ক্ষেত্রে যথাসম্ভব আদি রূপগুলি ব্যবহৃত হয়েছে, যদিও সঠিক আদি উচ্চারণ প্রায়ই সুনিশ্চিত নয়। দু-একটি ক্ষেত্রে (যেমন 'কার্থাজ') বোধগম্যতার জন্য কিছু পরিবর্তন করা হয়েছে।
- বাইবেলের পুস্তকগুলির নাম, এবং বাইবেল থেকে আরব্ধ ব্যক্তিনাম প্রায় সব ক্ষেত্রে (কিছু ব্যতিক্রম বাদে) বাইবেলের প্রচলিত বাংলা অনুবাদ থেকে নেওয়া হয়েছে। এই নামগুলির মূল হিব্রু রূপ সারণিতে অন্তর্ভুক্ত হয়নি।
- পাঠকের বোঝার সুবিধার জন্য দু-একটি ক্ষেত্রে আদি গ্রীক নামের বদলে লাতিন নাম ব্যবহার হয়েছে, যেমন 'ওদীস্‌সেউস'-এর বদলে 'উলীস্‌সেস'।
- একটি ব্যতিক্রম 'চার্চ'। বাংলায় 'গির্জা' বলতে বোঝায় খ্রিস্টান উপাসনাগৃহ। খ্রিষ্টধর্মের বা তার কোনো বিশেষ শাখার (এক্ষেত্রে কাথলিক) সমগ্র সংগঠন বোঝাতে বাংলায় কোনো শব্দ নেই। ইতালীয় 'কিয়েসা' শব্দটি বাঙালি পাঠকের অচেনা বলে প্রায়-বাংলা-হয়ে-যাওয়া ইংরেজি 'চার্চ' শব্দটি ব্যবহৃত হয়েছে।

(২) লিপ্যন্তর-বিধি:

- O স্বরবর্ণের উচ্চারণ নিয়ে ইতালীয় অভ্যাসে তারতম্য আছে। ব্যাপক প্রচলন অনুসারে এই বইয়ে কোনো শব্দের প্রথম অংশ বা সিলেবেলে o

থাকলে অ-কার ও পরবর্তী স্থানে ও-কার ব্যবহৃত হয়েছে, যদিও আদত উচ্চারণ প্রায়ই দুটির মাঝামাঝি। দু-একটি ব্যতিক্রম আছে, যেমন 'রোমা' নামটি, প্রচলিত উচ্চারণ অনুসারে।

- Gl বা gn অক্ষরদ্বয়ের বিশেষ ইতালীয় উচ্চারণ বোঝাতে (য-ফলা + হ্রস্ব ই) ব্যবহার হয়েছে; যথা Bologna, বলোন্যিয়া; Puglia, পুল্যিয়া।
- ইতালীয় Z-এর জন্য 'ৎস' ব্যবহার হয়েছে।
- ইতালীয় শব্দের শেষে e অক্ষর বোঝাতে এ-কার ব্যবহৃত হয়েছে, যদিও আদত উচ্চারণ আ ও এ-র মাঝামাঝি।
- ইতালীয় ia ও io অক্ষরদ্বয় প্রায়ই উচ্চারিত হয় সোজাসুজি (ই + আ) বা (ই + ও) রূপে; কিন্তু কিছু ক্ষেত্রে একটা স্পষ্ট য-ফলার আভাস থাকে। শব্দের গোড়ায় c বা g-র পর, বা কোনো ব্যঞ্জনবর্ণের দ্বিত্বের পর ia বা io থাকলে এই প্রবণতা বিশেষভাবে স্পষ্ট, তাই সে ক্ষেত্রে (য-ফলা + আ) বা (য-ফলা + ও) ব্যবহার হয়েছে।
- ছন্দের খাতিরে দান্তে মাঝে-মাঝে কোনো নামের শেষের স্বরবর্ণ ছেঁটে দিয়েছেন। এই গদ্য-অনুবাদে তা সর্বদা জুড়ে দেওয়া হয়েছে।
- প্রাচীন গ্রীকে দুটি o অক্ষর আছে, হ্রস্ব ও দীর্ঘ। সেগুলি বোঝাবার জন্য যথাক্রমে অ-কার এবং ও-কার ব্যবহৃত হয়েছে। দুর্ভাগ্যবশতঃ গ্রীকের হ্রস্ব ও দীর্ঘ e-কারের পার্থক্য বাংলা বর্ণমালায় বোঝানো সম্ভব নয়।
- গ্রীক ou অক্ষরদ্বয় বোঝাতে দীর্ঘ ঊ-কার ব্যবহার হয়েছে।
- গ্রীক u-এর একটি দীর্ঘ উচ্চারণ আছে, মোটামুটি ইংরেজি u আর y-এর মাঝামাঝি। এটি বোঝাতে ইংরেজি বানানে সচরাচর y ব্যবহার হয়: যথা Styx, স্তীক্স বা Dionysos, দিয়নীসস। এমন ক্ষেত্রে দীর্ঘ ঈ-কার ব্যবহার হয়েছে, এবং নির্ঘণ্টে রোমান হরফে y লেখা হয়েছে।
- বোধগম্যতার খাতিরে লাতিন v-র স্থলে ভ ব্যবহার হয়েছে, যদিও আদত উচ্চারণ অনেকটা 'ওয়' বা ইংরেজি w-এর কাছাকাছি।
- কিছু ফরাসি নাম গৃহীত হয়েছে মধ্যযুগীয় রোমান্স থেকে। বোধগম্যতার জন্য ক্ষেত্রবিশেষে সেগুলির ব্যঞ্জনধ্বনি আধুনিক ফরাসি উচ্চারণের তুলনায় বেশি ব্যক্ত করা হয়েছে: যথা 'লান্সলত', 'গালহোত'।
- দু-একটি ক্ষেত্রে নামের পরিচিত ভারতীয় রূপ ব্যবহৃত হয়েছে, যথা 'সালাউদ্দিন'।

ভূমিকা

দান্তের জীবন

দান্তে আলিগিয়েরির জন্ম ১২৬৫ সালে মে বা জুন মাসে, ইতালির ফিরেন্‌ৎসে (ইংরেজি ফ্লরেন্স) নগরে। তাঁর বংশ ছিল সচ্ছল ও সমৃদ্ধ। কিন্তু তাঁর মা মারা যান যখন তাঁর বয়স পাঁচ-সাত বছর, বাবাও দান্তের আঠারো বছর পোরার আগে। কৈশোরে তিনি মানুষ হন সৎমার কাছে।

প্রত্যাশিতভাবে, বংশের উপযোগী লেখাপড়া শিখে যথাকালে দান্তে নাগরিক জীবনে স্থান করে নেন। কিন্তু তার আগে তার জীবনে ঘটে এক আশ্চর্য ঘটনা, প্রভাব ফেলে তার সব চিন্তা, সব রচনার উপর। যখন তার বয়স নয়, বাবার সঙ্গে তিনি যান ফলকো পর্তিনারি নামে শহরের এক বিশিষ্ট অধিবাসীর বাড়িতে কোনও উৎসবে। সেখানে দেখা পান ফলকোর কন্যা বেয়াত্রিচের, বয়সে দান্তের চেয়ে বছরখানেক ছোট। দেখামাত্র বালকের মনে জেগে ওঠে বালিকাটির প্রতি এক প্রবল অনবদ্য আকর্ষণ। তার সবিশেষ বর্ণনা দান্তে নিজেই রেখে গেছেন তার প্রথম উল্লেখযোগ্য রচনা, *লা ভিতা নুওভা* বা *নতুন জীবন* নামক গদ্য-ভাষ্যে গাঁথা সনেটসম্ভারে।

আরেকটু উপযুক্ত বয়সে দান্তের সঙ্গে বেয়াত্রিচের যখন স্বভাবতই ফিরেন্‌ৎসের সম্ভ্রান্ত সমাজে বারবার দেখা হতে থাকে, এই আকর্ষণ আরও দুর্বার ও স্বকীয় হয়ে ওঠে। আকর্ষণটা এতই ভাবসর্বস্ব, গোড়া *থেকেই* এমন তুরীয় ও প্রায় আধ্যাত্মিক স্তরে দান্তে তার বর্ণনা করেছেন, যে তাকে নরনারীর সাধারণ সম্পর্কের ভাষায় অভিহিত করা দুষ্কর। একধরণের ভাবময় আধ্যাত্মিক ভাষায় প্রেমের প্রকাশ দান্তের দু-এক প্রজন্ম আগে থেকেই ফিরেন্‌ৎসের কবিদের 'নতুন মধুর শৈলি' (দলচে স্তিল নুওভো)-তে দেখা যায়, তার পিছনে আছে তৎকালীন ইউরোপীয় চেতনার নতুন 'পরিশীলিত প্রেম' (ফরাসি fin amour) বা "অভিজাত প্রেম' (ফরাসি amour courtois, ইংরেজি courtly love)-এর ধারা। কিন্তু দান্তে এই ধারাটিকে যে অপার্থিব, বলতে গেলে ধর্মীয় স্তরে নিয়ে গেছেন তা নজিরবিহীন। পরবর্তীকালে ফ্রাঞ্চেস্কো পেত্রার্কার কাব্যে এর যথেষ্ট ছাপ পড়েছে, কিন্তু পেত্রার্কার প্রেমে নরনারীর মানবিক উপস্থিতি তুলনায় অনেক বেশি, তার ঝোঁক অন্য দিকে।

বেয়াত্রিচের প্রতি দান্তের এই আকর্ষণ—যদি আদৌ তাকে প্রেম বলি—অবশ্যই দৈহিক সম্পর্কের চিন্তারও অতীত। কালক্রমে বেয়াত্রিচে বিয়ে করেন অন্য পুরুষকে, দান্তে অন্য নারীকে। দুটি বিবাহই সে যুগের সম্ভ্রান্ত পরিবারের রীতি অনুসারে সম্বন্ধ

করে। দান্তের কোনও লেখায় বিবাহ দুটির উল্লেখ নেই। বিশেষ উল্লেখ আছে ১২৯০-এ বেয়াত্রিচের মৃত্যুর: 'পুরো নগরীটাই যেন বৈধব্যদশা প্রাপ্ত হল, রিক্ত হল তার সব মর্যাদা। শোকার্ত হয়ে আমি পড়ে রইলাম এই নিঃসঙ্গ নগরে।'

এই শোক কিন্তু দান্তের কাছে এনে দিল এক নতুন জীবন, গ্রন্থটির শিরোনামেই যা ব্যক্ত হচ্ছে। বেয়াত্রিচে হয়ে উঠলেন দান্তের জীবনে একাধারে নৈতিক ও ঐশিক দিশারি, আর অবশ্যই তাঁর কাব্যের অধিষ্ঠাত্রী দেবী। *নতুন জীবন*-এর পর দান্তের প্রায় প্রতিটি উল্লেখযোগ্য রচনায় তার উপস্থিতি। এই ধারার চূড়ান্ত নিদর্শন *কম্মেদিয়া*-র আখ্যানে। যথাস্থানে তার বিশদ বিবরণ দেওয়া হবে।

ইতিমধ্যে দান্তের পার্থিব জীবন অভ্যস্ত পথে চলতে থাকে। কয়েক বছর তিনি ডুবে থাকেন লেখাপড়ায়—তার নিজের বিবরণ অনুসারে, প্রায় দৃষ্টিশক্তি বিপন্ন করে। হয়ত এসময়ে তিনি কিছুদিন বলোনিয়া ও ফ্রান্সের পারি বিশ্ববিদ্যালয়ে কাটান, সংস্পর্শে আসেন স্বগৃহের কাছাকাছি সান্তা ক্রোচের বিখ্যাত ফ্রান্সিস্কীয় মঠের সন্ন্যাসীদের। সেই লেখাপড়া কত গভীর ও সুদূরপ্রসারী ছিল, তা *কম্মেদিয়া* ও অন্যান্য রচনার ছত্রে-ছত্রে স্পষ্ট। এই বইয়ের ভাষ্যে ক্রমাগত তার উল্লেখ পাওয়া যাবে। আর *কম্মেদিয়া*-র নিগূঢ় গঠনে, একেবারে মৌলিক স্তরে নিহিত আছে তম্মাসো দাকুইনোর দুরূহ ধর্মতত্ত্বের নির্যাস, যদিও দান্তে যাজক বা ধর্মতাত্ত্বিক ছিলেন না।

ক্রমে দান্তেকে পারিবারিক বিষয়-আশয়ের তদারকি করতে হয়, অংশ নিতে হয় নাগরিক ও বৃহত্তর রাজনৈতিক জীবনে, এমনকি অন্ততঃ একটি যুদ্ধে। ইতালির তৎকালীন রাজনৈতিক প্রবাহে জড়িয়ে পড়ে তার জীবন। *কম্মেদিয়া-র* এটাও একটা মৌলিক সর্বব্যাপী উপাদান, কাব্যটি পড়তে গেলে এ সম্পর্কেও কিছু জানা দরকার।

'ইতালি' বললাম বটে, কিন্তু উনিশ শতকের আগে দেশটার কোনও সংহত অস্তিত্ব ছিল না। মধ্যযুগে ও রেনেসাঁসের কালে ইতালি বিভক্ত ছিল ছোটবড় অনেকগুলি রাজ্যে, তাদের মধ্যে (এবং এক-একটির মধ্যে অভ্যন্তরীণভাবেও) প্রায়ই চলত দ্বন্দ্ব, রেষারেষি, চক্রান্ত এমনকি যুদ্ধ। সবচেয়ে প্রবল ছিলেন স্বয়ং পোপ। একদিকে তিনি পশ্চিম ইউরোপের প্রায় সব অধিবাসীর ধর্মগুরু হিসাবে বিশেষ প্রভাবশালী; আরেকদিকে, প্রাচীন রোম-সম্রাট কনস্তান্তিনুসের এক কাল্পনিক বিধানবলে তিনি একটা বড় ভূম্যাংশের অধিপতি। অর্থাৎ ইহলোক-পরলোক দুদিকেই তাঁর ক্ষমতার বিস্তার।

পশ্চিম ইউরোপের আর এক প্রধান শাসক ও রাজনৈতিক শক্তি ছিলেন তথাকথিত 'পবিত্র রোমক সম্রাট'। পশ্চিম ইউরোপে রোমক সাম্রাজ্যের পতনের পর কয়েক শতক রাজনৈতিক অস্থিরতার শেষে নবম শতকের গোড়ায় পোপ তৃতীয় লেও পশ্চিম ইউরোপের একটা বড় অংশের অধিরাজ শার্লমান-কে ঐ আখ্যায় অভিষিক্ত করেন। কিন্তু পরবর্তী বহু শতক না ছিল এই 'সাম্রাজ্যের' কোনও নির্দিষ্ট ভৌগোলিক অবস্থান (যদিও প্রাণকেন্দ্র ছিল বর্তমান জার্মানিতে), না ছিল তার সম্রাটের নির্দিষ্ট জাতিগত বা বংশগত ধারাবাহিক পরিচয়। এক-এক সময়ে, ইউরোপের সামগ্রিক রাজনৈতিক ও

সামরিক পরিস্থিতির উপর নির্ভর করত সম্রাটের পরিচয় ও অবস্থান। আর আদিতে পোপের আশীর্বাদে অধিষ্ঠিত হওয়া সত্ত্বেও, কালে সম্রাট হয়ে উঠলেন পোপর প্রধান বিপক্ষ ও প্রতিদ্বন্দ্বী। দান্তের আমলে ইতালিতে সম্রাটের অনুগামীদের বলত গিবেল্লিনো, পোপের অনুগামীদের গুয়েলফো। মোটের উপর গিবেল্লিনোরা ছিল ধনী ও অভিজাত গোষ্ঠীর, গুয়েলফোরা উঠতি মধ্যবিত্ত শ্রেণীর। দান্তের পিতৃকুল ছিল গুয়েলফো, মাতৃকুল গিবেল্লিনো।

ফিরেন্‌ৎসে তথা ইতালির তৎকালীন ইতিহাসে গুয়েলফো ও গিবেল্লিনোদের সংঘাতের বিশদ বিবরণ দিলে মহাভারত হয়ে যাবে। এই বইয়ের ভাষ্যে প্রয়োজনমত তা দেওয়া হবে। আপাতত এটুকু বললেই চলবে যে দান্তের যখন দুই বছর বয়স, তখনই গিবেল্লিনোরা ফিরেন্‌ৎসে থেকে প্রায় স্থায়ীভাবে বিতাড়িত হয়। একবারই তারা ফেরার চেষ্টা করে, ১২৮৯ সালে, কিন্তু যুদ্ধে প্রতিহত হয় কাম্পালদিনো নামে এক স্থানে। এই যুদ্ধেই দান্তে যোগ দেন গুয়েলফো বাহিনীতে, তারপর অংশ নেন প্রতিপক্ষীয় শহর কাপ্রোনা দখলের অভিযানে।

ফিরেন্‌ৎসেতে অতএব গুয়েলফোদের প্রতিপত্তি অক্ষুন্ন থাকল। তবু শান্তি ফিরল না, কারণ গুয়েলফোরাই ভাগ হয়ে গেল দুই দলে, তথাকথিত 'সাদা' আর 'কালো' গোষ্ঠীতে। দান্তে ছিলেন সাদাদের দলে। সেই গোষ্ঠী গেল ক্ষমতার লড়াইয়ে হেরে। দান্তে তখন ফিরেন্‌ৎসের এক নগরপ্রধান বা 'প্রিওরা'। কিন্তু অন্য মুখ্য নগরপিতাদের মত ১৩০২ সালে তিনিও হলেন নির্বাসিত, অর্থের বিনিময়ে সরকারি চাকরি বেচার এক অসার অভিযোগের ভিত্তিতে। *কম্মেদিয়া-র* 'নরক' পর্যায়ের ২২শ সর্গে এই অপরাধের আলোচনা আছে, তার রচনার সুরে যেন ধরা পড়ছে এক বিশেষ ক্ষোভ আর অভিমান।

জীবনের বাকি উনিশ বছর দান্তে আর নিজের শহরে ফেরেননি, কখনও দেখা হয়নি পত্নী জেম্মার সঙ্গে।(জেম্মার পিতৃকুল ছিল বিপক্ষীয় 'কালো গুয়েলফো'দের পুরোভাগে) দুই ছেলের বয়স বাড়লে পিতৃ-অপরাধে তারাও নির্বাসিত হয়ে চলে আসে বাবার কাছে, পরে আসে কবির মেয়ে। (সে পরে সন্ন্যাসিনী হয়ে 'বেয়াত্রিচে' নাম গ্রহণ করেছিল।) স্বভূমে ফেরার সুযোগ একবার এসেছিল বটে, কিন্তু তার শর্ত অসম্মানজনক মনে করে দান্তে তা প্রত্যাখ্যান করেন। *কম্মেদিয়া-র* প্রায় সবটা—হয়ত বা পুরোটাই—লেখা হয় এই নির্বাসনকালে। 'নরক' পর্যায় সম্ভবত শেষ হয় ১৩১৪এ, 'শুদ্ধিলোক' আর 'স্বর্গলোক' ১৩১৭র পর। তখন দান্তের বাস রাভেন্না শহরে, নির্বাসনের পর এই প্রথম পুত্রকন্যা পরিবেষ্টিত হয়ে নিজের একটা বাড়িতে। এখানে তাঁকে সাদর আমন্ত্রণ করে এনেছিলেন রাভেন্নার শাসক গুইদো নভেল্লো দা পোলেন্তা। তার আগে আতিথ্য দিয়েছিলেন ভেরোনার শাসক কান গ্রান্দে দেল্লা স্কালা (যদিও তিনি ছিলেন গিবেল্লিনো)। শেষ জীবনে কবির অন্ততঃ কিছু ধনী ও ক্ষমতাবান গুণগ্রাহী লাভ হয়েছিল। তাঁদের পৃষ্ঠপোষকতার সঙ্গে নিজের শিক্ষকতা, লেখালেখি, চিঠি ও দলিল মুসাবিদার উপার্জন থেকে জীবিকানির্বাহ হত।

১৩২১-এ গুইদো নভেল্লো তাঁকে এক কূটনৈতিক দলের সদস্য করে ভেনেৎসিয়ায় পাঠান। দৌত্য সফল হয়নি, ফলে ভেনেৎসীয়রা করেনি তাঁদের ফেরার জাহাজের ব্যবস্থা। স্থলপথে ম্যালেরিয়া-অধ্যুষিত অঞ্চলের মধ্য দিয়ে আসার সময় দান্তে জ্বরে পড়েন। মারা যান ১৪ সেপ্টেম্বর ১৩২১, রাভেন্নায় ফেরার প্রায় সঙ্গে সঙ্গেই।

দান্তের কাব্য

দান্তের *কম্মেদিয়া* বিশ্বসাহিত্যের এক শ্রেষ্ঠ কীর্তি হিসাবে মানা হয়। এর প্রধান কারণ অবশ্যই তার কাব্যগুণ, কিন্তু এই স্বীকৃতির পিছনে আরো আছে বিষয়ের অভিনবত্ব, ব্যাপ্তি ও গাম্ভীর্য। এই ধরনের বিষয় নিয়ে অন্যান্য রচনা ইউরোপীয় মধ্যযুগে রচিত হয়েছে বটে, কিন্তু সেগুলির পরিধি অনেক সংকীর্ণ, আর মননের বিস্তার বা কাব্যগুণের বিচারে তো তুলনাই হয় না।

কম্মেদিয়া-র কাহিনী, এক দুর্লভ পরিস্থিতিতে জীবৎকালেই কবির সশরীরে পরলোকভ্রমণ। (কী সূত্রে তাঁর এই অভাবনীয় অভিজ্ঞতা হল, তার বিবরণ আছে নীচে 'দান্তের দিশারী' অংশে।) ক্যাথলিক ধর্মতত্ত্ব অনুসারে পরলোকের তিনটি ভাগ: অবশ্যই স্বর্গ ও নরক, এবং এ দুটির মধ্যবর্তী শুদ্ধিলোক। (বিশদ ব্যাখ্যার জন্য নীচে 'দান্তের ভূগোল' দেখুন।) কবির যাত্রা নরক থেকে শুরু হয়ে স্বর্গে শেষ হচ্ছে বলে দান্তে তাঁর কাব্যের নামকরণ করেছিলেন *কম্মেদিয়া* (= ইংরেজি 'কমেডি') অর্থাৎ শুভান্তক বা মিলনান্তক আখ্যান। কিছুটা ঐশী বিষয়বস্তুর জন্য, আর কিছুটা কাব্যিক উৎকর্ষের জন্য, গুণমুগ্ধ পাঠককুল তার আগে যোগ করলেন 'দিভিনা' (=ইংরেজি 'ডিভাইন') বিশেষণটি, যদিও দান্তে নিজে এটি ব্যবহার করেননি।

কম্মেদিয়া-র বিষয়বস্তু পরলোকের বর্ণনা ও তার রূপ ও অবস্থানের ব্যাখ্যা। নরক, শুদ্ধিলোক ও স্বর্গের গঠন ও তাদের বিভিন্ন ভাগের তাৎপর্য কী, কী কারণে মানবাত্মার ঠাঁই হয় তিন লোকের কোনো একটির এক বিশেষ অংশে, সেটাই কাব্যের প্রধান গঠনসূত্র। অর্থাৎ এই কাব্যে দান্তে খ্রিস্টীয় মধ্যযুগের ধর্মবিশ্বাস এবং সেই বিশ্বাসে সঞ্চারিত নৈতিক তত্ত্বের একটা বিশাল অনুপুঙ্খ চিত্র ফুটিয়ে তুলেছেন; তাঁর পরলোকচিত্র এই বিশ্বাস ও তত্ত্বের সম্যক প্রতিফলন। তিনি বিশেষ করে অনুসরণ করেছেন ত্রয়োদশ শতকের বিশিষ্ট দার্শনিক ও ধর্মতাত্ত্বিক তম্মাসো দাকুইনো-র চিন্তাধারা, যা আজও বহুলাংশে ক্যাথলিক চার্চের প্রচলিত ধর্মতাত্ত্বিক অবস্থান।

কিন্তু *কম্মেদিয়া* যদি হত কেবল ধর্মতত্ত্বের পদ্যরূপ, তা সাত শতক ধরে স্বদেশে এমনকি বিশ্বময়, প্রায়ই অনুবাদের মাধ্যমে এমন প্রভূত প্রশস্তি ও জনপ্রিয়তা লাভ করতে পারত না। দান্তে কেবল ধর্মতত্ত্বটা পদ্যছন্দে আবদ্ধ করেননি, তাত্ত্বিক উপাদানগুলি ভেঙে-ঢেলে-সাজিয়ে গড়ে তুলেছেন এক আদ্যন্ত নতুন সৃষ্টি, যাকে অনুপ্রাণিত করছে তাঁর সামাজিক ও রাজনৈতিক চেতনা, তাঁর সূক্ষ্ম মানবিক সংবেদন, এবং তাঁর অনন্য কাব্যশক্তি। বিশাল আয়তনের কাব্য হলেও *কম্মেদিয়া-কে* মহাকাব্য বলা চলে না, যে

অর্থে রামায়ণ-মহাভারত বা ঈলিয়াস-ওদীসসেইয়া মহাকাব্য। ঐসব রচনার ভিত্তি এক ধরণের পৌরাণিক (কখনো-বা ঐতিহাসিক) আখ্যান, যা বাস্তবভিত্তিক না হলেও আক্ষরিক স্তরে পঠিতব্য; অন্য সব মানসিক ও কাব্যিক মাত্রা সেই আক্ষরিক কাহিনি থেকে নিসৃত হচ্ছে। *কম্মেদিয়া*-র আখ্যানের মূল উপজীব্য তাত্ত্বিক; সেই তাত্ত্বিক উপাদানই মূর্ত হচ্ছে বাস্তবায়িত কাহিনি ও বর্ণনায়। *কম্মেদিয়া-তে* দান্তে এক নতুন সংরূপ সৃষ্টি করেছেন। কিছু-কিছু ক্ষীণ নজির আগে-পরে মিলতে পারে, কিন্তু দান্তের উদ্ভাবনীশক্তি কার্যত নজিরবিহীন।

কাব্যের আক্ষরিক অর্থ বনাম প্রতীকী বা রূপকধর্মী অর্থ নিয়ে মধ্যযুগের ইউরোপে অনেক আলোচনা হয়েছে, দান্তে নিজেও তাতে অংশ নিয়েছেন। তাঁর আশ্রয়দাতা, রাভেন্নার অধিপতি কান গ্রান্দে দেল্লা স্কালাকে লেখা একটি বিখ্যাত পত্রে এই দুরকম ব্যাখ্যার বিস্তারিত বিবরণ আছে; রূপকধর্মী ব্যাখ্যাকে সেখানে ভাগ করা হয়েছে তিনটি উপস্তরে। এই বিবরণ অনুসারে *কম্মেদিয়া*-র আখ্যানের অর্থ করা যায় চার স্তরে:

- **আক্ষরিক** (লাতিন litteralis): পরলোকের বাস্তব অস্তিত্বে সে যুগের প্রায় মানুষই বিশ্বাস করত। দান্তে করতেন কিনা প্রমাণ নেই, করলেও বাস্তবে অবশ্যই তিনি পরলোকদর্শনের সুযোগ পাননি। কিন্তু কল্পনার সাহায্যে নরক-শুদ্ধিলোক-স্বর্গের প্রতিটি খুটিনাটি তিনি স্পষ্ট ও বিশদভাবে ফুটিয়ে তুলেছেন। পড়ার সময়, কাব্যকল্পনার অন্য যে-কোনো দৃশ্যপটের মত *কম্মেদিয়া*-র দৃশ্যপটও তাই বাস্তবতা লাভ করে।
- **প্রতীকী বা রূপকধর্মী** (লাতিন allegoricus): পরলোকের এই গঠন বিশ্ব ও মানবজাতি সম্বন্ধে খ্রিস্টীয় চিন্তার একটা সার্বিক রূপায়ন বা প্রতীক। ঈশ্বর মানুষকে কী প্রকৃতি দান করেছেন ও কী প্রেক্ষিতে অবস্থিত করেছেন, কী বিধি অনুসারেই বা মানুষের কার্যকলাপের বিচার হবে, দান্তের পরলোকচিত্রে তা মৌলিক স্তরে নিহিত। নরক-শুদ্ধিলোক-স্বর্গ সম্বলিত পরলোকের ভূগোল ঈশ্বরের নৈতিক বিধানের একটা বস্তুগ্রাহ্য রূপদান।
- **নৈতিক** (লাতিন moralis): একই সঙ্গে এই পরলোকচিত্র মানুষের নৈতিক কর্তব্যের একটা গ্রাহ্য রূপদান। কীভাবে মানুষের জীবনযাপন করা উচিত, পাপ-পুণ্যের বিচার করে নৈতিক সিদ্ধান্ত নেওয়া উচিত, নরক-শুদ্ধিলোক-স্বর্গের বিবরণে তাও নির্দিষ্ট হচ্ছে।
- **আধ্যাত্মিক** (লাতিন anagogicus): দান্তের এই কাল্পনিক ভ্রমণবৃত্তান্ত মানুষের মর্ত্যলোক থেকে পরলোকে অগ্রগমনের একটা প্রতিরূপও বটে।

কেবল নৈতিক ও রূপকধর্মী ব্যাখ্যাই নয়, আক্ষরিক ব্যাখ্যাও কিন্তু করা চলে অনেকগুলি দিকে বা স্তরে। এটা বিশেষ করে বলা চলে *কম্মেদিয়া*-র মানবিক, সামাজিক ও রাজনৈতিক উপাদান সম্বন্ধে। কাব্যটির প্রধান ও মৌলিক উপজীব্য ধর্মীয় বা আধ্যাত্মিক: কিন্তু সেই

সঙ্গে পরতে-পরতে জড়িয়ে আছে তৎকালীন ইতালি ও বিশেষ করে ফিরেন্‌ৎসে নগরের ইতিহাস ও রাজনীতি। প্রায় বলা চলে, পরলোকের পাশাপাশি সমসাময়িক ইতালিতেও কাহিনীর অবস্থান, সেখানকার ঘটনার পারলৌকিক প্রতিফলন ঘটছে কুশীলবদের পরজীবনে। ধর্মীয় ব্যাখ্যানের পাশাপাশি আমরা পাচ্ছি এক ধারাবাহিক রাজনৈতিক ভাষ্য। আর তার পিছনে অবশ্যই ব্যক্ত হচ্ছে প্রাচীন কাল থেকে শুরু করে ইউরোপের সম্পূর্ণ ইতিহাস ও সাহিত্য-সংস্কৃতি নিয়ে দান্তের গভীর জ্ঞান ও মনন।

কম্মেদিয়া-র আর একটি অপরিহার্য দিকও এই সূত্রে এসে পড়ে, তা হল মানবচরিত্র ও মানবধর্ম সম্বন্ধে দান্তের নিবিড় উপলব্ধি। এই দিক দিয়েও এই পারলৌকিক কাব্য একাধারে একান্তভাবে ইহলৌকিক। খ্রিস্টীয় বিশ্বাস অনুসারে, পরলোকে যে আত্মাদের দান্তে দেখছেন তারা আত্মাই কেবল, তাদের দেহগুলি মর্তে পড়ে আছে; একমাত্র পৃথিবী লয় হবার দিনে সেগুলি আত্মার সঙ্গে পুনর্মিলিত হবে। কিন্তু কী নরকে কী স্বর্গে (হয়ত নরকেই বেশি করে) কবি এই চরিত্রগুলি আঁকছেন যেন পুরোপুরি রক্তমাংসের মানুষ, হাবভাব বাচনভঙ্গী মানসিকতা সব দিক দিয়ে। কোনো আধুনিক উপন্যাসের পাত্রপাত্রীদের চেয়ে তারা কম প্রাণবন্ত নয়। বা *কম্মেদিয়া* শব্দটির সবচেয়ে অভ্যস্ত প্রয়োগ যে নাটকের ক্ষেত্রে, তার উদ্রেক করে বলা যায় এরা যেন পাঠকের সামনে পরিবেশিত এক নাটকের চরিত্রের মত।

এ থেকে উঠে আসে কাব্যের একটি শেষ অসাধারণ বৈশিষ্ট্য। *কম্মেদিয়া*-র পাত্রপাত্রীরা নরক, শুদ্ধিলোক বা স্বর্গে স্থিত; অর্থাৎ কেবল মানবসমাজ নয়, স্বয়ং ঈশ্বর তাদের চরিত্র ও কার্যকলাপের চূড়ান্ত বিচার করে একটি সবিশেষ সিদ্ধান্তে পৌঁছেছেন, প্রত্যেককে খ্রিস্টীয় বিশ্বচিত্রে একটি নির্দিষ্ট স্থানে ন্যস্ত করেছেন। দান্তে কিন্তু চরিত্রগুলিকে সেই নীতিবদ্ধ গণ্ডীতে আবদ্ধ রাখেননি, মুক্তি দিয়েছেন এক বৃহত্তর মানবিক চারণক্ষেত্রে। এখানেও হয়ত সবচেয়ে স্পষ্ট দৃষ্টান্তগুলি নরকের অধিবাসীদের মধ্যে মিলবে। ১৫শ সর্গের ব্রুনেত্তো লাতিনি ছিলেন দান্তের শিক্ষাগুরু। তবু দান্তে তাঁকে নরকে নিক্ষেপ করেছেন, সে-যুগে পাপ হিসাবে গণ্য সমকামিতা-দোষে। তার শাস্তিস্বরূপ ব্রুনেত্তোর উলঙ্গ রূপ তপ্ত বালির উপর অগ্নিবৃষ্টির মধ্য দিয়ে নিরন্তর ছুটে বেড়াচ্ছে; কিন্তু বর্ণনার শেষ পংক্তিতে দান্তে জুড়ে দিচ্ছেন এক অনবদ্য উপমা, যাতে এই ক্লেদাক্ত মূর্তিতে লাগছে অপ্রত্যাশিত মর্যাদার ছোঁয়া: ব্রুনেত্তো ছুটে চললেন দৌড়বীরের মত, আর 'তাদের মধ্যে পরাজিত নয়—বিজয়ী তিনি'। ১০ম সর্গে ফারিনাতার বর্ণনাও উদ্ভাসিত হচ্ছে তাঁর বলশালী ব্যক্তিত্বের গৌরবে। ২৬ সর্গে উলীস্‌সেস শাস্তিভোগ করছেন কুমন্ত্রণাদাতা হিসাবে; আগুনের লোলুপ শিখা তাঁকে চারদিক থেকে লেহন করছে। কিন্তু দান্তেকে তিনি শোনাচ্ছেন তাঁর জীবনের শেষ সমুদ্রযাত্রার বিবরণ, যাতে অজানার খোঁজে তাঁর অদম্য তাড়না এক অভূতপূর্ব রোমাঞ্চকর মাত্রা পাচ্ছে। পাঁচ শতক বাদে রোমান্টিক যুগের ভরা জোয়ারে ইংরেজ কবি টেনিসন এই আখ্যানটি ব্যবহার করেছিলেন তাঁর 'ইউলিসিস' কবিতায়।

'অভূতপূর্ব' কথাটা ইচ্ছে করেই ব্যবহার করলাম, কারণ ধারাটা ইউরোপীয় অনুভূতির ইতিহাসে সত্যিই নতুন। দান্তের জীবনের শেষ ফলপ্রসূ বছরগুলি যে চতুর্দশ শতকের গোড়ায় কেটেছে, সেই শতকের দ্বিতীয়ার্ধেই রেনেসাঁস যুগের লক্ষণগুলি প্রথম সুস্পষ্টভাবে দেখা যেতে লাগল—সবচেয়ে উল্লেখযোগ্যভাবে অপর দুই ফিরেন্ৎসীয় ও তস্কানো ভাষায় সাহিত্যকার ফ্রাঞ্চেস্কো পেত্রার্কা ও জ্যোভান্নি বোকাচ্চ্যোর রচনায়। সংকীর্ণ অন্ধকারাচ্ছন্ন 'মধ্যযুগ' আর মুক্তমনা আলোকপ্রাপ্ত রেনেসাঁসের মধ্যে স্থূল বৈপরীত্য খোঁজা ঊনিশ শতক থেকেই বন্ধ হয়েছে। আজ সকলেই মানেন, মধ্যযুগ থেকেই রেনেসাঁসের বহুলাংশে উৎসরণ; এ-ও মানেন, একাদশ শতক থেকে যে 'উচ্চ' বা 'ভরপুর' মধ্যযুগের সূচনা (ইংরেজিতে 'হাই মিডল এজেস'), চিন্তা-কীর্তি-সংস্কৃতিতে তা ইউরোপের ইতিহাসের অন্যতম স্বর্ণযুগ। তবু পরবর্তীকালে রেনেসাঁসের কিছু অতিবিশিষ্ট নতুন ধারা অবশ্যই আছে, যার সবচেয়ে উল্লেখযোগ্য একটি হল চেতনা ও অনুভূতির স্বকীয় উচ্চারণ, নীতি-ধর্ম-প্রচলনের বাইরে এক নিখাদ মানবিকতা। বলা যেতে পারে, আপাত-বিপরীত আখ্যান ও বিষয়বস্তু সত্ত্বেও এই নতুন লক্ষণগুলির প্রথম স্পষ্ট প্রকাশ দান্তের *কম্মেদিয়া*-তে।।

ওই যুগের আরেকটি অভিনব লক্ষণও দান্তের কাব্যে উজ্জ্বলভাবে উপস্থিত—বলা চলে, এত স্পষ্ট ও সফলভাবে এই প্রথম। রেনেসাঁসের একটা প্রধান বৈশিষ্ট্য হল প্রাচীন গ্রীক-রোমক সাহিত্য ও সভ্যতার পুনরুদ্ধার, এবং তার আদলে নতুন সাহিত্য-শিল্প রচনা এমনকি সমাজচিন্তা ও জীবনচিন্তার বিস্তার। বলা বাহুল্য, সেই প্রাচীন সভ্যতার সঙ্গে মধ্যযুগের 'আধুনিক' সভ্যতার বিশাল ফারাক ছিল; সর্বোপরি বিরোধ ছিল প্রাচীন গ্রীক-রোমের অসংখ্য দেবদেবী সম্বলিত ধর্ম ও পুরাণকথার সঙ্গে একেশ্বরবাদী খ্রিস্টধর্মের। মধ্যযুগের সাহিত্যে সেই প্রাচীন পুরাণকথার যথেষ্ট উপস্থিতি আছে; কিন্তু তা বহুলাংশে কল্পনা বা রূপকের স্তরে, খ্রিস্টীয় বিশ্বাসের সঙ্গে কোনো সংঘাতে না গিয়ে। রেনেসাঁসে কিন্তু আমরা দেখি, এই প্রাচীন পুরাণকথা এমনকী কিছুমাত্রায় প্রাচীন ধর্মবিশ্বাস, এবং তার দর্শন, সমাজতত্ত্ব ও নৈতিক তত্ত্বের সঙ্গে খ্রিস্টীয় বিশ্বাস ও মূল্যবোধের আরও অনেক নিবিড় ও বৈচিত্রময় সংমিশ্রণ। এই 'খ্রিস্টীয় মানবিকচিন্তা' বা 'ক্রিশ্চান হিউমানিজম' শুধু ঐ যুগের নয়, ইউরোপের মননের ইতিহাসের এক সর্বকালীন অবদান।

দান্তের আমলে এই বিবর্তন ভালো করে শুরু হয়নি—কতগুলি দিক দিয়ে তিনিই এর ভবিষ্যৎ ধারা নির্দেশ করেছেন। তাঁর কাব্যের মূল আখ্যান খ্রিস্টীয় ধর্মবিশ্বাস ও নীতিকথার একেবারে মৌলিক তত্ত্ব নিয়ে; কিন্তু তার মধ্যেই তিনি গভীরভাবে সঞ্চার করেছেন গ্রীক-রোমক পৌরাণিক, দার্শনিক ও ঐতিহাসিক বিষয়বস্তু, এমনকী প্রাচ্য (বিশেষত আরব সভ্যতা) থেকে আহরিত কিছুকিছু উপাদান। গ্রীক-রোমক পৌরাণিক কাহিনীর একটা প্রধান সূত্র ওভিদিউসের বৃহৎ লাতিন কাব্য *মেতামর্ফোসেস* বা *রূপান্তর-কাহিনীমালা।* ভের্গিলিউসের পর ওভিদিউস-ই ছিলেন ধ্রুপদী লাতিন লেখকদের মধ্যে মধ্যযুগে সবচেয়ে বহুপঠিত ও প্রভাবশালী। অন্য উপাদানগুলিও প্রায় কোনোটাই দান্তের

নতুন আবিষ্কার নয়, সে যুগে সাধারণভাবে এ সম্বন্ধে যথেষ্ট জ্ঞান ও সচেতনতা ছিল; সর্বোপরি সেযুগের স্কলাস্টিক দর্শন ও ধর্মতত্ত্ব গভীরভাবে স্থিত ছিল আরিস্ততেলেসের দর্শনের উপর। কিন্তু এমন অসংখ্য উপাদান—কোনোটি কাব্যগঠনে মৌলিক ও সর্বাত্মক, কোনোটি আনুষঙ্গিক—এত নিপুণভাবে একত্র করে, একাধারে তত্ত্ব ও কল্পনার নিরিখে এমন সুষম গাঠনিক রূপ দেওয়ার জন্য দরকার ছিল এমন এক বিশেষ প্রতিভার।

শেষ বিচারে *কম্মেদিয়া-র* সার্থকতা কেবল ভবিষ্যৎমুখী উৎকেন্দ্রিক ধারায় নয়, বরং আগের কয়েক শতকের উর্বর সভ্যতার পরাকাষ্ঠা হিসাবে। মধ্যযুগের ভরা জোয়ারে ধর্মচিন্তা ও সামাজিক দর্শনের যে বিশেষ বিবর্তন ঘটেছিল, শিল্প-কাব্য-সংস্কৃতির যে নতুন দিক খুলে গিয়েছিল, মানুষের মন ও মানুষের জীবনকে যে নতুন ও নিবিড়ভাবে দেখা হয়েছিল, তার চূড়ান্ত প্রকাশ *কম্মেদিয়া*-তে। সেই ফেলে-আসা মানবদর্শনের অভিনবত্ব আজও যদি আমাদের দৃষ্টিতে সজীব হয়ে উঠতে পারে, তার কৃতিত্ব বহুলাংশে সাতশো বছর আগের এই কবির রচনায়।

কোনো কাব্যের অনুবাদের ভূমিকায় মূলের কাব্যগুণ নিয়ে আলোচনা করা কিছুটা নিরর্থক, কারণ অনুবাদের পাঠক মূলের আস্বাদন করতে পারছেন না। তবু বলা চলে, অন্য অনেক কবির তুলনায় দান্তের ক্ষেত্রে হয়ত মূলের আস্বাদ অনুবাদে কিঞ্চিৎ বেশি মাত্রায় রক্ষা করা সম্ভব, কারণ দান্তের কাব্যরস ভাষার সূক্ষ্ম দ্যোতনার উপর অতটা নির্ভরশীল নয়। তাঁর ভাষা সহজ, প্রাঞ্জল, সংযত; অল্প সুনির্বাচিত শব্দে তিনি আখ্যানের এক-একটা দৃশ্য তুলে ধরেন, চরিত্র ফুটিয়ে তোলেন বর্ণনার ছোট্ট দু-এক টানে বা দু-চার লাইন মোক্ষম সংলাপে। কোনো মহৎ কবির ভাষাই কেবল আক্ষরিক অর্থের উপর দাঁড়িয়ে থাকে না, কিন্তু দান্তের ক্ষেত্রে যেন কিছুটা সেই দিকেই তার ঝোঁক। তাঁর মূল অলংকার হল উপমা এবং রূপক বা পরোক্ষ উপমা (মেটাফর): তার অন্তরের বাস্তব তুলনাটার মধ্যেই লুকিয়ে আছে তার তাৎপর্য, শব্দচয়ন বা ব্যঞ্জনার মধ্যে নয়। অল্পকথনও একটা আলংকারিক কৌশল হতে পারে, সেটা ব্যবহারেও দান্তে সিদ্ধহস্ত: ধরা যাক, স্বর্গ-নরক উভয়ের থেকেই নির্বাসিত নৈতিক বোধহীন আত্মাদের সম্বন্ধে ভের্গিলিউসের প্রগাঢ় অবজ্ঞাসূচক উক্তি: 'এদের কথা থাক। শুধু দেখো আর পেরিয়ে চলো'। বা মনে করা যাক *শুদ্ধিলোক*-এর ৫ম সর্গে লা পিয়ার সম্পূর্ণ জীবনবৃত্তান্তের নির্যাস *ছেঁকে*-তোলা ছোট্ট একটি বাক্য: 'সিয়েনা আমাকে সৃষ্টি করেছিল, মারেম্মা করল অনাসৃষ্টি'। (বক্তার মৃত্যু হয়েছিল মারেম্মা নামে অস্বাস্থ্যকর জলাভূমিতে, স্বামীর হাতে বন্দী হয়ে।) তবে এই অল্পকথনের বিপরীতধর্মী একটা অলংকারও দান্তে প্রায়ই ব্যবহার করেন। সেটা হল এক ধরণের দীর্ঘায়িত উপমা, যা হমেরস বা হোমার-এর কাল থেকে মহাকাব্যের একটি বৈশিষ্ট বলে গণ্য হয়ে এসেছে। *কম্মেদিয়া* প্রচলিত আদলে মহাকাব্য না হলেও এই 'মহাকাব্যিক উপমা' এতে যথেষ্ট ব্যবহৃত হয়েছে। ২১শ ও ২৪শ সর্গের গোড়ায় এর স্মরণীয় দৃষ্টান্ত পাওয়া যাবে।

বিষয়বস্তুর উপর দান্তের এতটাই অব্যর্থ দখল যে তাঁকে উচ্চগ্রামে কথা বলতে হয় না, রং চড়িয়ে বর্ণনা দিতে হয় না, পাঠককে আবেগের স্রোতে ভাসাতে হয় না। তাঁর কাব্যের আখ্যান, বর্ণনা, সংলাপ, চরিত্রচিত্রণ সবই গাঁথা আছে বিষয়বস্তুর তাত্ত্বিক গাম্ভীর্যের সূত্রে। এই ধর্মতত্ত্ব সে যুগের সে দেশের মানুষের অস্তিত্বের গভীরে প্রোথিত ছিল; তার মূলে যে মূল্যবোধ ও মানবিকতা, তা সব যুগে সব দেশে প্রাসঙ্গিক। সেটা জীবন্ত করে তুলেছে তাঁর বর্ণনার বাস্তব উপাদানের সম্ভার, হয়ত বা সেগুলির প্রতীকী তাৎপর্য। এই উপাদানগুলির উদ্ভাবন ও বিন্যাসেই তাঁর কবিকল্পনার সার্থক প্রকাশ, ভাষার উচ্ছ্বাস বা মারপ্যাঁচে নয়। সাতশো বছর আগের এই ক্ষণজন্মা কবির রচনা তাই আজও আমাদের আন্দোলিত করে।

দান্তের দিশারি

নরক ও শুদ্ধিলোকে দান্তেকে পথ দেখাচ্ছেন প্রাচীন লাতিন কবি ভের্গিলিউস (পুবলিউস ভের্গিলিউস মারো: ইতালীয় ভির্জিলিও, ইংরেজি ভার্জিল)। মহাকাব্য *আয়েনেইদ* এঁর সর্বোত্তম সৃষ্টি। অন্যান্য রচনার মধ্যে উল্লেখযোগ্য *এক্লোগাএ* অর্থাৎ 'নির্বাচিত কবিতা' নামে পরিচিত দশটি পাস্তোরাল বা রাখালিয়া কবিতা, ও চারটি *গেওর্গিকাএ* অর্থাৎ চাষবাস সংক্রান্ত কবিতা। নিছক কাব্যগুণে ইনি সর্বকালের শ্রেষ্ঠ লাতিন কবি হিসাবে স্বীকৃত, অতএব দান্তের উপযুক্ত পথপ্রদর্শক—বিশেষত যেখানে দান্তের ব্যবহৃত তস্কানো ভাষা (যা পরবর্তীকালে আধুনিক ইতালীয় ভাষার প্রধান স্তম্ভ) লাতিন থেকে উৎসারিত। *দে ভলগারে এলোকুয়েন্তিয়া* বা *চলিত ভাষায় রচনা* নামক দীর্ঘ লাতিন নিবন্ধে দান্তে তস্কানো ও তৎকালীন ইতালির অন্যান্য ভাষা-উপভাষাকে দেখেছেন লাতিনের পাশাপাশি, অনেকটা সমদৃষ্টিতে।

কিন্তু নিছক কবিখ্যাতি ছাড়াও ভের্গিলিউসকে দান্তের দিশারি করার আরেকটি কারণ আছে। তার চতুর্থ 'এক্লোগা' এক আশ্চর্য শিশুর জন্মের জয়গীতি, যার জীবৎকালে পৃথিবীর রূপ পালটে স্বর্ণযুগ ফিরে আসবে। কবিতাটি তাঁর এক পৃষ্ঠপোষকের পুত্রলাভ উপলক্ষে লেখা; কিন্তু পরবর্তীকালে খ্রিস্টান পাঠকেরা এর ব্যাখ্যা করলেন খ্রিষ্টের আগমনের ভবিষ্যৎবাণী হিসাবে। মধ্যযুগে তাই ভের্গিলিউসকে দেখা হত, খ্রিস্টপূর্বকালের মানুষ হয়েও খ্রিস্টধর্মের ভবিষ্যদদ্রষ্টা ও প্রবক্তা হিসাবে। সেই অনুযায়ী *আয়েনেইদ*-এর নায়ক আয়েনেয়াসকে দেখা হত খ্রিস্টের পূর্বরূপ বা রূপক হিসাবে। সেজন্যও ভের্গিলিউস নরক ও শুদ্ধিলোকে দান্তের উপযুক্ত পথপ্রদর্শক। ঐ দুটি লোকে স্বর্গের অধিবাসী কারও প্রবেশ করা সমীচীন নয়। ভের্গিলিউস খ্রিস্টপূর্ব যুগের মানুষ বলে, মহান ও কীর্তিমান হয়েও স্বর্গসুখে বঞ্চিত, তাঁর ঠাঁই পাতালের প্রথম চক্রে 'মহাৎ বিধর্মী'দের মধ্যে ('নরকের ভূগোল' দ্রঃ)।

স্বর্গে দান্তের পথপ্রদর্শক স্বয়ং বেয়াত্রিচে ('দান্তের জীবনী' দ্রঃ)। *নরক*-এর গোড়াতেই আমরা জানতে পারছি, দান্তের আত্মিক দুরবস্থা ও তার সম্ভাব্য পরিণতি নিয়ে

বেয়াত্রিচে স্বর্গে থেকেও বিচলিত। তাঁর আকুতিতেই মাতা মারিয়া তাঁর 'সন্তান', ঈশ্বরের দ্বিতীয় অভিব্যক্তির কাছে (যার মানবদেহে মর্তে আগমন ঘটেছিল যিশুখ্রিস্ট হিসাবে, মারিয়ার গর্ভে) আবেদন করেছিলেন যেন দান্তেকে এই অভূতপূর্ব সুযোগ দেওয়া হয়, জীবন্ত অবস্থায় পরলোক পরিক্রমার। অতএব বলা বাহুল্য, স্বর্গে দান্তেকে পথ দেখাতে ও স্বর্গের ঐশী মহিমা ব্যাখ্যা করতে বেয়াত্রিচেকে দায়িত্ব দেওয়া ছিল সবচেয়ে সমীচীন।

দান্তের পরলোকচিত্র

কম্মেদিয়া-র কাহিনী পরলোকের মধ্য দিয়ে এক কাল্পনিক যাত্রার। সেই পরলোকের রূপ ও গঠন মধ্যযুগে পশ্চিম ইউরোপে প্রচলিত ধারণা অনুসারে, তবে দান্তের নিজস্ব কিছু অবদান আছে। আর রূপকের অন্তর্নিহিত ভাবের মত, সেই বিশ্বচিত্রে নিহিত আছে তৎকালীন রোমা-নিয়ন্ত্রিত খ্রিস্টধর্মের অর্থাৎ রোমান ক্যাথলিক চার্চের কিছু মৌলিক তত্ত্ব, যার সম্যক বিস্তার ত্রয়োদশ শতকের দার্শনিক ও ধর্মতাত্ত্বিক তম্মাসো দাকুইনো-র বিভিন্ন গ্রন্থে, সর্বোপরি *ধর্মতত্ত্বসংগ্রহ* বা *সুম্মা তেওলোগিকা*-য়।।

দান্তের পরলোকের তিনটি ভাগ: অবশ্যই স্বর্গ ও নরক, এবং মধ্যবর্তী আরেকটি লোক যার নাম 'শুদ্ধিলোক' (পুর্গাতোরিও)। শুদ্ধিলোকের অধিবাসীরা অনুতপ্ত পাপী। কেবল অনুতাপ যথেষ্ট নয়, প্রায়শ্চিত্তের দ্বারা পাপের স্খালন করতে হয়। এই পাপীরা জীবদ্দশায় সেই প্রায়শ্চিত্তের সময়-সুযোগ পায়নি, তাই এখন তা করছে।

নরককে দান্তে কল্পনা করছেন মাটির নীচে এক বিশাল নিম্নমুখী শঙ্কু (cone) আকৃতির গহ্বর হিসাবে; তার নিম্নবিন্দু পৃথিবীর কেন্দ্রবিন্দুও বটে। পৃথিবীর স্থলময় উত্তর গোলার্ধের কেন্দ্রে আছে য়েরুশালায়িম নগর। দক্ষিণ গোলার্ধ জলরাশিতে ভরা; তার কেন্দ্রে, ঠিক য়েরুশালায়িমের বিপরীত বিন্দুতে জেগে উঠেছে এক শঙ্কুবৎ পাহাড়। সেটাই শুদ্ধিলোক; তার চূড়ায় নন্দন কাননের মত এক ভূস্বর্গ।

স্বর্গের অবস্থান বুঝতে হলে আমাদের অভ্যস্ত বিশ্বপরিচয় একেবারে ত্যাগ করতে হবে। আমরা জানি সৌরলোকের কেন্দ্রে সূর্য, পৃথিবীসহ গ্রহগুলি তাকে প্রদক্ষিণ করছে, চাঁদ আবার প্রদক্ষিণ করছে পৃথিবীকে। অন্যান্য সব নক্ষত্র ছড়িয়ে আছে ব্রহ্মাণ্ড জুড়ে সর্বত্র। এই বিশ্বচিত্রের উপস্থাপন করেছিলেন ১৬শ শতকে নিকোলাউস কোপেরনিকুস, তার নামেই এটি অভিহিত। তার আগে ইউরোপে যে বিশ্বচিত্র প্রচলিত ছিল, সেটি অভিহিত দ্বিতীয় শতকের ক্লাউদিয়স তলেমাইয়সের নামে। তাতে পৃথিবীই ব্রহ্মাণ্ডের কেন্দ্রে, তাকে ঘিরে আছে নয়টি স্বচ্ছ, অপার্থিব উপাদানে গঠিত সমকেন্দ্রিক গোলক (concentric spheres) বা মণ্ডল। চন্দ্র-সূর্য ও যত গ্রহনক্ষত্র প্রোথিত আছে এই গোলকগুলিতে, তবে একটু বিশেষভাবে। পৃথিবীর সবচেয়ে কাছের মণ্ডলে আছে চাঁদ, তার পরেরগুলিতে যথাক্রমে বুধ, শুক্র, সূর্য, মঙ্গল, বৃহস্পতি ও শনি গ্রহ—অর্থাৎ সৌরজগতের গঠনটাই অন্য এক ধাঁচে সাজানো হচ্ছে। (শনির ওপারের গ্রহগুলি তখনও আবিষ্কার হয়নি।) তার পরেই আসল চমক। যত নক্ষত্র আছে (সে যুগের ভাষায় 'স্থিতিশীল নক্ষত্র', কারণ

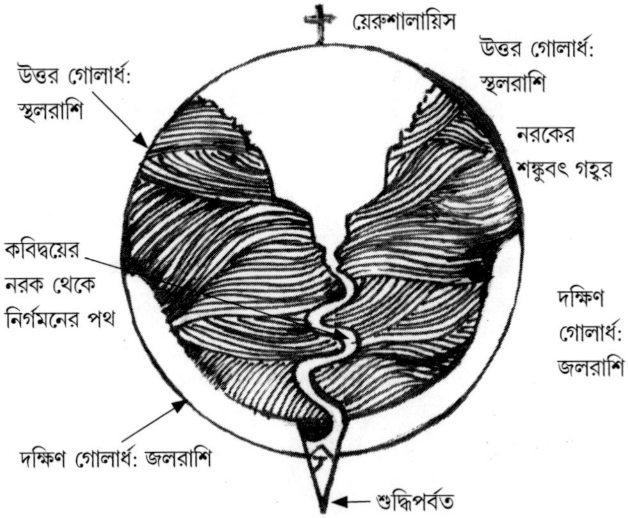

চিত্র ১: দান্তের কল্পিত পৃথিবী, নরক ও শুদ্ধিলোক

তারা এক রাত্রে আকাশে স্থান পরিবর্তন করে না), সবগুলি জড়ো হচ্ছে একটিমাত্র মণ্ডলে। তারও বাইরে একটা গোলক আছে যাতে গ্রহনক্ষত্র কিছুই বসানো নেই। সেটি ভিতরের সবকটি মণ্ডলের চালিকাশক্তির উৎস: তার নাম 'আদি চালক', লাতিনে 'প্রিমুম মোবিলে'। (সে যুগে পশ্চিম ইউরোপে লাতিন ছিল জ্ঞানচর্চার প্রধান ভাষা।) এই শেষ মণ্ডলটির ওপারে নির্গুণ নিরালম্ব দিব্যলোকের অনন্ত বিস্তার, যার গ্রীকলব্ধ লাতিন নাম এম্পীরেয়ুম বা অগ্নিলোক। মর্ত্যলোকের বাইরে এই যে মণ্ডলগুলি, এখানেই স্বর্গের দিব্য আত্মাদের অবস্থান। আর তারও বাইরে যে অসীম দিব্যলোক, সেখানে ঈশ্বরের পরিপূর্ণ মহিমার বিস্তার।

কাব্যের অন্য সব বৈশিষ্টের মত নরক, শুদ্ধিলোক ও স্বর্গের ভৌগোলিক গঠনেও লক্ষণীয় সামঞ্জস্য আছে: তিনটিরই বিভাজন ৯+১। নরকে আছে নয়টি চক্র বা বলয়, সেই সঙ্গে নরকে ঢোকার আগে নীতিবোধহীন আত্মিক ত্রিশঙ্কুদের জন্য একটি অনির্দিষ্ট স্থান। (অপর মতে এই দশম স্থানটি হল নরকের একেবারে তলায়, যেখানে স্বয়ং শয়তানের অবস্থান; নচেৎ এটিকে নবম চক্রের অংশ বলে ধরা হয়।) শুদ্ধিলোকে আছে পর্বতের খাড়াই বেয়ে নয়টি স্তর বা সোপান, এবং চূড়ায় ভূস্বর্গ। স্বর্গে আছে নয়টি গোলক বা মণ্ডল, এবং সবার বাইরে অসীম দিব্যলোক। এই তিন লোকের প্রত্যেকটির নিজস্ব অভ্যন্তরীণ জটিল ভূগোল আছে। বর্তমান গ্রন্থে প্রত্যেক খণ্ডে, সেই লোকে পাঠকের প্রবেশের আগে তার বিশদ বিবরণ দেওয়া হবে।

কাহিনীর কাল

কম্মেদিয়া-র আখ্যানের কাহিনীকাল ১৩০০ সাল, যদিও দান্তে তা রচনা করেছেন অনেক পরে। অতএব বহু কিছু যা রচনার আগেই ঘটে গেছে, আখ্যানে উল্লেখিত হচ্ছে ভবিষ্যৎ ঘটনা বলে। পরলোকের কোনও চরিত্র অতএব সেই ঘটনার কথা জানে না, কিন্তু পাঠক জানে।

কাব্যের প্রথম পংক্তিতেই বলা হচ্ছে, ঘটনাগুলি ঘটছে কবির জীবনের মধ্যকালে। দান্তে অবশ্যই তার মৃত্যুর দিন আগে থেকে জানতেন না, কিন্তু বাইবেল-সুত্রে প্রচলিত ধারণা অনুসারে মানুষের আয়ু সত্তর বছর (গীতসংহিতা ৯০:১০)। তাই ধরে নেওয়া যায়, দান্তে বলতে চাইছেন তার বয়স ছিল পঁয়ত্রিশ। তার জন্ম ১২৬৫তে, সুতরাং কাহিনীর সাল হয় ১৩০০।

নরক-এর প্রথম সর্গে আরও জানতে পারছি যে সময়টা হল বসন্তকাল—বা আরও বিশদভাবে, সূর্য তখন মেষরাশিতে ছিল, সৃষ্টির সময়েও যেখানে ছিল তার অবস্থান। সূর্যের মেষরাশিতে অবস্থান ২১ মার্চ থেকে ২১ এপ্রিল। এই সময়কালের মধ্যে ঘটে খ্রিস্টীয় ইতিহাসে সর্বাধিক গুরুত্বপূর্ণ দুটি ঘটনা, মারিয়ার যিশুকে গর্ভে ধারণ ও যিশুর ক্রুশে মৃত্যুবরণ। দ্বিতীয় দিনটি অবশ্যই পবিত্র শুক্রবার (ইতালীয় 'ভেনেরদি সান্তো', ইংরেজি গুড ফ্রাইডে)। এই দিন দেহত্যাগ করে যিশু পাতালে প্রবেশ করেন, তারপর সেই রবিবার (ইতালীয় 'দমেনিকা দি পাস্কুয়া', ইংরেজি ঈস্টার সানডে) সশরীরে সমাধি থেকে উত্থিত হন। (৪র্থ সর্গের টীকা দ্রঃ।) ২১শ সর্গের একটি উল্লেখ থেকে জানা যায়, কবিদের নরক-পরিক্রমার আগের দিন ছিল যিশুর মৃত্যু তথা পাতাল প্রবেশের দিন। এই সূত্র ধরে পুরো *কম্মেদিয়া* পর্যবেক্ষণ করলে এই সময়সূত্র পাওয়া যায়:

যিশুর মৃত্যুর আগের দিন, বৃহস্পতিবার (ইতালীয় 'জ্যোভেদি সান্তো', ইংরেজি 'মন্ডি থার্সডে'): দান্তে গহন বনে হারিয়ে যান।

যিশুর মৃত্যুর দিন, পবিত্র শুক্রবার: দান্তে সারাদিন পাহাড়ে চড়ার চেষ্টার পর সন্ধ্যাবেলা ভের্গিলিউসের দেখা পান।

শুক্রবার সন্ধ্যা থেকে পুরো শনিবার: নরক-পরিক্রমা।

> *উত্তর আর দক্ষিণ গোলার্ধের সময়ে বারো ঘণ্টার তফাৎ: এগিয়ে না পিছিয়ে তা স্পষ্ট নয়। (৩৪শ সর্গের টীকা দ্রঃ।) সুতরাং নরক থেকে বেরিয়ে, পৃথিবীর মধ্যে দিয়ে কবিরা যখন শুদ্ধিপর্বতের পাদদেশে পৌঁছলেন, দক্ষিণ গোলার্ধে তখন হয় শনিবার নয় রবিবার সকাল। দ্বিতীয়টি ধরলে এই সুন্দর সামঞ্জস্য আসে, যে কবিদের নরক-পরিক্রমার সময়কাল যিশুর নিজের পাতাল-পরিক্রমার সঙ্গে ঠিক মিলে যায়: তাঁরা নরক থেকে নিষ্ক্রমণ করেন যিশুর সমাধি থেকে উত্থানের সকালে।*

শনিবার বা রবিবার সকাল থেকে তিন দিন, অর্থাৎ বুধবার বা বৃহস্পতিবার মধ্যাহ্ন পর্যন্ত: শুদ্ধিলোক-পরিক্রমা।

বুধবার বা বৃহস্পতিবার মধ্যাহ্ন থেকে বৃহস্পতিবার সন্ধ্যা পর্যন্ত: স্বর্গ-পরিক্রমা।
উভয় হিসাবেই সম্পূর্ণ কাহিনীকাল ঠিক এক সপ্তাহ, এক বৃহস্পতিবার থেকে পরের বৃহস্পতিবার। আখ্যানের শুরু ও শেষ ইতালিতে।

নরকের ভূগোল

দান্তের নরকের মূল ভাগ নয়টি। ভূগর্ভে নিম্নমুখী শঙ্কু-আকৃতির (conical) একটি গহ্বরের ভিতরকার বেড় ঘিরে এক-একটি বলয়ে এগুলি অবস্থিত। এদের অনেকগুলি আবার একাধিক উপভাগে বা স্তরে বিভক্ত। এই ভূমিকায় সমগ্র পাতালপুরীর বিন্যাস, ও তার নিহিত ধর্মীয় ও নৈতিক বিধান সম্বন্ধে একটা সার্বিক ধারণা দেওয়া হচ্ছে। প্রত্যেক অংশের বিশদ বিবরণ পাওয়া যাবে সংশ্লিষ্ট সর্গের বিস্তারিত ভাষ্যে।

আদত নরকে ঢোকার আগে ভের্গিলিউস ও দান্তেকে পার হতে হয় নরকের বাইরে এক বিচিত্র ভূমি। তাতে অনন্ত অপেক্ষায় আছে সেই আত্মার দল, জীবদ্দশায় যাদের নৈতিক চেতনার এতই অভাব ছিল যে পুণ্য কোন ছার, পাপ করার ক্ষমতাও তাদের ছিল না। আত্মিকভাবে অসার এই মানুষগুলির তাই নরকেও স্থান নেই। আখেরোন নদী পার করে পাতালের পাটনি খেইরোন যখন পাপাত্মাদের নরকে নিয়ে যায়, এই আত্মাগুলি সেই নৌকায় চড়ার জন্য নিষ্ফল মিনতি করে।

নদী পার হয়ে 'লিম্বো' নামক নরকের প্রথম চক্রেরও বৈশিষ্ট্য আছে। এটি প্রকৃতপক্ষে নরক অর্থাৎ শাস্তি বা যন্ত্রণার স্থান নয়। এখানকার অধিবাসীরা গুণী ও মহৎ। তবু স্বর্গে তাঁদের ঠাঁই নেই একটিমাত্র কারণে: এঁরা ধর্মস্নানের দ্বারা খ্রিস্টধর্মে দীক্ষিত হননি—হয়ত খ্রিস্টের আবির্ভাবের আগে বেঁচেছিলেন বলে, হয়ত এমন দেশে বাস করতেন বলে যেখানে খ্রিস্টের বাণী পৌঁছয়নি। অতএব খ্রিস্টীয় তত্ত্ব অনুসারে এঁদের স্বর্গের পথ রুদ্ধ। এই 'মহৎ বিধর্মী'রা কোনও যন্ত্রণা ভোগ করেন না, বরং উদার শান্ত পরিবেশে বাস করেন, কিন্তু স্বর্গসুখে বঞ্চিত হওয়ায় একটা শুন্যতা বা অতৃপ্তি বোধ করেন। অখ্রিস্টান পাপাত্মারা কিন্তু নরকেই যায়, খ্রিস্টান পাপীদের পাশাপাশি একই শাস্তি ভোগ করে।

জমকালো দেউড়ি দিয়ে নরকে প্রবেশ করে দুই কবি একে-একে অতিক্রম করেন প্রকৃত নরকের আটটি চক্র। এখানে সাজাপ্রাপ্ত পাপগুলি মূলত তিন শ্রেণীর। তাদের প্রতীক সেই তিনটি প্রাণী, কাব্যের একেবারে গোড়ায় দান্তে যাদের সামনে দিয়ে ছুটে যেতে দেখেন: চিতা, সিংহ ও নেকড়ে। এই তিন শ্রেণীর পাপের চরিত্র যথাক্রমে প্রবৃত্তির আতিশয্য, প্রবৃত্তির বিকার, ও বুদ্ধির অপব্যবহার। নরকের এই পুরো গঠনের ব্যাখ্যা স্বয়ং ভের্গিলিউস দান্তেকে দিচ্ছেন *নরক*-এর ১১শ সর্গে।

'প্রবৃত্তি'র অর্থ মানুষের কিছু সহজাত ধারা বা প্রেরণা যা জীবজগতেও দেখা যায়, যেমন ক্ষুধা, কাম, বস্তুলিপ্সা ও ক্রোধ। বাঁচতে গেলে খেতে হবে, বংশবৃদ্ধি করতে গেলে যৌনমিলন অপরিহার্য। তাতে অন্যায় নেই, অন্যায় তাদের আতিশয্যে। যৌন প্রবৃত্তির

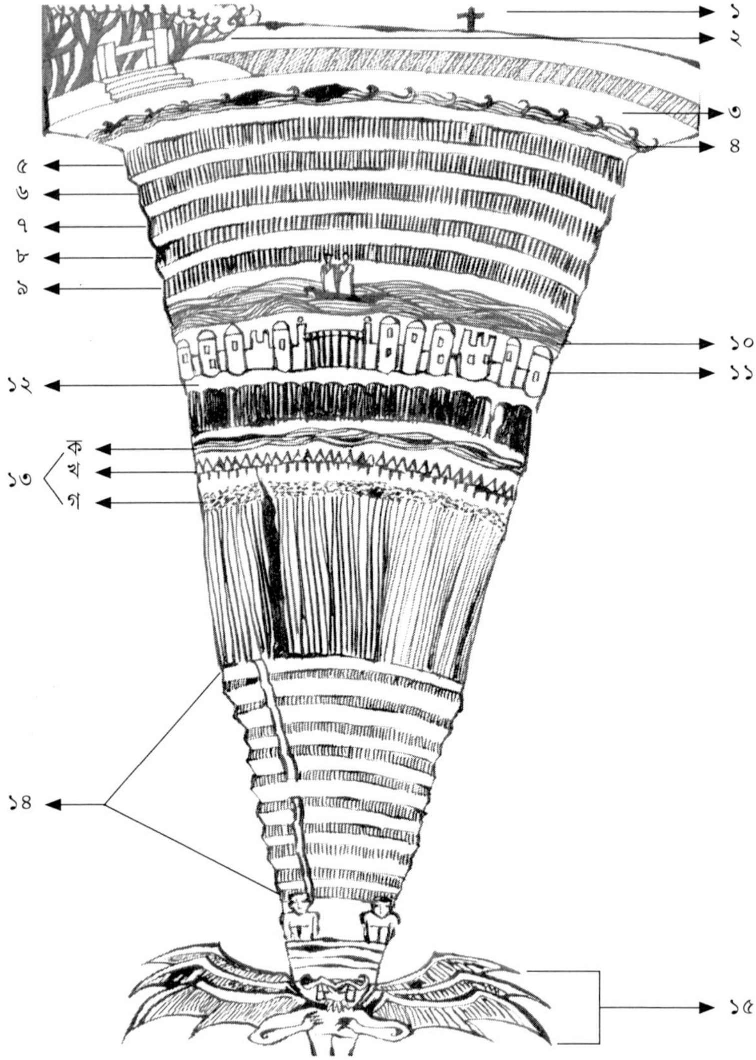

(১) য়েরুশালায়িম (২) নরকের দেউরি (৩) নির্জীব আত্মাদের নির্বাসনস্থান (৪) আখোরোন নদ (৫) প্রথম চক্র: মহৎ বিধর্মী (৬) দ্বিতীয় চক্র : যৌনলালসা (৭) তৃতীয় চক্র: ভোগবিলাস (৮) চতুর্থ চক্র: অর্থলোভ (৯) পঞ্চম চক্র: ক্রোধ (১০) স্তীক্স জলাভূমি (১১) দিসের নগরীর প্রাচীর (১২) ষষ্ঠ চক্র: অপবিশ্বাস (১৩) সপ্তম চক্র (ক) ফ্লেগেথোন: অপরের প্রতি হিংসা (খ) আত্মঘাতীদের অরণ্য (গ) তপ্ত বালুকা: ঈশ্বর, প্রকৃতি ও সৃষ্টিশীল শ্রমের প্রতি হিংসা (১৪) অষ্টম চক্র: চিত্র ৩ দেখুন (১৫) নবম চক্র: চিত্র ৩ দেখুন

চিত্র ২: নরকের সম্পূর্ণ চিত্র

আতিশয্য কাম বা লালসা, খাদ্যগ্রহণের আতিশয্য অতিভোজন, আত্মরক্ষার আতিশয্য হিংসাত্মক ক্রোধ। বস্তুলিপ্সা বা অর্থসর্বস্বতার দুটি পরস্পরবিরোধী প্রকাশ কৃপণতা ও অমিতব্যয়িতা। নরকের দ্বিতীয় থেকে পঞ্চম, এই চারটি চক্রে সাজা পাচ্ছে যথাক্রমে যৌনলালসা, খাদ্য ও ভোগের লালসা, অর্থলিপ্সা ও ক্রোধ।

লালসা বা লিপ্সার গণ্ডী পেরিয়ে ভের্গিলিউস ও দান্তে প্রবেশ করেন আরও গুরুতর পাপের মণ্ডলে, নরকরাজের খাসনগরে। সেখানে প্রথম (অর্থাৎ সমগ্র হিসাবে ষষ্ঠ) চক্রে সাজা পাচ্ছে ধর্মদ্বেষীর দল। এরা প্রথম বলয়ের অধিবাসীদের মত অখ্রিস্টান 'বিধর্মী' নয়; খ্রিস্টধর্মে দীক্ষিত হওয়া সত্ত্বেও এরা সেই ধর্মের কোনও বিশ্বাস বা তত্ত্বকে অস্বীকার করেছে।

সপ্তম চক্রে শাস্তি পাচ্ছে সেই সব পাপী, যাদের মধ্যে প্রবৃত্তির প্রকাশ কেবল অত্যধিক নয়, বিকৃত বা বিপথগামী অতএব হিংসাত্মক বা ধ্বংসাত্মক। এই বিকৃত ধ্বংসাত্মক প্রবৃত্তি মূলত তিন শ্রেণীর:

- এক: অপর মানুষের প্রতি (হত্যা, বিশেষত যুদ্ধে ও রাজনৈতিক কারণে হত্যা ও নির্যাতন);
- দুই: নিজের প্রতি (আত্মহনন);
- তিন: ঈশ্বর, প্রকৃতি ও সৃষ্টিশীল শ্রমের প্রতি।

প্রথম দলের সঙ্গে পঞ্চম বলয়ের ক্রোধদুষ্ট পাপীদের একটা তফাৎ আছে। ক্রোধ থেকে হিংসার জন্ম হয় ঝোঁকের মাথায়, অপরিকল্পিতভাবে: সেই পাপ ব্যক্তিগত স্তরে। সপ্তম চক্রের পাপীরা ক্ষমতা, সম্পদ প্রভৃতির আশায় ব্যাপক ও পরিকল্পিতভাবে হিংসার আশ্রয় নেয়: এদের পাপ সামাজিক স্তরে। দস্যু থেকে অত্যাচারী শাসক, সকলে এই দলে। সম্পত্তি ধ্বংস বা আত্মসাৎ করাও এই পাপের রূপান্তর।

সপ্তম চক্রের তৃতীয় দল সম্বন্ধে ব্যাখ্যার বিশেষ প্রয়োজন। এদের পাপ ভিন্ন-ভিন্ন তিন ধরণের। 'ঈশ্বরের প্রতি হিংসা'র অর্থ ঈশ্বরকে হেয় বা অবমাননা করা (ইংরেজিতে 'ব্লাসফেমি')। 'প্রকৃতির বিরুদ্ধে হিংসা'র ধারণাটা বিশেষভাবেই আধুনিক চিন্তার পরিপন্থী। দান্তে ঐ আখ্যা দিচ্ছেন সমকামীদের। যুক্তিটা সহজেই অনুমেয়।

দান্তের ব্যবহৃত arte শব্দের আক্ষরিক তর্জমা 'শিল্প' বা 'কর্মকৌশল'; এখানে বলা যেতে পারে, সৃষ্টিশীল শ্রম। তার প্রতি বিরুদ্ধাচরণ করে সুদখোর মহাজনেরা। মানুষের রোজগারের বৈধ উপায়, শ্রমের দ্বারা কোনও কিছু তৈরি করা বা কোনও পরিষেবা দান করা। সুদের ব্যবসায়ীরা কিন্তু টাকা থেকেই আরও টাকা সৃষ্টি করে: এই বৃদ্ধি প্রকৃতিসিদ্ধ প্রজনন নয়, সমাজসিদ্ধ উপার্জনের পথও নয়।

অষ্টম ও নবম চক্রে শাস্তিভোগ করে সেই পাপীরা, যারা বুদ্ধিবিচারের অপব্যহার করেছে। মর্তের সব জীবের মধ্যে একমাত্র মানুষেরই যুক্তি-বুদ্ধি-বিচারের ক্ষমতা আছে। ঈশ্বরপ্রদত্ত সেই শ্রেষ্ঠ ক্ষমতার যারা অপব্যবহার করে, পাপীদের মধ্যে তারা সবচেয়ে অধম, নরকের নিম্নতম দুটি লোকে তারা ভোগ করে সবচেয়ে জঘন্য ও ভয়াবহ শাস্তি।

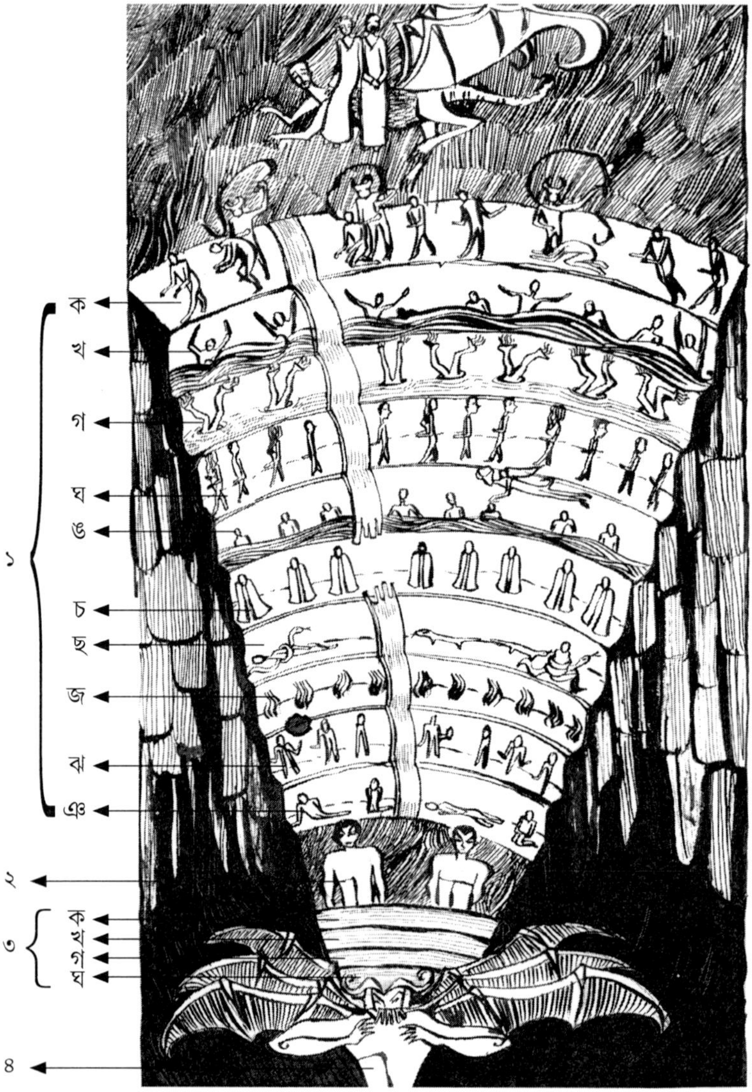

(১) অষ্টম চক্র: পাপ পরিখা (ক) অন্যায় যৌন-সম্পর্কে সহায়ক (খ) চাটুকারিতা (গ) ধর্মীয় পদ বিক্রয় (ঘ) দৈবজ্ঞ ও মায়াবি (ঙ) প্রশাসনিক পদ বিক্রয় (চ) ভণ্ডামি (ছ) চৌর্যবৃত্তি (জ) কুমন্ত্রণা (ঝ) বিভেদসৃষ্টি (ঞ) জালিয়াতি (২) দানব (৩) নবম চক্র: কোকীতস হ্রদ, বিশ্বাসঘাতকতা (ক) আত্মজনের প্রতি (খ) স্বদেশের প্রতি (গ) অতিথির প্রতি (ঘ) প্রভুর প্রতি (৪) শয়তান: যিহূদা, ব্রুতুস ও কাসসিউস

চিত্র ৩: নরকের নিম্নভাগ: অষ্টম ও নবম চক্র

এদের মধ্যেও দুটি ভাগ: যারা সাধারণভাবে মানবজাতি বা সমাজের ক্ষতি করেছে, আর যারা চূড়ান্ত হীনভাবে এমন লোকের ক্ষতি করেছে, যার প্রতি তাদের কোনও বিশেষ বন্ধন বা আনুগত্য থাকা উচিত—অর্থাৎ তারা বিশ্বাসঘাতকতা করেছে।

প্রথম শ্রেণীর ঠিকানা অষ্টম চক্রে। এই চক্র দশটি 'পাপ-পরিখা'য় (ইতালীয় Malebolge) বিভক্ত। নরকের গহ্বর দিয়ে নেমে এসেছে একের পর এক এই দশটি পৃথক বলয়, যাতে শাস্তি দেওয়া হচ্ছে বুদ্ধি তথা মানবিক মননক্ষমতার দশরকম অন্যায় প্রয়োগের:

- অন্যায় যৌনসম্পর্কে সহায়তা;
- চাটুকারিতা;
- ধর্মীয় পদ বা সম্মান বিক্রি করা;
- যাদুবিদ্যা ও ওঝাগিরি;
- প্রশাসনিক পদ বা রাজনৈতিক সম্মান বিক্রি করা;
- ভণ্ডামি ও প্রতারণা;
- চৌর্যবৃত্তি;
- কুমন্ত্রণা;
- বিভেদ ও সংঘাত সৃষ্টি;
- জালিয়াতি: শুধু বস্তু বা অর্থ নয়, ভাষা জাল করা অর্থাৎ মিথ্যাভাষণ, এবং মানুষ জাল করা অর্থাৎ মিথ্যা নাম বা পরিচয় দেওয়া।

নবম চক্রে শাস্তি সেই জঘন্যতম পাপীদের, যারা বিচারবুদ্ধির অপপ্রয়োগ করেছিল বিশ্বাসভঙ্গের উদ্দেশ্যে, বিশেষভাবে স্বীকৃত বা আদৃত কোনও সম্পর্কে আঘাত করে। এরা চার শ্রেণীতে বিভক্ত:

- আত্মীয় বা স্বজনের প্রতি বিশ্বাসঘাতক;
- স্বদেশের প্রতি বিশ্বাসঘাতক;
- অতিথির প্রতি বিশ্বাসঘাতক;
- প্রভুর প্রতি বিশ্বাসঘাতক।

নবম চক্র শেষ হচ্ছে নরকের গহ্বরের একেবারে তলদেশে অর্থাৎ পৃথিবীর কেন্দ্রবিন্দুতে। সেখানে শৃঙ্খলিত আছে স্বয়ং শয়তান, তার তিন মুখের দন্তরাজিতে চূর্ণ হচ্ছে ইতিহাসের সবচেয়ে ঘৃণ্য তিন বিশ্বাসঘাতক: যিহুদা, ব্রুতুস ও কাসসিউস।

অনুবাদকের কথা

একটি প্রবন্ধ পড়ানোর সূত্রে দান্তের মহাকাব্য সম্পর্কে অনেক কথা বলেছিলেন জলপাইগুড়ি আনন্দচন্দ্র মহাবিদ্যালয়ের তরুণ অধ্যাপক শ্রী ভোলানাথ দাশগুপ্ত মহাশয়। প্রায় তখনই *কম্মেদিয়া*-র একটি ইংরেজি অনুবাদ হাতে এল এই ভবিষ্যৎ অনুবাদকের, যদিও তার সুদূরতম কল্পনাতেও এই কাজটির ভাবনা তখন ছিল না।

সেই ভাবনা এল আরো কয়েক দশক বাদে। বাঙালির দৈনন্দিনতায় রবীন্দ্রনাথ যেমন অপরিহার্য, এই অনুবাদকের ক্ষেত্রেও তেমনি চলছিল; কিন্তু এক অদ্ভুত আকস্মিকতায় দান্তে এবং তার *কম্মেদিয়া* অনুবাদকের পাঠসঙ্গী হয়ে গেলেন। তখনই মনে হল এই কাব্যকাহিনী সাধারণ পাঠকের কাছে পৌছে দেওয়ার কথা: যারা ইতালীয় ভাষা জানেন না এবং ইংরেজি ভাষাতেও এই বৃহৎ কাব্যটি হয়ত পড়তে আগ্রহী হবেন না, তাদের জন্য। আনন্দ ভাগ করে নিলে বেড়ে যায়, দুঃখ ভাগ করে নিলে হালকা হয়। ক*ম্মেদিয়া*-তে সেই পন্থার নিশানা মেলে।

১২৯০ খ্রিস্টাব্দের ৯ জুন দান্তের জীবনের নক্ষত্রসম বেয়াত্রিচের মৃত্যু হয়। দান্তে তার পরে লেখেন *নতুন জীবন (La Vita Nuova)*, আশ্রয় নেন কাব্য ও দর্শনশাস্ত্রে, রচনা করেন চিন্তাশীল কিছু গ্রন্থ। *কম্মেদিয়া* তাঁর প্রতিশ্রুত কাব্যকাহিনী। এটি রচনা করার জন্য দান্তে নিজের কাছে নিজে প্রতিজ্ঞাবদ্ধ ছিলেন। তাঁর জীবন ও রচনা নিয়ে ভূমিকায় বিস্তৃত আলোচনা করেছেন সম্পাদক স্বয়ং। এই অনুবাদক তার পুনরাবৃত্তি নিষ্প্রয়োজন মনে করেছে।

দান্তের কাব্যের প্রচলিত শিরোনাম *La Divina Commedia di Dante Alighieri*, যা অনুবাদে দাঁড়ায় ‘দান্তে আলিগিয়েরির দিব্যমিলন’। শিরোনামের পর আরেকটি বাক্যাংশে কবি নিজের ও তার জন্মনগরীর পরিচয় দিয়েছেন: ‘জন্মসূত্রে ফিরেন-এর পর হস্-চিহ্ন। 'ফিরেন্‌ৎসে'র মত 'ফিরেন্‌ৎসীয়'তেও সর্বত্র হস-চিহ্ন বসবে -- global command দিয়ে?ৎসীয়, চরিত্রে নয়’। কাব্যটি তিন কান্তিকা (গীতি) বা মূল ভাগে বিন্যস্ত:

- নরক বা অধোলোক (*L'Inferno*), ৩৩ +১ = ৩৪ সর্গ
- শুদ্ধিলোক বা শোধনলোক (*Il Purgatorio)*, ৩৩ সর্গ
- স্বর্গলোক (*Il Paradiso*), ৩৩ সর্গ।

অর্থাৎ কাব্যে অছে মোট ১০০টি সর্গ। সর্বপ্রথম সর্গটিকে প্রস্তাবনা বা ভূমিকা হিসাবে ধরলে থাকে আর ৯৯টি সর্গ, যা তিন দিয়ে সমানভাগে বিভাজ্য। এই তিন হল খ্রিস্টীয় ত্রিত্ব (ইতালীয় ‘ত্রিনিতা’, ইংরেজি ‘ট্রিনিটি’))।

দান্তে কাব্যকাহিনীটি লিখেছেন সে যুগের ইতালিতে তাঁর অঞ্চলের প্রচলিত ভাষা তস্কানোতে। ‘সাধারণ মানুষ এমনকি স্ত্রীলোকেও’ যাতে বুঝতে পারে, তাই দান্তে কেবল

তৎকালীন বিদ্যাচর্চা ও সাহিত্যের ভাষা লাতিন পরিহার করেছেন তাই নয়, সাধারণ ভাষাকে উপমা উৎপ্রেক্ষা, শ্লেষ, অনুপ্রাস ইত্যাদি অলঙ্কারে সাজিয়ে করে তুলেছেন লাতিনের প্রতিস্পর্ধী। সেই ভাষাতেই তাঁর কাব্যে ধরা আছে দশটি শতাব্দীর চিন্তা ও ইতিহাস, এবং তারও আগেকার গ্রীক-লাতিন সভ্যতার ঐতিহ্য। *কম্মেদিয়া*-র ভাষা তীক্ষ্ণ অথচ সরল, অনিবার্য, টি এস এলিয়টের কথায় সার্বজনীন ভাষা, universal language। অনুবাদককে তাই হতে হয়েছে সদাসতর্ক, যাতে পাঠকের সঙ্গে নায়ক-কবির দূরত্ব যথাসম্ভব কম থাকে অর্থাৎ কেবল ভাবানুবাদ হলে চলবে না।

এই অনুবাদ গদ্যে, সুতরাং ছন্দের আলোচনা অনাবশ্যক; তবু দু-একটি কথা বলা চলে। *কম্মেদিয়া-য়* দান্তে ব্যবহার করেছিলেন প্রচলিত একাদশদল ছন্দ, পংক্তিগুলি সাজিয়েছিলেন তাঁর নিজের সৃষ্ট এক অসাধারণ ত্রিমিল বিন্যাসে (terza rima)। নীচে একটু নমুনা দেওয়া হল, কাব্যের একেবারে গোড়ার কয় পংক্তি:

Nel mezzo del cammin di nostra vita   a
Mi ritrovai per una selva oscura,   b
Che la diritta via era smarrita.   a

Ahi quanto, a dir qual era e cosa dura,   b
esta selva selvaggia e aspra e forte   c
che nel pensier rinnova la paura!   b

অনুবাদে:

আমাদের জীবনের চলার পথের মধ্যভাগে নিজেকে খুঁজে পেলাম এক আঁধার ঘন অরণ্যে, সরল সিধে রাস্তাটা যেখানে গেছে হারিয়ে।

হায়, কী কঠিন সেই বনের বিবরণ দেওয়া! এত গহন আর আদিম সেই রুক্ষ বন যে ভাবলেই মনের মধ্যে নতুন করে জেগে ওঠে ভয়।

দান্তের *কম্মেদিয়া* আমাকে এক অনাস্বাদিত অভিজ্ঞতায় সমৃদ্ধ করেছে এবং আজও করে চলেছে। সেই অভিজ্ঞতাই আমি পাঠকদের সঙ্গে ভাগ করে নিতে চাই। অল্প বয়সে পড়ে মনে হয়েছিল, এটি মুখ্যত দান্তে-বেয়াত্রিচের পবিত্র ভালোবাসার কাহিনী। কিন্তু পরে অনুবাদ করতে এসে বয়স্ক বিষন্নতায় সমষ্টির মুক্তির প্রসঙ্গই বেশি করে মনে হয়েছে। এমন মুক্তির সব চেষ্টাই আজ পর্যন্ত ব্যর্থ হয়েছে। তবু দান্তের *কম্মেদিয়া*-র উদ্দিষ্টে আমাদের পৌঁছতেই হবে। আশা, বিশ্বাস ও ভালোবাসা ফিরে পেতে, আত্মাভিমান ঝরাবার জন্য এই পাঠের প্রয়োজন আছে। নরক-এর ১৫শ সর্গে দান্তের শিক্ষক ব্রুনেত্তো লাতিনির শিষ্যের প্রতি উপদেশ আমাদের সবার ক্ষেত্রেই প্রযোজ্য:

... Se tu segui tua stella,

Non puoi fallire a glorioso porto.

অনুবাদে:

... যদি তুমি তোমার নক্ষত্রের দিশা অনুসরণ করো, তোমার মহান পোতাশ্রয়ে পৌঁছতে তুমি ব্যর্থ হতে পারো না। (১৫শ সর্গ)

১৯৯৮-এ শুরু করে ২০০৬-এ এসে 'নরক' খণ্ডটি শেষ করলাম; কিন্তু পুরোপুরি ছেড়ে দিলাম তাও বলা যায় না। তারপর 'শুদ্ধিলোক' বারবার অনুবাদ করার চেষ্টা করি আর ছেড়ে দিই। আসলে ছাপার হরফে না দেখা পর্যন্ত, পুস্তকাকারে না পড়া পর্যন্ত, ছুতোরমিস্ত্রির মত এখানে-ওখানে ঠুকঠুক করে যেতেই হয়, র‍্যাঁদা ঘষতে হয়, দৃষ্টি নিবদ্ধ করে দেখতে হয় কবিতা ও কবির কত কাছে যেতে পেরেছি, আরও কাছে যাওয়া সম্ভব কিনা। আমি বিশ্বাস করি বাংলাভাষার সেই শক্তি আছে যা দান্তের *কম্মেদিয়া*-কে প্রকাশ করতে পারে তার পরিপূর্ণ মাধুর্যে।

কতভাবেই যে পাঠক পড়তে পারেন দান্তের *কম্মেদিয়া*-কে! কেউ কেউ তাঁকে বলেছেন তীর্থযাত্রী; পাঠক তবে হতে পারেন সহযাত্রী। ভের্গিলিউস তাঁর দিশারি। পথিক বা ভ্রামণিক দান্তে ভের্গিলিউসকে প্রশ্ন করেন, আবার ভের্গিলিউসের হয়ে আদতে রচনাকার দান্তেই উত্তর দেন। সেদিনের ফিরেন্‌ৎসে অন্তর্কলহে দীর্ণ ছিল। গৃহযুদ্ধে বিধ্বস্ত, জাল-জুয়াচুরি, লোভ-লালসা, অনাচার, বিশ্বাসঘাতকতা, এক কথায় ষড়রিপুর দংশনে ছিন্নবিচ্ছিন্ন ইতালি ও ফিরেন্‌ৎসে যেন আজকেরই বাস্তব, কিঞ্চিৎ অন্য চেহারায়। ইতালির ফাসিস্ত অপশক্তির বিরুদ্ধে, প্রতিবাদী কম্যুনিস্টরা *কম্মেদিয়া*-র ব্যক্তিমুক্তির আখ্যানকে তাই পাঠ করতে পেরেছিলেন সমষ্টির মুক্তির আহ্বানরূপে। রূপকও বলা যায় *কম্মেদিয়া-কে*, যদিও আত্মার অবস্থানের কথা সোজাসুজি আক্ষরিকভাবেই আলোচিত হয়েছে। ভ্রমণও বলা চলে, সেও রূপকার্থে: এ যেন রবীন্দ্রনাথের কথায় মানুষের ক্রমাগত হয়ে ওঠা, তার উদ্দিষ্টের দিকে চলা, পাপ ও অমঙ্গল থেকে শুভ বা মঙ্গলের দিকে।

মধ্যযুগের ইতিহাসের আলো-আঁধারিতে দান্তে যেন হয়ে উঠেছেন এক পুরাণপুরুষ। তাকে নিয়ে অশেষ গল্প-গাথা-কাহিনি। তার কিছু কিছু সংগ্রহ করেছিলেন দান্তের প্রথম জীবনীকার, *দেকামেরোন*-এর স্রষ্টা জ্যোভান্নি বক্কাচ্যো। আজ কম্পিউটার-ওয়েবসাইটের যুগেও গবেষকবৃন্দ দান্তে সম্বন্ধে নতুন তথ্য আবিষ্কার করে চলেছেন। এ অনুবাদকের কাছে দান্তের বেয়াত্রিচে সত্য: শিল্পের সত্য, পাঠকের দৃষ্টিতে প্রত্যয়িত সত্য, তাঁর কিছু-কিছু বিবরণ গবেষকদের কাছে অপ্রমাণিত হলেও।

লেখালেখির কাজ কখনও-কখনও হয়ে ওঠে একাধিক মানুষের সম্মিলিত কাজ, রচনার একমুখিতা বজায় রেখে যুগ্মভাবে গড়ে তোলার এক আন্তরিক প্রয়াস। যখন অনুবাদ শুরু করি, তখন সৌভাগ্যক্রমে আমরা প্রায় নির্বাসনে ছিলাম। আসানসোলে শিল্পাঞ্চলে অবস্থিত অথচ তার কোলাহলের বাইরে, সুকুমার রায়ের বুড়ির বাড়ির মত এক বিশাল প্রাচীন বাংলোবাড়ি হল আমার 'নরক' অনুবাদের নিঃশব্দ সহায়ক। তার হলঘরে আমার হস্টেল-নিবাসিনী কন্যার সাইকেলটি চালিয়ে সচল রাখতাম। শৌখিন কাচবসানো

জানলা-দরজাগুলো হাওয়ায় কেঁপে উঠত, আনাচে-কানাচে ছিল রহস্য। চারদিকে কত চেনা-অচেনা গাছ—বেল, নিম, সিসু, সাঁইবাবলা, পলাশ, শিউলি, কৃষ্ণচূড়া, রাধাচূড়া; বৃক্ষসম কারিপাতার ঝাড়, অড়হরের খেত, লঙ্কার খেত, আমাদের চাষ-করা আলু ও টমেটোর সবজিবাগান ছাড়াও বিশাল জায়গা, ভাঙা পাঁচিলের মধ্য দিয়ে দেখা বিস্তৃত ধানখেতের ওপারে একটি ছোট গ্রাম—আল্লাডি।

কলকাতার সাহিত্যজগতের ঢেউ সেখানে পৌঁছত না। তার বদলে সেই একলা-থাকা দিনরাতের প্রহরগুলো আমাকে পৌঁছে দিল সাতশো বছর আগের এক কবির কাছে, তাঁর নির্বাসনের মধ্যেও সৃষ্টিশীল দিনগুলিতে। সেই সৃষ্টিতে আমি ডুবে গেলাম আশা, বিশ্বাস আর ভালোবাসার খোঁজে। ইংরেজি থেকে অনুবাদ দিয়েই শুরু করি। ইতিমধ্যে বিদেশ থেকে পুত্র তীর্থঙ্কর পাঠায় ইতালীয় শিক্ষা ও ব্যাকরণের বই, বিভিন্ন অনুবাদের বই। দ্বিভাষিক বই-এর সঙ্গেই পাই ইতালীয় ভাষার *কম্মেদিয়া-র* একটি প্রাচীন ভূমিকা। কবির জীবনী টীকা ভাষ্যসমেত এভাবেই মূল রচনা থেকে অনুবাদে হাত দিতে পেরেছি। 'নরক'-এর পাণ্ডুলিপি মাস্টারমশাইয়ের মত, সদ্যপরিচিত এই মফস্বলি অনুবাদককে দিয়ে বারবার লেখান ও দেখে দেন কবি শঙ্খ ঘোষ। বাড়ির প্রয়াত কর্তামশাই হিতেন্দ্রচরণ ঘোষ ছিলেন ইংরেজির চলমান অভিধান। সেই সুবিধা নিয়েছি আলস্যকে প্রশ্রয় দিয়ে। ইতালীয়র ক্ষেত্রে বলা বাহুল্য তা হয়নি।

প্রকাশের পর্যায় পর্যন্ত বইটি নিয়ে আসার উদ্যোগে প্রধান সক্রিয় ভূমিকা আমার কন্যা, লেখিকা ও একটি বাংলা অন্তর্জাল ভ্রমণ পত্রিকার প্রতিষ্ঠাতা-সম্পাদক দময়ন্তী দাশগুপ্তের। *কম্মেদিয়া-*কে উপন্যাসের আদলে দেখার ভাবনাটা আসে সাহিত্যিক শ্রী দেবেশ রায়ের কাছ থেকে, সাহিত্য সংক্রান্ত আলাপ-আলোচনার সূত্রে। উৎসাহ পেয়েছি ইতালীয় ক্লাসে অগ্রজতুল্য সদাহাস্যময় অনুবাদক শ্রী শ্যামল গঙ্গোপাধ্যায়ের কাছ থেকে। কবি-ঔপন্যাসিক শ্রী সোমক দাস-ও উৎসাহদান করেছেন।

কম্মেদিয়া-র দ্বিতীয় অংশ 'শুদ্ধিলোক'-এর অনুবাদ আরম্ভ করার পাশাপাশি 'নরক'-ও সংশোধন করতে থাকি। ২০১৪ সালের জুন মাসে যাদবপুর বিশ্ববিদ্যালয় প্রকাশনা সেটি প্রকাশের দায়িত্ব নেয়। কৃতজ্ঞতা জানাই সম্পাদক শ্রীসুকান্ত চৌধুরী এবং সংস্থার কর্মীবৃন্দকে।

আয়াসসাধ্য, প্রায় অসম্ভব এই প্রচেষ্টার বিবরণও এক অসাধারণ আখ্যান। তার বেশিরভাগটা থাক সমাধিস্থ। আপাতত এই অনুবাদক চায় না তার রচনার গায়ে সেই সংগ্রামের স্বেদবিন্দু বা রক্তক্ষরণের কোনো চিহ্ন থাকে। কাজটাই হোক তার কথা। শেষ হয় না এমন কাজ কেন শুরু করলাম, কেনই বা ছাড়লাম—সেই ব্যক্তিগত কাহিনী এখন থাক অকথিত।

ধানসিড়ি আলপনা ঘোষ

সেপ্টেম্বর ২০১৬

সর্গ-১

দান্তের যাত্রারম্ভ। গহন বন ও সুন্দর পর্বত। তিনটি হিংস্র প্রাণী। ভের্গিলিউসের আবির্ভাব।

এই সর্গটিকে 'নরক'-এর অঙ্গ হিসাবে না ধরে সম্পূর্ণ *কম্মেদিয়া*-র ভূমিকা হিসাবেই দেখা ভালো। *কম্মেদিয়া*-র গঠনে যে সামঞ্জস্য আছে, সেটা তাহলে পরিপূর্ণ হয়; ভূমিকা স্বরূপ এই একটি সর্গ, তারপর নরক, শুদ্ধিলোক ও স্বর্গ, প্রত্যেক ভাগে ৩৩টি সর্গ।

মূল রূপক: এই সর্গের গহন বন হল পাপের ভ্রষ্ট দশা; ইতালির তৎকালীন অস্থিরতার রূপকও বটে। যে সুন্দর পর্বতটি তা থেকে পরিত্রাণ দেবে, তা ঈশ্বরের কাছে ফিরে যাবার পথ। শুদ্ধিলোকের পর্বতরূপী দ্বীপের পূর্বাভাস হিসাবে আমরা একে অনুতাপ ও প্রায়শ্চিত্তের রূপক হিসাবে দেখতে পারি, কিংবা নিছক স্বর্গীয় মহিমার প্রতীক হিসাবে।

চিতা, সিংহ ও নেকড়ে: সম্ভবত পাপের তিনটি প্রধান শ্রেণীর প্রতীক: প্রবৃত্তির আতিশয্য, প্রবৃত্তির বিকার ও বুদ্ধিবিচারের ভ্রষ্ট প্রয়োগ। (ভূমিকায় 'নরকের ভূগোল' দ্রষ্টব্য।) জীবনের তিনটি পর্যায়ের, অর্থাৎ যথাক্রমে যৌবন, পূর্ণবয়স ও বার্ধক্যের প্রতীক হিসাবেও দেখা যেতে পারে। বাইবেলে যিরমিয় ৫.৬-এও এই তিনটি প্রাণীর উল্লেখ আছে; তাদের তাৎপর্যের সম্ভাব্য ব্যাখ্যা পাওয়া যায় যোহনের ১ম পত্র ২.১৬-তে (যদিও সেখানে প্রাণীগুলির উল্লেখ নেই): 'যা কিছু মানুষের নিম্নতর স্বভাবটার কামনা জাগায়, তার চোখের লালসা জাগায়, তার অন্তরে ঐশ্বর্যের অহঙ্কার জাগায়।'

ডালকুকুর: ঐতিহাসিক স্তরে, ইতালির রাজনৈতিক দুর্দশা থেকে পরিত্রাণ করবেন এমন কোনও আকাঙ্ক্ষিত শাসক বা নেতা; আধ্যাত্মিক স্তরে, পৃথিবীতে ঐশ্বরীয় শক্তির প্রতীক্ষিত প্রাদুর্ভাব। কেউ-কেউ মনে করেন, দান্তে তাঁর কিছুদিনের আশ্রয়দাতা, ভেরোনার অধিপতি কান গ্রান্দে দেল্লা স্কালাকে ইঙ্গিত করছেন। (ভেরোনা শহরটির অবস্থান 'ফেলত্রো আর ফেলত্রোর মধ্যবর্তী স্থান', অর্থাৎ ফেলত্রো আর মন্তেফেলত্রো শহরের মাঝখানে।)

ভের্গিলিউস: ভূমিকায় 'দান্তের দিশারি' দ্রঃ।

আমাদের জীবনের চলার পথের মধ্যভাগে নিজেকে খুঁজে পেলাম এক আঁধারঘন অরণ্যে, সরল সিধে রাস্তাটা যেখানে গেছে হারিয়ে।

হায়, কী কঠিন সেই বনের বিবরণ দেওয়া! এত গহন আর আদিম সেই রুক্ষ বন যে ভাবলেই মনের মধ্যে নতুন করে জেগে ওঠে ভয়।

এতই তিক্ত সে স্থান যে মৃত্যুও তার চাইতে বেশি কিছু নয়; কিন্তু এর ভেতরেও যতটুকু মঙ্গল দেখেছি, তা বলতে গেলে অন্য বিষয়গুলোও বলতে হয়।

কেমন করে যে প্রবেশ করেছিলাম সেখানে, তা বলতে অক্ষম আমি, কেননা সত্যপথভ্রষ্ট হবার মুহূর্তে নিদ্রার আবেশে ছিলাম আচ্ছন্ন।

কিন্তু যে উপত্যকা আমার হৃদয় বিদ্ধ করেছিল ভয়ে, তার শেষ প্রান্তে পাহাড়ের পাদদেশে পৌঁছে

উপরে তাকিয়ে দেখি পাহাড়চূড়া ছেয়ে আছে সেই গ্রহের কিরণ, যা প্রতিটি সরল পথ আলোকিত করে দিকনির্দেশ করে সবাইকে।

আর তখন হৃদয়ের হ্রদে ভাসমান যে ভয় নিয়ে সারাটা রাত করুণভাবে কাটিয়েছি, তা প্রশমিত হলো কিছুটা।

গভীর সমুদ্র থেকে রক্ষা পেয়ে কোনো মানুষ যেমন হাঁপাতে হাঁপাতে তীর থেকে সেই বিপদসঙ্কুল জলরাশির দিকে ফিরে ফিরে চায়,

তারই মতো আমার পলায়মান মন পিছন ফিরে দেখছিল সেই গিরিপথ—কোনো জীবিত প্রাণই পারেনি যেটিকে অতিক্রম করতে।

ক্লান্ত শরীরটাকে খানিক বিশ্রাম দেবার পর আমি আবার সেই জনহীন গিরিপথ দিয়ে উঠতে লাগলাম এমনভাবে, যাতে নিম্নস্থিত পাটি সর্বদা স্থির থাকে।

আর দ্যাখো, সেই খাড়াই-এর মুখে লাফিয়ে উঠল এক চিতা—তার হাল্কা ক্ষিপ্র দেহটা ছিল ছোপ-ছোপ রোমে ঢাকা, আর যেদিকে তাকাই না কেন, দেখি জন্তুটা পথ আগলে দাঁড়িয়ে আছে। কাজেই আমাকে ফিরে আসতে হচ্ছিল বারবার।

তখন ঊষাকাল, সূর্যদেব উঠে আসছিল সেই নক্ষত্রদের নিয়ে, সৃষ্টিলগ্নে তার সঙ্গে ছিল যেগুলি, যখন স্বর্গীয় প্রেমের শক্তি

প্রথম গতিময় করে তুলেছিল সেই সুন্দর বস্তুগুলিকে। সুতরাং সেই লগ্ন এবং সৃষ্টির মধুময় কাল আমার মনে জাগিয়ে তুলল সাহস, যে

এই উজ্জ্বল গাত্রের প্রাণীটিকে আমি এড়িয়ে যেতে পারব। কিন্তু আবার আমার মনে ভয় জেগে উঠল যখন দেখলাম একটি সিংহের আকৃতি।

তাকে দেখে মনে হলো ক্ষুধায় হিংস্র, মাথা উঁচু করে আমার উপর ঝাঁপিয়ে পড়ার জন্য এগিয়ে আসছে আর চারপাশের বাতাস থমথম করছে ভয়ে।

আর দেখি এক নেকড়েনী! তার শীর্ণ শরীর বুভুক্ষায় ভারাক্রান্ত, এবং এরই মধ্যে সে দুঃখময় করেছে অনেক জীবন।

এই শেষ জন্তুটার চেহারা থেকে এমন ভীতি নির্গত হয়ে আমাকে আক্রান্ত করল, যে সেই ভয়ের ভারে আমি পাহাড়ে ওঠার আশা ছেড়ে দিলাম।

আমার অবস্থা হলো একেবারে হাল ছেড়ে দেওয়া লোকের মতো যখন এক আকস্মিকতায় তার সমস্ত লাভ পর্যবসিত হয়েছে ক্ষতিতে, সব খুইয়ে সে কেবল কেঁদে ভাসাচ্ছে নিজের দুঃখে মগ্ন হয়ে।

সেই অস্থির পশুটার ভয়ে একটু একটু করে পিছোতে-পিছোতে আমি একেবারে সেইখানে গিয়ে পৌঁছলাম, সূর্য যেখানে নীরব।

দৌড়ে যখন নীচে নেমে আসছি, আমার সামনে আবির্ভূত হলেন একজন—যেন বহুকালের নীরবতায় ভাঙা ভাঙা তাঁর স্বর।

বিস্তীর্ণ বিজন স্থানে তাঁকে দেখে ডেকে উঠলাম: 'ছায়া অথবা রক্তমাংসের মানুষ যাই হও তুমি, করুণা করো আমাকে।'

'মানুষ নই, তবে ছিলাম একসময়,' উত্তরে বলে উঠলেন তিনি। 'আমার পিতামাতা দুজনেই লম্বার্দীয়, দুজনেরই দেশ ছিল মান্তোভা।

জন্ম আমার য়ুলিউসের প্রজা হিসেবে, থাকতাম রোমায়, মহান আউগুসতুসের শাসনকালে। সময়টা ছিল মিথ্যে আর মেকি দেবতাদের।

ছিলাম কবি—আঙ্খিসেসের মহৎ পুত্রের গাথা রচনা করেছি আমি—সেই পুত্র, আগুনে পুড়ে গর্বস্ফীত ইলিয়ন ধ্বংস হলে ত্রইয়া থেকে চলে এসেছিল যে।

কিন্তু তুমি, তুমি কেন ফিরে যাচ্ছ এত অমঙ্গলের মধ্যে? কেন তুমি উঠছ না ওই সুখকর শৈলে, সমস্ত আনন্দের যা সূচনা ও হেতু?'

'তুমিই কি তবে সেই ভের্গিলিউস? সেই নির্ঝর যার ধারা থেকে নির্গত হয়েছে অমন ঐশ্বর্যময় ভাষা-স্রোতস্বিনী?' লজ্জারক্তিম মুখে বলে উঠি আমি।

'সকল কবির আলোকপ্রতিম, হে কবিকুলগৌরব! যে দীর্ঘ অধ্যয়ন ও প্রগাঢ় অনুরাগ তোমার কাব্যপাঠে আমাকে নিমগ্ন করেছে, তা আমাকে রক্ষা করুক।

তুমি আমার গুরু, আমার মান্য রচনাকার; একমাত্র তোমার কাছ থেকেই গ্রহণ করেছি সেই রম্য রচনাশৈলী যা আমাকে এনে দিয়েছে সম্মান।

এই জন্তুটিকে দ্যাখো, যার ভয়ে আমি পালাচ্ছি; রক্ষা করো আমাকে ওর থেকে, হে যশস্বী প্রজ্ঞাবান! আমার শিরা উপশিরায় কাঁপন ধরিয়ে দিয়েছে ও!'

'এই ভয়ানক ভূমি থেকে যদি পালাতে চাও,' আমাকে রোরুদ্যমান দেখে তিনি উত্তর দিলেন, তোমাকে অবশ্যই অন্য পথ ধরে যেতে হবে;

কারণ যার ভয়ে তুমি আর্তনাদ করছ, কোনো মানুষকে সে তার পথ ডিঙিয়ে যেতে দেয় না, বরং তাকে অবরুদ্ধ করে টুকরো টুকরো করে ছিঁড়ে ফেলে।

তার স্বভাব এত হীন ও ক্রুর যে তার লোলুপ ক্ষুধা কখনো মেটেনা, আর যত সে খায় তার ক্ষুধা ততই যায় বেড়ে।

বহু জন্তুর সঙ্গে সে সঙ্গমে রত হয়েছে; এবং সেই সংখ্যা বাড়বে আরও, যতক্ষণ না সেই ডালকুকুর আবির্ভূত হবে যে তাকে যন্ত্রণা দিয়ে হত্যা করবে।

ভূ-সম্পত্তি কিংবা বিত্ত নয়, জ্ঞান, ভালোবাসা আর শৌর্যই হবে তার উপজীব্য। ফেলত্রো আর ফেলত্রোর মধ্যবর্তী স্থান হবে তার দেশ।

সে আসবে অধঃপতিত ইতালির ত্রাতা হয়ে, যার জন্য প্রাণ দিয়েছিল কুমারী কামিল্লা, এউরিয়ালুস, তুর্নুস ও নিসুস।

নগরে নগরে সে তাড়া করে ফিরবে এই নেকড়েনীকে—যতক্ষণ না ওটাকে আবার ভরে দেওয়া যায় নরকে, যেখান থেকে ওকে প্রথম ছেড়েছিল ঈর্ষা।

'এজন্য চিন্তা করে তোমার পক্ষে এটাই সবচেয়ে হিতকর বলে বিচার করেছি, যে তুমি আমাকে অনুসরণ করো। আমি হব তোমার পথনির্দেশক, তোমাকে নিয়ে যাবো এক চিরায়ত লোকের মধ্য দিয়ে।

সেখানে তুমি শুনবে আশাহীন ক্রন্দন, দেখবে যন্ত্রণায় জর্জরিত প্রাচীন আত্মাদের, যাদের প্রত্যেকে তাদের দ্বিতীয় মরণের জন্য বিলাপ করছে।

তারপর দেখবে অগ্নিদহনের মধ্যেও হৃষ্ট আত্মাদের—কারণ তাদের আশা, তারা ঈশ্বরের কৃপাধন্যদের মধ্যে কোনো না কোনো দিন স্থান পাবে।

তারপর যদি তোমার বাসনা থাকে সেই ঊর্ধ্বলোকে যাবার, আমার চেয়ে যোগ্যতর এক আত্মার কাছে তোমাকে সমর্পণ করে বিদায় নেব আমি;

কারণ আমি যাঁর অনুশাসন মানিনি, স্বর্গলোকে সেই সম্রাটের বিধান নয় যে আমি তার নগরীতে প্রবেশ করি।

সর্বত্র তাঁর অনুশাসন, কিন্তু সেখানে তিনি বিরাজ করেন; সেখানেই তাঁর রাজধানী ও উচ্চাসন। সে-ই সুখী, যাকে তিনি ঐ লোকে উত্তীর্ণ করেন।'

আমি তাঁকে বললাম: 'হে কবি, যাঁকে তুমি জানোনা সেই ঈশ্বরের দোহাই, যাতে এই ভয়ানক স্থান ও আরো ঘোরতর অমঙ্গল থেকে আমি পালাতে পারি।

যেখানকার কথা বললে, আমাকে সেইখানে নিয়ে চলো, যাতে আমি দেখতে পাই সাধু পিতরের দুয়ার, আর তাদের, যাদের তুমি এত দুঃখী বলে বর্ণনা করেছ।'

তখন তিনি যাত্রা শুরু করলেন, আর আমি চলতে লাগলাম তাঁর পিছু পিছু।

জীবনে চলার পথের মধ্যভাগে: জীবনকে মনে করা হত ঈশ্বরের উদ্দেশে তীর্থযাত্রা। বাইবেল অনুসারে মানুষের আয়ু সত্তর বছর (গীতসংহিতা ৯০:১০)। দান্তের জন্ম ১২৬৫-তে, অর্থাৎ তিনি পঁয়ত্রিশে পড়েন ১৩০০ সালে। তারিখটি আক্ষরিক অর্থে নেবার দরকার নেই। দান্তে সম্ভবত *কম্মেদিয়া* রচনা শুরু করেন তার কিছু পরে, তবে কাহিনীর কল্পিত ঘটনাকাল তার পূর্ববর্তী জীবনে অবস্থিত হতেই পারে।

আঁধারঘন অরণ্যে: শীর্ষটীকা দ্রঃ।

সেই গ্রহ: তলেমাইয়সের বিশ্বচিত্রে সূর্য একটি গ্রহ, পৃথিবীকে প্রদক্ষিণ করছে। (ভূমিকায় 'দান্তের পরলোকচিত্র' দ্রঃ।)

নিম্নস্থিত... স্থির থাকে: অর্থাৎ সাবধানে পা ফেলে।

সৃষ্টিলগ্নে: প্রচলিত ধারণায় ঈশ্বর বিশ্ব সৃষ্টি করেছিলেন বসন্তকালে, যখন সূর্য থাকে মেষরাশিতে। আদম ও হবার পতন না হওয়া পর্যন্ত নন্দনকাননে তারা চিরবসন্তের পরিবেশে বাস করত।

সূর্য যেখানে নীরব: অর্থাৎ সেখানে সূর্যালোক পৌঁছায় না।

লম্বার্দিয়া, মান্তোভা: উত্তর ইতালির একটি প্রদেশ ও সেইখানে স্থিত নগর ও অঞ্চল। বক্তা কবি ভের্গিলিউসের জন্মস্থান। (ভূমিকায় 'দান্তের দিশারি' দ্রঃ।)

য়ুলিউস: য়ুলিউস কায়েসার (ইং-জুলিয়াস সিজার: খ্রি: পূ: ১০০-৪৪), রোমার প্রখ্যাত সেনাপতি ও শাসক।

আউগুস্তুস: আউগুস্তুস কায়েসার (খ্রি: পূ: ৬৩-১৪ খ্রিস্টাব্দ), রোমার প্রথম সম্রাট ও ভের্গিলিউসের প্রধান পৃষ্ঠপোষক।

মিথ্যা আর মেকি দেবতা: অর্থাৎ খ্রিস্টান দৃষ্টিভঙ্গীতে খ্রিস্টপূর্ব যুগের গ্রীক ও রোমক পৌরাণিক দেবতা।

আখিসেসের উপযুক্ত পুত্র: আয়েনেয়াস, ভের্গিলিউসের প্রধান রচনা *আয়েনেইদ* মহাকাব্যের নায়ক।

ইলিয়ন: ত্রইয়া নগরের দুর্গ।

রম্য রচনাশৈলী: দান্তে ও তাঁর পূর্ববর্তী ও সমসাময়িক তোস্কানো কবিদের অনুসৃত 'নতুন মধুর রচনারীতি' (dolce stil nuovo)।

ফেলত্রো আর ফেলত্রোর মধ্যবর্তী স্থান: শীর্ষটীকা দ্রঃ।

কুমারী কামিল্লা ইত্যাদি*:* ত্রইয়ার যুদ্ধে নিহত চার যোদ্ধা। আয়েনেয়াস-ও এই যুদ্ধে ত্রইয়ার পক্ষে যোদ্ধা ছিলেন। ত্রইয়ার পতনের পর নানা দেশে ঘুরে তিনি অবশেষে ইতালিতে এসে রোমা নগরী স্থাপন করেন। দান্তের অভীষ্ট 'ত্রাতা' ইতালির ইতিহাসের এই ধারা সম্পূর্ণ করবে।

দ্বিতীয় মরণ: অর্থাৎ নরকবাস।

অগ্নিদহনের মধ্যেও হৃষ্ট: শুদ্ধিলোকের আত্মারা। তারা পাপের প্রায়শ্চিত্ত হিসাবে যন্ত্রণা ভোগ করছে, কিন্তু শেষ অবধি পরিত্রাণ পাবে বলে হৃষ্টচিত্ত।

সেই ঊর্ধ্বলোকে: অর্থাৎ স্বর্গে।

যোগ্যতর এক আত্মা: বেয়াত্রিচে। ভূমিকায় 'দান্তের দিশারি' দ্রঃ।

অনুশাসন মানিনি: ভের্গিলিউস বেঁচেছিলেন খ্রিস্টপূর্ব কালে, তাই খ্রিস্টের ('স্বর্গলোকের সেই সম্রাটের') অনুশাসন তাঁর পক্ষে মানা সম্ভব ছিল না; অতএব তিনি স্বর্গে প্রবেশের অধিকারী নন। (ভূমিকায় 'নরকের ভূগোল' ও ৪র্থ সর্গের টীকা দ্রঃ।)

সাধু পিতর: যিশুখ্রিস্টের আদি শিষ্যদের মধ্যে অগ্রগণ্য। খ্রিস্টীয় চার্চের প্রতিষ্ঠাতা ও প্রথম পোপ। তাঁর নামাঙ্কিত দ্বার দিয়ে আত্মারা শুদ্ধিলোকে প্রবেশ করে।

সর্গ-২

ভের্গিলিউসের মুখে দান্তের যাত্রার কারণ ব্যাখ্যা ও উপলক্ষের বিবরণ।

বেয়াত্রিচে, মারিয়া: ভূমিকায় 'দান্তের দিশারি' দ্রঃ।

লুকিয়া: তৃতীয় শতকের কুমারী খ্রিস্টান শহীদ। ক্ষীণদৃষ্টিদের, অতএব রূপকার্থে আত্মিকভাবে দুর্বল ব্যক্তিদের সহায়। ঈশ্বরের যে করুণাময় মহিমা (ইতালীয় 'গ্রাৎসিয়া', ইং 'গ্রেস') আত্মাকে শুদ্ধ করে পরিত্রাণের উপযোগী করে, মারিয়া, বেয়াত্রিচে ও লুকিয়ার মধ্যে সেই মহিমার তিন প্রকাশ।

দিনাবসান হয়ে আসছিল, আর আসন্ন সন্ধ্যার পিঙ্গল বাতাস দৈনন্দিন শ্রম থেকে মুক্ত করে দিচ্ছিল ধরার প্রাণীকুলকে; শুধু আমিই একা একজন

যে এই আসন্ন যাত্রা আর তার কারুণ্য, উভয়ের সঙ্গে সংগ্রাম করার জন্য প্রস্তুত করছিলাম নিজেকে, যার বিবরণ দেবে নির্ভুল স্মৃতি।

হে কাব্যদেবিগণ! হে মহতী প্রতিভা! সহায় হও আমার! ওগো স্মৃতি, আমি যা দেখেছি তুমি উৎকীর্ণ করে রেখেছ: এখানে প্রকাশ পাবে তোমার মহিমা।

আমি বলতে শুরু করলাম: 'হে কবি, পথপ্রদর্শক আমার, এই দুরূহ পথে আমাকে সঙ্গী করার আগে দেখে নাও তোমার বিশ্বাসের উপযুক্ত যোগ্যতা আমার মধ্যে যথেষ্ট আছে কিনা।

সিলভিউসের পিতার কথা লিপিবদ্ধ করেছ তুমি—সজাগ ইন্দ্রিয় আর নশ্বর শরীর নিয়ে যিনি গিয়েছিলেন অবিনশ্বর ভুবনে।

কিন্তু সব অশুভের বিরোধী শক্তি যদি তাঁর প্রতি এভাবে সদয় হয়ে থাকে, মননশীল মানুষের কাছে তা অযৌক্তিক মনে হবে না; কারণ মহান রোমা নগরী ও তার শাসনের সাম্রাজ্যের জনক হিসাবে তাঁর স্বীকৃতি সর্বোচ্চ লোকে।

সত্য বলতে গেলে, এই নগর এবং তার সাম্রাজ্য উভয়ই প্রতিষ্ঠিত হয়েছিল এক পুণ্যভূমি হিসেবে, যেখানে মহৎ পিতরের উত্তরাধিকারী আসীন।

যে যাত্রার জন্য তোমার কাব্যে তিনি নন্দিত, তাতে অনেক কিছুই তিনি শিখেছিলেন যা তাঁকে জয়ের উপযোগী করেছিল, আর রোমাকে করেছিল পোপের বেশধারণের জন্য।

পরবর্তীকালে ঈশ্বরের বাণীর নির্বাচিত আধার সেখানে গেলেন সেই ধর্মবিশ্বাসের প্রতিষ্ঠার জন্য, যা আমাদের মুক্তিপথের সুচনায় পৌঁছিয়ে দেয়।

কিন্তু আমি কেন যাব? কে আমাকে সেই অনুমতি দিয়েছে? আমি তো আয়েনেয়াস নই, নই পাউলস। এই যাত্রার যোগ্য বলে আমাকে অপরেও ভাববে না, আমি নিজেও না।

তাই আমার আশঙ্কা, যদি আমি যেতে অঙ্গীকৃত হই, সেটা হবে আমার নির্বুদ্ধিতা। তুমি প্রজ্ঞাবান, যা বললাম তার চাইতে অনেক বেশি বুঝবে।'

যে মানুষ নিজের এক সময়ের ইচ্ছাকে অস্বীকার করে, নতুন ভাবনা দিয়ে বদলে ফেলে উদ্দেশ্য, বর্জন করে যা কিছু শুরু হয়েছে তার সবটুকু, তারই মতো

সেই অন্ধকার গিরিবক্ষে আমি দাঁড়িয়ে রইলাম—চিন্তায় চিন্তায় বিনষ্ট করে ফেলছিলাম দ্রুতজন্মা সেই উদ্যোগকে।

উত্তরে সেই মহানুভবের ছায়ামূর্তি বলে উঠল: 'যদি আমি তোমার কথা ঠিকমতো বুঝে থাকি, তোমার আত্মা আচ্ছন্ন হয়েছে কাপুরুষোচিত ভয়ে,

যা প্রায়ই মানুষকে এমন ভারাক্রান্ত করে তোলে যে মহৎ উদ্যোগ থেকে নিজেকে সে ফিরিয়ে নেয়, ঠিক যেমন অলীক কিছু দেখে চমকে এড়াতে চায় সন্ত্রস্ত কোনো জন্তু।

এই ভয় থেকে তোমাকে মুক্ত করার জন্য তোমাকে বলি কেন আমি এসেছি, এবং তোমার জন্য করুণা অনুভব করার প্রথম মুহূর্তে কী শুনেছিলাম আমি।

আমি ছিলাম অনিশ্চয়তায় দোদুল্যমানদের মধ্যে। এমন সময় এক নারী এলেন আমার কাছে; এত অপরূপা ও পবিত্র তিনি, যে তাঁকে প্রার্থনা করলাম তিনি যেন আমাকে কোনো আদেশ করেন।

নক্ষত্রের চাইতে উজ্জ্বল তার দুই চক্ষু, নম্র মধুর স্বরে দেবদূতীর কণ্ঠে তিনি আমাকে বলতে লাগলেন,

"হে মান্তোভার সুজন আত্মা, যার যশ আজও জগৎজোড়া, আর তেমনই থাকবে যতদিন থাকবে এ জগৎ:

আমার এক বন্ধু—যদিও সে ভাগ্যদেবীর বন্ধু নয়—তার যাত্রাপথে জনহীন ভূমিতে এসে এমন থমকে গেছে

যে সে ভয়ে পশ্চাদগমন করছে। স্বর্গে তার সম্বন্ধে যা শুনেছি তাতে আমার ভয় যে সে ইতিমধ্যেই এতদূর বিপথে চলে এসেছে যে তার উদ্ধারের জন্য উত্থিত হতে হয়ত আমি বড় বেশি বিলম্ব করে ফেলেছি।

তাই ত্বরা কর, আর তাকে উদ্ধারের জন্য তোমার অলঙ্কৃত বচন এবং আর যা কিছু প্রয়োজন তা নিয়ে সেখানে যাও, তাকে সাহায্য কর যাতে আমি সান্ত্বনা পেতে পারি।

আমি বেয়াত্রিচে, যে পাঠাচ্ছি তোমাকে। সেই জায়গা থেকে এসেছি যেখানে আমি ফিরে যেতে চাই। ভালোবাসা আমাকে বিচলিত করেছে, সে-ই মুখর করে তুলেছে।

যখন আমি প্রভুর সমীপে উপস্থিত হবো, ঘন ঘন তোমার প্রশস্তি গাইব তার কাছে।'

তিনি নীরব হলেন, আর আমি করলাম শুরু:

'হে পুণ্যবতী দেবি, শুধুমাত্র যার করুণাতেই দ্যুলোকের ক্ষুদ্রতম পরিমণ্ডলে যা বিরাজমান, মানবজাতি তার সব কিছুর শ্রেয়,

তোমার আদেশ আমাকে এতই কৃতার্থ করেছে যে, যদি ইতিমধ্যে তা পালন করে ফেলতাম, তাহলেও মনে হতো বিলম্ব হয়ে গেছে। তোমার ইচ্ছা আমাকে ব্যক্ত করাই যথেষ্ট।

কিন্তু আমাকে বলো, যে প্রশস্ত লোকে ফিরে যেতে তমি উদগ্রীব, তার এত নীচে কেন্দ্রাভিমুখে নামা থেকে তুমি বিরত হলে না কেন?"

"এত গভীর ভাবেই যখন জানতে চাও, তখন সংক্ষেপে তোমাকে বলি, কেন আমি এখানে প্রবেশ করতে ভয় পাইনি।

যা প্রকৃতই কোনও ক্ষতি করার শক্তি রাখে, কেবল তাকেই ভয় করতে হয়—আর কিছু নয়, কারণ আর কিছুই ভীতিপ্রদ নয়।

ঈশ্বরের মহিমায় আমি এমনই হয়েছি যে তোমাদের এই যন্ত্রণা আমাকে স্পর্শ করে না, এখানকার অগ্নিশিখাও আমাকে দহন করে না।

স্বর্গলোকবাসিনী এক সুশীলা রমণী আছেন। যার কাছে তোমাকে পাঠাচ্ছি, তার অবস্থা জেনে তিনি এতই বিচলিত হলেন যে সেজন্য তিনি অমরলোকের কঠিন নিয়ম ভাঙলেন।

লুকিয়াকে ডেকে আদেশ করে বললেন: "এখনই তোমার ভক্তের তোমাকে প্রয়োজন—তুমি তাকে দেখো।"'

সর্বপ্রকার নিষ্ঠুরতার প্রতিস্পর্ধী লুকিয়া উঠে পড়লেন এবং যেখানে আমি প্রাচীনা রাহেলের সঙ্গে বসেছিলাম সেখানে উপস্থিত হলেন।

বললেন: "বেয়াত্রিচে, তুমিই ঈশ্বরের মহিমার যথাযথ স্তুতি। তোমাকে যে এত ভালবেসেছে যে তোমার জন্যই ইতর মানুষের ভিড় ত্যাগ করেছে, কেন তুমি তাকে সাহায্য করছ না।

তুমি কি তার করুণা উদ্রেককারী আর্ত বিলাপ শুনতে পাচ্ছ না? দেখছ না যে মৃত্যু তাকে আক্রান্ত করেছে সেই নদীতে, যা সাগরের চেয়ে কম ভয়ঙ্কর নয়?"

"এই কথাগুলি উচ্চারিত হবার পর, আপন মঙ্গল খোঁজার জন্য বা আপন ক্ষতি থেকে পলায়ন করার জন্য জগতে কেউই এমন তৎপর হয়নি যেমন আমি হলাম।

আমার আনন্দময় আসন থেকে নেমে এলাম এখানে, তোমার মহৎ বাণীর উপর আস্থা রেখে, যা তোমাকে এবং তোমার শ্রোতাদেরও দিয়েছে সম্মান।"

'এই কথাগুলি বলে তিনি তাঁর অশ্রুসজল আলোকদীপ্ত চক্ষুদুটি অন্যদিকে ফেরালেন। তাতে আরো ত্বরান্বিত হয়ে তাঁর ইচ্ছামত আমি তোমার কাছে চলে এলাম, আর

এই রম্য পর্বতটিতে ওঠার সোজা সংক্ষিপ্ত পথে যে তোমাকে আটকে দিয়েছিল, সেই বন্য জন্তুটার কবল থেকে তোমাকে উদ্ধার করে আনলাম।

তাহলে এ আবার কী? কেন, কেন তুমি থমকে যাচ্ছ? কেন নিজের হৃদয়ে কাপুরুষের মতো ভয় পুষে রাখছ? কেন হয়ে উঠছ না সাহসী ও স্বাধীন, যখন স্বর্গলোকের আশীর্বাদধন্য, স্বর্গের সন্তার এমন তিনজন নারী তোমার জন্য চিন্তা করছেন, যখন আমার বচন প্রতিশ্রুতি দিচ্ছে তোমার মঙ্গলসাধনের?"

যেমন নিশীথের হিমে নুয়ে পড়া, পাপড়ি-বুজিয়ে-ফেলা ফুলগুলি সূর্যালোকের শুভ্রতায় আপন আপন বৃন্তে ঋজু হয়ে প্রস্ফুটিত হয়,

তেমনি জেগে উঠল আমার ক্ষীয়মান সাহস, আর এতটাই উষ্ণ নির্ভীকতায় প্লাবিত হলো আমার হৃদয় যে মুক্তি পাওয়া মানুষের মতো আমি উচ্ছ্বসিত হয়ে উঠলাম।

'কত দরদী তিনি, যিনি আমার সহায় হলেন, আর সুভদ্র তুমি যে তাঁর সত্য বচনগুলি এত শীঘ্র মান্য করেছ! তোমার উচ্চারণে তুমি আমার হৃদয়ে আবার জাগিয়ে দিলে চলার বাসনা, তাই আবার আমি ফিরে চললাম আমার প্রথম উদ্দেশ্যের কাছে।

এখন চলো, কারণ দুজনের ইচ্ছা অভিন্ন। তুমি আমার দিশারি, তুমিই প্রভু, তুমিই গুরু।'

এ কথা বললাম তাঁকে, আর তিনি শুরু করলেন চলা। প্রবেশ করলাম গহন ও ভয়ঙ্কর এক পথে।

কাব্যদেবিগণ: নৃত্য-গীত-কাব্য ইত্যাদি কলাবিদ্যার প্রেরণাকারী নয় দেবী: গ্রী মূসাই (একবচনে 'মউস'), ইং 'মিউজ"'।

সিলভিউসের পিতা: আয়েনেয়াস (১ম সর্গের টীকা দ্র)। অয়েনেইদ-এর ষষ্ঠ সর্গে তিনি সশরীরে পাতালভ্রমণ করেন।

অশুভের বিপরীত শক্তি: অবশ্যই ঈশ্বর।

পিতরের উত্তরাধিকারী: পোপ (১ম সর্গের টীকা দ্র)। পোপের অধিষ্ঠান রোমার অন্তর্গত ভাতিকানো পুরীতে।

যে যাত্রার জন্য: আয়েনেইদ-এ বর্ণিত আয়েনেয়াসের পাতাল যাত্রা। সেখানে তাঁর পিতা আঙ্কিসেসের কাছে তিনি তাঁর ভবিষ্যৎ অভিযান ও রোমা স্থাপনের কথা জানতে পারেন।

ঈশ্বরের বাণীর নির্বাচিত আধার: সন্ত পাউলস। দুই দফায় রোমায় বসবাস করেন, যদিও তিনি প্রথম রোমায় খ্রিস্টধর্মের প্রবর্তন করেন একথা ঠিক নয়।

সেই ধর্মবিশ্বাস: খ্রিস্টধর্ম। বলা বাহুল্য, খ্রিস্টীয় মতে এই ধর্মে বিশ্বাস হল পরিত্রাণ পাবার প্রথম শর্ত (সোপান), যদিও যথেষ্ট নয়।

অনিশ্চয়তায় দোদুল্যমানদের মধ্যে: খ্রিস্টপূর্ব যুগের মানুষ হবার দরুন ভের্গিলিউস নরকের প্রথম চক্রে 'মহৎ বিধর্মী'দের মধ্যে বাস করেন। (ভূমিকায় 'নরকের ভূগোল' দ্রঃ।)

এক নারী: বেয়াত্রিচে। (ভূমিকায় 'দান্তের দিশারি' দ্রঃ)

এক বন্ধু: দান্তে।

দ্যুলোকের ক্ষুদ্রতম পরিমণ্ডলে: অর্থাৎ মর্তে। তলেমাইয়সের বিশ্বচিত্রে পৃথিবীকে ঘিরে যে গোলকগুলি, তার ক্ষুদ্রতম ও নিকটতম হচ্ছে চন্দ্রের। (ভূমিকায় 'দান্তের পরলোকচিত্র' দ্রঃ।)

মহিয়সী রমণী: মারিয়া।

লুকিয়া: শীর্ষটীকা দ্র।

অমরলোকের কঠিন নিয়ম: যে স্বর্গ থেকে কেউ নরকে প্রবেশ করতে পারবে না (যেমন বেয়াত্রিচে এখন করছেন, ভের্গিলিউসের সঙ্গে কথা বলার জন্য); এবং কোনও জীবিত মানুষ পরলোকে প্রবেশ করতে পারবে না।

রাহেল: বাইবেলে (আদিপুস্তক ২৯-৩০) য়াকবের দুই পত্নীর একজন: শমিত, সমাহিত জীবনের প্রতীক। এখানে লুকিয়া বা বেয়াত্রিচের মত, মারিয়ার স্বর্গস্থ অনুগামী বা পারিষদবর্গের অন্তর্ভুক্ত।

সেই নদী: অস্থির সঙ্কটগ্রস্থ জীবনের প্রতীক।

সর্গ-৩

নরকের দেউড়ি। অন্তরে নির্জীব আত্মার দল। আখেরোন পার। খারোন পাটনি।

মূল রূপক: অন্তরে নির্জীব, স্বর্গ-নরক উভয়ের পরিত্যক্ত আত্মাদের এই মণ্ডলটি (ভূমিকায় 'নরকের ভূগোল' দ্র) দান্তের কল্পনাপ্রসূত। পূর্বের কোনও খ্রিস্টান তত্ত্বে এর উল্লেখ নেই।
আখেরোন: গ্রীক-রোমক পুরাণকথায় পাতালের একটি নদী। **খারোন**: তার পাটনি, মৃত আত্মাদের পরলোকে (অতএব খ্রিস্টান ব্যবস্থায় নরকে) খেয়ায় পার করে।

'বিষাদনগরী যাবার পথ আমার মধ্য দিয়ে, অনন্ত যন্ত্রণায় পৌঁছবার পথ আমার মধ্য দিয়ে, আমার মধ্য দিয়েই পথ চলে গেছে নষ্ট মানুষজনের কাছে।

আমার মহান সৃষ্টিকর্তাকে আলোড়িত করেছিল ন্যায়বিচার। দিব্যশক্তি, পরমপ্রজ্ঞা আর আদি প্রেম সৃষ্টি করেছে আমাকে।

শাশ্বত ছাড়া আর কিছুই সৃষ্টি হয়নি আমার আগে, আর আমি শাশ্বতভাবে বিরাজমান। সব আশা ছেড়ে এসো, এখানে প্রবেশ করছ যারা।'

একটি দ্বারশীর্ষে অনুজ্জ্বল রঙে লেখা শব্দগুলি দেখে বলি : 'প্রভু, এই কথাগুলি আমার ভয়ঙ্কর মনে হচ্ছে।'

আর তিনি অভিজ্ঞের মত বললেন, 'সব অবিশ্বাস ছেড়ে যেতে হবে এখানে, নাশ করতে হবে সব ভীতি। আমরা এসেছি সেই স্থানে যার কথা তোমাকে বলেছিলাম—যেখানে দেখতে পাবে সেই দুর্ভাগা মানুষগুলোকে, যারা চৈতন্যের শুভ গুণ সম্পূর্ণ হারিয়েছে।'

তারপর ফুল্লবদনে আমার হাত ধরে আশ্বস্ত করে আমাকে নিয়ে চললেন সেই গুপ্ত বস্তুলোকের মধ্যে।

এখানে নক্ষত্রহীন বাতাসে প্রতিধ্বনিত দীর্ঘশ্বাস, বিলাপ আর গভীর আর্তি প্রথমেই কঁদিয়ে দিল আমাকে।

অদ্ভুত ভাষা, ভয়ঙ্কর বাচন, যন্ত্রণার উচ্চারণ, ক্ষোভের স্বর, উচ্চ কর্কশ কণ্ঠ আর হাতাহাতির শব্দ—

এইসব মিলেমিশে তৈরি এক কোলাহল, ঘূর্ণাবর্তে বালুরাশি যেমন, তেমনই অবিশ্রান্ত ঘুরপাক খাচ্ছিল চির-অন্ধকার বাতাসে।

আতঙ্কে ঘূর্ণিত শির নিয়ে আমি বলে উঠি: 'গুরুদেব, এ আমি কী শুনছি? যন্ত্রণায় পর্যুদস্ত এই মানুষগুলো কারা?'

উত্তরে তিনি বললেন: 'নিন্দা বা প্রশংসা ব্যতিরেকে জীবন কাটিয়েছে যারা, সেই বিষাদাচ্ছন্ন আত্মারাই বহন করছে এই কষ্ট।

এদের সঙ্গে মিশে আছে সেইসব দুরাত্মা দেবদূতদের গায়কগোষ্ঠী যারা না ছিল ঈশ্বরদ্রোহী, না ছিল বিশ্বাসী। এরা ব্যস্ত ছিল শুধু নিজেদের নিয়ে।

স্বর্গ থেকে এরা বিতাড়িত, স্বর্গের সুষমায় যাতে কলঙ্ক না লাগে; আবার রসাতলেও ঠাই নেই এদের, পাছে পাপীরাও পায় এদের তুলনায় গর্ব করার মতো কিছু।'

বলি: 'প্রভু, এদের এত কষ্ট কীসের, কেন তারা এমন প্রবলভাবে বিলাপ করছে?'

'আমি সংক্ষেপে তোমাকে বলছি,' তিনি উত্তর দিলেন।

'এদের মরণের কোনো আশা নেই। এদের অন্ধজীবন এমনই নীচ যে, এরা সবরকম অবস্থাকে ঈর্ষা করে।

জগতে এদের অস্তিত্বই অস্বীকৃত। করুণা আর ন্যায়বিচার এদের অবজ্ঞা করে। এদের কথা থাক। শুধু দেখো আর পেরিয়ে চলো।'

আমি তাকিয়ে দেখলাম একটি নিশান, সেটি পাক খেতে খেতে এমন বেগে এগিয়ে আসছে যেন সমস্ত স্থিরতাকে ধিক্কার দিয়ে।

আর তার পিছনে মানুষজনের এমন এক দীর্ঘ সারি, যে আমার বিশ্বাসই হত না মৃত্যু এতজনের সর্বনাশ করে গেছে।

চেনাজানা কয়েকজনকে দেখলাম: তাদের মধ্যে সেই প্রেতচ্ছায়াটিকেও, কাপুরুষতার দরুণ গুরুদায়িত্ব প্রত্যাখ্যান করেছিল যে।

সেই মুহূর্তেই নিশ্চিতভাবে বুঝলাম, এরা সেই অপদার্থের দল যারা ঈশ্বরের কাছে ঘৃণ্য, তাঁর প্রতিপক্ষের কাছেও।

এইসব হতভাগ্যরা, যারা জীবিত ছিল না কোনোদিনই, এখন নগ্ন, ভিমরুল আর বোলতার দংশনে ক্ষত বিক্ষত।

রক্তে ভেসে যাচ্ছিল তাদের মুখমণ্ডল, সেই রুধিরস্রোত মিশছিল তাদের অশ্রুতে, আর পায়ের কাছে তা শুষে নিচ্ছিল ঘৃণ্য কীটের দল।

তারপর যেমন তাকিয়েছি সামনে, দেখি এক মহানদীর তীরে মানুষজনের সমাবেশ। বলি: 'গুরুদেব, আজ্ঞা করো

যেন জানতে পারি এরা কারা, আর কোন অনুশাসনে ওপারে যাবার জন্য এতই প্রস্তুত, আবছা আলোয় যতটুকু অনুমান করতে পারছি।'

উত্তরে তিনি বললেন: 'সব কিছুরই জবাব পাবে যখন আমরা পা রাখব বিষাদময় আখেরোনের তটে।'

হয়তো তিনি আমার কথায় অসন্তুষ্ট হয়েছেন, এই ভেবে নদীতীরে পৌঁছানো পর্যন্ত লজ্জায় নতনেত্রে নীরবে চলি।

আর দেখো! আদ্যিকালের শাদাচুলো এক বুড়ো নৌকা বেয়ে গর্জন করে তেড়ে এল: 'নিপাত যা, ভ্রষ্ট আত্মার দল!

কখনো আকাশ দেখবি এ আশা করিস না! ওপারে চির তমসায়, অন্তহীন তাপ আর তুষারের মধ্যে তোদের নিয়ে যেতে এসেছি আমি।

আর ওই যে ওখানে তুমি জীবন্ত আত্মা, সরে এসো মৃতদের কাছ থেকে।' তবু আমি চলে গেলাম না দেখে সে বলে উঠল:

'এখানে নয়, অন্য পথে, অন্য ঘাট দিয়ে যেতে হবে তোমাকে। আরো হাল্কা নৌকো নিয়ে যাবে তোমাকে।'

আমার দিশারি তখন বলে উঠলেন: 'খারোন, নিজেকে উত্যক্ত কোরো না। অভিপ্রায় আর ক্ষমতা যেখানে এক, সেখানেই এই বিধান হয়েছে; আর কোনো প্রশ্ন কোরো না।'

তখন চক্ষু ঘিরে যার অগ্নিবলয়, সেই নীলাভকৃষ্ণবর্ণ জলার পাটনির পশমের মতো শ্মশ্রুময় কপোল প্রশান্ত হলো।

কিন্তু তার নির্দয় কথাগুলি শোনামাত্র ধ্বস্ত নগ্ন প্রেতাত্মার দলের গায়ের রং পালটে গেল, দাঁত কিড়মিড় করে উঠল তারা।

তারা শাপশাপান্ত করল পরমপিতাকে, তাদের জনকজননীকে, সেই ভূমি, সেই সময়কে, তাদের গর্ভজাত হওয়া ও জন্মলাভকে।

তারপর তারা সবাই মিলে নিদারুণভাবে কাঁদতে কাঁদতে চলে এল ঈশ্বরকে ভয় করে না, এমন সকলের জন্য প্রতীক্ষমান সেই অভিশপ্ত তটভূমিতে।

অঙ্গারনেত্র দানব খারোন ইশারায় তাদের ডেকে নিয়ে জড়ো করতে লাগল; যারা গড়িমসি করছিল তাদের হানল বৈঠার আঘাত।

হেমন্তে যেমন একটির পর একটি গাছের পাতা ঝরে যায়, যে পর্যন্ত না তরুশাখা তার সমস্ত নষ্ট পাতা মাটির উপর দেখে,

সেরকমই আদমের বিনষ্ট বীজগুলি তীর থেকে একে একে নিজেদের নিক্ষেপ করছিল সেই ইঙ্গিতে, প্রভুর ইশারায় বাজপাখি যেমন করে।

এভাবে সেই পীতধূসর জলরাশির ওপর দিয়ে তারা চলে গেল, এবং ওপারে পৌঁছবার আগেই এপারে জড়ো হতে লাগল নতুন এক দল।

'পুত্র আমার', আমার সুজন দিশারি বললেন, 'ঈশ্বরের ক্রোধের পাত্র হয়ে যাদের মরণ, প্রতিটি দেশ থেকে এসে এখানেই তারা জড়ো হয়। আর নদী পার হতেও তারা উৎকণ্ঠিত হয়, কারণ দিব্য ন্যায় তাদের এমনই প্রেরণা দেয় যে তাদের ভীতি রূপান্তরিত হয় বাসনায়।

কোনো পুণ্যাত্মা কখনও এ পথ দিয়ে যায় না। তাই খারোন যদি তোমাকে দেখে অসন্তোষ প্রকাশ করে, এবার বুঝতে পারবে তার কথার অর্থ।'

তাঁর বাক্য শেষ হতেই সেই আঁধারভুমি এমন প্রবলভাবে কেঁপে উঠল, যে সেই আতঙ্কের স্মৃতি এখনো আমাকে স্বেদস্নাত করে তোলে।

সেই অশ্রুসিক্ত ভূমিতল থেকে উৎক্ষিপ্ত হলো বাতাস, ঝলকে উঠল রক্তবর্ণ অগ্নি। আমার ইন্দ্রিয়সকল অবশ হলো, আচমকা লুটিয়ে পড়লাম নিদ্রাভিভূতের মতো।

বিষাদনগরী: নরকের প্রাচীর-ঘেরা এই নগরে কবিদ্বয় পৌঁছন ৯ম সর্গে। এটি তার দেউড়ি মাত্র।

দিব্যশক্তি, পরমপ্রজ্ঞা আর আদি প্রেম: খ্রিস্টীয় ঈশ্বরের ত্রিত্ব বা তিন রূপের তিন মহিমা: যথাক্রমে শক্তি, প্রজ্ঞা ও প্রেম।

দুরাত্মা দেবদূত: যারা ঈশ্বরের বিরুদ্ধে বিদ্রোহ করে নরকে পতিত হয়। কিন্তু এখানে যাদের কথা বলা হচ্ছে, তারা বিশ্বস্ত বা বিদ্রোহী, কোনো দলেই যোগ দেয়নি।

গায়কগোষ্ঠী: স্বর্গের দেবদূতেরা ঈশ্বরের স্তোত্রগানে ব্যাপৃত থাকে।

সেই প্রেতচ্ছায়াটি: পোপ পঞ্চম কায়েলেস্তিনুস। ১২৯৪-এ মাত্র পাঁচ মাস পোপ থাকার পর দায়িত্ব পালনে অপারগ হয়ে তিনি পদে ইস্তফা দেন। তার জায়গায় পোপ হন দান্তের শত্রু ও কঠোর সমালোচনার পাত্র অষ্টম বনিফাতিউস।

মহানদী: আখেরোন (শীর্ষটীকা দ্রঃ)।

শাদাচুলো বুড়ো: খারোন (শীর্ষটীকা দ্রঃ)।

অন্য পথে: কারণ দান্তে জীবিত অবস্থায় মৃত আত্মাদের নৌকায় উঠলে, তাঁর শরীরের ভারে নৌকা ডুবে যেতে পারে।

অভিপ্রায় আর ক্ষমতা যেখানে এক: অর্থাৎ স্বর্গে। ঈশ্বর কিছু অভিপ্রায় করলে তা তৎক্ষণাৎ বাস্তবে রূপায়িত হয়।

আদম: বাইবেল অনুসারে মানবজাতির আদি পিতা।

সর্গ-৪

প্রথম চক্র। মহৎ বিধর্মীদের সমাবেশ। চার কবির মিলন।

মূল রূপক: মহৎ বিধর্মী: 'নরকের ভূগোল' দ্রঃ। খ্রিস্টান ধর্মতত্ত্ব অনুসারে ঈশ্বরের পরিত্রাণকারী করুণা (গ্রাৎসিয়া বা গ্রেস) ব্যতীত কেবল নিজস্ব পুণ্যফলে মানুষের স্বর্গলাভ সম্ভব নয়। খ্রিস্টধর্মে দীক্ষিত নয়, এমন সদাচারী আত্মারা তাই মৃত্যুর পর লিম্বো নামক পাতালের এই লোকে প্রেরিত হয়।

একটি প্রবল বজ্রনির্ঘোষে আমার মস্তিষ্কের গভীর সুপ্তি ভেঙে গেল, আমি চমকে উঠলাম সজোরে জাগ্রত মানুষের মত। চোখ সয়ে যাবার পর উঠে পড়ে স্থিরদৃষ্টিতে দেখতে লাগলাম, কোথায় এসেছি বোঝার জন্য।

দেখলাম দাঁড়িয়ে আছি অনিঃশেষ বিলাপের আর্তনাদে পরিপূর্ণ এক শোকাকুল অতল উপত্যকার কিনারায়।

তা এতই গহন, অন্ধকার ও বাষ্পে আচ্ছন্ন যে অনেক চেষ্টা করেও তলদেশে কী আছে তা নির্ণয় করতে পারলাম না।

'চলো, এবার নীচের অন্ধজগতে নামো,' বিবর্ণ মুখে বলে উঠলেন কবি। 'আমি আগে যাব, তুমি পরে।'

তাঁর মুখের বর্ণ লক্ষ্য করে বলি: 'তুমিই যখন সন্ত্রস্ত, তখন আমি কেমন করে নামব? তুমিই যে আমার সংশয়ে সাহস দিয়েছে বারবার।'

'নীচে যারা আছে তাদের যন্ত্রণাই আমার মুখ করুণার পান্ডুবর্ণে আচ্ছন্ন করেছে, তাকে তুমি ভাবছ ভয়।

এসো, দীর্ঘ পথ আমাদের ডাকছে।' এই বলে তিনি চললেন আর আমাকেও নিয়ে গেলেন সেই অতলকে ঘিরে থাকা প্রথম চক্রে।

শ্রবণে যতটুকু বোধগম্য হলো, তাতে মনে হল এখানে নেই কোনো আর্তনাদ, শুধু আছে অনন্ত বাতাস কাঁপিয়ে বয়ে যাওয়া দীর্ঘশ্বাসের ধ্বনি।

তার উৎস এক পীড়নহীন বিষাদ যা জাগছে শিশু, নারী এবং পুরুষের বিশাল জনরাশি থেকে।

সুজন প্রভু বললেন: 'জিজ্ঞাসা করবে না, যাদের তুমি দেখছ তারা কোন ধরণের আত্মা? আমার ইচ্ছা, আরো এগোবার আগে ওদের সম্পর্কে তুমি জানো যে এরা নিষ্পাপ, কিন্তু এদের যদি কোনো গুণ থাকে তা যথেষ্ট নয়, কারণ এরা দীক্ষিত নয় পবিত্র বারির সিঞ্চনে: তুমি যে ধর্মে বিশ্বাস কর, সেটাই তার প্রবেশদ্বার।

যেহেতু এরা বেঁচে ছিল খ্রিষ্টধর্মের আগের কালে, সম্যকভাবে করেনি ঈশ্বরের উপাসনা; আমি নিজেও এদেরই একজন—

অন্য কোনো পাপে নয়, শুধু এই দোষেই আমরা বিনষ্ট, বাস করি আশা ব্যতিরেকে শুধুই আকাঙ্ক্ষায়।'

শুনে আমার হৃদয় আক্রান্ত হল বিপুল বিষাদে, কারণ এই লিম্বোর অনিশ্চয়তায় নিলম্বিত আছে আমার জানা অনেক গুণীজন।

'বলো প্রভু আমার, বলো মহাশয়,' সব বিভ্রম দূর করে যে ভ্রান্তিহীন বিশ্বাস, সে সম্পর্কে নিশ্চিত হবার জন্য শুরু করি আমি—

'কেউ কি কখনো নিজের বা অপরের বলে এখান থেকে বেরোতে পেরেছে, আর তারপর পেয়েছে ঈশ্বরের আশীর্বাদ?'

আমার প্রশ্নের নিহিত অর্থ বুঝে তিনি উত্তর দিলেন: 'এ অবস্থায় যখন আমি নবাগত, জয়ের মুকুট পরে শক্তিমান একজনকে এখানে আসতে দেখেছিলাম।

তিনি টেনে নিলেন আমাদের আদি পিতার প্রেতচ্ছায়া, নিলেন তার সন্তান হেবলের, নোহের, বিধান প্রবর্তক অনুগত মোশির,

কুলপতি অব্রাহামের, রাজা দায়ূদের, পিতা ও সন্তানসন্ততিসহ ইস্রায়েলের, তাঁর অনেক পরিচর্যার পাত্রী রাহেলের,

আরো অন্য অনেকের; আর তাঁদের করলেন ঈশ্বরের আশিসে ধন্য। জেনে রেখো, তার আগে কোনো মানবাত্মা মুক্তি পায়নি।'

তিনি কথা বলতে থাকলেও আমরা চলা থামাইনি, বরং সেই বন পার হচ্ছিলাম—কারণ বনই মনে হচ্ছিল সেই প্রেতাত্মাদের ভিড়কে।

যেখানে নিদ্রিতের মতো আচ্ছন্ন হয়ে পড়েছিলাম সেখান থেকে বেশি পথ না যেতেই অন্ধকার গোলার্ধ জয়-করা এক আগুন দেখতে পেলাম।

তা থেকে তখনো আমরা খানিকটা দূরে, কিন্তু ততটা নয়, যাতে না অংশত আন্দাজ করতে পারছিলাম সেখানে সম্মাননীয় মানুষের এক সমাবেশ।

'ওগো তুমি, সকল বিজ্ঞান ও শিল্পকে যে গৌরব দান করো, বলো এরা কারা, এতই মর্যাদাসম্পন্ন যে তা এদের পৃথক করেছে অন্য সবার থেকে?'

তিনি বললেন: 'ওপরে তোমার যে জীবন, সে জগতে এখনো এদের নাম ধ্বনিত হয়; তাই এরা পেয়েছে স্বর্গের কৃপা, যার ফলে এদের এই উন্নীত স্থান।'

ইতিমধ্যে এক কণ্ঠস্বর শুনলাম: 'মহাকবিকে সম্মান জানাও! তার ছায়াদেহ চলে গিয়ে আবার ফিরে এসেছে।'

সেই কণ্ঠ নীরব এবং চারপাশ শান্ত হলে দেখি চার বিশাল ছায়ামূর্তি এগিয়ে আসছে আমাদের দিকে। তাদের মুখাবয়ব না বিষণ্ণ না আনন্দময়।

সুজন গুরু বলতে শুরু করলেন: 'লক্ষ্য কর ওঁকে—হাতে তরবারি, প্রভুর মতো অন্য তিন জনের আগে আগে যিনি আসছেন। উনি হমেরস, কবিকুল সম্রাট। পরের জন হচ্ছেন নীতিবাদী হোরাতিউস, তৃতীয়জন ওভিদিউস, আর সবার শেষে লুকানুস।

একক কণ্ঠে ধ্বনিত যে সম্বোধন শুনলে, আমার সঙ্গে এঁরা তার অংশীদার, তাই এঁরা আমাকে মর্যাদার সঙ্গে স্বাগত জানাচ্ছেন: এটা তাঁদের মহত্ত্বের প্রকাশ।'

এভাবে দেখলাম সমবেত হল সেই নেতার অনুগামী এক কবি সম্প্রদায়, যে কবিগুরুর অত্যুচ্চ সংগীত সবার ঊর্ধ্বে ঈগলের মতো ওড়ে।

নিজেদের মধ্যে কিছু কথাবার্তার পরে তাঁরা আমার দিকে ঘুরে দাঁড়ালেন অভিবাদনের ভঙ্গিতে, তাতে আমার আচার্যের মুখে ফুটে উঠল স্মিত হাসি।

তারপর তাঁরা আমাকে আরো উচ্চ সম্মান প্রদান করলেন তাঁদেরই একজন হিসেবে গণ্য করে, যাতে সেই মনীষীশ্রেষ্ঠদের মধ্যে আমার স্থান হলো ষষ্ঠ।

এভাবে আমরা এগিয়ে চললাম উজ্জ্বল আলোটির দিকে, সেসব বিষয়ে কথা বলতে বলতে যা সেই স্থানের পক্ষে উপযুক্ত ছিল, কিন্তু যার সম্বন্ধে এখন নীরব থাকাই শ্রেয়।

আমরা একটি জমকালো দুর্গের সীমানায় এসে পৌঁছলাম। সেটি পরপর সাতটি সুউচ্চ প্রাকারে বেষ্টিত, আর একটি সুন্দর ক্ষুদ্র নদীর বলয়ে সুরক্ষিত।

শক্ত মাটির উপর দিয়ে যাবার মতো করে আমরা এটি পার হয়ে গেলাম। সাতটি দেউড়ি পেরিয়ে সেই জ্ঞানীদের সঙ্গে প্রবেশ করলাম সতেজ সবুজ তৃণাচ্ছাদিত এক ভূমিতে, সেখানে সৌম্য মন্থরদৃষ্টি ব্যক্তিদের সমাবেশ। তাঁদের মুখাবয়বে মহান কর্তৃত্বের প্রকাশ; তাঁরা কথা বলছিলেন কদাচিৎ, তাও নিম্নগ্রামে।

আমরা সরে এলাম একধারে, উন্মুক্ত আলোকিত একটি উচ্চস্থানে, যাতে তাদের সবাইকে দেখতে পাই।

সেই পান্না-সবুজ সমতলের বুকে আসীন মহান আত্মাদের দর্শন পেলাম, যাঁদের দেখে উত্তোলিত হল আমার হৃদয়।

দেখলাম বহু সঙ্গীসহ এলেকত্রাকে; তাঁদের মধ্যে চিনলাম হেক্তোর আর আয়েনেয়াসকে, এবং শ্যেনচক্ষু সশস্ত্র কায়সারকে।

অপরদিকে দেখলাম কামিল্লা আর পেন্থেসিলেইয়াকে। আর দেখলাম লাতিউমরাজ কন্যা লাভিনিয়াকে নিয়ে বসে।

দেখলাম সেই ব্রুতুস যিনি বিতাড়িত করেছিলেন তারকুইনুসকে। দেখলাম লুক্রেতিয়া, য়ুলিয়া, মার্কিয়া, কর্নেলিয়াকে, আর একাকী একপাশে দেখতে পেলাম সালাউদ্দিনকে।

তারপর আঁখিপল্লব উপরে তুলে দেখলাম সকল জ্ঞানীর আচার্যকে, প্রাজ্ঞকুল পরিবৃত হয়ে। সবার দৃষ্টি তাঁর দিকে, সবাই তাঁকে সম্মান দিচ্ছেন। অন্যদের চেয়ে এগিয়ে তাঁর সবচেয়ে নিকটে সোক্রাতেস আর প্লাতোন;

আর দেখলাম দেমক্রিতসকে, যিনি বিশ্বকে দৈবের হাতে তুলে দিয়েছেন; দিয়গেনেস, আনাক্সাগরাস এবং থালেস, এম্পেদক্লেস, হেরাক্লেইতস এবং জেনোনকে;

দেখলাম ভেষজের সেই দক্ষ সংগ্রাহককে—দিয়স্কূরিদেসের কথা বলছি—আর দেখলাম অর্ফেউস, এবং তুল্লিউস, লিনুস, ও নীতিজ্ঞানী সেনেকাকে;

জ্যামিতিবিদ এউক্লেইদেসকে দেখলাম, আর তলেমাইয়স, হিপ্পোক্রাতেস, ইবন সিনা আর গালেনসকে; ইবন রুশদকেও, যিনি মহান ভাষ্য লিখে গেছেন।

এদের সবার পূর্ণ বিবরণ দিতে আমি অক্ষম, কেননা আমার প্রতিপাদ্যের পরিধি আমায় এমনই অনুপ্রাণিত করছে যে বিষয়বস্তুর তুলনায় ভাষা প্রায়ই হয়ে পড়ছে অপ্রতুল।

ছ'জনের সমাবেশ কমে হল দুই। অন্য একটি পথ ধরে আমার প্রাজ্ঞ দিশারি আমাকে নিয়ে চললেন প্রশান্তির বাইরে কম্পমান বায়ুমণ্ডলে।

এলাম এমন জায়গায়, যেখানে কোনও আলো জ্বলে না।

প্রবল বজ্রনির্ঘোষ: নরকের কোলাহলের সম্মিলিত গর্জনের মত আওয়াজ।

শিশু: খ্রিস্টান বংশে জন্ম নিয়েও কোনো শিশু যদি দীক্ষাস্নানের আগে মারা যায়, নিজে নিষ্পাপ হয়েও সে স্বর্গে প্রবেশ করতে পারে না।

পবিত্র বারির সিঞ্চন: দীক্ষাস্নান (ইং ব্যাপটিজম), যার দ্বারা কেউ খ্রিস্টধর্মে দীক্ষিত হয়।

শক্তিমান একজন: খ্রিস্টান বিশ্বাস অনুযায়ী যিশু ক্রুশে দেহত্যাগ করেন শুক্রবার, সমাধি থেকে পুনরুত্থিত হন রবিবার। অন্তর্বর্তী সময়টায় তিনি পাতালের দ্বার বিদীর্ণ করে সেখানে প্রবেশ করেন, শয়তানকে পাতালের নিম্নতম শম্বুবিন্দুতে শেকল দিয়ে বাঁধেন, ও তাঁর সময়ের আগেকার (অর্থাৎ খ্রিস্টীয় বিচারে পরিত্রাণের অযোগ্য) কয়েকটি মৃত আত্মাকে (বাইবেলের আদি বিধান-এর কিছু ব্যক্তি) পাতাল থেকে স্বর্গে তুলে আনেন। এরাই যিশুর মহিমায় পরিত্রাণ পাওয়া প্রথম আত্মা।

আদি পিতা: আদম।

হেবল: আদমের পুত্র। তার ভাই কায়িন তাকে হত্যা করেছিল (আদিপুস্তক ৪:৮)।

নোহ: বাইবেলের আদিপুস্তক ৬-৮ অনুসারে, মর্তব্যাপী বন্যার সময়ে একটি জাহাজে তাঁর পরিবারবর্গ এবং সব মনুষ্যেতর প্রাণীর কিছু নিদর্শনকে আশ্রয় দিয়ে রক্ষা করেন।

মোশি: বাইবেলের যাত্রাপুস্তক অনুসারে, ইহুদীজাতিকে মিশরে বন্দীদশা থেকে উদ্ধার করে তাদের 'ঈশ্বরপ্রদত্ত ভূমি'তে নেতৃত্ব দিয়ে নিয়ে আসেন। তাঁর মারফৎ ঈশ্বর ইহুদী জাতিকে তাঁর 'দশ বিধান' প্রদান করেন।

অব্রাহাম: বাইবেলের আদিপুস্তক ১১-২৫ অনুসারে, ইহুদী জাতির প্রথম কুলপতি বা গোষ্ঠীপিতা।

দায়ূদ: বাইবেলের আদি বিধানে উল্লিখিত (শমুয়েল ১, রাজাবলি ১, বংশাবলি) খ্রিস্টপূর্ব দশম শতকে সংযুক্ত ইহুদী জাতির রাজা। বাইবেলের গীতসংহিতার অনুমিত রচয়িতা।

ইস্রায়েল: আদি নাম য়াকোব। বাইবেলের আদিপুস্তক ২৫-৫০ অনুসারে, ইহুদী জাতির তৃতীয় কুলপতি।

রাহেল: য়াকবের দ্বিতীয় পত্নী। এঁকে পত্নীরূপে লাভ করার জন্য য়াকব শ্বশুর লাবানের পশুশালায় দাসত্ব করেন।

হমেরস: ইং হোমার: প্রসিদ্ধ প্রাচীন গ্রীক কবি, ঈলিয়াস (ইলিয়াদ) ও অদীসসেইয়া (ওদিসি) রচয়িতা।

হোরাতিউস: ইং হরেস: কুইন্তুস হোরাতিউস ফ্লাক্কুস, প্রসিদ্ধ লাতিন কবি।

ওভিদিউস: ইং অভিড: পুবলিউস ওভিদিউস নাসো, প্রসিদ্ধ লাতিন কবি। এঁর বিভিন্ন রচনা মধ্যযুগে বিশেষ জনপ্রিয় ছিল। বিশেষত তাঁর দীর্ঘ কাব্য মেতামর্ফোসেস

গ্রীক-রোমকদের পৌরাণিক কাহিনী সম্পর্কীয় হলেও খ্রিস্টীয় আখ্যান ও নৈতিক তত্ত্বের রূপক হিসাবে পড়া হত।

লুকানুস: আরেক লাতিন কবি: খ্রিস্টোত্তর কালের, কিন্তু রোমক সাম্রাজ্যে তখনও খ্রিস্টধর্ম প্রচলিত হয়নি।

সেই নেতা: হমেরস।

আমার স্থান হল ষষ্ঠ: এটি দান্তের পক্ষে নিছক দম্ভ বা আত্মপ্রচার নয়। তিনি বলতে চান, এই প্রাচীন কবিদের রীতি ও দৃষ্টান্ত অনুসারণ করে তিনি কাব্যরচনা করতে চান, তাঁদের ঐতিহ্য বহন করতে চান।

পরবর্তী কয়েক পংক্তিতে প্রথমে যাঁদের কথা বলা হচ্ছে, তাঁরা রোমার আদি রূপ বা পূর্ববর্তী অবতার ত্রইয়ার অধিবাসী; তারপর বলা হচ্ছে রোমার প্রাক্-সাম্রাজ্যকালের কথা, যখন সেখানে একধরনের সাধারণতন্ত্র চালু ছিল, যদিও তার অংশীদার ছিলেন একমাত্র উচ্চবংশীয় নাগরিকেরা।

এলেকত্রা: পুরাণকথা অনুসারে ত্রইয়ার প্রতিষ্ঠাতা দার্দানসের মাতা। রাজা আগামেমনোনের ঐ নামের কন্যা এক ভিন্ন চরিত্র।

হেক্তোর: ত্রইয়ার রাজপুত্র। গ্রীকদের বিরুদ্ধে হমেরস-বর্ণিত যুদ্ধে ত্রইয়ান পক্ষের শ্রেষ্ঠ যোদ্ধা।

আয়েনেয়াস: ১ম সর্গের টীকা দ্রষ্টব্য।

কায়সার: যুলিউস কায়সার: ১ম সর্গের টীকা দ্রষ্টব্য।

কামিল্লা: আয়েনেয়াস ইতালিতে পৌঁছে রাজত্ব প্রতিষ্ঠার জন্য যে যুদ্ধে উদ্যত হন, তাতে তাঁর বিপক্ষীয় এক নারী যোদ্ধা।

পেন্থেসিলেইয়া: আমাজন নামক নারী যোদ্ধা জাতির রাজ্ঞী। ত্রইয়ার যুদ্ধে অংশ নিয়েছিলেন।

লাতিউমরাজ, লাভিনিয়া: আয়েনেয়াস ইতালিতে পৌঁছন লাতিউম অঞ্চলে, যেখানে পরবর্তীকালে রোমা সহর স্থাপিত হয়। সেখানকার রাজা লাতিনুস তাঁকে স্বাগত জানান ও তাঁর কন্যা লাভিনিয়ার সঙ্গে আয়েনেয়াসের বিবাহের প্রস্তাব করেন।

ব্রুতুস: লুকিউস য়ুনিউস ব্রুতুস, রোমার প্রথম সাধারণতন্ত্র যুগের নেতা ও শাসক। ক্ষমতাশালী পরিবারের তারকুইনুস সুপের্বুস দ্বারা কুলবধূ লুক্রেতিয়ার ধর্ষণের পর তারকুইনুস পরিবারের বিরুদ্ধে রোমার অধিবাসীদের গণঅভ্যুত্থানে উদ্বুদ্ধ করেন।

যুলিয়া: যুলিউস কায়সারের কন্যা কিন্তু তাঁর প্রতিপক্ষ পম্পেইউসের পত্নী।

মার্কিয়া: রোমক সাধারণতন্ত্রের শেষ যুগে যুলিউস কায়সারের প্রতিপক্ষ কাতোর পত্নী। কাতো তাঁকে তাঁর বন্ধু হর্তেনসিউসের ভোগ্যা হিসাবে হস্তার্পণ করেন, কিন্তু হর্তেনসিউসের মৃত্যুর পর মার্কিয়া সতী-সাধ্বীর মত কাতোর কাছে স্বেচ্ছায় ফিরে আসেন।

কর্নেলিয়া: রোমক সাধারণতন্ত্রের বিখ্যাত সেনাপতি স্কিপিওর কন্যা ও গণপ্রতিনিধি (ত্রিবুনুস) গ্রাক্কুস ভ্রাতৃদ্বয় তিবেরিউস ও কাইউসের মাতা। প্রাচীন রোমক সমাজের আদর্শ কুলমাতা হিসাবে সম্মানিতা।

সালাউদ্দিন: দ্বাদশ শতকে মিশরের (সেই সঙ্গে মধ্যপ্রাচ্য ও উত্তর আফ্রিকার বিরাট অংশের) সুলতান। তৃতীয় ক্রুসেডে খ্রিস্টানদের পরাজিত করে পালেস্তাইন অঞ্চল আবার মুসলিম দখলে আনেন। দক্ষ সেনাপতি এবং আদর্শ শাসক হিসাবে খ্রিস্টানদেরও সম্মান অর্জন করেন।

সকল জ্ঞানের আচার্য: প্রাচীন গ্রীক দার্শনিক আরিস্ততেলেস। চিন্তা ও বিজ্ঞানের বহু দিকে পথিকৃৎ। দান্তের আমলে পশ্চিম ইউরোপে গ্রীক চর্চা অল্পই ছিল, কিন্তু আরবি তর্জমার লাতিন তর্জমা মারফৎ আরিস্ততেলেসের রচনা পঠিত হত। তোম্মাসো দাকুইনাসের যে স্কলাস্টিক ধর্মতত্ত্ব *কম্মেদিয়া*-র মূলে, তার ভিত্তি আরিস্ততেলেসের তত্ত্ব ও চিন্তাপদ্ধতি।

সোক্রাতেস, প্লাতোন: প্রাচীন গ্রীসের ও সমগ্র পাশ্চাত্য চিন্তার ইতিহাসে আর দুই অগ্রগণ্য দার্শনিক। সোক্রাতেসের কোনও রচনার কথা জানা নেই, প্লাতোনের বিবরণ মারফৎ-ই তাঁর চিন্তা প্রসিদ্ধিলাভ করেছে। দান্তের আমলে পশ্চিম ইউরোপে প্লাতোনের রচনার প্রত্যক্ষ জ্ঞান তেমন ছিল না, কিন্তু খ্যাতি ও বৃহত্তর প্রভাব অবশ্যই ছিল।

দেমক্রিতস, দিয়গেনেস, আনাক্সাগরাস, থালেস, এম্পেদক্লেস, হেরাক্লেইতস, জেনোন: সকলেই প্রাচীন গ্রীক দার্শনিক।

দিয়স্কুরিদেস: প্রাচীন গ্রীক চিকিৎসক ও ভেষজবিদ। ইনি অবশ্য খ্রিস্টোত্তর যুগের লোক।

অর্ফেউস: গ্রীক পৌরাণিক কালের প্রবাদপ্রতিম কবি।

তুল্লিউস: মার্কুস তুল্লিউস কিকেরো; শেষ নামটিতেই (ইং সিসেরো) অধিক পরিচিত। রোমক সাধারণতন্ত্রের শেষ যুগের প্রখ্যাত রাজনীতিক, দার্শনিক ও বাগ্মী।

লিনস: গ্রীক পৌরাণিক কালের কবি।

সেনেকা: বিখ্যাত রোমক দার্শনিক।

এউক্লেইদেস: প্রাচীন গ্রীক গণিতজ্ঞ, জ্যামিতির অন্যতম প্রতিষ্ঠাতা।

তলেমাইয়স: প্রাচীন গ্রীক গণিতজ্ঞ ও জ্যোতির্বিদ। ভূমিকার 'দান্তের পরলোকচিত্র' অংশ দ্রঃ।

হিপ্পোক্রাতেস, গালেনস: চিকিৎসাশাস্ত্রের দুই প্রাচীন গ্রীক প্রতিষ্ঠাতা। গালেনস খ্রিস্টোত্তর কালের লোক ছিলেন।

ইবন সিনা: একাদশ শতকের আরব পণ্ডিত। চিকিৎসাশাস্ত্রে এঁর শ্রেষ্ঠ অবদান।

ইবন রুশদ: দ্বাদশ শতকের আরব দার্শনিক ও পণ্ডিত। আরিস্ততেলেসের উপর তাঁর আরবি ভাষ্যের লাতিন তর্জমা মধ্যযুগে পশ্চিম ইউরোপের পণ্ডিতসমাজে বহু প্রচলিত ছিল।

সর্গ-৫

দ্বিতীয় চক্র। মিনোসের বিচার। যৌনলালসার শাস্তি। ফ্রাঞ্চেস্কা ও পাওলো।

মূল রূপক: এই চক্রে শাস্তিভোগ করছে পাপিষ্ঠ প্রেমিকেরা। যেহেতু তারা নিজেদের আচরণে কোনোরকম নিয়ন্ত্রণ বা সংযম অভ্যাস করেনি, তাদের শাস্তি হচ্ছে অনন্তকাল অন্ধকার বাতাসে ভেসে বেড়ানো। সংকীর্ণ গতানুগতিক নীতিবোধে নরনারীর সম্পর্কজনিত অপরাধ সবচেয়ে বেশি ধিকৃত হয়। দান্তে কিন্তু তা দেখছেন অপেক্ষাকৃত লঘু দৃষ্টিতে; তুলনায় অনেক বেশি গুরুপাপ বলে দেখাচ্ছেন দুর্নীতি, রাজনৈতিক ভ্রষ্টাচার প্রভৃতি সামাজিক অপরাধ, সর্বোপরি বিশ্বাসঘাতকতাকে। তার সম্ভাব্য কারণ, প্রেম একটা মানবিক বন্ধন, তাতে অন্য এক ব্যক্তির সঙ্গে একটা সম্বন্ধস্থাপন হয়। নরকেও তাই প্রেমিকযুগল পরস্পরের হাত ধরে ভেসে বেড়ায়, মুহূর্তের জন্য হাত ছাড়তে পারবে না এটাই তাদের শাস্তির অঙ্গ। অন্য সব চক্রের পাপীরা কিন্তু প্রত্যেকে একেবারে একা, বিচ্ছিন্ন; এবং তাদের মধ্যেও যারা বেশি অধম ও নিম্নস্থিত, তারা পরস্পরের প্রতি হিংসা ও বিদ্বেষ পোষণ করে।

এভাবেই নেমে এলাম প্রথম চক্র থেকে দ্বিতীয়টিতে, আয়তনে সেটি ক্ষুদ্রতর কিন্তু যন্ত্রণা এতই বেশি প্রবল যে তার অঙ্কুশের আঘাতে জেগে উঠছে আর্তরব।

সেখানে প্রবেশপথের মুখেই বিকটদর্শন ভয়ঙ্কর মিনোস বসে জান্তব স্বরে গর্জন করছে; প্রবেশদ্বারেই বিচার করছে পাপের, দণ্ড দিয়ে বিদায় করছে লাঙ্গুল দিয়ে নিজেকে বেষ্টন করে। অর্থাৎ কুজন্মপ্রাপ্ত আত্মা তার সামনে আসামাত্র সব অপরাধ স্বীকার করে।

তখন পাপের এই বিচারকর্তা স্থির করে নরকের কোন স্থান এর উপযুক্ত, এবং তার লাঙ্গুল দিয়ে নিজেকে ঘিরে ততগুলিই বৃত্ত রচনা করে যত ধাপ নীচে সে পাপাত্মাটি নেমে যাবে।

সর্বদাই তার সামনে এদের ভিড়; পালা করে এরা প্রত্যেকেই বিচারের জন্য যায়; তারা বলে, শোনে, তারপর ঘূর্ণিপাকে নিক্ষিপ্ত হয় নীচে।

'ওহে, তোমাকে বলছি—যে তুমি এই যন্ত্রণার বাসায় এসেছ!' তার গুরু দায়িত্ব স্থগিত রেখে আমাকে লক্ষ্য করে বলে ওঠে মিনোস।

'কীভাবে ঢুকে পড়েছ তুমি, আর কার ওপরেই বা বিশ্বাস রেখে, সে ব্যাপারে সতর্ক হও। এখানে ঢোকার পথ প্রশস্ত, কিন্তু দেখো, বিভ্রান্ত হয়ো না।'

আমার দিশারি বলে উঠলেন: 'তুমিই বা এত চিৎকার করছ কেন?

ওর নিয়তিনির্দিষ্ট যাত্রায় বাধা দিয়ো না। যেখানে ইচ্ছা আর শক্তি সমার্থক, সেখানেই এটি স্থির হয়েছে। আর প্রশ্ন কোরো না।'

বিষাদপূর্ণ স্বরগুলি এবার আমার শ্রবণগোচর হল; পৌঁছে গেলাম সেই স্থানে, যেখানে ক্রমাগত ক্রন্দনের ধ্বনি আছড়ে পড়তে লাগল আমার ওপর।

সব আলো যেখানে নির্বাক, এমন এক ভূমিতে এসে পড়লাম আমি; শুনলাম এমন গর্জন, যেন ঝড়ে উত্তাল সমুদ্রে দু'দিক থেকে বাতাস পরস্পরের বিরুদ্ধে যুঝছে।

অবিশ্রান্ত নারকীয় ঝড় গ্রাস করে ঝেঁটিয়ে নিয়ে যাচ্ছিল আত্মাগুলিকে—ঘুরপাক খাইয়ে, আঘাতে আঘাতে জর্জরিত করে।

এইভাবেই যখন তারা ঝড়ের আক্রোশের সামনে উপস্থিত হচ্ছিল, জেগে উঠছিল আর্তধ্বনি, গুমরানো আর বিলাপ; তারা হয়ে উঠছিল দিব্যশক্তির অবমাননায় মুখর।

জানতে পারলাম, এই শাস্তি তাদেরই, কামের তাড়নায় যারা বিসর্জন দিয়েছে যুক্তিবুদ্ধিকে।

শীতকালে যেমন স্টার্লিং পাখির ডানা তাদের নিয়ে চলে ঠাসা বহুবিস্তৃত ঝাঁক বেঁধে, তেমনি সেই ঝোড়ো বাতাস দুষ্ট আত্মাগুলিকে চালিয়ে নিয়ে যাচ্ছিল—

তাড়িয়ে বেড়াচ্ছিল এখানে, সেখানে, নীচে, উপরে। কোনো আশা কখনও তাদের সান্ত্বনা দিতে পারে না; বিশ্রাম দূরে থাক, হয় না যন্ত্রণার সামান্যতম উপশম।

আকাশের বুকে সুদীর্ঘ রেখা এঁকে সারসের সারি যেমন গান গেয়ে চলে, তেমনই চলতে দেখলাম বিলাপরত ছায়ামূর্তিগুলিকে,

ঝোড়ো হাওয়ায় তাড়িত হতে হতে। দেখে বলি: 'প্রভু, এরা কারা, এই কালো বাতাস যাদের তাড়িয়ে নিয়ে যাচ্ছে?'

'যাদের কথা তোমার জানা উচিত তাদের মধ্যে প্রথম জন হলো বহুভাষাভাষী জাতির সম্রাজ্ঞী—লালসায় এতই নষ্ট হয়েছিল সে, যে নিজের কলঙ্ক চাপা দিতে সমস্ত রকম ব্যভিচারকে করেছিল আইনসঙ্গত;

সে সেমিরামিস, যার সম্বন্ধে আমরা পড়ি সে ছিল নিনসের স্ত্রী ও উত্তরাধিকারিণী। পরবর্তীকালে সুলতান-শাসিত রাজ্যগুলির শাসনকর্ত্রী ছিল সে।

এর পরের জনকে দেখো: প্রেমের জন্য যে আত্মনিধন করেছিল এবং পতি সীকায়েউসের চিতাভস্মের স্মৃতির প্রতি হয়েছিল অবিশ্বাসিনী; আর তার পর ভোগবিলাসিনী ক্লেওপাত্রা!

হেলেনেকে দেখো, যার জন্য ঘটেছিল এক দীর্ঘ দুঃসময়; আর দেখো মহান আখিল্লেউসকে, প্রেমের জন্য যে প্রাণ দিয়েছিল শেষ যুদ্ধে।

দেখো পারিসকে, ত্রিস্তানকেও।' সহস্রাধিক ছায়ামূর্তিকে অঙ্গুলিনির্দেশে দেখিয়ে তাদের নামগুলি তিনি জানালেন আমাকে, মরজীবন থেকে যাদের ছিন্ন করেছে প্রেম।

আমার গুরুর মুখে প্রাচীনকালের রমণী ও যোদ্ধাদের নাম শুনে আমার করুণার উদ্রেক হল, আমি কেমন যেন হতবুদ্ধি হয়ে গেলাম।

বললাম: 'কবি, বাতাসে যে দুজন অত হাল্কাভাবে একসঙ্গে ভেসে যাচ্ছে, ইচ্ছা করছে ওই দুজনের সঙ্গে কথা বলি।'

তিনি বললেন: 'ওরা যখন আমাদের আরো কাছে আসবে তখন ওদের দেখতে পাবে; আর ওদের চালনা করছে যে প্রেম, সেই প্রেমের নামে অনুনয় কোরো, তাতেই তারা আসবে।'

তারপর বাতাসের বেগ যখনই তাদের নামিয়ে নিয়ে এল আমাদের দিকে, আমি উচ্চৈঃস্বরে বলে উঠলাম: 'ওহে শ্রান্ত আত্মারা, বাধা না থাকলে আমাদের সঙ্গে কথা বলো।'

আপন ইচ্ছায় চালিত হয়ে বাতাসের মধ্য দিয়ে কামতাড়িত কপোত যেমন স্থির খোলা ডানায় ভর করে ফিরে আসে নিজের মধুর নীড়ে,

সেভাবেই সেই দুটি আত্মা, যেখানে দিদো ছিল সেই দল থেকে অশুভ বাতাসের মধ্য দিয়ে নেমে এল আমাদের দিকে, এমনই শক্তি ছিল আমার স্নেহভরা ডাকের।

'ওগো দয়ালু এবং করুণাময় জীবন্ত প্রাণ, ধরাতল যারা রক্তে কলঙ্কিত করেছিল সেই আমাদের দেখতে এই আঁধার বাতাসের মধ্য দিয়ে এসেছ!

যদি বিশ্বলোকের রাজা আমাদের বন্ধু হতেন, আমাদের পাপক্লিষ্ট দুর্ভাগ্যের জন্য করুণা অনুভব করেছ বলে তোমার জন্য শান্তি ভিক্ষা চাইতাম তাঁর কাছে।

আমরা সেসব কথাই বলব আর শুনব যা শুনতে এবং বলতে তোমার ভাল লাগে, যতক্ষণ এখনকার মত নীরব থাকবে হাওয়া।

সাগরতীরের সেই নগরীতে আমার জন্ম, যেখানে পো তার সঙ্গে-মেশা সব নদীকে নিয়ে নেমে এসেছে বিশ্রামলাভের জন্য

প্রেম, যা কোমল হৃদয়ে দ্রুত উজ্জীবিত হয়, এই ব্যক্তিকে অধিকার করেছিল আমার এই সুন্দর দেহের জন্য, যা আমার কাছ থেকে এখন নিয়ে নেওয়া হয়েছে। যেভাবে তা ঘটেছিল, তা আমাকে এখনো যন্ত্রণা দেয়।

প্রেম যে পায়, সেও প্রত্যুত্তরে প্রেম থেকে অব্যাহতি পায় না। সেই প্রেম ওকে নিয়ে আনন্দে আমায় এমন মাতাল করে তুলল যে এখন যেমন দেখছ, আজও তা আমার সঙ্গ ছাড়েনি।

প্রেম আমাদের নিয়ে গেছে একই মরণে। যে আমাদের প্রাণ নির্বাপিত করল, তার জন্য অপেক্ষা করছে কাইনা।' এই সব কথা তাদের কাছ থেকে আমাদের প্রতি বাহিত হল।

পীড়িত আত্মা দুটির কথা শোনার পর আমি নতমুখ হলাম, আর সেভাবেই রইলাম যতক্ষণ না কবি বলে উঠলেন: 'কী ভাবছ?'

অবশেষে যখন উত্তর দিলাম, বললাম: 'হায় কত মধুর ভাবনা, কতখানিই না আকাঙ্ক্ষা এদের এনে ফেলেছে এই দুঃখময় অবস্থায়!'

তারপর ওদের দিকে আবার ফিরে বলি: 'ফ্রাঞ্চেস্কা, তুমি যে কষ্ট বইছ তা বেদনা ও করুণার অশ্রুতে আমার চোখ ভিজিয়ে দিচ্ছে;

কিন্তু আমাকে বলো, মধুর দীর্ঘশ্বাসভরা সেই প্রহরে কীসে ও কীভাবে প্রেম তোমাকে জানালো তোমার অন্তরের সংশয়াকুল বাসনা?'

সে বলল: 'দুঃখের সময় অতীত-সুখস্মৃতি স্মরণের চেয়ে বেশি যাতনার কিছু নেই: একথা তোমার গুরু জানে।

কিন্তু যদি তোমার এতটাই ইচ্ছা আমাদের প্রেম জন্ম কীভাবে হলো তা জানার, তাহলে আমি তা বলব কান্নাভরা কথায়।

একদিন চিত্তবিনোদনের জন্য আমরা পড়ছিলাম লান্সলতের গল্প, কেমনভাবে প্রেম তাকে বন্ধনে জড়ালো। আমরা ছিলাম একা, কোনও সংশয় ছিল না আমাদের মনে।

পড়তে পড়তে বারে বারে চোখে চোখ পড়ছিল আমাদের, আর লাজে রাঙা হয়ে উঠছিল আমাদের কপোল; কিন্তু একটিমাত্র নিমেষ আমাদের পরাভূত করল।

যখন আমরা পড়ছি কেমনভাবে সেই কাঙ্ক্ষিত স্মিত হাসি চাপা পড়ল অমন প্রেমিকের চুম্বনে, এই ব্যক্তি, আমার থেকে যে বিচ্ছিন্ন হবে না কোনোদিনও, সর্বশরীরে শিহরিত হয়ে চুম্বন করল আমার অধরে। গালহোতের ভূমিকা নিল সেই বই আর তার লেখক। সেদিন আর আমাদের পড়া এগোয়নি।'

একটি আত্মা যতক্ষণ এ কথা বলছিল, অন্যটি এতই অশ্রুপাত করছিল যে করুণায় আমি অচেতন হলাম, যেন আমার মৃত্যু ঘটল,
ভূপতিত হলাম মৃতদেহের মতোই।

মিনোস: গ্রীক-রোমক পুরাণকথায় পাতালের প্রবেশপথে মৃত আত্মাদের বিচারক।

যেখানে ইচ্ছা আর শক্তি সমার্থক: অর্থাৎ সর্বশক্তিমান ঈশ্বরের পীঠস্থান, স্বর্গ।

সেমিরামিস: প্রাচীন আসিরিয়ার রাজা নিনসের রানী ও স্বামীর প্রয়াণের পর নিজেই শাসক। বর্তমান ইরাকে অবস্থিত বাবিলন নগরীর প্রতিষ্ঠাতা বলে খ্যাত। এটি মিশরে ঐ নামের এক শহরের সঙ্গে একাকার করে ফেলা হত, যা ছিল সালাউদ্দিনের বংশধরদের দ্বারা 'সুলতান শাসিত'। দুই নগরের একটি বাইবেলের 'বাবিল' (আদিপুস্তক ১১:১-৯) বলে মনে করা হয়, যার অধিবাসীরা নানা ভাষায় কথা বলে পরস্পরের কাছে দুর্বোধ্য হয়ে পড়েছিল—তাই 'বহুভাষী দেশের সম্রাজ্ঞী'। অজাচার ও অন্য যৌন কুকীর্তির জন্য সেমিরামিস পুরাণকথায় কুখ্যাত।

সীকায়েউস: কার্থাজের রানী দিদোর মৃত স্বামী। আয়েনেয়াসের সঙ্গে ব্যর্থ প্রেমে লিপ্ত হয়ে দিদো স্বামীর স্মৃতির অসম্মান করেছিলেন।

ক্লেওপাত্রা: মিশরের রানী, খ্রিস্টপূর্ব প্রথম শতকে রোমকদের সঙ্গে যুদ্ধ ও কূটনৈতিক প্রচেষ্টায় লিপ্ত হয়ে নিজের সিংহাসন রক্ষার চেষ্টা করেন। একাধিক রোমক নেতা ও যোদ্ধার সঙ্গে তার প্রেমের সম্পর্ক ছিল।

হেলেনে: খ্যাতনামা সুন্দরী, গ্রীক রাজা মেনেলাওসের রানী। ত্রইয়ার রাজপুত্র পারিস তাঁকে হরণ করায় গ্রীক ও ত্রইয়াবাসীর মধ্যে হমেরেস-বর্ণিত 'ত্রইয়ান যুদ্ধ' বাধে।

আখিল্লেউস: ত্রইয়ান যুদ্ধে গ্রীক পক্ষের শ্রেষ্ঠ যোদ্ধা। শেষে ত্রইয়ান রাজকন্যা পলীক্সেনের প্রেমে পড়ে প্রতারিত হয়ে শত্রুর হাতে নিহত হন।

পারিস: ত্রইয়ার রাজপুত্র, হেলেনের অপহরণকারী। উপরে 'হেলেনে' দ্রষ্টব্য।

ত্রিস্তান: ব্রিটেনের পৌরাণিক রাজা আর্থারের সভার এক যোদ্ধা (নাইট)। কর্নওয়ালের রানী ইস্যুলতের সঙ্গে অবৈধ প্রণয়ে লিপ্ত হয়ে ইস্যুলতের স্বামীর হাতে নিহত হন। (পাওলো ও ফ্রাঞ্চেস্কার কাহিনীর সঙ্গে সাদৃশ্য লক্ষণীয়।) আর্থারের অনুগামী যোদ্ধাদের বীরত্ব ও প্রেমের কাহিনী সম্বলিত 'রোমান্স' ছিল মধ্যযুগের অতি প্রিয়।

উচ্চবর্গীয় যোদ্ধার আচরণ (শিভালরি) ও এক নতুন অভিজাত প্রেমের পাঠ প্রধানত এই রোমান্স থেকেই সেই যুগ আহরণ করেছিল। পাওলো ও ফ্রাঞ্চেস্কার কাহিনীতে তার প্রতিফলন: আর্থুরীয় রোমান্স পড়তে-পড়তেই তাদের স্খলন ঘটে।

সেই নগরীতে: রাভেন্না, উত্তর ইতালির পো নদীর মোহানায় অবস্থিত। বক্তা ফ্রাঞ্চেস্কা ছিল রাভেন্নার শাসক গুইদো ভেক্কিও দা পলেন্তার কন্যা (ও পরে রাভেন্নার শাসক, দান্তের আশ্রয়দাতা গুইদো নভেল্লোর পিসি)। রিমিনির শাসকের বিকলাঙ্গ পুত্র জ্যোভান্নি মালাতেস্তার সঙ্গে তার বিয়ে হয়, অবৈধ সম্পর্ক স্থাপিত হয় দেবর পাওলোর সঙ্গে। অন্তরঙ্গ মুহূর্তে তাদের দেখতে পেয়ে ফ্রাঞ্চেস্কার স্বামী উভয়কেই হত্যা করে।

লান্সলত: রাজা আর্থারের সভার প্রখ্যাত যোদ্ধা। আর্থারের মহিষী গুইনেভেয়রের সঙ্গে প্রেমের সম্পর্কে লিপ্ত হন।

কাইনা: নরকের সর্বনিম্ন চক্রের একটি উপচক্র, যেখানে আপনজনদের হত্যাকারীরা শাস্তি পায়।

গালহোত: লান্সলতের সুহৃদ। লান্সলত আর গুইনেভেয়রের প্রেমের পথ সুগম করার জন্য আত্মবলি দেন। দান্তে কিন্তু তাঁকে দেখছেন নিছক ওই দুই প্রেমিকের মধ্যে দূত ও সম্বন্ধকারী হিসাবে।

সর্গ-৬

তৃতীয় চক্র। ভোজনবিলাস ও ভোগলালসার শাস্তি। কেরবেরস। চ্যাক্কো।

মূল রূপক: এই চক্রে সাজাপ্রাপ্ত অপরাধ ভোজনস্পৃহা তো বটেই, তাছাড়া সাধারণভাবে যে কোনও ভোগের প্রতি মাত্রাধিক আসক্তি। তার শাস্তি অশেষ বস্তুলালসায় আত্মনিমজ্জনের রূপক: অবিশ্রাম বর্ষণের মধ্যে এই পাপীরা কাদায়-পাঁকে ডুবে আছে।

সেই স্বজনযুগলের করুণ অবস্থা দেখে বেদনায় বিভ্রান্ত আমার বিলুপ্ত বোধ যখন ফিরে এল,

নতুন নতুন নির্যাতন আর নতুন নতুন নির্যাতিত আত্মাদের আমার চারপাশে দেখতে পেলাম, তা যেদিকেই চলি-ফিরি, যেদিকেই তাকাই না কেন।

এসে পড়েছি তৃতীয় চক্রে। এখানে মুষলধারে ঝরছে এক অন্তহীন অভিশপ্ত বৃষ্টি—ছন্দে ও প্রকৃতিতে হিমশীতল, গুরুভার, অপরিবর্তিত।

তমসাচ্ছন্ন বাতাসের মধ্য দিয়ে মাটির ওপর প্রবল বেগে আছড়ে পড়ছে পঙ্কিল জলধারা, বিশাল বিশাল শিলাখণ্ড ও তুষার; আর যে মাটিতে পড়ছে, তা থেকে নির্গত হচ্ছে পূতিগন্ধ।

কাদায় ডোবা পাপাত্মাদের উদ্দেশে তিন গলা দিয়ে কুকুরের মতো গর্জন করছে হিংস্র ও বিচিত্র প্রাণী কেরবেরস।

তার চোখ দুটো রক্তিম, তৈলাক্ত দাড়ি কৃষ্ণবর্ণ, উদর স্ফীত, নখর বাঁকা-বাঁকা। সেই থাবা দিয়ে সে আত্মাগুলিকে ক্ষতবিক্ষত করছে, ছাড়িয়ে নিচ্ছে তাদের চামড়া, আর ফালা ফালা করে ছিঁড়ে ফেলছে তাদের।

আবিল বর্ষণের মধ্যে কুকুরের মতো চিৎকার করে উঠছে পাপাত্মারা, এপাশ ওপাশ করে শরীরের এক দিক দিয়ে অন্য দিকটা বাঁচাবার চেষ্টা করছে।

অতিকায় কীটসদৃশ কেরবেরস আমাদের দেখতে পেয়ে বিকট মুখব্যাদান করে তার শ্বদন্তগুলি দেখাল। তার একটি অঙ্গও স্থির থাকল না।

আমার প্রভু দু'হাত প্রসারিত করে মুঠোভর্তি কাদা তুলে ছুঁড়ে দিলেন সেই লোলুপ হাঁ-গুলির মধ্যে।

ঠিক যেমন ভোজ্যের প্রথম গ্রাসটি পেয়েই শান্ত হয়ে যায় খাবার জন্য চিৎকার করতে-থাকা বুভুক্ষু কুকুর, সেটিকে গোগ্রাসে গেলবার জন্য আবিষ্ট হয়ে পড়ে,

দানব কেরবেরসের কদাকার মুখগুলি সেরকমই করছিল, এমনভাবে হুঙ্কার ছাড়ছিল সেই প্রেতাত্মাদের দিকে, আর তারা চাইছিল বধির হয়ে যেতে।

প্রবল বর্ষণে পর্যুদস্ত ছায়ামানবদের ওপর দিয়ে আমরা চলে গেলাম তাদের শরীরসদৃশ শূন্যতার ওপর পা ফেলে ফেলে।

সবাই ছিল মাটিতে শুয়ে, কেবল সেই একজন ছাড়া, আমাদের দেখে যে উঠে বসেছিল তৎক্ষণাৎ।

'ওহে তোমাকে বলছি, নরকের মাঝখান দিয়ে যাকে নিয়ে যাওয়া হচ্ছে', আমাকে লক্ষ্য করে বলে উঠল সে, 'দ্যাখো তো আমাকে চিনতে পারো কিনা: আমি শেষ হবার আগেই তো তোমার শুরু হয়েছিল।'

আর আমি তাকে বললাম: 'হয়ত যন্ত্রণায় ভুগে তোমার চেহারা এতটাই বদলে গেছে যে তুমি আমার স্মৃতি থেকে নিশ্চিহ্ন হয়েছ: তোমাকে আগে দেখেছি বলে মনে করতে পারছি না।

কিন্তু বলো কে তুমি, যে এই দুঃখভরা জায়গায় এমন শাস্তি ভোগ করছ যা পরিমাণে অন্যত্র যদি বা বেশিও হয়, কোথাও এত জঘন্য নয়।'

'তোমার নগর, বিদ্বেষের ভরপুর ঝুলি যেখানে উপচিয়ে পড়ে, আমাকে ধারণ করেছিল এক নির্মেঘ জীবনে,' সে আমাকে বলে।

'তোমরা নাগরিকেরা আমায় ডাকতো চ্যাক্কো বলে। ভোজনলোলুপ বিধ্বংসী পাপের জন্য দেখতে পাচ্ছ পরাভূত হয়ে এই বৃষ্টিতে পড়ে আছি। এখানে এমন অভাগা আত্মা আমি একা নই, একই পাপের জন্য এরা সকলে একই শাস্তি ভোগ করছে।' আর কোনও কথা সে বলল না।

বললাম: 'চ্যাক্কো, তোমার কষ্ট আমাকে এমনই ভারাক্রান্ত করে তুলেছে যে আমার চোখে জল এসে যাচ্ছে। কিন্তু যদি পারো তো বলো, কোথায় গিয়ে পৌঁছোবে

এই বিভক্ত নগরীর নাগরিকেরা? তাদের মধ্যে কোনো সৎ মানুষ কি আছে? কেন তারা এত বিবাদে আক্রান্ত?'

উত্তরে সে বলল: 'দীর্ঘ সংঘাতের পর তারা রক্তপাতের পথে যাবে এবং বন্য দলটি অন্য দলটিকে প্রভূত হিংস্রতার সঙ্গে তাড়িয়ে দেবে।

তারপর এদের পতন হবে তিন সৌর পরিক্রমার মধ্যে, এবং অন্যটি ক্ষমতায় আসবে, এখনও কোনও অবস্থান নেয়নি এমন একজনের সাহায্যে।

ততদিন এরা মাথা উঁচু করে চলবে অন্যদের গুরুভারে অবনত করে, যতই লজ্জা পাক তারা কিংবা কেঁদেই ভাসাক।

সেখানে খাঁটি মানুষ মাত্র দুজনই আছে, কিন্তু তাদের কথা কেউ শোনে না, অহঙ্কার, ঈর্ষা আর অতিলোভ এই তিনটি স্ফুলিঙ্গ এমন করে তাদের হৃদয় দহন করছে।'

এখানেই তার বিলাপ শেষ হলো, আর আমি তাকে বলে উঠলাম: 'তোমার কাছ থেকে আরও জানতে চাই—

ফারিনাতা আর তেগ্‌গিয়াইও, যাঁরা এত গুণী মানুষ, য়াকোপো রুস্তিকুচ্চি, আর্‌রিগো, মস্কা, আর আরও যাঁরা ভালো কাজ করবেন বলে মনস্থির করেছিলেন,

কোথায় ওঁরা? ওঁদের কী দশা হয়েছে আমাকে জানাও। তাঁরা স্বর্গের মধুরতা নাকি নরকের বিষাক্ততা উপভোগ করছেন, তা জানার জন্য ব্যাকুল হয়েছি আমি।'

জবাবে সে বলল: 'তারা রয়েছে কৃষ্ণতম প্রেতাত্মাদের মাঝে। বিভিন্ন পাপ তাদের একেবারে রসাতলে নামিয়েছে। যদি অতদূর নামো, ওদের দেখতে পাবে।

কিন্তু তোমার কাছে আমার এই প্রার্থনা—যখন তুমি মধুর ভুবনে ফিরে যাবে, মানুষজনকে স্মরণ করিয়ে দিয়ো আমার কথা। আর কিছু তোমায় আমি বলব না, কোনো প্রশ্নের জবাবও দেবো না।'

এই বলে সে তার সোজা দৃষ্টি ফিরিয়ে আমার দিকে একটুক্ষণ তাকিয়ে, তারপর মাথা নীচু করে আর সব অন্ধদের মধ্যে নিমজ্জিত হল।

আমার দিশারি বলে উঠলেন: 'দেবদূতদের শিঙা না বাজা পর্যন্ত এ আর জাগবে না, যখন এদের বৈরী বিচারক আবির্ভূত হবে।

তখন এরা প্রত্যেকেই আবার দেখবে নিজের নিজের বিষাদময় সমাধি, ফিরে পাবে রক্তমাংসের শরীর, আর সেই বচন শুনবে যা অনন্তকাল হবে প্রতিধ্বনিত।'

এভাবেই আমরা বৃষ্টিপাত আর ছায়ামানবদের সেই ক্লিন্ন সংমিশ্রণের মধ্য দিয়ে পার হয়ে গেলাম মন্থর পদক্ষেপে, পরকাল সম্বন্ধে চর্চা করতে-করতে।

সে প্রসঙ্গে বলে উঠি: 'প্রভু, অন্তিম বিচারের পরে এই যন্ত্রণা কি আরও বাড়বে, না কমে যাবে, না একইভাবে দগ্ধাবে?'

তিনি বললেন: 'ফিরে যাও তোমার সেই বৈদগ্ধের সূত্রে। সেখানেই বিধান আছে, পরম ও চূড়ান্ত রূপের দিকে যতই এগোনো যায়, ততই বেড়ে যায় আনন্দ আর বেদনা উভয়ের অনুভব।

এই অভিশপ্ত মানুষেরা যদিও কখনও সত্যকারের পরমতা প্রাপ্ত হয় না, তবু এখনকার তুলনায় আরও পরিপূর্ণ রূপ লাভ করবে।'

আরও অনেক কথা বলতে বলতে চক্রাকার পথটি ধরে আমরা চলতে লাগলাম, আর পৌঁছে গেলাম সেই স্থানে যেখান থেকে পথ চলে গেছে নীচে।

সেখানে দেখলাম পরম বৈরী প্লুতোনকে।

স্বজনযুগল: পাওলো ছিল ফ্রাঞ্চেস্কার দেবর।

কেরবেরস: গ্রীক-রোমক পুরাণকথায় পাতালের পাহারাদার তিন-মাথা-ওয়ালা অতিকায় কুকুর। খাদ্য দিয়ে তাকে ভুলিয়ে পাতালে প্রবেশ করতে হয়। এখানে ভোগবৃত্তির মূর্তিমান প্রতীক; কিন্তু যা দিয়ে ভের্গিলিউস তাকে ভোলাচ্ছেন, তা আদতে কাদা বই কিছু নয়।

চ্যাক্কো: ভোগবিলাসী আমোদপ্রিয় জনৈক ফিরেন্‌ৎসেবাসী। নামের (সম্ভবত পরিহাসজনিত ডাকনামের) আক্ষরিক অর্থ 'শূকর'।

দ্বিধাবিভক্ত নগরী: ফিরেন্‌ৎসে: সে সময়ে সাদা ও কালো গুয়েলফোদের মধ্যে বিভক্ত। (ভূমিকায় 'দান্তের জীবনী' দ্রঃ।)

বন্য দল: সাদা গুয়েলফোরা: অভিজাত কালোদের তুলনায় তাদের মধ্যে সাধারণ স্তরের মানুষ বেশি ছিল। চ্যাক্কো এখানে ভবিষ্যদ্বাণী হিসাবে যা বলছে, আসলে সেই ঘটনাগুলি *কম্মেদিয়া* রচনার আগেই ঘটে গেছে।

ফারিনাতা, তেগ্‌গিয়াইও, রুস্তিকুচ্চি, আর্‌রিগো, মস্কা: তৎকালীন বিশিষ্ট ফিরেন্‌ৎসীয় নাগরিক। আর্‌রিগো বাদে অন্যদের জন্য ১০ম, ১৬শ ও ১৮শ সর্গ দ্রষ্টব্য।

দেবদূতদের শিঙা বাজানো: অর্থাৎ পৃথিবী বিলোপকারী 'শেষ বিচার'-এর দিন, যখন খ্রিস্ট ('বৈরী বিচারক') সব মানুষের পাপপুণ্য বিচার করে তাদের স্বর্গ অথবা নরকে পাঠাবেন।

তোমার বৈদগ্ধের সূত্রে: অর্থাৎ আরিস্ততেলেসের দর্শন ও তার উপর ভিত্তি করে তম্মাসো দাকুইনোর দর্শন ও ধর্মতত্ত্ব।

প্লুতোন: পরের সর্গ দ্রঃ।

সর্গ-৭

প্লূতোনের দর্শন। চতুর্থ চক্র। অর্থলোভের দুই বিপরীত প্রকাশ ও তার শাস্তি। ফরতুনার বিবরণ। পঞ্চম চক্র। ক্রোধের শাস্তি।

মূল রূপক: এই সর্গের দুটি চক্রে যথাক্রমে অর্থভোগ ও বস্তুসর্বস্বতা, এবং ক্রোধের শাস্তিদান করা হচ্ছে। কৃপণতা ও অমিতব্যয়িতা হল অতিরিক্ত বস্তুলিপ্সার দুই বিপরীত রূপ, তাই এই দুই দোষে দোষী দুই দল পাপী পরস্পরের বিরুদ্ধে ভারি পাথর ঠেলে-ঠেলে ধাক্কা খেয়ে মরছে। দুই দলই অর্থকে সার্বিক গুরুত্ব দিয়েছে, হয় কুক্ষিগত করে নয় অবিশ্রাম ব্যয় করে: অর্থাৎ অর্থকেই তারা করেছে জীবনের একমাত্র নির্ধারক। ক্রোধেরও দুটি রূপ দেখানো হচ্ছে: একটি হিংসা ও আক্রমণের দ্বারা প্রকাশ পায়, অন্যটি রাগ পুষে গুমরে মরে। দণ্ডিত পাপীদের নিজেদের ব্যাখ্যা অনুযায়ী, যেহেতু মর্ত্যের উন্মুক্ত পরিবেশেও তারা মনে গ্লানি ও অন্ধকার পুষে রেখেছিল, এখন তারা ক্লেদ ও গ্লানির কর্দমে ডুবে আছে।

'পাপে সাতান, পাপে সাতান আলেপ্পে'—এই বলে মুরগির মতো কর্কশ স্বরে চিৎকার শুরু করল প্লূতোন, আর সর্বজ্ঞ সেই সুভদ্র কবিবর

আমাকে আশ্বস্ত করার জন্য বললেন: 'ভয়ে ক্লিষ্ট হয়ো না: ওর যতই ক্ষমতা থাকুক, এই পাহাড় দিয়ে নামতে ও আমাদের বাধা দিতে পারবে না।'

তারপর সেই স্ফীত মুখাবয়বের দিকে ফিরে বলে উঠলেন: 'ওরে অভিশপ্ত নেকড়ে, চুপ কর। নিজের রাগে নিজেই অন্তরে দগ্ধ হ।

পাতালের পথে আমাদের এই গমন অকারণ নয়। এটি স্থির হয়েছে সেই উচ্চলোকে যেখানে ঈশ্বরদ্রোহী অহঙ্কারী ব্যভিচারীদের ঔদ্ধত্যের যথাযথ প্রতিশোধ নিয়েছেন মিকেলে।'

মাস্তুল ভেঙে গেলে বাতাসে ফুলে ওঠা পাল যেভাবে চুপসে যায়, ঠিক সেভাবেই মাটিতে পড়ে গেল হিংস্র দানবটি।

তারপর বিশ্বের যাবতীয় অমঙ্গল যেখানে আধারিত হয়েছে, সেই দুঃখময় অবতলের আরও গভীরে চতুর্থ চক্রের দিকে আমরা নেমে গেলাম।

অহো ঈশ্বরের ন্যায়বিচার! এমন নব-নব পীড়ন-যন্ত্রণা একত্রে পুঞ্জীভূত করতে কেই বা পারত যেমনটি আমি দেখলাম? কী করেই বা আমরা পাপ করে এমনভাবে বিনষ্ট হই?

যেমন খারীবদিসের ঘূর্ণিস্রোতের প্রতিটি ঢেউ পরস্পরের উপর আছড়ে পড়ে, সেভাবেই এইসব মানুষজনদের ঘূর্ণিপথে চালিত হতে হচ্ছে।

এধারে ওধারে অন্য জায়গার চাইতে এখানে অনেক বেশি লোক, আর্তনাদ করতে করতে তারা ভারী ভারী ওজন বুক দিয়ে ঠেলে নিয়ে যাচ্ছে।

মুখোমুখি হলেই তারা আঘাত করছে পরস্পরকে, আর 'কেন ধরে রাখছিস?' 'কেন ফেলে দিচ্ছিস?' এই বলে উল্টোমুখো হয়ে ভারগুলি আবার বিপরীত দিকে ঠেলে দিচ্ছে।

এভাবেই তারা বিষাদময় চক্রের পথে ফিরে ফিরে আসছিল দু'দিক থেকে দু'দিকে, পরস্পরের দিকে সমস্বরে এই কটূক্তি করতে-করতে;

আর একে অপরের মুখোমুখি হয়েই প্রত্যেকে আবার নিজের নিজের অর্ধবৃত্তাকার পথে অপর প্রান্তের সংঘাতক্ষেত্রে ফিরে আসছিল। আমার হৃদয় বিদীর্ণ করে দিল এই দৃশ্য।

বললাম: 'প্রভু আমার, বল এরা কারা? বাঁদিকে মাথার চাঁদি কামানো যাদের দেখছি, এরা সকলেই কি যাজক ছিল?'

তিনি বললেন: 'মর্ত্যজীবনে এদের প্রত্যেকের মনের নজর ছিল এতই টেরা যে অর্থব্যয়ে মাত্রা বজায় রাখার কোনও চেষ্টাই এরা করেনি—

তাদের খেঁচুড়ে স্বরই তা বলে দিচ্ছে, যখন তারা বৃত্তের সেই বিন্দু দুটিতে এসে মিলিত হচ্ছে যেখানে বিপরীত পাপকর্ম এদের প্রতিপক্ষীয় করে তুলেছে।

যাদের মস্তক কেশাবৃত নয় তারা ছিল যাজক, পোপ আর কার্ডিনাল; অর্থগৃধ্নুতা এদের বশীভূত করেছিল।'

বলে উঠলাম: 'প্রভু, এই দলের দু-চারজনকে আমার চেনা উচিত, এমন পাপে যারা কলুষিত।

তিনি আমায় বললেন: 'নিষ্ফল ভাবনা তোমার! যে অপরিণামদর্শী জীবন ওদের নীচাশয় করে তুলেছে, তার ফলেই ওরা হয়ে উঠেছে অস্পষ্ট, অপরিচেয়।

অনন্তকাল ধরে পরস্পরকে আঘাত হেনে যাবে ওরা। তারপর শেষ বিচারের দিনে কবর থেকে এরা উঠে আসবে বদ্ধমুষ্টিতে, মুঠো পাকিয়ে, আর ওরা আসবে কেশহীন মস্তকে।

অন্যায়ভাবে দেওয়া আর অন্যায়ভাবে ধরে রাখা এদের বঞ্চিত করেছে সুন্দর পৃথিবী থেকে, নিয়োজিত করেছে এমন সংঘাতে। তার বিবরণ দিয়ে সুবচন ব্যয় করতে চাই না।

দেখো বৎস, যা নিয়ে মানবজাতি বিবাদ করে, ভাগ্যের দান সেইসব সম্পদের ক্ষণস্থায়ী পরিহাস।

চাঁদের নীচে যত সোনা আছে বা কখনও ছিল, তা এই ধ্বস্ত আত্মাগুলির একজনকেও বিশ্রাম দিতে পারবে না।'

তাঁকে বললাম; 'প্রভু এখন বলো, আগে যাঁর ইঙ্গিত দিলে কে সেই ভাগ্যদেবী, যিনি হাতের মুঠোয় ধরে আছেন যাবতীয় পার্থিব ধনসম্পদ সকল?'

তিনি আমায় বললেন: 'হায়, নির্বোধ জীবসকল! কতই না অজ্ঞতা তোমাদের আচ্ছন্ন করে রেখেছে! এখন সেই ভাগ্য সম্বন্ধে আমার বিচার শ্রবণ ও অনুধাবন করো।

যাঁর প্রজ্ঞা সব কিছু অতিক্রম করে, সেই তিনি সৃষ্টি করেছেন স্বর্গলোক এবং তার প্রতিটি লোকেই দিয়েছেন একজন করে দিশারি, যাতে প্রতিটি লোক অপরগুলিকে আলোকিত করে, এবং

সর্বত্র সমানভাবে আলোক বিস্তার করে। একইভাবে পৃথিবীর ধনসম্পদের জন্য তিনি একজন সামগ্রিক দিশারি ও মন্ত্রণাদাত্রী প্রেরণ করেছেন,

যিনি তাঁর বিবেচনা মতো কালক্রমে নিষ্ফলা ধনসম্পদ এক জাতি থেকে অন্য জাতিতে, এক বংশ থেকে অন্য বংশে স্থানান্তরিত করেন, মানুষের বিচারবুদ্ধির নিয়ন্ত্রণের অতীতে।

সুতরাং ঘাসের মধ্যে সাপের মতো লুকিয়ে থাকা ভাগ্যদেবীর সেই বিধানেই কোনো জাতি ক্ষমতাসীন হয় এবং কোনোটির হয় পতন।

জ্ঞানবুদ্ধি দিয়ে তুমি তাঁর সঙ্গে যুঝতে পারবে না; তিনি পূর্বজ্ঞানী, বিচার করেন এবং রাজ্যপাট চালান, যেমন করে থাকেন অন্যান্য দেবতারা তাদের নিজস্ব শাসনক্ষেত্রে।

তাঁর অনুষ্ঠিত পরিবর্তনের কোনো বিরাম নেই। নিয়তির বিধানেই তিনি ক্ষিপ্রগতি, সেই গতিতে মানুষ পালাক্রমে তাঁর কাছে আসে আর যায়।

ইনি সেই দেবী, যিনি তাদের দ্বারাও ধিক্কৃত যাদের উচিত তাঁর প্রশংসা করা; তারাও তাঁকে নিন্দা আর দোষারোপ করে। তিনি কিন্তু পবিত্র মহিমাময়—এসব শুনতেও পান না; অন্যান্য আদি সত্তাদের সান্নিধ্যে পরম আনন্দে তিনি তাঁর চক্র ঘুরিয়ে যান, উপভোগ করেন স্বর্গসুখ।

'এখন চলো, আরো করুণ দুঃখের দিকে অবতীর্ণ হওয়া যাক। যখন তোমার জন্য যাত্রা শুরু করেছিলাম তখন যেসব নক্ষত্র জেগে উঠেছিল তারা প্রত্যেকেই এখন অস্তগামী, তাছাড়া বেশিক্ষণ থেমে থাকার অনুমতিও নেই।'

আমরা চক্রটি পার হয়ে অপর কিনারে একটি ঝরনার কাছাকাছি গেলাম, যার জল টগবগ করে ফুটে নিজেরই সৃষ্ট একটি খাতের মধ্য দিয়ে নীচে পড়ছিল।

জলরাশি ছিল আঁধারের চেয়েও বেশি আঁধারঘন; সেই কৃষ্ণবর্ণ ঢেউগুলি অনুসরণ করে এক অচেনা পথ বেয়ে নেমে এলাম।

এই বিষাদময় স্রোত এক বিশাল ধূসর ঢালের পাদদেশে এসে পড়ে সৃষ্টি করেছে স্তীক্স নামে এক জলাভূমির।

আগ্রহভরে তাকিয়েছিলাম, দেখতে পেলাম সেই জলার মধ্যে কর্দমাক্ত মানুষজন—সকলেই নগ্ন, সকলেরই চোখে ক্রোধ।

তারা পরস্পরকে আঘাত করছিল—শুধু হাত দিয়ে নয়, মাথা দিয়ে, বক্ষদেশ দিয়ে, পা দিয়ে; আর দাঁত দিয়ে এ-ওর অঙ্গপ্রত্যঙ্গ ছিঁড়ে টুকরো-টুকরো করছিল।

সুজন প্রভু বললেন: 'বৎস, এবার দেখছ ক্রোধে বশীভূত লোকেদের আত্মা। আমি আরো চাই যে তুমি নিশ্চিত বোঝো, এই জলরাশি নীচেও আছে মানুষ, যাদের দীর্ঘশ্বাসে উপরিতলে সৃষ্টি হচ্ছে বুদবুদ; যেদিকে তাকাবে তোমার চোখই তা বলে দেবে।'

পাঁকে নিমজ্জিত হয়ে তারা বলল: 'রৌদ্রালোকে পুলকিত মধুর বাতাসেও আমরা ছিলাম ভারাক্রান্ত, হৃদয়ে বহন করেছিলাম এক জড় বাষ্প; এখন কালো পাঁকে শুয়ে আছি গুমরোনো ভারাক্রান্ত মন নিয়ে।'

একঘেয়ে স্বরে এই স্তোত্র তাদের গলার মধ্যে ঘড়ঘড় করতে থাকল, কারণ কথাগুলি তারা স্পষ্টভাবে উচ্চারণ করতে পারে না।

তারপর যারা সেই কাদা গলধঃকরণ করছিল, তাদের উপর দৃষ্টি নিবদ্ধ রেখে আমরা শুকনো ডাঙা আর জলার মাঝখানে সেই পূতিগন্ধময় বিলের বিশাল বৃত্ত প্রদক্ষিণ করে চললাম, আর যথাসময়ে পৌঁছলাম একটি মিনারের পাদদেশে।

প্লূতোন: গ্রীক-রোমক পুরাণকথায় পাতালের প্রতাপশালী অধিপতি দেবতা; হয়ত দান্তে তার সঙ্গে প্লূতস বা ধনসম্পদের দেবতাকেও যুক্ত করছেন। এখানে ঘৃণ্য হাস্যকর এক শয়তান মাত্র।

ঈশ্বরদ্রোহী ব্যাভিচারী: যে দেবদূতেরা ঈশ্বরের বিরুদ্ধে বিদ্রোহ করে নরকে পতিত হয়েছিল। দেবদূত মিকেলের নেতৃত্বে ঈশ্বরসেবক দেবদূতবাহিনী তাদের স্বর্গ থেকে বিতাড়িত করে। তাদের ঈশ্বরবিদ্বেষ এক প্রকারের ব্যাভিচার রূপেও দেখা হত।

খারীবদিস: ইতালি আর সিচিলিয়ার মধ্যবর্তী মেসসিনা প্রণালীর একটি ঘূর্ণি।

মাথার চাঁদি কামানো: অনেক খ্রিস্টান যাজক ও সন্ন্যাসী সম্প্রদায়ের লক্ষণ।

কার্দিনাল: রোমক ক্যাথলিক চার্চের সর্বোচ্চ স্তরের যাজক। পোপের নির্বাচন এঁদের হাতে।

মুঠো পাকিয়ে... কেশহীন মস্তকে: বদ্ধ মুষ্টি কৃপণতার প্রতীক, কেশহীন মস্তক অমিতব্যয়িতার। ইতালীয় প্রবাদের ভাষায় খরুচে লোকেরা মাথার চুল পর্যন্ত বিকিয়ে দেয়। যাজক, পোপ ইত্যাদিকে দ্বিতীয় দলে ফেলে দান্তে তৎকালীন চার্চের উপরমহলের বিলাসিতার নিন্দা করছেন।

ভাগ্যদেবী: রোমক ভাগ্যদেবী ফরতুনা (ইং ফরচুন), যিনি মানুষের মধ্যে সম্পদ ও পার্থিব সুখ-সম্মান বণ্টন করেন। সেই বণ্টন নিত্যপরিবর্তনশীল বলে ভাবা হয়, তাই ফরতুনার হাতে একটি চক্র ঘুরছে।

প্রতিটি লোকেই... দিশারি: স্বর্গের প্রতিটি বলয় চালনা ও রক্ষা করছে এক বিশেষ শ্রেণীর এক-একটি দেবদূত।

স্তীক্স: গ্রীক-রোমক পুরাণকথায় পাতালের একটি নদী, এখানে নরকের জলাভূমি।

সর্গ-৮

ফ্লেগীয়াস। স্তীক্স জলাভূমি পার। ফিলিপ্পো আর্জেন্তি। দিসের নগরীতে কবিদ্বয়ের প্রবেশ।

মূল রূপক: এই সর্গে ক্রোধের চক্র থেকে কবিদ্বয় নরকের আরও গভীরে অগ্রসর হচ্ছেন।

যা বলছিলাম—সেই উঁচু মিনারটির পাদদেশে পৌঁছবার অনেক আগেই আমাদের দৃষ্টি পড়ল তার চূড়ায়,

কারণ আমরা সেখানে দুটি অগ্নিসংকেত দেখতে পাচ্ছিলাম; এবং আরো একটি দূর থেকে তার সাড়া দিচ্ছিল—এতই দূর থেকে যে চোখ সেখানে প্রায় পৌঁছয় না।

সর্বজ্ঞানের মহাসাগরের দিকে ফিরে জিজ্ঞাসা করি: 'এ কীসের সংকেত? এই অন্য শিখাটিই বা কী বলছে? আর কারাই বা এসব করছে?'

উত্তরে তিনি বললেন: 'যার আশায় অপেক্ষা করছি, এখনই হয়ত তা দেখতে পাবে, যদি না জলা থেকে ওঠা বাষ্প তাকে আড়াল করে।'

দেখতে পেলাম বাতাস কেটে জ্যামুক্ত বাণের চেয়েও ক্ষিপ্রগতিতে ছুটে আসা একটি ক্ষুদ্র তরী জলের ওপর দিয়ে আমাদের দিকে আসছে। তার একমাত্র দাঁড়ি ডেকে উঠল: 'এই ধরা পড়ে গেছো, দুষ্ট আত্মা!'

আর আমার প্রভু বলে উঠলেন: 'ফ্লেগীয়াস, ফ্লেগীয়াস, এবার কিন্তু বৃথাই হাঁকছ: এই জলাটুকু পার হওয়া পর্যন্তই তুমি আমাদের সঙ্গ পাবে, তার বেশি নয়।'

বিপুলভাবে প্রতারিত হয়েছে বুঝে আক্রোশগ্রস্ত লোকের মতোই রাগে ফুঁশতে থাকল ফ্লেজীয়াস।

আমার দিশারি শান্তভাবে নৌকোয় উঠে আমাকেও পাশে ডেকে নিলেন, আর আমি ওঠার পরই মনে হলো সে তরী কোনো ভার বহন করছে।

আমি আর আমার দিশারি নৌকোয় উঠে বসামাত্রই তার প্রাচীন গলুই অন্যান্য যাত্রার চেয়ে আরো গভীরভাবে জল কেটে এগিয়ে চলল।

আমরা যখন মরা খালটি বেয়ে চলেছি, কাদামাখা এক মূর্তি আমার সামনে উঠে এসে বলে উঠল: 'কে হে তুমি, সময়ের আগেই এসে পড়েছ?'

উত্তরে বললাম: 'এসেছি বটে, তবে থাকতে নয়। কিন্তু এমন কদর্য চেহারার তুমিই বা কে?'

'দেখতেই পাচ্ছ আমি এমন একজন যে কেবল কেঁদেই চলেছি।'

বললাম: 'তোমার কান্না আর শোক নিয়ে থাকো তুমি, অভিশপ্ত আত্মা। তোমাকে আমি চিনি, যতই আগাগোড়া নোংরায় ঢাকা থাক।'

দু'হাত বাড়িয়ে সে নৌকোটা আঁকড়ে ধরার চেষ্টা করল; তাতে আমার সতর্ক প্রভু এই বলে ধাক্কা দিয়ে সরিয়ে দিলেন তাকে: 'অন্য কুকুরগুলোর কাছে ভাগো।'

তারপর দুই বাহু দিয়ে আমার কণ্ঠ বেষ্টন করলেন, আর মুখচুম্বন করে বললেন: 'ক্রুদ্ধ আত্মা, যিনি তোমায় গর্ভে ধারণ করেছেন তিনি ধন্য।

পৃথিবীতে এই লোকটি ছিল উদ্ধত, স্মরণযোগ্য কোনো ভালো কাজই জীবনে করেনি; তাই এখানেও তার ছায়াশরীর ক্রোধোন্মত্ত।

মর্ত্যজগতে কতজনই না এখন নিজেদের বড় বড় রাজা ভাবছে, এখানে যারা থাকবে পাঁকে-ডোবা শূকরের মতো, পিছনে রেখে আসবে ভয়ঙ্কর দুর্নাম।'

বললাম: 'প্রভু, এখান থেকে যাবার আগে ওকে এই ঘোলাজলে ডুবতে দেখলে আমি ভীষণ খুশি হব।'

তিনি বললেন: 'জলের ওপার দৃষ্টিগোচর হবার আগেই তুমি তৃপ্ত হবে; তোমার এমন ইচ্ছে অবশ্যই পূর্ণ হবে।'

আর অল্পক্ষণ পরেই কর্দমাক্ত প্রেতাত্মারা তাকে এমন ছিন্নভিন্ন করে ফেলল, যার জন্য এখনো আমি ঈশ্বরকে ধন্যবাদ দিই আর তার গুণকীর্তন করি।

'ধরো ফিলিপ্পো আর্জেন্তিকে' বলে চীৎকার করছিল সবাই, যাতে কিম্ভূত সেই ফিরেন্ৎসীয় প্রেতাত্মাটি তীব্র তাড়নায় নিজেরই শরীরে দাঁত বসিয়ে উল্টে পড়ল।

সেখানেই তাকে ছেড়ে এলাম আমরা, সুতরাং তার সম্পর্কে আর কিছু বলতে পারব না; কিন্তু আমার কানে আছড়ে পড়ল এমন এক আর্তনাদ যে আমি চোখ বিস্ফারিত করে নিবিষ্টভাবে সামনে তাকালাম।

সদাশিব প্রভু বলে উঠলেন: 'বৎস, যে নগরীকে আমরা দিস-এর নামে আখ্যা দিই, এখন সেটি তার বিশাল দুর্গ আর বিষণ্ণ নাগরিক সমেত নিকটবর্তী।'

আমি বললাম: 'প্রভু, ইতিমধ্যেই উপত্যকার মধ্যে স্পষ্ট দেখতে পাচ্ছি উপাসনাগৃহের মত চূড়াগুলি—এত টকটকে লাল যে মনে হয় বুঝি বেরিয়েছে আগুন থেকেই।'

তিনি বললেন: 'অভ্যন্তরের অনিঃশেষ অগ্নিই এদের ভেতরের দীপ্তির উৎস, যেমন দেখতে পাচ্ছ এই নিম্নতর পাতালের মধ্যে।'

অবশেষে আমরা প্রবেশ করলাম সেই বিষাদনগরী পরিবেষ্টন করা গভীর পরিখাগুলির মধ্যে। নগরীর প্রাচীরগুলি মনে হলো যেন লোহা দিয়ে তৈরি।

তার অনেকটা প্রদক্ষিণ করার পর একটা জায়গায় পৌঁছোলাম, যেখানে সেই জোয়ান মাঝি হেঁকে বলল: 'নেমে পড়ো, এখানেই প্রবেশপথ।'

প্রবেশদ্বারের ওপরে দেখলাম স্বর্গলোক থেকে বৃষ্টিধারার মতো পতিত সহস্রাধিক ভ্রষ্ট দেবদূত। ক্রোধোন্মত্ত চিৎকারে তারা বলছিল: 'ও কে? ওই যে, যার মরণ হয়নি অথচ মৃতের রাজ্যের মধ্য দিয়ে চলেছে?' আমার প্রাজ্ঞ প্রভু ইশারায় তাদের সঙ্গে নিভৃত আলাপের ইচ্ছা প্রকাশ করলেন।

তা শুনে তাদের প্রবল আক্রোশ একটু সংযত করে তারা বলে উঠল: 'তুমি একাই এসো আর ও চলে যাক, এ রাজ্য দিয়ে যাবার দুঃসাহস দেখিয়েছে যে;

নির্বোধের মতো যে পথে এসেছে ও, সে পথে ওকে একাই ফিরতে দাও। দেখো, রাস্তা চিনতে পারে কিনা। কারণ এই আঁধার রাজ্যে যে ওকে পথ দেখিয়ে এনেছে, সেই তোমাকে এখানেই থাকতে হবে।'

পাঠক, একবার ভাবো, ওই অভিশপ্ত বাক্যের ধ্বনি আমায় কেমন বিহ্বল করে ফেলল—কারণ বিশ্বাসই করতে পারছিলাম না যে কোনোদিন ইহলোকে ফিরতে পারব।

'হে আমার প্রিয় পথ-দেখানিয়া, সাতবারেরও বেশি সমূহ বিপদ থেকে উদ্ধার করেছ আমাকে, ফিরিয়ে দিয়েছ নিরাপত্তা,

এ অবস্থায় ছেড়ে যেয়ো না আমাকে,' বলি আমি। 'যদি এগোনোর রাস্তা নিষিদ্ধ হয়, চলো দ্রুত একসঙ্গে ফেরার পথ ধরি।'

আর সেই প্রভু, যিনি আমাকে পথ দেখিয়ে এতদূর নিয়ে এসেছেন, তিনি বললেন আমাকে: 'মাভৈঃ! এ পথে পা ফেলার বিধান এমন একজন আমাদের দিয়েছেন যে কেউ আমাদের অন্তরায় হতে পারবে না।

কিন্তু একটুক্ষণ এখানে আমার জন্য অপেক্ষা করো; বিশ্রাম দাও তোমার অবসন্ন প্রাণকে, উত্তম আশা দিয়ে তাকে উজ্জীবিত ও পুষ্ট করে তোলো, কারণ এই অধোলোকে তোমাকে আমি ফেলে রেখে যাবো না।'

স্নেহময় পিতা এভাবেই সেখানে আমাকে সংশয়ের মধ্যে রেখে গেলেন, মনের মধ্যে 'হ্যাঁ' আর 'না'-এর দ্বন্দ্বে।

তিনি তাদের কাছে কী প্রস্তাব দিয়েছিলেন তা আমার শ্রবণে আসেনি, কিন্তু তাঁর সঙ্গে তারা বেশিক্ষণ রইলো না, হুড়মুড় হুড়োহুড়ি করে ভিতরে চলে গেল।

আমাদের এই শত্রুরা প্রভুর মুখের উপর দরজা বন্ধ করে দিল। তিনি বাইরে রয়ে গেলেন, ধীর পদক্ষেপে ফিরে এলেন আমার কাছে।

আত্মসামর্থ্যের চিহ্ন মুছে গেছে তাঁর ললাট থেকে; নতনেত্রে দীর্ঘশ্বাস ফেলে তিনি বললেন: 'কে এরা, দুঃখভরা এ আলয়ে প্রবেশ করতে বাধা দিচ্ছে আমাকে?'

আর আমাকে বললেন: 'আমাকে বিব্রত দেখে নিরাশ হোয়ো না: এ প্রতিযোগিতা আমি জিতবই, আমাদের বাধা দেবার জন্য নগরীর ভিতরে যতই ফন্দি আঁটা হোক না কেন।

এদের এই ঔদ্ধত্য নতুন কিছু নয়, অপেক্ষাকৃত কম গোপন একটি দ্বারে আগেও এমনটাই করেছিল ওরা—সেই থেকে আজও যেটি অর্গলহীন।

তুমি তো তার উপরে খচিত মৃত্যুসম শব্দগুলি দেখেছ। ইতিমধ্যেই তার মধ্য থেকে, ঢাল বেয়ে চক্রগুলি পেরিয়ে নেমে আসছেন অনুগামীহীন এমন একজন যিনি উন্মুক্ত করে দেবেন এই নগরীর প্রবেশদ্বার।'

ফ্লেগীয়াস: গ্রীক-রোমক পুরাণকথার এক রাজা। দেবতা আপল্লো তার কন্যার প্রতি আসক্ত হওয়ায় ফ্লেগীয়াস আপল্লোর মন্দিরে অগ্নিসংযোগ করে, অর্থাৎ ক্রোধের

বশে আরও গুরুতর অপরাধ করে। ক্রোধের চক্র থেকে নরকের আরও গভীরে নিয়ে যাবার জন্য সে তাই উপযুক্ত পাটনি।

কোনও ভার বহন করছে: অর্থাৎ জীবন্ত দান্তের শরীরের ভার।

ফিলিপ্পো আর্জেন্তি: ফিরেন্‌ৎসের জনৈক বিশিষ্ট নাগরিক, দান্তের ঘোর শত্রুপক্ষের। ঔদ্ধত্য ও বেহিসাবী ব্যয়ের জন্য কুখ্যাত ছিল। তার ঘোড়ার নাল রুপো দিয়ে বাঁধাত বলে তাকে বলা হত 'আর্জেন্তি' (রৌপ্যময়)।

দিস বা দিতে: পাতালের অধিপতি প্লুতোনের আরেক নাম; এখানে দান্তে ব্যবহার করছেন শয়তানের এক নাম হিসাবে। তার খাসমহল, পাপ ও ক্লেদের এই নগরী, নরকের গভীরতর পর্যায়। এখানে যে পাপগুলি সাজাপ্রাপ্ত তা কোনও প্রবৃত্তি বা আসক্তির স্বতঃস্ফূর্ত প্রকাশ নয়; সেগুলি সজ্ঞান ও অভিপ্রেত। এই ইচ্ছা বা অভিপ্রায় (দান্তের ভাষায় volontade, আধুনিক ইতালীয় volontà; ইং will) খ্রিস্টান ধর্মতত্ত্বের একটি মূল সূত্র। পাপ-পুণ্য উভয়েরই মূল্যায়ন হবে অভিপ্রায় বিচার করে। এতক্ষণ যে পাপগুলি দেখা গেছে, সেগুলির পিছনে আছে কোনও তাড়না বা সহজাত প্রবৃত্তি, পরিকল্পিত অভিপ্রায় নয়। পরবর্তী চক্রের পাপগুলি কিন্তু কোনও-না-কোনও অর্থে ভেবে-বুঝে করা, ফলে আরও গুরুতর অপরাধ।

ভ্রষ্ট দেবদূত: যারা ঈশ্বরের বিরুদ্ধে বিদ্রোহ করে নরকে পতিত হয়েছিল।

কম গোপন দ্বারে: নগরীর বহির্দ্বার, যার ভীতিপ্রদ লেখন দেখা গিয়েছিল তৃতীয় সর্গের গোড়ায়। এখান দিয়েই খ্রিস্ট পাতালে প্রবেশ করার সময় শয়তানেরা তাঁকে বাধা দেবার নিষ্ফল চেষ্টা করেছিল। (৪র্থ, ২২শ ও ৩৪শ সর্গের ভাষ্য দ্রঃ।)

এমন একজন: স্বর্গ থেকে প্রেরিত এক দেবদূত, যে বাধাদানকারী শয়তানদের দূর করে দেবে। ৯ম সর্গ দ্রঃ।

সর্গ-৯

দেবদূতের মধ্যস্থতায় শয়তানদের বাধা অতিক্রম করে কবিদ্বয়ের ষষ্ঠ চক্রে প্রবেশ। অপবিশ্বাসের শাস্তি।

মূল রূপক: এই সর্গ মূলত সংযোগকারী। দেবদূতের হস্তক্ষেপে কবিদ্বয় শয়তানদের বাধা পেরিয়ে ষষ্ঠ বলয়ে প্রবেশ করেন।

আমার দিশারিকে ফিরে আসতে দেখে ভীরুতা আমার মুখে যে রং এঁকে দিয়েছিল, তাতেই তিনি তাঁর মুখের নতুন রূপ আরো দ্রুত গোপন করলেন।

অন্ধকার বাতাবরণ আর ঘন কুয়াশায় বেশিদূর দেখা যাচ্ছিল না, তাই শ্রবণেচ্ছুকের মতোই উৎকর্ণ হয়ে তিনি আরম্ভ করলেন: 'নাহ, এ লড়াই আমাদের জিততেই হবে, তা নইলে—আমাদের তো এমন সাহায্যের প্রতিশ্রুতি দেওয়া হয়েছে। হায়, কেউ না আসা পর্যন্ত কত দেরিই না মনে হচ্ছে!'

ভালোভাবেই বুঝতে পারছিলাম কেমনভাবে তাঁর প্রথম উক্তিকে তিনি পরের শব্দগুলি দিয়ে চাপ দিচ্ছিলেন, প্রথমটির থেকে সেগুলি কতই না আলাদা।

তবু তাঁর কথা ভীতির উদ্রেক করল, কারণ হয়তো আমি তাঁর অর্ধোচ্চারিত বাক্যগুলির এমন সব ভয়ঙ্কর অর্থ করছিলাম যা তিনি বলতে চাননি।

'এর আগে কখনো কি কেউ এই বিষাদপূর্ণ শূন্যগর্ভ কন্দরের একেবারে গভীরে নামতে পেরেছে, প্রথম চক্র থেকে শুরু করে, যেখানে আশাহীনতাই একমাত্র শাস্তি?' এই প্রশ্ন ছিল আমার।

উত্তরে তিনি বললেন: 'যে পথে চলেছি, আমাদের মধ্য থেকে কদাচিৎই কারো এ পথে যাওয়া ঘটে।

তবে নির্দয়া এরিখথোর মায়ায় বশীভূত হয়ে একবার আমি এই নীচে নেমেছিলাম। প্রেতাত্মাকে মরদেহে ফিরিয়ে আনার ক্ষমতা ছিল ওর।

দেহের বাস ছেড়ে আমি তখন সদ্য নিরাবরণ আত্মা, তখনই আমাকে সে এই প্রাচীরগুলির ভেতর দিয়ে একটি আত্মাকে নিয়ে আসার জন্য পাঠাল একেবারে যিহূদার চক্রে, যে কিনা সব চাইতে নীচে এবং সব চাইতে অন্ধকার, সব কিছু ঘিরে আছে যে স্বর্গ তা থেকে সবচেয়ে দূরে। তুমি নিশ্চিন্ত থাকতে পারো—পথটি আমি ভালো করেই চিনি।

এই উৎকট পূতিগন্ধময় জলা এই বিষাদনগরীর চারধার ঘিরে আছে। সংঘাতে না জড়িয়ে সেখানে আমরা প্রবেশ করতে পারব না।'

আরো কিছু কথা তিনি বলেছিলেন, কিন্তু আমার স্মৃতিতে তা ধরা নেই, কেননা আকস্মিকভাবে আমার দৃষ্টি সর্বতোভাবে আকৃষ্ট হল উপরে, মিনারের দেদীপ্যমান শীর্ষে, যেখানে নিমেষে উত্থিত হল নারকীয় প্রতিহিংসার তিন রক্তরঞ্জিত মূর্তি। তাদের হাবভাব আর অঙ্গপ্রত্যঙ্গ স্ত্রীলোকের মতো। তীব্র হরিৎবর্ণের বহুমুখী নাগিনী তাদের কোমরবন্ধনী, শৃঙ্গবিশিষ্ট ক্ষুদ্র সর্পেরা তাদের ভয়ঙ্কর ললাট ঘিরে বেণীর মতো জড়িয়ে।

চিরবিলাপের রাজ্ঞীর দাসীদের যিনি ভালোভাবেই জানতেন, 'দেখো, দেখো, হিংস্র এরিনীয়েসদের!' বলে উঠলেন তিনি: 'বাঁদিকে এ হলো মেগাইরা, ডাইনে বিলাপরত আলেক্তো, মাঝখানে তিসিফোনে।' এই বলে তিনি নীরব হলেন।

এরা প্রত্যেকেই নখ দিয়ে নিজের বুক ফালাফালা করছিল। তালু দিয়ে আঘাত করছিল নিজেকে, আর এমন তীক্ষ্ণ চিৎকার করছিল যে সংশয়ে আমি কবির কাছে ঘেঁষে এলাম।

'আসুক মেদুসা, ওকে আমরা পাথর করে দেবই,' নীচের দিকে তাকিয়ে চেঁচিয়ে উঠল তারা।'থেসেউসের আক্রমণের যথেষ্ট শোধ না নিয়ে আমরা যে কী ভুল করেছি!'

'পিছন ফিরে দাঁড়াও আর চোখ বুজে থাকো। কারণ গর্গোন যদি দেখা দেয়, আর তুমি তাকে দেখে ফেল, তাহলে আর ওপরে ফেরা হবে না।'

এমনই বললেন প্রভু; আর নিজেই আমার মুখ উল্টোদিকে ঘুরিয়ে দিয়ে, আমার হাতের ওপর ভরসা না রেখে উপরন্তু নিজের হাত দিয়েও ঢেকে দিলেন আমার চোখ দুটি।

তোমরা বিচক্ষণ পাঠক, অনুধাবন করো আমার এই অদ্ভুত পদাবলির অবগুণ্ঠনের আড়ালে লুকানো অর্থ।

এবার সেই আবিল তরঙ্গের উপর দিয়ে আতঙ্কে ভরা এক ভয়ানক ধ্বনি ফেটে পড়ল। কেঁপে উঠল পাতালপুরীর দুই তীর।

তার আওয়াজ ছিল দুই উত্তাপের বৈপরীত্যে সৃষ্ট ঝোড়ো হাওয়ার মতে, অপ্রতিরোধ্য গতিতে যা বনভূমির উপর আছড়ে পড়ে, ডালপালা ছিন্নভিন্ন করে উড়িয়ে নিয়ে ভূলুণ্ঠিত করে, মদমত্ত হয়ে ঝেঁটিয়ে নিয়ে যায় ধূলি, পলায়নত্রস্ত করে বন্যপ্রাণী আর রাখালদের।

আমার চোখ থেকে হাত সরিয়ে তিনি বলে উঠলেন: 'কষ্ট করে দূরে তাকাও, এই আদিম গাঁজলা-ওঠা জলার ওপারে ওই যেখানে কুয়াশা সবচাইতে ঘন।'

যেমন জাতশত্রু সাপের সামনে ভেকের দল জলের মধ্যে অন্তর্হিত হয়ে একেবারে জলায় গিয়ে জবুথবু হয়ে বসে,

তেমনই দেখলাম সহস্রাধিক সন্ত্রস্ত আত্মা এমন একজনের আগমনের সামনে পালাচ্ছে যিনি শুকনো পায়ে হেঁটে আসছেন স্তীক্সের মধ্য দিয়ে।

ঘনঘন বাম হাত নেড়ে তিনি মুখমণ্ডল থেকে ঝেড়ে ফেলছিলেন ক্লেদঘন বাতাস—মাত্র এটুকু অসুবিধাই শ্রান্ত করছিল তাঁকে।

ভালোভাবেই বুঝতে পারছিলাম যে তিনি স্বর্গের দূত। প্রভুর দিকে ফিরলাম: তিনি ইশারায় জানালেন সে আমি যেন নীরবে দাঁড়িয়ে থাকি এবং নত হয়ে তাকে অভিবাদন করি।

হায়, বুঝতে পারলাম পাপিষ্ঠদের প্রতি কতখানি ঘৃণায় পরিপূর্ণ ছিলেন তিনি! দ্বারের কাছে গিয়ে একটি জাদুদন্ড দিয়ে স্পর্শ করতে কোনো প্রতিরোধ ছাড়াই তা খুলে গেল।

'ওরে স্বর্গচ্যুত ঘৃণ্য জাতি!' সেই ভয়াল প্রবেশপথে দাঁড়িয়ে তিনি বলতে শুরু করলেন, 'কোথা থেকে আসছে তোদের অন্তরে পুষে রাখা এই ঔদ্ধত্য?

কেন তাঁর ইচ্ছার বিরোধিতা করছিস, যাঁর উদ্দেশ্য কখনো ব্যর্থ হয়না, আর যা বহুবার তোদের যন্ত্রণা বাড়িয়ে দিয়েছে?

'অদৃষ্টের বিরুদ্ধে মাথা খুঁড়ে কী লাভ? মনে নেই, তোদের কেরবেরস এই চেষ্টা করেছিল বলেই এখনো তার গলা আর থুতনি ছাল-ছাড়ানো?'

তারপর আমাদের সঙ্গে একটিও কথা না বলে তিনি সেই কলুষিত পথ দিয়ে ফিরে গেলেন। তাঁকে দেখে মনে হচ্ছিল, সামনে যারা আছে তাদের নয় অন্য কোনো চিন্তা তাঁকে উত্তেজিত ও প্রণোদিত করছে।

আর আমরা সেই শুচিবাক্যে আশ্বস্ত হয়ে নগরীর দিকে পা বাড়ালাম।

কোনোরকম বাধা ছাড়াই আমরা সেখানে প্রবেশ করলাম, আর সেই কঠিন দুর্গে আবদ্ধ আত্মাদের অবস্থা জানার কৌতূহলে ভেতরে ঢুকেই আমি চারদিকে তাকিয়ে দেখলাম, দুপাশে পীড়ন আর গভীর যন্ত্রণায় ভরা এক বিস্তীর্ণ প্রান্তর।

যেমন আর্লে, রোন নদ যেখানে মজে গিয়ে পরিণত হয়েছে বদ্ধ জলায়, বা যেমন কার্নারো উপসাগরের নিকটবর্তী পোলায়, যা ইতালির তীর ধুইয়ে তার সীমানা বেঁধে দেয়,

এখানেও সেরকম অসংখ্য কবরের সারি বন্ধুর করে তুলেছে সমস্ত প্রান্তরকে, কিন্তু আরো নিদারুণভাবে, কেননা কবরগুলির মধ্যে আছে লেলিহান আগুনের শিখা, ফলে সমস্তটা এত উত্তপ্ত হয়ে জ্বলছিল যে কোনো শিল্পের কাজেও এত গরম লোহা লাগে না।

সবকটি সমাধির ঢাকনা ছিল খোলা, আর তার ভিতর থেকে এমন যন্ত্রণাভরা বিলাপ শোনা যাচ্ছিল যে মনে হলো তা আহত মানুষজনের গোঙানি।

জিজ্ঞেস করলাম: 'প্রভু, এইসব পাথরের কবরে শয়ান এরা কারা, যারা এমন বেদনাময় দীর্ঘশ্বাসে আপন অস্তিত্ব ঘোষণা করছে?'

উত্তরে তিনি বললেন: 'এখানে আছে প্রতিটি সম্প্রদায়ের মূল ধর্মবিরোধী ও তাদের অনুগামীরা। তুমি ভাবতেই পারবে না, কত লোক কবর বোঝাই করে রয়েছে। এক-এক গোষ্ঠীর সব অপরাধীদের পাশাপাশি রাখা হয়, আর তাদের স্খলন অনুযায়ী উত্তাপ হয় কম বা বেশি।'

তারপর ডানদিকে ঘুরে আমরা এগিয়ে চললাম দুর্গপ্রাকার আর দহনযন্ত্রণা-কাতরতার মধ্য দিয়ে।

আশাহীনতাই একমাত্র শাস্তি: প্রথম চক্রের 'মহৎ বিধর্মী'রা স্বর্গসুখে বঞ্চিত, কিন্তু অন্য কোনও শাস্তি ভোগ করেন না।

এরিখথো: প্রাচীন গ্রীক যাদুকরী, লাতিন কবি লুকানুসের কাব্যে এর উল্লেখ আছে। এখানে সম্ভবত ভের্গিলিউসের কল্পিত অলৌকিক শক্তি সংক্রান্ত কোনও মধ্যযুগীয় কাহিনীর প্রতিফলন পাওয়া যাচ্ছে।

যিহুদার চক্র: নরকের সর্বনিম্ন অংশ, যেখানে প্রভুর প্রতি বিশ্বাসঘাতকেরা শাস্তিভোগ করছে।

যা সবকিছুকে ঘিরে রয়েছে: প্রাচীন বিশ্বচিত্র অনুসারে পৃথিবী থেকে সবচেয়ে দূরের 'আদি চালক' গোলক। (ভূমিকার 'কম্মেদিয়ার পরলোকচিত্র' অংশ দ্রষ্টব্য।)

প্রতিহিংসার তিন মূর্তি: এরিনীয়েস, গ্রীক-রোমক পুরাণে জিঘাংসার তিন দেবী: মেগায়েরা, আলেক্তো ও তিসিফোনে। এখানে, কৃত পাপের জন্য অনুতাপহীন (অতএব নিষ্ফল) আক্ষেপ বা মনস্তাপ।

চিরবিলাপের রাজ্ঞী: পেরসেফনে বা প্রোসেরপিনা। প্লূতোন তাকে মর্ত থেকে হরণ করে পাতালে তার রাজ্ঞীরূপে অধিষ্ঠিত করে।

মেদূসা: গ্রীক-রোমক পুরাণকথার দানবী (তিন গর্গোনদের একজন), যাদের মুখদর্শনে মানুষ পাষাণে পরিণত হয়। এখানে সেই হতাশার প্রতীক, যার দরুন হৃদয় কঠিন ও অনুতাপে অক্ষম হয়ে পড়ে।

থেসেউস: আথেনাই নগরের প্রতিষ্ঠাতা ও রাজা। একটি পৌরাণিক কাহিনী অনুসারে, ইনি পেরসেফনেকে উদ্ধার করতে পাতালে প্রবেশ করে নিজেই সেখানে বন্দি হয়ে যান। পরে হেরাক্লেস তাঁকে মুক্ত করেন।

গর্গোন: 'মেদূসা' দ্রঃ।

লুকানো অর্থ: মেদূসা হল হতাশার রূপক বা প্রতীক, যাতে আক্রান্ত হলে পাপের জন্য অনুশোচনা ও প্রায়শ্চিত্ত করে পরিত্রাণ পাবার পথ বন্ধ হয়ে যায়।

কেরবেরস: ৬ষ্ঠ সর্গের ভাষ্য দ্রঃ। মহাবীর হেরাক্লেস কেরবেরসকে শিকলবন্দি করে মর্তলোকে নিয়ে আসেন। কল্পনা করা হচ্ছে, সেই শিকলের ভারে কেরবেরসের গলা আর ঘাড় ক্ষতবিক্ষত হয়ে গিয়েছিল।

আর্ল, পোলা: যথাক্রমে ফ্রান্স ও ইতালির এই দুই স্থানে প্রাচীন সমাধি আছে, তার সঙ্গে দান্তে ষষ্ঠ বলয়ে ঈশ্বরবিদ্বেষীদের জ্বলন্ত শবাধারের তুলনা করছেন।

সর্গ-১০

অপবিশ্বাসীদের সঙ্গে সাক্ষাৎ। ফারিনাতা ও কাভালকান্তে।

মূল রূপক: ষষ্ঠ চক্রের শাস্তিভোগী অপবিশ্বাসীরা অখ্রিস্টান 'বিধর্মী' নয়। তারা খ্রিস্টান, কিন্তু খ্রিস্টধর্মের কোনও বিশেষ বিশ্বাস বা তত্ত্ব অস্বীকার করেছে। বিশেষভাবে যাদের কথা দান্তে প্রধানত বলছেন, এপিকূরসের সেই অনুগামীরা আত্মা সম্বন্ধে খ্রিস্টীয় বিশ্বাস, এমনকী মৃত্যুর পর আত্মার অস্তিত্বে বিশ্বাস, পরিত্যাগ করেছে; তাই এখন সমাধির মধ্যেও তাদের আত্মার শান্তি নেই, সেখানে তারা আগুনে দগ্ধ হচ্ছে।

এবার আমার গুরু চললেন নগর প্রাচীর আর পীড়নক্ষেত্রের মধ্য দিয়ে একটি গুহ্যপথ ধরে; আমিও চললাম তাঁর ঠিক পিছন পিছন।

বলতে শুরু করলাম: 'হে পরম ধর্ম, যে আমাকে নিয়ে চলেছ পাপময় চক্রগুলি দিয়ে আপন প্রেরণায়, বলো আমাকে আর তৃপ্ত করো আমার বাসনা—

যারা এইসব কবরে সমাহিত, তাদের কি দেখতে পাওয়া যায়? সবগুলির ঢাকনা তো খোলা, পাহারা দেবারও কেউ নেই।'

তিনি বললেন: 'সবগুলিই চিরকালের জন্য বন্ধ হয়ে যাবে যখন য়েহোশাফাত থেকে তারা ফিরে আসবে তাদের শরীর নিয়ে, যা তারা ছেড়ে এসেছে মরজগতে।

এধারের সমাধিতে এপিকূরস আর তার অনুগামীরা শায়িত, যারা শরীরের সঙ্গে আত্মারও মৃত্যু ঘটিয়ে দেয়।

তবে আমাকে যে প্রশ্ন করেছ, অচিরেই তার উত্তর পেয়ে যাবে, এবং তোমার যে সাধ অনুচ্চারিত, তাও হবে পূর্ণ।

আমি বললাম: 'হে সুজন দিশারি, তোমার কাছ থেকে আমি হৃদয়ের কিছুই গোপন করিনি। শুধু তা বলেছি অল্প কথায়, কারণ একাধিকবার সেরকমই নির্দেশ দিয়েছ আমাকে।'

'হে তস্কানাবাসী, সাধু আলাপ করতে করতে এই অগ্নিনগরীর মধ্য দিয়ে যে জীবন্ত চলেছ, অনুগ্রহ করে এখানে একটু দাঁড়াবে?

তোমার ভাষা থেকে স্পষ্ট বোঝা যাচ্ছে যে তোমার জন্ম সেই মহান পিতৃভূমিতে, যার উপর আমি হয়ত কিছু বেশিমাত্রায় অত্যাচার করেছি।'

হঠাৎই একটি সমাধিসিন্দুক থেকে এই শব্দগুলি নির্গত হল, যাতে সন্ত্রস্ত হয়ে আমি দিশারির আরও কাছে ঘেঁষে এলাম।

তিনি বললেন, 'ঘুরে দাঁড়াও! তোমার হল কী? দেখো ওখানে ফারিনাতা! তার সবটুকু দেখতে পাবে।'

ইতিমধ্যেই তাঁর মুখের দিকে একদৃষ্টে তাকিয়েছিলাম, আর তিনি বক্ষদেশ টানটান করে ঋজুভাবে দাঁড়িয়ে উঠছিলেন; উন্নত ললাটে যেন ফুটে উঠছিল নরকের প্রতি এক সুগভীর অবজ্ঞা।

আমার দিশারি তাঁর ক্ষিপ্র বলিষ্ঠ হাতে সমাধিগুলির মধ্য দিয়ে সেই দিকে ঠেলে দিলেন আমাকে, 'উপযুক্তভাবে কথা বলবে,' এই বলে।

যখন তাঁর সমাধির পাদপ্রান্তের কিনারে এলাম, আমাকে খানিক দেখে যেন ঘৃণাভরে শুধোলেন: 'কারা তোমার পূর্বপুরুষ?'

আমিও তাঁর কথা মান্য করার আগ্রহে কিছু গোপন না করে সব খুলে বললাম তাঁকে; তাতে তাঁর ভ্রূযুগল কিঞ্চিৎ উত্তোলিত হলো।

তারপর তিনি বললেন: 'আমার, আমার পূর্বপুরুষদের, আর আমার দলের প্রবল শত্রু ছিল তারা। এজন্য দুবার তাদের আমি ছত্রভঙ্গ করে তাড়িয়েছি।'

'বিতাড়িত যদি হয়েও থাকে তারা, ফিরেও এসেছে সব দিক থেকে, দুবারই।' উত্তরে বলি: 'আপনার দল কিন্তু সেই কৌশলটি আয়ত্ত করতে শেখেনি।'

তখন তাঁর পাশে উন্মুক্ত হল আর একটি ছায়ামূর্তি, চিবুক পর্যন্ত দৃশ্যমান, অনুমান করলাম ধীরে-ধীরে জানুর ওপর ভর দিয়ে উঠেছেন;

তারপর আমার চারপাশে তাকিয়ে দেখলেন, যেন আমার সঙ্গে কেউ আছে কিনা দেখবার জন্য; কিন্তু যখন তাঁর সব প্রত্যাশা ব্যর্থ হল,

তখন কাঁদতে-কাঁদতে বলে উঠলেন: 'যদি উচ্চ প্রতিভাবলে এই অন্ধ কারার মধ্য দিয়ে তুমি চলে যেতে পারো, তাহলে আমার পুত্র কোথায়? সে কেন তোমার সঙ্গে নেই?'

আমি তাঁকে বললাম: 'আমি নিজে নিজে এখানে আসিনি। অদূরে যিনি অপেক্ষমান, তিনি আমাকে পথ দেখিয়ে নিয়ে এসেছেন; হয়তো আপনার গুইদো তাঁকে উপেক্ষা করত।'

ইতিমধ্যে তাঁর কথা এবং শাস্তির ধরণ আমাকে তাঁর নাম মনে পড়িয়ে দিয়েছিল, তাই আমি যথাযথ উত্তর দিতে পারলাম।

শুনে হঠাৎ সোজা হয়ে দাঁড়িয়ে তিনি আর্তস্বরে বলে উঠলেন: 'কী বললে? সে করত? তাহলে সে কি জীবিত নেই? দিনের মধুর আলো তার চোখে আর পড়ে না?'

আমার উত্তর দিতে একটু দেরি হচ্ছে দেখে তিনি আবার চিৎ হয়ে পড়ে গেলেন, আর তাঁকে দেখা গেল না।

কিন্তু সেই অপর জন, সেই মহানুভব ছায়াদেহী, থেমেছিলাম যাঁর ইচ্ছায়, তাঁর কোনো হেরফের হলো না—মাথাও নড়ল না, কোমরও নত হল না।

আগের কথার খেই ধরে আবার বললেন: 'যদি সেই কৌশলে তারা ঠিকমতো শিক্ষা না পায়, তাহলে এই শয্যার থেকে আমার কাছে তা হবে আরো বেশি যন্ত্রণাদায়ক।

কিন্তু সেই দক্ষতা অর্জন করা যে কতটাই কঠিন, তুমি নিজেই বুঝতে পারবে, এ রাজ্য যিনি চালান সেই রানির মুখ পঞ্চাশবার আলোতে উজ্জ্বল হবার আগেই।

তাই যাতে তুমি একসময় সেই মধুর জগতে ফিরতে পার, আমাকে বলো কেন ওই লোকেরা তাদের প্রতিটি বিধানেই আমার আপনজনের প্রতি এত নির্দয়।'

উত্তরে তাঁকে বলি: 'যুদ্ধে ছত্রভঙ্গের পর যে ব্যাপক গণহত্যা রক্তলাল করে তুলেছিল আর্বিয়ার তীর আর তার জলকে, সেটাই আমাদের মন্দিরে এমন প্রার্থনার কারণ।'

দীর্ঘশ্বাস ফেলতে-ফেলতে তিনি মাথা ঝাঁকালেন। তারপর বললেন: 'সে ব্যাপারে আমি একা ছিলাম না, আর কোনো সঙ্গত কারণ না থাকলে আমি অন্যদের সঙ্গে একজোটে অগ্রসর হতাম না।

কিন্তু যখন সবাই একজোট হয়েছিল ফিরেন্‌ৎসেকে ধ্বংস করতে, তখন আমি একাই তাকে রক্ষা করতে হই মুক্তকণ্ঠ।'

বললাম: ‘আহা, এর জন্য আপনার বীজ যেন কোনও-না-কোনও দিন শান্তি পায়। কিন্তু একটি সমস্যার সমাধান করে দিন যা আমার বোধবুদ্ধিকে জট পাকিয়ে দিয়েছে।

যদি ঠিক শুনে থাকি, তাহলে তো আপনারা পূর্বেই দেখতে পান ভবিষ্যৎকাল কী বয়ে নিয়ে আসবে; কিন্তু বর্তমান সম্পর্কে আপনাদের জ্ঞান অন্যমত।’

‘চোখের দোষ আছে এমন মানুষের মতোই আমরা দূরের জিনিস দেখতে পাই,’ তিনি বললেন। ‘সবার উপরের অধিকর্তা এটুকু দৃষ্টিশক্তি এখনও আমাদের মঞ্জুর করেন।

যখন তারা কাছে আসে বা সামনে দাঁড়ায়, আমরা বোধশূন্য হয়ে পড়ি; তখন অন্যে বার্তা বয়ে না আনলে আমরা তোমাদের জাগতিক অবস্থা সম্পর্কে কিছুই জানতে পারি না।

কাজে কাজেই তুমি বুঝতে পারছ, সেই মুহূর্ত থেকেই আমাদের সমস্ত জ্ঞান মৃত হয়ে যাবে যখন ভবিষ্যতের দরজা বন্ধ হবে।’

তখন আমার ত্রুটির জন্য বিচলিত হয়ে তাঁকে বলি: ‘এখনই ওই ভূপতিত মানুষটিকে জানান যে তাঁর পুত্র এখনো পৃথিবীতে জীবিতদের মধ্যে।

আরও জানিয়ে দিন যে তার জিজ্ঞাসার জবাবে যদি তখন নির্বাক হয়ে থাকি, হয়েছিলাম আমারই ভাবনার ভুলে ব্যাপৃত হয়ে, যে ভুল ভাঙলো আপনার কথায়।’

ইতিমধ্যে আমার গুরু আমাকে আবার ডাকছিলেন; তাই সেই আত্মাটিকে অনুরোধ করলাম যাতে তিনি তাড়াতাড়ি বলেন সেখানে তাঁর সঙ্গে আর কারা অছে।

তিনি বললেন: ‘সহস্রাধিক আত্মার সঙ্গে আমি শায়িত। দ্বিতীয় ফেদেরিকো এবং কার্দিনাল এখানে আবদ্ধ। বাকিদের সম্পর্কে কিছুই বলব না আমি।’

এই বলে তিনি অন্তর্হিত হলেন। আর আমি প্রাচীন কবির দিকে এগোলাম, সেই কথাগুলি ভাবতে-ভাবতে যা মনে হল আমার অনিষ্টের সূচক।

তিনি চলতে শুরু করলেন, আর যেতে-যেতে আমাকে বললেন: ‘কেন অমন দিশাহারা হচ্ছো?’ তাঁকে সন্তোষজনক উত্তর দিলাম।

‘তোমার বিরুদ্ধে যা শুনলে মনে রেখো।’ সেই প্রজ্ঞাবান সাবধান করলেন আমাকে; তারপর তর্জনী তুলে বলে উঠলেন: ‘এবার এদিকে লক্ষ্য করো।

যাঁর সুন্দর চক্ষুতে সব কিছুই দৃষ্টিগোচর, তাঁর মধুর জ্যোতির সামনে যখন দাঁড়াবে, তাঁর কাছেই পাবে তোমার জীবনপথের নির্দেশ।

তারপর তিনি পা বাড়ালেন বাঁদিকে। প্রাচীর ছাড়িয়ে আমরা কেন্দ্রের দিকে এগিয়ে চললাম একটি পথ ধরে, যা নেমে গেছে একটি উপত্যকায় যার দুর্গন্ধ অত উঁচুতেও আমাদের অতিষ্ঠ করে তুলল।

য়েহোশাফাত: য়েরুশালায়িমের কাছে একটি উপত্যকা। বিশ্বাস ছিল যে এখানেই হবে পৃথিবীর বিলুপ্তির সময় 'অন্তিম বিচার', যখন সব মৃত ব্যক্তির আত্মা আবার দেহের সঙ্গে যুক্ত হয়ে স্বর্গ বা নরকে প্রেরিত হবে।

এপিকূরস: প্রাচীন গ্রীক দার্শনিক, জড়বাদ ও ভোগবাদের প্রবর্তক। সেই জন্য পরবর্তীকালে খ্রিস্টধর্মের পরিপন্থী নানা মতবাদের সঙ্গে তাঁর নাম যুক্ত হত। এখানে উল্লেখ করা হচ্ছে তার প্রধানটির, যে দেহের সঙ্গে আত্মারও মৃত্যু ঘটে।

অনুচ্চারিত সাধ: যে এপিকূরসের মতাবলম্বী কয়েকজন বিশিষ্ট ফিরেন্ৎসীয় নাগরিকদের তিনি এখানে দেখা পাবেন।

ফারিনাতা: ফারিনাতা দেল্যি উবের্তি, ফিরেন্ৎসের গিবেল্লিনোদের অর্থাৎ দান্তের প্রতিপক্ষ দলের নেতা। গুয়েলফোরা ক্ষমতায় আসার পর তাঁর প্রাসাদ ধ্বংস করে ও তাঁর বিরুদ্ধে অপবিশ্বাসের অভিযোগ আনে।

দুবার... তাড়িয়েছি... ফিরেও এসেছে: গুয়েলফো আর গিবেল্লিনোদের মধ্যে এমনই টানাপোড়েন হয়েছিল। ১২৬৬-এ বেনেভেন্তোর যুদ্ধে গুয়েলফোরা স্থায়ীভাবে গিবেল্লিনোদের হটিয়ে ফিরেন্ৎসে নিজেদের দখলে আনে।

আর একটি ছায়ামূর্তি: ইনি হলেন কাভালকান্তে দেই কাভালকান্তি, গুয়েলফোদের নেতা। তাঁর পুত্র গুইদো কাভালকান্তি ছিলেন কবি ও দান্তের সুহৃদ, এবং ফারিনাতার জামাতা। প্রতিপক্ষ দলের দুই নেতার মধ্যে এই যোগসূত্র যেন মর্মান্তিকভাবে প্রতিফলিত হচ্ছে নরকে, একই পাপের জন্য দুজনের পাশাপাশি একই শাস্তি ভোগ করায়। দান্তে দুজনের সঙ্গেই যথেষ্ট সম্ভ্রমের সঙ্গে কথা বলেন, সম্বোধন করেন সম্মানসূচক 'ভই' সর্বনাম ব্যবহার করে। নরকের অন্যান্য পাপাত্মাদের সচরাচর সম্বোধন করা হচ্ছে সাধারণ বা অবজ্ঞাসূচক 'তু' সর্বনাম দিয়ে।

উপেক্ষা করত: কেন তা স্পষ্ট নয়; হয়ত নব্য কবি বলে ভের্গিলিউসের ধ্রুপদী কাব্যরীতি তাঁর পছন্দ হত না।

সেই রানী: পেরসেফনে (৯ম সর্গের ভাষ্য দ্রঃ)। প্লুতোনের সঙ্গে পেরসেফনের মাতা, শস্যদেবী দেমেতেরের বোঝাপড়া হয় যে পেরসেফনে কিছুকাল মর্তে ও কিছুকাল পাতালে কাটাবে। এর ব্যাখ্যা করা হয় ঋতুচক্রের রূপক হিসাবে। কিন্তু পেরসেফনেকে চন্দ্রদেবী দিয়ানা বা হেকাতের সঙ্গেও এক করে দেখা হয়, অতএব তার দর্শন ও প্রস্থান শুক্লপক্ষ ও কৃষ্ণপক্ষের রূপক হতে পারে। এখানে অর্থ,

‘পঞ্চাশ চন্দ্রমাস পার হবার আগে’। *কম্মেদিয়া*-য় বর্ণিত পরলোকযাত্রার কাল ১৩০০ সালের ঈস্টার অর্থাৎ এপ্রিল মাস। দান্তে নির্বাসিত হন ১৩০২ সালে। তাঁর দল সাদা গুয়েলফোদের ফিরেন্ৎসে ফেরার শেষ চেষ্টা অসফল হয় ১৩০৪-এর জুলাই অর্থাৎ পঞ্চাশ চন্দ্রমাসের আগে। মনে রাখতে হবে যে দান্তে এই কথাগুলি লিখছেন আরও অনেকদিন বাদে; ততদিনে এগুলি ভবিষ্যদ্বাণী নয়, ইতিহাস।

ওই লোকেরা: অর্থাৎ গুয়েলফোরা।

আমার আপনজন: গিবেল্লিনোরা, বিশেষ করে উবের্তি পরিবার।

আর্বিয়ার তীর: আর্বিয়া নদীর সন্নিকটে মন্তাপের্তির কাছে ১২৬০ সালে গিবেল্লিনোরা গুয়েলফোদের পরাজিত করে।

মন্দিরে প্রার্থনা: উবের্তি পরিবারকে স্থায়ীভাবে ফিরেন্ৎসে থেকে নির্বাসিত করার সিদ্ধান্ত নেওয়া হয়েছিল একটি উপাসনাস্থানে, ফিরেন্ৎসের প্রধান গির্জার পাশে দীক্ষাস্নানগৃহে।

সে ব্যাপারে: মন্তাপের্তির যুদ্ধের পর গিবেল্লিনোরা ফিরেন্ৎসে ধ্বংস করার পরিকল্পনা করে।

জীবিতদের মধ্যে: *কম্মেদিয়া*-র কল্পিত সময়ে গুইদো বেঁচে ছিলেন, কিন্তু মারা যান অল্প পরে, ১৩০০র অগাস্ট মাসে অর্থাৎ বর্তমানের এতই কাছে যে ভবিষ্যৎদ্রষ্টা কাভালকান্তে তা জানতেন না।

দ্বিতীয় ফেদেরিকো: ত্রয়োদশ শতকে ‘পবিত্র রোমক সম্রাট’। উদার দৃষ্টিভঙ্গী ও বিলাসবহুল জীবনের জন্য তাঁকে প্রায়ই অপবিশ্বাসী বলে অভিহিত করা হত।

কার্দিনাল: অত্তাভিয়ানো দেল্যি উবালদিনি: কার্দিনাল অর্থাৎ রোমক চার্চের সর্বোচ্চ স্তরের যাজক হিসাবে এত প্রতিপত্তি লাভ করেছিলেন যে সে সময়ে শুধু ‘কার্দিনাল’ বললে তাঁকেই বোঝাত। কট্টর গিবেল্লিনো, বলেছিলেন গিবেল্লিনোদের স্বার্থে তিনি তাঁর আত্মাও জলাঞ্জলি দিতে রাজি। দান্তের কাছে এটাই সম্ভবত তাঁর ‘অপবিশ্বাস’।

আমার পক্ষে হানিকর: গুয়েলফোদের সম্বন্ধে ফারিনাতার ভবিষ্যদ্বাণী।

যাঁর সুন্দর চক্ষু: বেয়াত্রিচে।

সর্গ-১১

নরকের বিবরণ; তার নৈতিক ও তাত্ত্বিক ব্যাখ্যা।

মূল রূপক: এই সর্গ ব্যাখ্যামূলক। নরকের গঠন ও তত্ত্ব সম্বন্ধে ভেগির্লিউস এখানে দান্তেকে যা বলছেন, তা ভূমিকায় 'নরকের ভূগোল' অংশে বিবৃত ও চিত্রায়িত হয়েছে।

বিশাল বিশাল শিলাখণ্ডে বৃত্তাকারে গড়া একটি খাড়া পাহাড়ের প্রান্তে আমরা পৌছলাম, আরো নির্মম যন্ত্রণার এক খাতের উপরে।

সেই অতল থেকে উঠে আসা পূতিগন্ধ আমাদের বাধ্য করল কিনারা থেকে সরে এসে এক বিশাল সমাধির ঢাকনার নীচে আশ্রয় নিতে, যাতে আছে এই লিখন—'আমি পোপ আনাস্তাসিউসকে ধারণ করে আছি, সোজা পথ থেকে যাকে টেনে এনেছিল ফোতেইনস।'

'আমাদের নামতে খানিক অপেক্ষা করতে হবে, যাতে এই দুর্গন্ধে আমাদের ঘ্রাণেন্দ্রিয় অভ্যস্ত হয়ে ওঠে—তারপর সেটা আর আমাদের গ্রাহ্যে আসবে না।'

এমনই বললেন দিশারি, আর আমি: 'একটা উপায় বের করুন যাতে সময়টা নষ্ট না হয়।'

তিনি বললেন: 'দেখবে আমিও তাই ভাবছি।'

বলে তিনি আবার শুরু করেন: 'পুত্র, এই যে পাথরগুলি পার হয়ে এলে, তার মধ্যে ধাপে ধাপে বিন্যস্ত হয়ে আছে তিনটি ক্ষুদ্রতর চক্র—যেগুলি পেরিয়ে এলে ঠিক তার মত।

সবগুলিই অভিশপ্ত আত্মায় ভরা। মন দিয়ে শোনো তোমায় বলি, কেন এবং কীভাবে ওরা বন্দী হয়ে আছে, যাতে পরে ওদের দেখতে পাওয়াই তোমার পক্ষে যথেষ্ট হবে।

'দ্যুলোকের ঘৃণা উদ্রেককারী যে কোনো পাপাচারের উদ্দেশ্য অন্যের অনিষ্ট—সেই উদ্দেশ্য অন্যকে আঘাত করে হয় হিংসা নয়ত প্রতারণার দ্বারা।

যেহেতু কপটতা একমাত্র মানুষেরই বৈশিষ্ট্য, তা ঈশ্বরের কাছে আরো ঘৃণ্য। তাই প্রতারকের স্থান হয় আরও নীচে, এবং অধিকতর যন্ত্রণা তাদের পীড়া দেয়।

'নীচে প্রথম চক্রে রয়েছে হিংসাশ্রয়ীর দল। যেহেতু হিংসার দ্বারা আঘাত করা যায় তিন পক্ষকে, তাই এটি নির্মিত তিনটি পৃথক-পৃথক চক্রে।

হিংসার লক্ষ্য হতে পারে ঈশ্বর, বা ব্যক্তি নিজে, বা নিকটবর্তী সহমানব কোনও ব্যক্তি—তারা নিজেরা বা তাদের বিষয় আশয়। এ সব কিছুই স্পষ্ট করে তোমাকে শোনাব। প্রতিবেশী সহমানবকে হিংস্র হত্যা বা যন্ত্রণাদায়ক আঘাত করা যায়, তার সম্পত্তি করা যায় ধ্বংস, দগ্ধ বা অন্যায়ভাবে দখল;

তাই হত্যাকারী, বিদ্বেষবশত আঘাতকারী, আর দস্যু এবং লুঠেরা এরা সবাই ভিন্ন ভিন্ন দলে প্রথম চক্রে শাস্তিভোগ করে।

'মানুষ নিজের ওপর এবং নিজস্ব যা কিছু আছে তার ওপরও নিজের হাতেই বলপ্রয়োগ করতে পারে, সুতরাং বৃথা অনুশোচনায় দ্বিতীয় চক্রে থাকে সেই জন

যে তার ভুবন থেকে নিজেই নিজেকে বঞ্চিত করে, বা জুয়ায় উড়িয়ে নষ্ট করে নিজের ধনসম্পদ, এবং যেখানে আনন্দে থাকার কথা সেখানে কেঁদে মরে।

ঈশ্বরের প্রতিও হিংস্র হওয়া যায়, হৃদয়ে তাকে অস্বীকার করে ও শাপশাপান্ত করে, এবং প্রকৃতি ও প্রকৃতির দানকে অবজ্ঞা করে।

তাই ক্ষুদ্রতম বৃত্তের অভিজ্ঞানে চিহ্নিত সদোম এবং কাওর উভয়ই; একই সঙ্গে সে-ও, যে হৃদয়ে উচ্চারণ করে বিধাতার বিরুদ্ধে বচন।

প্রতারণা, যা সর্বদা বিবেক দংশায়, মানুষ করতে পারে সেই ব্যক্তির প্রতি যে তার উপর আস্থাবান, অথবা তাকে যে তার প্রতি কোনও বিশেষ আস্থা রাখেনি।

শেষোক্ত প্রতারণা কেবলমাত্র সহজাত সৌহার্দ্যের সম্পর্ক ধ্বংস করে; তাই পরবর্তী চক্র হল ভণ্ডামি, চাটুকারবৃত্তি, ওঝাগিরি, জালিয়াতি, চুরি, টাকা নিয়ে যাজকপদের লেনদেন, বেশ্যার দালালি, আড়কাঠির পেশা প্রভৃতির বাসা।

'অপর ধরনের প্রতারণায় সাধারণ প্রকৃতিদত্ত প্রেম, এবং সেই সঙ্গে কোনও বিশেষ আস্থা, উভয়েরই বিস্মরণ ঘটে।

তাই ব্রহ্মাণ্ডের কেন্দ্রে ক্ষুদ্রতম যে চক্রে দিতের আসন, সেখানে প্রতিটি বিশ্বাসহন্তা অনন্তকাল ধ্বংসপ্রাপ্ত হচ্ছে।'

বললাম: 'গুরুদেব, তোমার বিবরণ এ পর্যন্ত যথেষ্ট প্রাঞ্জল, যথেষ্ট স্পষ্টভাবেই নির্ণয় করেছে সেই গহ্বর আর তার বাসিন্দাদের প্রকৃতি।

কিন্তু আমাকে বলো সেই পঙ্কিল জলাতে যারা আছে তাদের কথা, আর যারা বাতাসে তাড়িত, বৃষ্টিতে লাঞ্ছিত, মুখোমুখি হলেই যাদের জিহ্বা শাণিত হয়ে উঠছে।

যদি তারা বিধাতার রোষানলেই পতিত, কেন তারা শাস্তি পায় না লোহিত নগরীতে? আর তা যদি নাই হয়, তাহলে কেন তারা আছে অমন দুরবস্থায়?'

উত্তরে তিনি বললেন: 'কী করে তোমার ভাবনা অভ্যস্ত পথ থেকে এতদূর সরে এল? তোমার মগজটা অন্য কোনদিকে তাকাচ্ছে?

তোমার কি মনে পড়ছে না সেই বাক্যগুলি যা দিয়ে তোমার নীতিশাস্ত্র ব্যাখ্যা করেছে স্বর্গলোকের ইচ্ছাবিরুদ্ধ তিনটি প্রবৃত্তি,

অসংযম, বিদ্বেষ আর উন্মত্ত পাশবিকতার কথা? এদের মধ্যে অসংযম কীভাবে কম পীড়িত করে ঈশ্বরকে, কম দোষ তাতে আরোপিত হয়?

যদি এই তত্ত্ব ঠিকমতো বিবেচনা করো আর স্মরণে আনো উপরে এই চক্রগুলির বাইরে যারা শাস্তি পাচ্ছে তাদের, তাহলে পরিষ্কার দেখতে পাবে কেন এই দুরাত্মাদের থেকে তাদের পৃথক করা হয়েছে এবং ঈশ্বরের প্রতিশোধ কেন তাদের কম আঘাতে জর্জরিত করে।'

'হে সূর্য, যে সকল ক্লিষ্ট দৃষ্টিকে নিরাময় করে, সকল সন্দেহ দূর করে, সেভাবেই সন্তুষ্ট করেছ আমাকে—যার ফলে প্রশ্ন করাটাও হয়েছে জ্ঞানলাভের মত সমান আনন্দদায়ক। জানার আনন্দের চাইতে কিছু কম ছিল না সংশয়, তাই কৃতজ্ঞতা ধরি সম পরিমাণে।

এবার একটু ফিরে যাও সেই জায়গাটায়, যেখানে বলেছিলে কুসীদবৃত্তি কীভাবে ক্ষুণ্ণ করে ঈশ্বরের মহিমাকে—ঘোচাও সেই জটিলতা,' বলি তাঁকে।

তিনি বলেন: 'যে দর্শন বোঝে, সে একাধিক স্থানে দেখে প্রকৃতি কেমন সর্বত্র তার ধারা অনুসরণ করে

ঐশী মেধা এবং তার শৈল্পিক কৃৎকৌশলের ভিত্তিতে। আর যদি ভৌতবিদ্যা তোমার ভালো করে অধীত থাকে, অল্প কিছু পৃষ্ঠা ওল্টালেই দেখবে

তোমার শিল্পও অনুসরণ করে প্রকৃতিকে, শিষ্য যেমন গুরুকে—সুতরাং তোমার শিল্পকে বলা যেতে পারে বিধাতার দৌহিত্র।

আদিসৃষ্টি-কথা গ্রন্থের সূচনা যদি স্মরণ করো, এটাই বিধান যে প্রকৃতি আর শিল্প, এই দুই উপায়েই মানুষ তার জীবিকার্জন এবং উন্নতিসাধন করে।

কিন্তু সুদখোর কুসীদজীবী যেহেতু ধরে ভিন্ন পথ, সে অশ্রদ্ধা করে একাধারে প্রকৃতিকে আর প্রকৃতির অনুগামী শিল্পকে, আশা স্থাপন করে অন্য কোনোখানে।

কিন্তু এখন আমাকে অনুসরণ করো, কারণ আমি এগিয়ে যেতে চাই। দিগন্তে ঝিকমিক করছে মীনরাশির তারাগুলি, সপ্তর্ষিও বায়ুকোণের ওপরে পড়েছে ঢলে;

আর সামনে আছে খাদ বেয়ে নীচে নামার পথ।'

পোপ আনাস্তাসিউস, ফোতেইনস: ৫ম শতকের শেষভাগের পোপ দ্বিতীয় আনাস্তাসিউসের বিরুদ্ধে যিশুখ্রিস্টের দৈব সত্তা অস্বীকারের অভিযোগ আনা হয়েছিল। তার সম্ভাব্য কারণ, এমন চিন্তার প্রবর্তক ফোতেইনস নামক এক বিশপের সঙ্গে তিনি সম্বন্ধ রেখেছিলেন এবং তাকে ক্যাথলিক ধর্মাচারে অংশ নিতে দিয়েছিলেন।

সদোম: বাইবেলে (আদিপুস্তক ১৮-১৯) উল্লেখিত এই নগরের অধিবাসীদের সমকামিতার জন্য (যা সেই যুগে পাপ মনে করা হত) ঈশ্বর ধ্বংস করেন।

কাওর: দক্ষিণ ফ্রান্সের একটি শহর; মধ্যযুগে তেজারতি কারবারিদের ঘাঁটি হিসাবে কুখ্যাত ছিল।

দিতে: ৮ম সর্গের টীকা দ্রঃ।

পঙ্কিল জলাতে... লোহিত নগরীতে?: দান্তে প্রশ্ন করছেন নরকের উপরভাগে, দ্বিতীয় থেকে পঞ্চম বলয়ে যাদের তিনি দেখেছেন, তারা দিতের অগ্নিময় নগরীর মধ্যে শাস্তিভোগ করছে না কেন।

তোমার নীতিশাস্ত্র: দান্তের যুগে বহুপঠিত আরিস্ততেলেসের নীতিশাস্ত্র, যার সপ্তম অধ্যায়ে লেখক বলছেন যে প্রবৃত্তির বিকার এবং দুরভিসন্ধির চেয়ে প্রবৃত্তির নিছক আতিশয্য অপেক্ষাকৃত অল্প মাত্রার পাপ।

আদিসৃষ্টি-কথা: বাইবেলের আদিপুস্তক ৩:১৯।

সর্গ-১২

সপ্তম চক্র। অপরের প্রতি হিংসার শাস্তি। নরাশ্বের দল। ফ্লেগেথোন।

মূল রূপক: সপ্তম চক্রে বিভিন্ন শ্রেণীর হিংসাত্মক বা ধ্বংসাত্মক পাপীরা শাস্তিভোগ করছে। একদিকে তারা নরাধম, মনুষ্যেতর; অথচ আগেই যা বলা হয়েছে, এদের পাপ সহজাত প্রবৃত্তি বা আবেগতাড়িত নয়, সজ্ঞান ও কোনও-না-কোনও অর্থে পরিকল্পিত। তাই এই চক্রের দানবীয় রক্ষকেরা হল মিনোতাউরস ও নরাশ্বের দল, অর্ধেক মানব ও অর্ধেক পশু। নরাশ্বদের মধ্যে একটা মানবিক এমনকি পরিশীলিত ধারা বিশেষভাবে লক্ষণীয়।

এই চক্রে শাস্তিভোগ করছে তিন শ্রেণীর পাপ: অন্য মানুষের প্রতি হিংসা; নিজেদের প্রতি হিংসা; ও ঈশ্বর, প্রকৃতি এবং সৃষ্টিশীল শ্রমের প্রতি হিংসা। (ব্যাখ্যার জন্য ভূমিকায় 'নরকের ভূগোল' দ্রঃ।) এই সর্গে বর্ণনা করা হচ্ছে অন্য মানুষের প্রতি হিংস্র পাপীদের। এদের পাপ কেবল ক্রোধজনিত তাৎক্ষণিক হিংসা নয়, ক্ষমতা বা ধনলাভ বা অন্য কোনও নির্দিষ্ট উদ্দেশ্যে পরিকল্পিত অপরাধ।

খাড়া পার দিয়ে নামার জন্য আমরা যেখানে এলাম, তা আলপি পর্বতমালার মতো; আর
সেখানে যা ছিল, সবারই চোখ চাইবে সে দৃশ্য এড়িয়ে যেতে।

যেভাবে ভূমিকম্পে অথবা ভিতের অভাবে ত্রেন্তো নগরীর একদিকে পাহাড়ের ধস
আদিচে নদীর এক ধার দিয়ে গড়িয়ে পড়ে পাহাড়চূড়া থেকে নীচের সমতলভূমি পর্যন্ত
এমনভাবে পাথরগুলি ভেঙে টুকরো করেছে যে উপর থেকে একজন তাতে পা রেখে
নামতে পারে,

এই খাড়া খাদ দিয়েও ছিল তেমন নামার রাস্তা। আর সেই খাদের ভাঙা কিনারে শুয়েছিল ক্রেতে দ্বীপের কলঙ্ক,

যার জন্ম এক ছদ্ম গাভীর গর্ভে। আমাদের দেখে সে ক্রোধোন্মত্তের মতো আক্রোশে নিজেকেই কামড়ে ছিঁড়তে লাগল, যেন তার অন্তরের আক্রোশ ফেটে উঠছে।

আমার গুরু তাকে হেঁকে বললেন: 'ভাবছিস এখানে আগমন হয়েছে আথেনাইয়ের অধিকর্তার, ধরায় যে তোকে মরণ হেনেছিল?

তফাৎ যা, জানোয়ার, কারণ এই মানুষটি তোর বোনের পরামর্শে এখানে আসেনি। ও এসেছে তোর যন্ত্রণা দেখতে।'

বলীবর্দ যেমন মারণ আঘাত পাবামাত্র বাঁধন ছিঁড়ে ফেলে কিন্তু এগোতে পারে না, শুধুই এদিক-ওদিক টাল খেতে-খেতে লাফায়,

দেখলাম সেরকমই করছে মিনোতাউরস, আর আমার সতর্ক দিশারি তা বুঝে ডেকে বললেন, 'রাস্তার দিকে দৌড়ও। এটাই ভালো, ও খেপে থাকতে থাকতে তুমি নীচে নেমে যাও।'

এভাবেই সেই প্রস্তরাকীর্ণ ঢালের ওপর দিয়ে নীচে নামতে লাগলাম, যা প্রায়ই আমার অনভ্যস্ত ভারে পায়ের তলায় সরে সরে যাচ্ছিল।

ভাবনায় ডুবে যাচ্ছিলাম, এর মাঝে তিনি বলে উঠলেন: 'তুমি বোধহয় পাহাড়ের এই বিধ্বস্ত ঢাল নিয়ে ভাবছ, এইমাত্র যাকে ঠাণ্ডা করে এলাম সেই জান্তব আক্রোশ যেটিকে পাহারা দিচ্ছে;

তাহলে জেনো—আগেরবার যখন এই পথে পাতালের নিম্ন স্তরে নেমেছিলাম, তখনও এই পাহাড় ভেঙে পড়েনি।

যদি আমার হিসাব ঠিক হয়, তা অবশ্যই ছিল নরকের ঊর্ধ্বচক্র থেকে তাঁর মহৎ প্রাপ্তিকে যিনি দিতের কবল থেকে মুক্ত করে ছিনিয়ে নিয়েছিলেন, তাঁর আগমনের কিছু আগে। এই গভীর পূতিগন্ধময় খাদ তখন চারপাশে কাঁপতে শুরু করেছিল; ভেবেছিলাম, বিশ্ব বুঝি অনুভব করেছে সেই প্রেম, যা কারো কারো বিশ্বাস অনুযায়ী বহুবার জগতসৃষ্টিকে আদিম বিশৃঙ্খলায় পর্যবসিত করেছে। সেই মুহূর্তে এই প্রাচীন পর্বত এখানে এবং অন্যত্র এভাবে ভেঙে পড়েছিল। কিন্তু এখন নীচের উপত্যকার দিকে তাকাও, কেননা সেই রুধির স্রোত এখন নিকটবর্তী যার ফুটন্ত জলে সিদ্ধ হচ্ছে তারা, যাদের হিংসা অন্যের ক্ষতি করেছে।'

হায় অন্ধ লালসা আর বুদ্ধিহীন ক্রোধ! যা মর্ত্যের এই ক্ষুদ্র জীবন জুড়ে তাড়িয়ে বেড়ায় আমাদের, তারপর নিমজ্জিত করে অনন্ত দুঃখের কূপে। একটি প্রশস্ত নদীখাত দেখলাম, ধনুকের মতো বেঁকে সমগ্র সমতলক্ষেত্রটিকে বেষ্টন করে আছে, ঠিক যেমন

বলেছিলেন আমার সমভিব্যাহারী। নদী আর পাহাড়ের খাড়াই-এর মাঝখান দিয়ে ধনুর্বাণ হাতে ছুটছে নরাশ্বের সার, যেমন ছুটত পৃথিবীতে, মৃগয়ার সময়ে। আমাদের নামতে দেখে তারা সবাই থেমে গেল এবং তাদের দল থেকে তিনজন এগিয়ে এল, আগে তির আর ধনুক বেছে নিয়ে।

দূর থেকে হেঁকে বলে উঠল একজন: 'এই যে তোমরা নেমে আসছ, তা কোন শাস্তি পাবার জন্য? ওখান থেকেই জবাব দাও, নইলে তির ছুঁড়ব।'

আমার গুরু উত্তরে বললেন: 'তোমার পাশে খেইরোন আছে, জবাবটা তাকেই দেব। এভাবে অস্থিরচিত্ত হয়েই তুমি চিরকাল নিজের ক্ষতি করেছ।'

তারপর আমাকে স্পর্শ করে বললেন: 'ও হলো নেস্‌সস, যে নিহত হয়েছিল রূপসী দেইয়ানেইরার জন্য, আর নিজেই নিয়েছিল নিজের হত্যার প্রতিশোধ।

আর মাঝখানে যার দৃষ্টি নিজেরই বুকে নত, ও হলো মহান খেইরোন, যে আখিল্লেউসকে লালন করেছিল; এবং অন্যজন ফোলস, যে ছিল ক্রোধে পরিপূর্ণ।

খাদের চারপাশে এরা হাজারে হাজারে ছুটে বেড়াচ্ছে, কোনো পাপাত্মা রক্তনদীতে তার পাপের নির্দিষ্ট সীমার উপরে মাথা তুললেই শরবিদ্ধ করছে তাকে।'

আমরা সেই ক্ষিপ্র প্রাণীগুলির কাছাকাছি হতেই খেইরোন একটি তির তুলে তার খাঁজ দিয়ে নিজের শ্মশ্রুরাজি বিন্যস্ত করল চোয়ালের দুধারে, এবং তার বিশাল মুখবিবর উন্মুক্ত করে বলল: 'তোমরা কি লক্ষ্য করেছ, পেছনের লোকটি যা স্পর্শ করছে তা নড়ে উঠছে?

মৃতজনের পায়ের ভারে অমন হয় না।' আমার সুজন দিশারি ইতিমধ্যে তার বুকের কাছে পৌঁছে গিয়ে, যেখানে তার দুই প্রকৃতির সংযোগস্থল, বললেন:

'সত্যসত্যই ও জীবিত, এবং যেহেতু নিঃসঙ্গ, এই অন্ধকার পাতালে আমিই ওর দিশারি। আমোদ করতে নয়, প্রয়োজনই এখানে টেনে এনেছে ওকে।

"জয় হে ঈশ্বর" এই বন্দনাগীত ছেড়ে উঠে আসা এক আত্মা আমাকে নিযুক্ত করেছেন এই অভিনব কর্তব্যে; না ও তস্কর, না আমি অপহরণকারী আত্মা।

কিন্তু যে পুণ্যবলে এই দুর্গম পথে পা ফেলে চলেছি, তার দোহাই, তোমার অনুচরদের মধ্যে থেকে একজনকে দাও যার সঙ্গে আমরা যেতে পারি,

যাতে সে আমাদের নদী পারাপারের অগভীর জায়গাটি দেখিয়ে দেয় এবং এই মানুষটিকে পিঠে বয়ে পার করে দেয়, কারণ ও তো আত্মা নয় যে হাওয়ায় ভেসে যাবে।'

বুকের মোচড়ে দক্ষিণে ঘুরে খেইরোন নেস্‌সসকে বলল: 'তবে তুমিই ঘুরে পথ দেখিয়ে নিয়ে যাও এদের; অন্য কোনো দলের দেখা পেলে তাদের তফাতে রেখো।'

তখন সেই বিশ্বস্ত রক্ষীর সঙ্গে আমরা এগিয়ে চললাম রক্তরাঙা ফুটন্ত ধারার তীর ধরে, যার ভিতর থেকে সিদ্ধ হতে থাকা আত্মারা মর্মভেদী আর্তনাদ করছিল।

দেখলাম কিছু মানুষ ভ্রু পর্যন্ত নিমজ্জিত। বিশালকায় নরাশ্বটি বলল: 'এরা সব অত্যাচারী, হাত রাঙিয়েছিল রক্তে আর লুণ্ঠনে।

এখানে তারা নিজেদের নির্দয় অপরাধের বিলাপ করে। এ হলো আলেক্সান্দ্রস, আর ও হিংস্র দিয়নীসিয়স, যে অনেক বছর ধরে যন্ত্রণা দিয়েছে সিচিলিয়া দ্বীপকে।

আর ওই যার কুচকুচে কালো কেশে ঢাকা কপাল, ও হচ্ছে আৎসোলিনো; সোনালি চুলের অন্যজন হলো এস্তের ওপিৎসো, যে কিনা সত্যিই তার সৎপুত্রের হাতে নিহত হয়েছিল উপরে মর্ত্যলোকে।'

তখন ফিরি কবির দিকে আর তিনি বলে ওঠেন, 'এখন ওই হোক তোমার পয়লা দিশারি, আর আমি দ্বিতীয়।'

আরো একটু এগিয়ে নরাশ্বটি ফুটন্ত স্রোতে আকণ্ঠ নিমজ্জিত একদল আত্মার কাছাকাছি এসে দাঁড়াল।

এক ধারে একলা একটি প্রেতচ্ছায়াকে দেখিয়ে বলল: 'এই লোকটি দেবতার থানে বিদ্ধ করেছিল সেই হৃদয়, যা আজও টেম্‌স্‌-এর জলে বিন্দু বিন্দু রক্ত ঝরায়।'

তারপর আরো অনেক আত্মা দেখলাম যারা মাথা আর পুরো বুক নদী থেকে বার করে আছে। তাদের মধ্যে অনেককে চিনতে পারলাম।

সেই রুধির স্রোত ক্রমে অগভীর হতে হতে শুধু পায়ের পাতাটুকু সেদ্ধ করার মতো হলো; আর সেখানেই দেখি পারাপারের পথ।

নরাশ্ব বলল: 'এ দিকে যেমন দেখছ ফুটন্ত স্রোত ক্রমে অগভীর হয়ে আসছে, আমি চাই তোমরা এও জানো যে

অন্যধারে এর খাত ক্রমশ গভীর হতে হতে আবার সেই স্থানে পৌঁছেছে যেখানে কাতরাতে বাধ্য হয় পীড়নকারীরা।

দিব্যবিচার এখানে বিদ্ধ করে আত্তিলাকে, যার পরিচিতি ছিল "মর্ত্যের চাবুক" নামে, আর পীর্‌রসকে, সেক্সতুসকে,

আর অনন্তকাল দোহন করে কর্নেতো এবং পাৎসোবাসী দুই রিনিয়েরের ফুটন্ত উত্তাপে বন্ধনমুক্ত অশ্রুধারা, রাজপথে তারা এমন হানাদারি করত।'

তারপর সে ঘুরে সেই পারাপারের জায়গাটি দিয়ে ফিরে গেল।

আদিচে: ত্রেন্তো শহরের পার্শ্ববর্তী নদী। তার খাড়া পাড়ে ধস নামার পর সেখান দিয়ে নীচে নামার একটি পথ সৃষ্টি হয়েছে।

ক্রেতে দ্বীপের কলঙ্ক: মিনোতাউরস, মানুষের শরীর ও বৃষের মাথা সম্বলিত এক প্রাণী, ক্রেতে দ্বীপের রানী পাসিফায়ের এক বৃষের সঙ্গে সঙ্গমে জাত। ক্রেতের রাজা মিনোস এটিকে গোলোকধাঁধাঁর মত একটি সুড়ঙ্গে বন্দি রাখতেন। শেষ পর্যন্ত আথেনায়ের অধিপতি থেসেউস একে হত্যা করেন।

ছদ্ম গাভী: পাসিফায়ে এক কৃত্রিম গাভীর অভ্যন্তরে নিজেকে লুকিয়ে বৃষের সঙ্গে মিলিত হয়েছিল।

তোর বোন: ক্রেতের রাজকন্যা, মিনোসের কন্যা আরিয়াদনে: গোলোকধাঁধার মধ্য দিয়ে পথ খুঁজে মিনোতাউরসকে হত্যা করতে থেসেউসকে সাহায্য করেছিল।

বলীবর্দ: লড়াইয়ের যাঁড়ের কথা বলা হচ্ছে।

তাঁর আগমন: যিশুখ্রিস্টের পাতালে আগমন। (৪র্থ সর্গ দ্রষ্টব্য।)

চারপাশে কাঁপতে শুরু করেছিল: যিশুখ্রিস্টের ক্রুশবিদ্ধ হয়ে মৃত্যুর সময় ভূমিকম্প হয়েছিল বলে কল্পিত হয়।

সেই প্রেম... বিশৃঙ্খলা: প্রাচীন গ্রীক দার্শনিক এম্পেদক্লেসের তত্ত্ব অনুসারে বিশ্ব যে বিভিন্ন উপাদান দিয়ে গঠিত, সেগুলি পরস্পরের বিরুদ্ধে অবস্থিত হয়ে একটা ভারসাম্য রক্ষা করে, তাতেই বিশ্বব্রহ্মাণ্ড স্থিতিশীল থাকে। কিন্তু মাঝে-মাঝে একই শ্রেণীর উপাদানগুলি স্বশ্রেণীর টানে বা 'প্রেমে' সেই ভারসাম্য নষ্ট করে পরস্পরের দিকে ধেয়ে যায়, তখন বিশৃঙ্খলা দেখা দেয়। সেই প্রেমকে এখানে মিলিয়ে দেওয়া হচ্ছে যিশুর মানবজাতির প্রতি প্রেমের সঙ্গে, যার দরুণ তিনি মানুষের পরিত্রাণের জন্য নিজের জীবনদান করেছিলেন।

রুধির স্রোত: গ্রীক-রোমক পৌরাণিক পাতালের অগ্নিস্রোতা নদী ফ্লেগেথোন, হিংসা ও ধ্বংসের উপযুক্ত প্রতীক। এখানে রক্তের নদীও বটে।

নরাশ্ব: কেন্তাউরস, অর্ধেক মানুষ অর্ধেক ঘোড়ার আকৃতির প্রাণী। গ্রীক-রোমক পুরাণকথায় এদের নানা গুণের বৃত্তান্ত আছে। এদের চরিত্রের দার্শনিক ব্যাখ্যাও পাওয়া যায়।

খেইরোন: নরাশ্বদের মধ্যে প্রধান ও সর্বোত্তম, নানা বিদ্যায় পারদর্শী। আখিল্লেউস ও অন্য অনেক বীর যোদ্ধাকে অস্ত্রশিক্ষা দেন।

নেস্‌সস: হেরাক্লেসের পত্নী দেইয়ানেইরাকে অপরহণ করতে উদ্যত হওয়ায় হেরাক্লেস তাকে হত্যা করে। কিন্তু দেইয়ানেইরার কাছে নেস্‌সস একটি বিষাক্ত জামা রেখে যায় যা শেষ অবধি হেরাক্লেসের মৃত্যুর কারণ হয়।

ফোলস: হেরাক্লেসের হাতে নিহত আরেকটি নরাশ্ব।

দুই প্রকৃতি: অর্থাৎ মানব ও অশ্বরূপী প্রকৃতি।

আলেক্সান্দ্রস: মাকেদোনিয়ার প্রসিদ্ধ রাজা ও দিগ্বিজয়ী যোদ্ধা।

দিওনীসিয়স: সিচিলিয়ার সিরাকুসার দুই অত্যাচারী রাজা, পিতা ও পুত্র। দান্তে এদের যে কোনও একজনের কথা বলতে পারেন।

আৎসোলিনো: গিবেল্লিনো নেতা ও নিষ্ঠুর যোদ্ধা। পাদোভা শহরের অধিবাসীদের গণহত্যার জন্য কুখ্যাত।

ওবিৎসো: গুয়েলফো নেতা ও নিষ্ঠুর যোদ্ধা। শেষ অবধি নিজের পুত্রের হাতে নিহত হন। এই পিতৃহন্তাকে দান্তে ‘পুত্র’ না বলে ‘সৎপুত্র’ বলছেন। লক্ষণীয় যে দান্তে তাঁর নিজের এবং বিপক্ষীয় দল, উভয়ের অত্যাচারী সদস্যদের একইভাবে অভিযুক্ত করছেন।

ঐ হোক... পয়লা দিশারি: অর্থাৎ নরাশ্ব নেস্‌সস।

এই লোকটি: গী দ্য মঁফোর্ত বা গাই দ্য মন্টফোর্ট, ১৩শ শতকের ইংরেজ (আদতে ফরাসি) নেতা সিমঁ (সাইমন) দ্য মঁফোর্তের পুত্র। রাজা তৃতীয় হেনরির বিরুদ্ধে বিদ্রোহে সিমঁ নেতৃত্ব দিয়েছিলেন, এবং ইংল্যান্ডে সংসদীয় গণতন্ত্র প্রতিষ্ঠায় উল্লেখযোগ্য ভূমিকা নিয়েছিলেন। হেনরির বিরুদ্ধে সিমঁ যুদ্ধে নিহত হন, ও তাঁর শব নিয়ে রাজার পক্ষ অনেক অনাচার করে। প্রতিশোধে তাঁর পুত্র গী ইতালির ভিতের্বোর গির্জায় উপাসনার সময় হেনরির এক আত্মীয়কে হত্যা করে। এই ধর্মবিদ্বেষী আচরণের জন্য দান্তে তাকে নরকের এই চক্রে অবস্থিত করেছেন।

টেমসের জলে রক্ত ঝরায়: গী দি মঁফোর্তের হাতে নিহত ব্যক্তির হৃৎপিণ্ড লন্ডনে নিয়ে এসে টেমস নদীর কূলে ওয়েস্টমিনস্টারের মাঠে রাখা হয়।

আত্তিলা: হুন জাতির রাজা, ৫ম শতকে ইউরোপ আক্রমণ করেন। নিষ্ঠুর ও অত্যাচারী হিসাবে ইউরোপে প্রবাদপ্রতিম।

পীর্‌রস: আখিল্লেউসের পুত্র; ত্রইয়ার রাজা প্রিয়ামসকে হত্যা করে। ভের্গিলিউস আয়েনেইদ-এ তাঁর নিষ্ঠুরতার কথা লিখেছেন।

সেসতো: সেক্সতুস পম্পেইউস, রোমার পরাজিত নেতা পম্পেইউসের পুত্র ও জলদস্যু।

দুই রিনিয়ের: উভয়ই অভিজাত বংশের কিন্তু দস্যুদলের নেতা।

সর্গ-১৩

নিজের প্রতি হিংসার শাস্তি: আত্মঘাতী আর উড়নচণ্ডী।

মুল রূপক: এই সর্গের পাপীরা নিজেদের প্রতি হিংসা প্রদর্শন করেছে অর্থাৎ আত্মহনন করেছে। আত্মহনন পাপ, কারণ তার দ্বারা কোনও ব্যক্তি তার জীবনের পরিণতি ঈশ্বরের হাতে না রেখে নিজেই নিয়ন্ত্রণ করতে চায়। এই পাপীরা নিজের অবয়ব স্বেচ্ছায় ধ্বংস করেছে; কাজেই নরকের সব পাপাত্মার মধ্যে একমাত্র এরাই মনুষ্যরূপ ধারণ করে নেই। দেখতে মানুষের মত হলেও, অন্য সব পরলোকগত আত্মাদের দেহগুলি আসলে মর্ত্যে পড়ে আছে, কবরে বা অন্য কোথাও। অন্তিম বিচারের দিন যখন সৃষ্ট বিশ্বের অবলুপ্তি ঘটবে, তখন সেই দেহগুলি আবার আত্মার সঙ্গে মিলিত হবে, একযোগে ভোগ করবে স্বর্গসুখ বা নরকযন্ত্রণা।

উড়নচণ্ডীরাও এই বলয়ে শাস্তিভোগ করছে। উড়নচণ্ডীদের পাপ চতুর্থ চক্রের অমিতব্যয়ীদের থেকে আলাদা। তাদের পাপ ছিল নিছক ভোগবিলাস; এদেরটা, ভেবেচিন্তে ইচ্ছাকৃতভাবে নিজেদের সম্পদ অর্থাৎ জীবনধারণের উপায় ধ্বংস করা। এটাও অতএব এক ধরনের আত্মহনন।

নেস্‌সস ওপারে পৌঁছানোর আগেই আমরা পথরেখাহীন এক অরণ্যে প্রবেশ করলাম।

সেখানে সবুজ পাতার চিহ্নমাত্র নেই, বরং পাতাগুলি বিষাদময় আঁধারবর্ণ; মসৃণ নয় কোনো শাখাই, বরং বক্র ও গ্রন্থিবহুল; ফলের বদলে রয়েছে কেবল বিষাক্ত কাঁটা।

চেচিনা আর কর্নেতোর মাঝখানে, যে শ্বাপদেরা কর্ষিত ভূমি ঘৃণা করে, তারাও এমন ঘন আর রুক্ষ ঝোপজঙ্গলে বাস করে না।

এখানে বাসা বেঁধেছে বীভৎস হার্পীইয়ার দল, যারা বিপর্যয়ের বিষাদময় ভবিষদ্বাণী করে স্ত্রোফাদে থেকে বিতাড়িত করেছিল ত্রোইয়ানদের।

তাদের পক্ষ বিস্তৃত, গ্রীবা ও মুখমণ্ডল মানুষীর মত, নখরযুক্ত পায়ের পাতা, পালকে-ঢাকা বিশাল উদর; অদ্ভুতদর্শন বৃক্ষে বসে তারা বিলাপরত।

মহান গুরু বলতে শুরু করলেন: 'আরো দূরে যাবার আগে জেনে নাও তুমি রয়েছ দ্বিতীয় খাতে, আর এখানেই থাকবে ভয়ঙ্কর বালুকাভূমিতে না পৌছনো পর্যন্ত।

এখন ভালো করে চারপাশে তাকিয়ে দেখো—এমন জিনিস দেখবে যা আমি বললে বিশ্বাস করতে না।'

চারদিক থেকে ভেসে আসছিল বিলাপের স্বর, কিন্তু কাউকে দেখলাম না আওয়াজ করতে, ফলে হতভম্ব হয়ে দাঁড়িয়ে পড়লাম।

মনে হলো তিনি ভাবছেন, আমি মনে করেছি এই স্বরগুলি আসছে গাছের গুঁড়িগুলোর মধ্য থেকে, আমাদের কাছ থেকে লুকিয়ে থাকা মানুষদের কণ্ঠে।

তাই প্রভু বললেন, 'যদি একটা গাছ থেকে একটা ছোটো ডাল ভাঙো, যা ভাবছ সবই ভুল প্রমাণিত হবে।'

তখন সামনের দিকে একটু হাত বাড়িয়ে এক বিশাল কাঁটাগাছ থেকে ভেঙে নিই ছোট একটি শাখা। তাতে আর্তনাদ করে ওঠে তার গুঁড়ি: 'কেন আমাকে ছিন্ন করলে?'

রক্তে কালো হয়ে গেলে আবার সে বলে: 'কেন ক্ষতবিক্ষত করলে আমাকে? তোমার কি দয়ামায়া বলে কিছু নেই?

মানুষই ছিলাম আমরা, এখন হয়েছি বৃক্ষকাণ্ড। সত্য বলতে কি, আর একটু করুণাশীল হতে পারত তোমার হাত, যদি আমরা সাপের আত্মা হতাম তবুও।

যেমন একপ্রান্ত জ্বলতে থাকা কাঁচা ডালের অন্য প্রান্ত দিয়ে চুঁইয়ে পড়ে বৃক্ষরস, হিশ হিশ শব্দে সজোরে নির্গত হয় বায়ু,

সেরকমই ভগ্নশাখাটি থেকে একই সঙ্গে নিঃসৃত হচ্ছিল বাক্য আর রক্ত। শাখাটির আগা আমার হাত থেকে আলগা হয়ে গেল, আর ভয়ার্তের মত আমি দাঁড়িয়ে রইলাম।

'একমাত্র আমার কাব্যে ও যা পড়েছে তা যদি আগে ও বিশ্বাস করত, ওগো আহত আত্মা,

তাহলে ও তোমার অনিষ্ট করার জন্য হাত ওঠাত না কখনোই,' আমার গুরু উত্তরে বলে ওঠেন: 'তবে ব্যাপারটা অবিশ্বাস্য বলেই ওকে এ কাজে প্ররোচনা দিই আমিই, যার জন্য আমি নিজেই ভারাক্রান্ত বোধ করছি।

কিন্তু ওকে বলো তুমি কে ছিলে: তাতে ও কিছুটা ক্ষতিপূরণ করতে পারবে, যে ঊর্ধ্বজগতে ওর ফিরে যাবার অনুমতি আছে, সেখানে তোমার যশ ফিরিয়ে এনে।'

বৃক্ষকাণ্ডটি বলল: 'তোমার মধুর বচন আমাকে এতই আকৃষ্ট করেছে যে আমি আর নীরব থাকতে পারছি না। যদি মুগ্ধ হয়ে একটু সময় নিয়ে বলি, তা যেন তোমাদের বোঝা না হয়ে দাঁড়ায়।

আমিই সেই জন যার দখলে ছিল ফেদেরিগোর হৃদয়ের চাবি দুটি, যা ঘুরিয়ে ঘুরিয়ে এমন মসৃণভাবে কুলুপ খুলতাম আর বন্ধ করতাম যে

তাঁর গোপন কথা থেকে প্রায় সবাইকে দূরে ঠেকিয়ে রেখেছিলাম। এই মহান কর্তব্যের প্রতি আমি এতটাই নিষ্ঠাবান ছিলাম যে আমার ঘুম গিয়েছিল ছুটে, নাড়ির জোর হারিয়েছিলাম।

'কিন্তু যে বেশ্যাটা কায়সারের ঘর থেকে কখনোই তার নির্লজ্জ নজর সরাত না—যা কিনা মানুষমাত্রের মারণ বিষ আর রাজদরবারের অমঙ্গল—

আমার বিরুদ্ধে প্রত্যেকের হৃদয় তাতিয়ে দিয়েছিল; আর তারা তাতিয়ে দিয়েছিল সম্রাট আউগুস্তুসকেও, আমার সমস্ত আনন্দ ও সম্মান পর্যবসিত হয়েছিল বিষণ্ণ বিলাপে।

মৃত্যুতেই নিস্তার পাবে সেই অপমান থেকে, এই ভেবে আমার অভিমানী আত্মা ন্যায়বান হয়েও আমার নিজের প্রতি অন্যায়সাধন করে।

'এই গাছের নতুন শিকড়ের নামে শপথ—আমি কখনোই তাঁর প্রতি বিশ্বাসঘাতকতা করিনি; তিনি ছিলেন যথার্থই সম্মানযোগ্য।

তোমাদের কেউ যদি ফিরে যাও ধরায়, তাহলে ঈর্ষার আঘাতে ভূলুণ্ঠিত আমার স্মৃতিকে আবার প্রতিষ্ঠিত কোরো।'

খানিক অপেক্ষা করে কবি আমাকে বললেন: 'যেহেতু ও এখন নীরব, এই সুযোগ হারিও না: আরও কিছু জানার ইচ্ছে থাকলে জিজ্ঞেস করো।'

তাতে বলি: 'তুমিই ওকে আরো প্রশ্ন করো, এমন কথা যাতে তুমি মনে করো আমার তৃপ্তি হবে। কারণ করুণায় আমি এমনই আপ্লুত যে কিছু বলতে পারছি না।'

অতএব তিনি আবার শুরু করলেন: 'ওগো কারাবদ্ধ আত্মা, এই মানুষটি যেন উদারচিত্তে তোমার অনুরোধ পালন করে, সেই উদ্দেশ্যেই বলো—কেমনভাবে তোমার আত্মা এই গ্রন্থিগুলিতে আবদ্ধ হয়; আর যদি পারো তো এও বলো, কেউ কি এই অঙ্গগুলি থেকে কখনও নিজেকে মুক্ত করতে পারে?'

তখন সেই গুঁড়িটি প্রবলবেগে নিঃশ্বাস ফেলতে লাগল, এবং শীঘ্রই সে বায়ু রূপান্তরিত হলো কণ্ঠস্বরে: 'অল্প কথাতেই এর উত্তর পাবে তুমি।

যখন হিংস্র আত্মাটি সেই দেহ ছেড়ে যায় যা থেকে সে নিজেই নিজেকে উৎপাটিত করছে, মিনোস তাকে পাঠায় সপ্তম চক্রে।

সে পতিত হয় এই বনে—কোনো নির্দিষ্ট জায়গায় নয়, ভাগ্য যেখানে ফেলে সেখানেই গমের বীজের মতো হয় অঙ্কুরিত;

তারপর চারাগাছ থেকে বাড়তে বাড়তে পরিণত হয় একটি বন্যবৃক্ষে, তার পাতাগুলি ভক্ষণ করে হার্পীইয়ারা যন্ত্রণা ঘটায়, সেই সঙ্গে দেয় যন্ত্রণা নির্গমনের বাতায়ন পথ।

অন্যদের মত আমরাও যাব আমাদের নষ্ট শরীর পুনরুদ্ধার করতে, কিন্তু কখনো সে বসন আর পরিধান করব না, কারণ নিজেই যা নিজের কাছে থেকে কেউ লুণ্ঠন করেছে, সে তা ন্যায়সঙ্গতভাবে ফেরৎ পেতে পারে না।

এখানেই, এই বিষাদভরা অরণ্যে দেহগুলি টেনে আনব, সেগুলি ঝুলতে থাকবে নিজের-নিজের বেদনাদীর্ণ ছায়াবয়বের কাঁটাভরা বৃক্ষে।'

আমরা তখনো উৎকর্ণ এই ভেবে, যে কাণ্ডটির আরো কিছু বলবার আছে। এমন সময় আমরা একটা আওয়াজ শুনে সচকিত হলাম, যেমন কেউ প্রাণীদের শব্দ আর ডালপালার মড়মড় শুনে বুঝতে পারে, বন্য শূকর ও তার পশ্চাতে শিকারির দল তার দিকে আসছে।

দেখলাম আমাদের বামদিকে দুজন নগ্ন এবং ক্ষতবিক্ষত দেহে এত তীব্রবেগে ছুটে আসছে যে পথের সব বাধা চুরমার হয়ে যাচ্ছে।

সামনের জন চেঁচিয়ে উঠল: 'তাড়াতাড়ি আয় তাড়াতাড়ি, সাক্ষাৎ মরণ!' আর অন্যজন, বেশি পিছিয়ে পড়ছে ভেবে আর্তনাদ করে উঠল: 'লানো, তপ্পোর যুদ্ধের সময়ে তো তোর পা এত জোরে ছুটত না!'

হয়ত দম ফুরিয়ে আসায় সে একটি ঝোপের কাছ ঘেঁষে জড়সড় হয়ে বসল।

তাদের পেছনে বনজঙ্গল ভরে গেল শেকলখোলা শিকারি কুকুরের মতো ক্ষুধার্ত ও ব্যগ্র কালো কুক্কুরির দলে।

ঝোপের মধ্যে যে হুমড়ি খেয়ে পড়েছিল, তাকে তারা দাঁত বসিয়ে টুকরো টুকরো করে ফেলল, তারপর যন্ত্রণাক্লিষ্ট দেহখণ্ডগুলি মুখে করে নিয়ে গেল।

আমার রক্ষী আমার হাত ধরে সেই ঝোপটির দিকে নিয়ে গেলেন। রক্তস্নাত ক্ষতমুখ দিয়ে সেটি বৃথাই বিলাপ করছিল।

'ওহে সান্তো আন্দ্রেয়ার য়াকোপো!' কাঁদতে কাঁদতে বলছিল সে: 'তোমার কী লাভ হলো আমার আড়াল নিয়ে? তোমার পাপিষ্ঠ জীবনের জন্য আমার কি দায়?'

আমার গুরু তার পাশে দাঁড়িয়ে জিজ্ঞেস করলেন: 'কে তুমি, এতগুলো ক্ষতমুখ দিয়ে রক্ত ঝরাতে ঝরাতে করুণ বিলাপে শ্বাসনির্গত করছ?'

সে উত্তর দিল: 'ওগো আত্মারা, যারা দেখলে এই অপমানে কেমন ছিঁড়ে গেল আমার পত্রালি, আবার সেগুলি জড়ো করে রাখো এই দুঃখী ঝোপের গোড়ায়।

আমি সেই নগরীর মানুষ যে তার প্রথম রক্ষাকর্তার পরিবর্তে গ্রহণ করেছিল দীক্ষাস্নানগুরু যোহনকে;

যার জন্য প্রথম জনের ছলাকলা তাকে সর্বদাই রাখে শোকাভিভূত, আর যদি আর্নোর সেতুর ওপরে তার মূর্তির ভগ্নাবশেষ এখনো না থাকত,

বৃথা যেত সেই পুরবাসীদের শ্রম, যারা আত্তিলাকৃত ধ্বংসের ওপরে নির্মাণ করেছিল নতুন নগরী;

আমিই সেইজন, যে নিজের গৃহকে করে তুলেছিল নিজের ফাঁসিকাঠ।'

চেচিনা, কর্নেতো: যথাক্রমে নদী ও ছোট শহর। দুইয়ের মাঝখানে মারেম্মা নামক অস্বাস্থ্যকর বনজঙ্গল ও জলাভূমি।

হার্পীইয়া: অর্ধেক মানব অর্ধেক পাখি, অর্থাৎ মিনোতাউরস ও নরাশ্বদের মত মানুষ ও পশুর সংমিশ্রণ। ভের্গিলিউসের *আয়েনেইদ* মহাকাব্যে আয়েনেয়াসেরা স্ত্রোফাদেস দ্বীপে পৌছলে হার্পীইয়ার দল ছোঁ মেরে তাদের খাবার চুরি ও নষ্ট করে।

ভয়ঙ্কর বালুকাভূমি: যেখানে সমকামীরা পীড়িত হচ্ছে। ১৪শ সর্গ দ্রঃ।

আমার কাব্যে: ভের্গিলিউসের *আয়েনেইদ*-এর ৩য় সর্গে অনুরূপ ঘটনার বর্ণনা আছে।

আমিই... ফেদেরিগো: বক্তা পিয়েরো দেল্লে ভিন্যে, সম্রাট দ্বিতীয় ফেদেরিগোর প্রধান অমাত্য। সম্রাটের বিরুদ্ধে ষড়যন্ত্রের অভিযোগে উৎপীড়িত হয়ে নিজের প্রাণ নেন।

যে বেশ্যাটা: ঈর্ষার মানবদেহী রূপক। পিয়েরোর প্রতিপত্তিতে ঈর্ষান্বিত হয়ে অন্য সভাসদরা তাকে ফাঁসিয়ে দেয়।

কায়সার, আউগুস্তুস: রোমার সম্রাট আউগুস্তুস কায়সারের নাম অবলম্বনে যে কোনও সম্রাট, এখানে ফেদেরিগোকে বোঝানো হচ্ছে।

লানো: সিয়েনা শহরের এক কুখ্যাত বিলাসী উড়নচণ্ডী। তপ্পো নদীর তীরে আরেৎসো শহরের অধিবাসীদের সঙ্গে এক যুদ্ধে মারা যায়।

য়াকোপো: পাদোভা শহরের অনুরূপ এক উড়নচণ্ডী, উপরে বর্ণিত আত্মা দুটির অন্যজন। এর বিধ্বংসী বিলাসিতা এতদূর পৌঁছেছিল যে নিজের ও অন্যদের বাড়িতে অগ্নিসংযোগ করেছিল।

সেই নগরী: ফিরেন্ৎসে। পুরাকালে তার আরাধ্য দেবতা ও রক্ষাকর্তা ছিলেন রোমক যুদ্ধদেবতা মার্স। নাগরিকদের খ্রিষ্টধর্ম অবলম্বনের পর সেই স্থান নেন দীক্ষাদানগুরু সন্ত যোহন, তবে চতুর্দশ শতক (অর্থাৎ দান্তের কাল) পর্যন্ত মার্সের একটি মূর্তি শহরের পুরনো সাঁকো (পন্তে ভেক্কিও)-র উপর অবস্থিত ছিল। বলা হত যে স্থানচ্যুত হয়ে মার্স নগরকে অভিশাপ দেন যে সেখানে নিত্য যুদ্ধ লেগে থাকবে।

আত্তিলা: ভুল করে ভাবা হত যে পঞ্চম শতকে হুনদের নেতা আত্তিলা ফিরেন্ৎসে আক্রমণ ও ধ্বংস করেন।

সর্গ-১৪

ঈশ্বরের বিরুদ্ধে হিংসার শাস্তি। কাপানেউস। চার যুগের প্রতীক বৃদ্ধের মূর্তি।

মূল রূপক: এই চক্রে তপ্ত বালুর উপর অগ্নিবৃষ্টিতে জর্জরিত হচ্ছে ঈশ্বর, প্রকৃতি ও সৃষ্টিশীল শ্রমের বিরুদ্ধে হিংসাশ্রয়ী পাপী। এদের পাপের বিবরণ 'নরকের ভূগোল' অংশে দেওয়া হয়েছে। ঈশ্বরের অবমাননাকারীরা চিত হয়ে শুয়ে অবিচ্ছিন্নভাবে অগ্নিবৃষ্টি সহ্য করছে নির্দয় আকাশের দিকে তাকিয়ে, যার (অর্থাৎ স্বর্গের) উদ্দেশে উদ্ধত দৃষ্টি হেনে তারা একদা কটুবাক্য নিক্ষেপ করেছিল। সমকামীদের আসক্তি কামের এক অভিব্যক্তি; তাই দ্বিতীয় চক্রের পাপিষ্ঠ প্রেমিকদের মত, কিন্তু আরও হীন ও গ্লানিকরভাবে, তারাও বিক্ষিপ্ত হয়ে ছুটে বেড়াচ্ছে। সুদখোররা স্থানু হয়ে বসে আছে, গলায় ঝুলছে টাকার থলির মত ভার।

উল্লেখযোগ্য যে সমকামী আর সুদখোর, উভয় দলেই দেখা যাচ্ছে তৎকালীন ফিরেন্‌ৎসের কিছু বিশিষ্ট ও সম্ভ্রান্ত নাগরিক। কিন্তু সমকামীদের, বিশেষত ব্রুনেত্তো লাতিনির চিত্রায়নে ফুটে উঠছে সত্যিকারের গুণী ও সম্মাননীয় চরিত্রের রেখা; সুদখোরদের ক্ষেত্রে কেবল অবিমিশ্র অবজ্ঞা। আবার দেখা যাচ্ছে, নিছক ব্যক্তিগত, বিশেষ করে যৌনগত অপরাধের চেয়ে দান্তে অনেক বেশি গুরুতর মনে করছেন সামাজিক, রাজনৈতিক ও অর্থনৈতিক অপরাধ।

স্বদেশের প্রতি ভালোবাসার টানে, ছড়িয়ে পড়া পাতাগুলি জড়ো করে ওকে ফিরিয়ে দিলাম; ইতিমধ্যেই ক্ষীণ হয়ে এসেছিল তার কণ্ঠস্বর।

তারপর আমরা এলাম সেই সীমানায় যেখানে দ্বিতীয় ব্যূহটি তৃতীয়টি থেকে পৃথক হয়েছে, যেখানে ন্যায়বিচারের এক ভয়ঙ্কর পদ্ধতি দৃশ্যমান।

নতুন বিষয়গুলি পরিষ্কারভাবে বোঝাতে হলে বলি—আমরা পৌছলাম এমন এক সমতলে যে তার বুক থেকে সরিয়ে দিয়েছে সমস্ত গাছপালা।

বিষাদময় অরণ্য মালা হয়ে ঘিরেছে তাকে, যেমন বনভূমিটিকে ঘিরে আছে তার বেদনাময় পরিখা। সীমায় সীমায় মিলেছে যেখানে, সেখানে এসে দাঁড়ালাম আমরা।

ঊষর ভূমিটি ছিল ঘন এবং শুষ্ক বালুকাপূর্ণ—কাতো যে মরু পার হয়েছিলেন, এটি তার চেয়ে ভিন্ন ধরণের নয়।

অহো, কী ভয়ানক তুমি, ঈশ্বরের প্রতিশোধ! তোমাকে প্রত্যেকেরই কত না ভয় করা উচিত, যারা পড়বে আমার স্বচক্ষে দেখা সেই দৃশ্যের বিবরণ!

নগ্ন আত্মাদের অনেকগুলি দল দেখলাম, সকলেই করুণভাবে বিলাপ করছে। মনে হলো তারা সাজা পাচ্ছে বিবিধ দণ্ড অনুযায়ী।

কেউ কেউ ভূঁয়ে চিৎ হয়ে শুয়েছিল, কেউ বা বসেছিল গুঁড়ি মেরে, বাকিরা চলে বেড়াচ্ছিল অবিরাম।

যারা চলমান, তারাই সংখ্যায় ছিল সর্বাধিক: যন্ত্রণায় শুয়েছিল যারা, তারা সংখ্যায় অল্প কিন্তু বেদনায় তাদের কণ্ঠ ছিল সবচেয়ে উন্মুক্ত।

বিস্তীর্ণ বালুকারাশির ওপর মন্থর ধারাবর্ষণে নামছিল আগুনের স্ফারিত ফুলকি, বিনা বাতাসে আলপি পর্বতে তুষারপাতের মতো।

ভারতবর্ষের উষ্ণ অঞ্চল পার হবার সময় আলেক্সান্দ্রস যে আগুন দেখেছিলেন তাঁর বাহিনীর উপর বর্ষিত হতে, ভূমি স্পর্শ করার আগে পর্যন্ত অখণ্ড হয়ে,

আর তিনি তাঁর বাহিনী নিয়ে সযত্নে মাড়িয়ে গিয়েছিলেন সেই ভূমি, যাতে সেইসব অগ্নিকণা ছড়াতে না পেরে হয় সহজে নির্বাপিত,

সেই অগ্নিবৃষ্টির মতো এখানেও পতিত হচ্ছিল অনিঃশেষ উত্তাপ আর জ্বলে উঠছিল বালুরাশি, চকমকি যেভাবে তার নীচের কাঠকুটোয় আগুন ধরায়; এভাবে দ্বিগুণ বাড়ছিল যন্ত্রণা।

নতুন নতুন আগুনের ফুলকি ঝেড়ে ফেলতে বেদনার্ত হাতগুলি বিরামহীনভাবে একই ছন্দে নাচছিল একবার এদিকে, একবার ওদিকে।

আমি শুধোলাম: 'প্রভু, যে প্রবেশদ্বারের মুখে আমাদের বাধাদানকারী সেই কঠোর দানবগুলো ছাড়া বাকি সব কিছুই জয় করেছ,

বল বিশালদেহী ও কে? মনে হচ্ছে যেন পরোয়া করছে না আগুনকে, আর অবজ্ঞাভরে এমন দলা পাকিয়ে শুয়ে আছে যে অগ্নিশিখা যেন তার কঠিন দেহ জারিত করতে পারছে না?'

আর সেই ব্যক্তি, তার সম্বন্ধেই খোঁজ নিচ্ছি আমার দিশারির কাছে তা বুঝতে পেরে চেঁচিয়ে উঠল: 'জীবিতকালে যা ছিলাম, মরণেও আছি তাই।

যদি দেবরাজ তার কামারকে ক্লান্ত করে, যার কাছ থেকে ক্রোধের বশে তীক্ষ্ণ কুলিশ নিয়ে আমার মৃত্যুদিনে সে আমাকে আঘাতবিদ্ধ করেছিল,

এবং বাকিদেরও একে-একে ক্লান্ত করে মনজিবেল্লোর কালিমাময় কামারশালে, "ভাই ভুল্কানুস, সাহায্য করো, সাহায্য!" বলে শোরগোল তুলে

যেমন করেছিল ফ্লেগ্রার যুদ্ধে—যদি সে আমার দিকে সর্বশক্তি দিয়ে তার বজ্র হানে, তবু সে পাবে না প্রতিহিংসার আনন্দ।'

তখন আমার দিশারি বলে উঠলেন এমন প্রবলভাবে, যা আগে কখনো শুনিনি: 'ওহে কাপানেউস, তোমার অহঙ্কার যে নির্বাপিত হয়নি, সেজন্যই আরো বেশি শাস্তিভোগ করছ;

অন্য কোনো পীড়ন নয়, একমাত্র তোমার নিজের কদর্য গালাগালই হতে পারে তোমার এই মদমত্ততার উপযুক্ত শাস্তি।'

তারপর আমার দিকে ফিরে মৃদুতর কণ্ঠে বললেন: 'ও হল থেবাই নগরী অবরোধকারী সাত রাজার একজন।

ও অবজ্ঞা করেছিল ঈশ্বরকে—মনে হয় এখনও তাই করে—আর সম্মান দিয়েছিল সামান্যই; কিন্তু ওকে যেমন বললাম—ওর এই প্রলাপই ওর বক্ষদেশের সবচেয়ে উপযুক্ত সজ্জা।

এখন আমার পিছন পিছন এসো, আর দেখো, পায়ের তলা যেন কখনও না পড়ে জ্বলন্ত বালুকায়। সবসময় পা ফেলো বনের ধার ঘেঁষে।'

নীরবে যেখানে এলাম আমরা, সেখানে বন থেকে তীব্রবেগে প্রবাহিত হচ্ছে একটি ক্ষুদ্র স্রোত, যার রক্তবর্ণ এখনো আমাকে শিউরে তোলে।

বুলিকামে থেকে যেভাবে একটি ছোটো জলধারা নির্গত হয়েছে, যা পতিতারা ভাগ করে ব্যবহার করে, সেভাবেই বালুরাশির মধ্য দিয়ে এই নদী বয়ে চলেছে।

এর তলদেশ ও দুই তীর প্রস্তরীভূত, এবং পার্শ্ববর্তী জমিও তাই, যা দেখে বুঝলাম এটাই আমাদের পথ।

‘যার চৌকাঠ কাউকেই প্রত্যাখ্যান করে না, সেই দ্বার দিয়ে প্রবেশ করার পর থেকে আর যা যা দেখিয়েছি তোমাকে,

তার মধ্যে এই নদীর মতো দ্রষ্টব্য আর কিছুই খুঁজে পাবে না, যা তার উপরিস্থিত সমস্ত আগুন প্রশমিত করে।’

এমনই ছিল আমার নেতার কথা, তাই আমি তাঁকে প্রার্থনা করলাম, যে ক্ষুধা তিনি জাগিয়েছেন তার যোগ্য খাদ্য দেবার জন্য।

‘সাগরের মাঝখানে ক্রেতে নামে আছে এক ঊষর দেশ। একসময় এখানকার রাজার শাসনে পৃথিবী ছিল পবিত্র,’ বলে দিশারি শুরু করলেন।

‘সেখানে ছিল ইদা নামে এক পর্বত, একদা জলে-পল্লবে আনন্দময়। এখন এটি জীর্ণ বস্তুর মতো পরিত্যক্ত।

একসময় দেবী রেয়া এটিকে তাঁর সন্তানের নিরাপদ দোলা ভেবে তাকে সেখানে রেখেছিলেন, আর তার কান্নার শব্দ চাপা দেবার জন্য সেখানকার মানুষজন দিয়ে কোলাহল সৃষ্টি করাতেন।

পর্বতের মধ্যে সটান দাঁড়িয়ে আছে এক বিশালকায় বৃদ্ধ। দামিয়াতার দিকে সে তার পিঠ ফিরিয়ে রাখে, আর রোমার দিকে তাকিয়ে থাকে যেন সে তার আয়না।

নিকষ সোনায় তৈরি তার মস্তক, বক্ষদেশ আর দুই বাহু খাঁটি রুপোর। সেখান থেকে দুই উরু বিভক্ত হওয়ার স্থান পর্যন্ত তামার তৈরি, তার নীচে সবটা বাছাই-করা লোহার,

পোড়ামাটির তৈরি ডান পায়ের পাতাটি ছাড়া—অন্য পায়ের চেয়ে এটির উপরেই সে বেশি ভর দিয়ে খাড়া থাকে।

সোনায়-গড়া অংশটি ছাড়া এর প্রতিটি অংশ-বরাবর চিড় খাওয়া একটি ফাটল দিয়ে অশ্রু গড়িয়ে পড়ছে, জড়ো হয়ে প্রবাহিত হচ্ছে ওই গুহার মধ্য দিয়ে, সেখান থেকে

নেমে আসছে এই উপত্যকায়—এভাবেই সৃষ্টি করছে আখেরোন, স্তীক্স আর ফ্লেগেথোন; তারপর তারা এই সঙ্কীর্ণ খাত দিয়ে নীচে নেমে

যেখানে আর অবতরণ সম্ভব নয়, সেখানে পৌঁছে সৃষ্টি করেছে কোকীতস। সেটি কী ধরণের হ্রদ তুমি নিজেই দেখবে, তাই এখানে তার বর্ণনা দিলাম না।’

আমি তাঁকে বললাম: ‘এই ছোট্ট নদীটি যদি আমাদের পৃথিবী থেকে এসে থাকে, তাহলে আমরা একে শুধু এই তটেই দেখতে পাই কেন?’

তিনি আমায় বললেন: 'তুমি তো জানো এই স্থানটি গোলাকার। যদিও তুমি সর্বদাই বাঁ দিকে পাক খেতে খেতে তলদেশের দিকে অনেক দূর নেমেছ,

তবুও পুরো বৃত্তটি সম্পূর্ণ করোনি; কাজেই নতুন কিছু চোখে পড়লে তোমার মুখে বিস্ময় ফুটে ওঠা উচিত নয়।'

আবারও বলি: 'প্রভু, ফ্লেগেথোন আর লেথে কোথায়? একটির কথা বলোনি; আর অপরটি বলছ এই অশ্রুবর্ষণজাত?'

'তোমার সব প্রশ্ন আমায় সত্যিই খুশি করে,' তিনি বলেন: 'কিন্তু ফুটন্ত লাল জলস্রোতেই একটি প্রশ্নের সমাধান পাওয়া তোমার অবশ্যই উচিত।

লেথে দেখতে পাবে, তবে এই পাতাল থেকে বেরিয়ে—যেখানে পাপীরা অনুতাপ ও প্রায়শ্চিত্তের পরে পাপক্ষালন হলে স্নাত হতে যায়।'

তারপর তিনি বলে উঠলেন: 'এখন এই বন থেকে বেরোবার সময় হলো। খেয়াল রেখে আমার ঠিক পিছন পিছন এসো। যে কিনারাগুলি জ্বলন্ত নয়, যার উপরে সমস্ত অগ্নি নির্বাপিত, সে ভূমি ধরেই আমাদের পথ।'

কাতো: উত্তর আফ্রিকার উতিকার লোক, খ্রিস্টপূর্ব ১ম শতকের বিখ্যাত নেতা ও সেনাধ্যক্ষ। রোমার গৃহযুদ্ধে পম্পেইউসের পক্ষ নেন, ও যুদ্ধের এক পর্যায়ে সসৈন্য লিবিয়ার বালুকাময় মরুভূমি পার হন।

আলেক্সান্দ্রস: খ্রিস্টপূর্ব ৪র্থ শতকের মাকেদোনিয়ার দিগ্বিজয়ী বীর। তাঁর সম্বন্ধে এই কাহিনীটির সূত্র অবশ্য মধ্যযুগীয়।

বিশালদেহী: কাপানেউস, পুরাকালে থেবাই নগর আক্রমণকারী সাত যোদ্ধার একজন। থেবাইয়ের প্রাচীর লঙ্ঘন করার সময় বড়াই করে বলেছিল, দেবরাজও তাকে বাধা দিতে পারবেন না। খ্রিস্টীয় দৃষ্টিতে এটাই দান্তে দেখছেন ঈশ্বরের অবমাননা হিসাবে।

দেবরাজ: জেউস বা য়ুপ্পিতের।

তার কামার: দেব-কারিগর হেফাইস্তস বা ভুল্কানুস, যার প্রস্তুত বজ্র দিয়ে জেউস কাপানেউসকে ধ্বংস করেন। মনজিবেল্লো অর্থাৎ এৎনা আগ্নেয়গিরি তাঁর অগ্নিময় কামারশাল বলে মনে করা হত।

ফ্লেগ্রার যুদ্ধ: যখন দেবতারা স্বর্গ আক্রমণকারী দানবদের ধ্বংস করেন।

ক্ষুদ্র নদী: ফ্লেগেথোন থেকে নির্গত শাখানদী: এই পথ দিয়ে নরকের খাদের আরও নীচে প্রবাহিত হচ্ছে।

বুলিকামে: ভিতেরবো শহরের কাছে, বেশ্যাপাড়ার ব্যবহারের জন্য চিহ্নিত লালচে জলের ঘোলা নদী।

অগ্নি প্রশমিত: নদীর ফুটন্ত স্রোতের বাষ্পে সব আগুন নিভে যায়।

ক্রেতে: ভূমধ্যসাগরের দ্বীপ। অতি প্রাচীনকালে এখানকার রাজা সাতুর্নুসের রাজত্বে সর্বত্র সার্বিক সুখশান্তি ছিল বলে কথিত। এই সাতুর্নুস জেউসের পূর্ববর্তী প্রজন্মের দেবতাদের রাজা বলেও কথিত।

ইদা, রেয়া: ভবিষ্যদ্বাণী হয়েছিল যে সাতুর্নুস তাঁর পুত্র দ্বারা সিংহাসনচ্যুত হবেন, সেজন্য তিনি তাঁর প্রত্যেক পুত্রকে ভক্ষণ করে ফেলতেন। শেষে তার পত্নী রেয়া তার চোখে ধুলো দিয়ে শিশুপুত্র জেউসকে নিয়ে ইদা পর্বতে আশ্রয় নেন ও সেখানে সন্তানকে পালন করেন। জেউস শেষ অবধি সত্যিই সাতুর্নুস ও পূর্বেকার দেবকুল তিতানদের বিতাড়িত করে, নতুন এক দেব-গোষ্ঠী নিয়ে রাজত্ব স্থাপন করেন।

বিশালকায় বৃদ্ধ: মানব-ইতিহাসের ক্রমাবনত চার যুগের প্রতীক: স্বর্ণময়, রৌপ্যময়, তাম্রময় ও লৌহময়। ইতিহাসের ধারা প্রাচ্য থেকে পাশ্চাত্যে সরে আসছে বলে মনে করা হচ্ছে; অতএব মূর্তিটি পুবের প্রাচীন সভ্যতার দিকে পিছন ফিরে, পশ্চিমে নবীন সভ্যতার কেন্দ্র রোমার দিকে তাকিয়ে আছে। এই মূর্তি থেকেই প্রবাহিত হচ্ছে পাতালের সব নদী।

দামিয়াতা: মিশরের নগরী।

আখেরোন, স্তীক্স, ফ্লেগেথোন: এগুলি দেখা গেছে যথাক্রমে ২য়, ৭ম ও ১২শ সর্গে।

কোকীতস: পাতালের নিম্নতম বলয়ের বরফজমাট হ্রদ। ৩২শ সর্গ দ্রষ্টব্য।

ফুটন্ত রক্তধারা: অর্থাৎ ফ্লেগেথোন। ১২শ সর্গে এর নাম বলা হয়নি।

লেথে: বিস্মৃতির নদী। এটি পাতালের নয়, পৃথিবীর বিপরীত দিকে শুদ্ধিলোকের পর্বত থেকে নেমে আসছে। এটি পার হয়ে, মর্ত্যলোকের সব অভিজ্ঞতা পিছনে ফেলে স্বর্গে প্রবেশ করতে হয়। ‘শুদ্ধিলোক’ ২৮শ ও ৩১শ সর্গ দ্রষ্টব্য।

সর্গ-১৫

প্রকৃতির বিরুদ্ধে হিংসার শাস্তি। ব্রুনেত্তো লাতিনি।

মূল রূপক: ১৪শ সর্গের শীর্ষটীকা ও 'নরকের ভূগোল' দ্রষ্টব্য। এখানে ও পরবর্তী সর্গে দান্তে দেখা পাচ্ছেন 'প্রকৃতির বিরুদ্ধে হিংসাকারী পাপী' অর্থাৎ সমকামীদের।

এখন শক্ত ডাঙার কিনারাগুলির একটি আমাদের ভার বইছে; আর নদী থেকে উদগত বাষ্পরাশি এক চন্দ্রাতপ রচনা করে জল আর বাঁধগুলিকে অগ্নিবর্ষণ থেকে রক্ষা করছে।

যেমন উইসান্ট এবং ব্রুজের মধ্যবর্তী অঞ্চলের বন্যাত্রস্ত ফ্লেমিঙ্গীয়রা সমুদ্রোচ্ছ্বাসকে পিছু হটাবার জন্য বাঁধ নির্মাণ করে; বা

কিয়ারেন্তানা গ্রীষ্মের উত্তাপ বোধ করার আগেই পাদোভাবাসীরা তাদের নগর ও দুর্গগুলি রক্ষা করবার জন্য ব্রেনতার উপকূল বরাবর যেমন ব্যবস্থা নেয়;

এগুলিও সেই ধাঁচে বানানো, যদিও নির্মাতা যিনিই হন না কেন, এগুলিকে ততোটা উঁচু বা প্রশস্ত করেননি।

ইতিমধ্যে সেই অরণ্য থেকে এতটাই দূরে চলে এসেছি যে যদি পিছন ফিরে তাকাতাম, ঠাহর করতে পারতাম না সেটি কোথায়;

যখন একদল আত্মাকে বাঁধের কিনারা দিয়ে আসতে দেখলাম, যারা প্রত্যেকেই এমনভাবে আমাদের দেখছিল যেমন অমাবস্যার সন্ধ্যায় লোকে একে অপরকে দেখে— আর ভুরু কুঁচকে আমাদের লক্ষ্য করছিল, ছুঁচের ছিদ্রে নজর রাখা বুড়ো দরজির মতো।

এভাবে দলের সবাই যখন আমাকে দেখছে, একজন আমাকে চিনতে পেরে আমার জামার প্রান্ত ধরে বলে উঠলেন: 'কী আশ্চর্য!'

তারপর যখন আমার দিকে তিনি হাত বাড়ালেন, আমি তাঁর ঝলসানো মুখের দিকে একদৃষ্টে তাকিয়ে থাকলাম, যাতে তাঁর দগ্ধ চেহারা তাঁকে চেনার পক্ষে বাধা না হয়ে পড়ে, আর তাঁর মুখের কাছে মুখ নামিয়ে বলে উঠলাম: 'সের ব্রুনেত্তো, আপনি এখানে?'

আর তিনি: 'হে পুত্র আমার! অসন্তুষ্ট হোয়ো না, যদি ব্রুনেত্তো লাতিনি তার দল ছেড়ে তোমার সঙ্গে কিছুক্ষণ থাকে।'

বলে উঠি: 'আমি যত আন্তরিকভাবে সম্ভব, সেটাই প্রার্থনা করি; আর যদি চান আমি আপনার সঙ্গে বসি, তাহলে তাই করব—যদি ওই যিনি ওখানে তিনি অনুমতি দেন, কারণ উনিই আমার দিশারি।'

'ওহে বৎস', তিনি বললেন: 'এই দলের কেউ যদি মুহূর্তের জন্যও থামে, পরে তাকে শত বৎসর কোনো আড়াল ছাড়াই অগ্নিবৃষ্টির আঘাত সইতে হবে।

সুতরাং এগিয়ে চলো; আমি তোমার পোশাকপ্রান্ত লক্ষ্য করে চলব, তারপর ফিরে যাবো আমার সঙ্গীদের মধ্যে, তাদের চিরতরের উচ্ছন্নদশার জন্য যারা বিলাপ করতে করতে চলেছে।'

তাঁর পাশে পাশে চলবার জন্য পথ থেকে নামতে সাহস পাচ্ছিলাম না, কিন্তু শ্রদ্ধানত ব্যক্তির মতোই মাথা নত করে রাখলাম।

তিনি বলতে শুরু করলেন: 'কোন আকস্মিকতা অথবা নিয়তি শেষের দিনের আগেই তোমাকে এখানে নিয়ে এসেছে? আর তোমাকে পথ দেখাচ্ছেন উঁনিই বা কে?'

উত্তরে তাঁকে বলি: 'ঊর্ধ্বজগতে আলোকিত জীবনে আয়ুষ্কাল পূর্ণ না হতেই এক উপত্যকায় পথ হারাই।

মাত্র গতকাল ভোরেই আমি আবার যখন পথের দিকে ফিরে যাচ্ছিলাম, তিনি আবির্ভূত হয়ে এই রাস্তা দিয়ে আমাকে পথ দেখিয়ে নিয়ে চলেছেন।'

তিনি বলেন: 'যদি তুমি তোমার নক্ষত্রের দিশা অনুসরণ করো, তোমার মহান পোতাশ্রয়ে পৌঁছতে তুমি ব্যর্থ হতে পার না। যদি আমি মধুর জীবনে তোমাকে ঠিকঠাক বুঝে থাকি;

এবং যদি আমি এত আগে মারা না যেতাম, তোমার ওপর ঈশ্বরের এত করুণা দেখে তোমার সমস্ত কাজের জন্য তোমাকে নিশ্চয় আরও বলশালী করে গড়ে তুলতাম।

একদা ফিয়েসোলে থেকে নেমে আসা ওই অকৃতজ্ঞ বিদ্বেষপরায়ণ মানুষগুলো, যাদের স্বভাবে এখনো পাহাড় আর পাথরের গন্ধ লেগে আছে, তোমার সৎ কাজের জন্য হয়ে উঠবে তোমার শত্রু; তার কারণও আছে—কষ্টে বুনো কুলগাছের মাঝখানে একটা মিষ্টি ডুমুর তো ফলবে না।

পৃথিবীতে ওদের প্রাচীন কুখ্যাতি ছিল অন্ধ বলে—ঈর্ষাতুর, অহঙ্কারী আর অর্থগৃধ্নু জাতি। ওদের রীতিনীতি কায়দাকানুন থেকে নিজেকে নিষ্কলুষ রেখো।

তোমার ভাগ্য তোমাকে এমন সম্মান এনে দেবে যে দুপক্ষই তোমাকে গিলে খাবার জন্য মুখিয়ে থাকবে, কিন্তু সে ঘাস থাকবে অজার মুখ থেকে বহু দূরে।

ফিয়েসোলী জানোয়ারগুলো নিজেরাই নিজেদের খাদ্য জোগাক; যেন না ছোঁয় সেই চারাটি—যদি এখনও তাদের গোবরগাদায় তেমন কোনোটি জন্মায়—জায়গাটা বিদ্বেষের বাসায় পরিণত হবার পর অবশিষ্ট রোমকদের পবিত্র বীজ যার মধ্যে আবার বেঁচে ওঠে।'

'যদি আমার সব বাসনা পূর্ণ হতো', তাঁকে বলি, 'তাহলে মানবপ্রকৃতির অধিক্ষেত্র থেকে আপনি এখনও নির্বাসিত হতেন না: কারণ আমার স্মৃতিতে খোদিত থেকে এখন হৃদয়ে স্থাপিত হল আপনার প্রিয় সহৃদয় পিতৃসম মুর্তি—মর্তলোকে প্রহরের পর প্রহর আমাকে শিখিয়েছেন কীভাবে মানুষ অনন্ত জীবন লাভ করতে পারে। যতদিন বাঁচবো, আমার কণ্ঠ ততদিনই বলবে আমি আপনার কাছে কতখানি ঋণী।

আমার ভবিষ্যৎ নিয়ে যা বললেন তা আমি লিপিবদ্ধ করব; সেটি রক্ষা করব আরেকটি লেখার সঙ্গে—ব্যাখ্যার জন্য দেখাব এক নারীকে, যদি পৌঁছতে পারি তাঁর কাছে।

এটুকু আপনাকে স্পষ্ট করে বলতে চাই, যে বিবেক না দংশালে ভাগ্যদেবী যা চান তার জন্য আমি প্রস্তুত।

ভবিষ্যতের এই পূর্বলগ্নী আমার কানে নতুন নয়। সুতরাং ভাগ্যদেবী ইচ্ছেমতো তাঁর চাকা ঘোরাতে পারেন, যেমন চাষা চালাতে পারে তার কোদাল।'

এ কথা শুনে আমার গুরু পিছনপানে মুখ ফিরিয়ে ডাইনে আমার দিকে তাকিয়ে বলে উঠলেন: 'সে-ই উপযুক্ত শ্রোতা, যে ভালো করে কথা মনে রাখে।'

তাও আমি সের ব্রুনেত্তোর সঙ্গে কথা বলে চললাম। তাঁকে জিগ্যেস করলাম, তাঁর সঙ্গীদের মধ্যে কারা সর্বাপেক্ষা বিশিষ্ট এবং মান্য।

তিনি আমাকে বললেন: 'এদের মাত্র কয়েকজনের পরিচয় পাওয়াই ভালো, বাকিদের সম্পর্কে নীরব থাকা শ্রেয়; কারণ অত কথা বলার পক্ষে সময় কম।

সংক্ষেপে এটুকুই জেনে রাখো যে এরা সবাই ছিল যাজক, পুরোহিত বা মহান ও যশস্বী পণ্ডিত। জগতে সকলে একই পাপে কলুষিত।

'প্রিস্কিয়ান জুটেছে এই হতভাগার দলে, ফ্রাঞ্চেস্কো দাক্কোর্সো-ও; যদি তোমার ঘেয়ো মরামাস দেখার আকাঙ্ক্ষা থাকে তো ওকে দেখতে পারো, দাসস্য দাস যাকে আর্নো থেকে বাক্কিলিয়োনেতে চালান করেছিল: সেখানেই সে তার পাপক্লিষ্ট স্নায়ুসমষ্টি পরিত্যাগ করে।

আরো বলতাম, কিন্তু তোমার সঙ্গে আর চলতে-চলতে কথা বলতে পারব না, কারণ দেখতে পাচ্ছি বালির ওপরে একটা নতুন মেঘ উঠেছে।

এমন সব লোক আসছে যাদের সঙ্গে আমার থাকার বিধান নেই। আমার 'রত্নকোষ' তোমার হাতেই সমর্পিত হোক, যার মধ্যে আমি আজও বেঁচে আছি।'

তারপর তিনি মুখ ঘুরিয়ে ছুটলেন, ভেরোনার ময়দানে সবুজ কাপড় জিতে নিতে যারা দৌড়য় তাদের মতো। মনে হলো, তাদের মধ্যে পরাজিত নন—বিজয়ী তিনি।

ফ্লেমিঙ্গীয়: উত্তর-পূর্ব ইউরোপের এই অধিবাসীদের দেশ সমুদ্রপৃষ্ঠের নীচের অনুভূমিক স্তরে অবস্থিত: বাঁধ দিয়ে সমুদ্রের জল ঠেকিয়ে রাখতে হয়।

উইসান্ট, ব্রুজ: এই অঞ্চলের দুটি শহর।

কিয়ারেন্তানা ইত্যাদি: ব্রেন্তা হল পাদোভা শহরের নদী। শীতের শেষে কিয়ারেন্তানা পর্বতের তুষার গলে এই নদীতে বন্যা হয়, তাই পাদোভাবাসীদের নদীতে বাঁধ দিতে হয়।

নির্মাতা: ঈশ্বরের অনুগামী, চিন্তা ও শক্তির প্রতিভূ যে স্বর্গীয় অধিবাসী পাতালের এই বাঁধ নির্মাণ করেছে।

সের ব্রুনেত্তো: ব্রুনেত্তো লাতিনি, ফিরেন্‌ৎসের বিশিষ্ট ও বিদগ্ধ নাগরিক। ('সের': সম্মানসূচক সম্বোধন।) অন্যান্য গুয়েলফোদের সঙ্গে নির্বাসিত হন। ইনি পেশাদার শিক্ষক নন, রাজনৈতিক নেতা ও প্রশাসক ছিলেন, কিন্তু একাধিক জ্ঞানগর্ভ বই লিখেছিলেন। দান্তে এঁর কাছে নানাবিধ শিক্ষালাভ করেছিলেন এবং এঁর শিষ্যপ্রতিম ছিলেন। এমন শ্রদ্ধেয় ব্যক্তিকেও নৈর্ব্যক্তিক নীতির বিচারে দান্তে স্থান দিয়েছেন নরকে।

তোমার নক্ষত্রের দিশা: হয়তো বেয়াত্রিচে, কিন্তু খুব সম্ভব জ্ঞানলাভের লক্ষ্যকেই দান্তের জীবনের ধ্রুবতারা হিসাবে দেখা হচ্ছে।

ফিয়েসোলে: প্রচলন অনুসারে, যুলিউস কায়সার তস্কানা জয় করে তৎকালীন ফিয়েসোলে শহরের জায়গায় নতুন ফিরেন্ৎসে শহর গড়েন, যার অধিবাসী হবে অর্ধেক ফিয়েসোলের পুরনো বাসিন্দা, অর্ধেক নতুন রোমক আগন্তুক। সমসাময়িক চিন্তা অনুসারে রোমার সভ্যতাকেই শ্রেয় বিবেচনা করে, দান্তে ফিরেন্ৎসের নগরজীবনের সব অন্যায়-অনাচারের দায় চাপাচ্ছেন ফিয়েসোলের সাবেক জনগোষ্ঠীর উপর। এখানে তাদের দান্তে ও ব্রুনেত্তোর রাজনৈতিক প্রতিপক্ষদের সঙ্গে এক করে দেখা হচ্ছে।

অন্ধ: 'অন্ধ ফিরেন্ৎসীয়' ছিল সেকালের এক প্রবাদবাক্য।

দু'পক্ষই: অর্থাৎ 'সাদা' ও 'কালো' গুয়েলফোদের দুই গোষ্ঠী।

আরেকটি লেখা: দশম সর্গে ফারিনাতার ভবিষ্যদ্বাণী দ্রঃ। ঐ সর্গের শেষে ভের্গিলিউস দান্তেকে উপদেশ দিয়েছিলেন, সেটি ব্যাখ্যার জন্য বেয়াত্রিচের কাছে উপস্থাপন করতে।

এক নারীকে: অবশ্যই বেয়াত্রিচে।

ভাগ্যদেবী: ফরতুনা। ৭ম সর্গের ভাষ্য দ্রঃ।

যে মনোযোগী শ্রোতা: ভের্গিলিউস যেন দান্তেকে ভর্ৎসনা করছেন। ভবিষ্যৎ সম্বন্ধে এতটা বেপরোয়া মনোভাব তিনি সমর্থন করেন না।

প্রিস্কিয়ান: বা প্রিস্কিয়ানুস, ষষ্ঠ শতকের বিখ্যাত লাতিন বৈয়াকরণ।

ফ্রাঞ্চেস্কো দাক্কোর্সো: ফিরেন্ৎসের বিদগ্ধ আইনবিদ। বলোনিয়া ও অক্সফোর্ড বিশ্ববিদ্যালয়ে অধ্যাপনা করেছিলেন।

দাসস্য দাস: পোপের এক উপাধি। উল্লেখিত ব্যক্তি একদা ফিরেন্ৎসের বিশপ আন্দ্রেয়া দে' মৎসি। সমকামিতা ও অন্যান্য অভিযোগের জেরে পোপ অষ্টম বনিফাতিউস তাকে ফিরেন্ৎসে থেকে ভিচেন্ৎসায় স্থানান্তরিত করেন।

আর্নো, বাক্কিলিওনে: যথাক্রমে ফিরেন্ৎসে ও ভিচেন্ৎসার পার্শ্ববর্তী নদী।

রত্নকোষ: ব্রুনেত্তো রচিত ফরাসি কোষগ্রন্থ; ইতালীয় পদ্যে রচিত তার একটি সংক্ষিপ্ত রূপও আছে।

ভেরোনার ময়দানে: ভেরোনা শহরে একটি বার্ষিক দৌড়-প্রতিযোগিতা অনুষ্ঠিত হত, যার প্রথম পুরস্কার ছিল এক খণ্ড সবুজ কাপড়।

সর্গ-১৬

ফিরেন্‌ৎসের তিন পাপী। গেরীওনের আবির্ভাব।

মূল রূপক: ১৪শ ও ১৫শ সর্গের শীর্ষটীকা এবং 'নরকের ভুগোল' দ্রষ্টব্য।

এর মধ্যেই এসে পড়েছি সেই জায়গায়, যেখানে জলস্রোত পড়েছে পরের ব্যূহটিতে আর তার প্রতিধ্বনি শোনাচ্ছে মৌচাকের গুঞ্জনের মতো;

এমন সময় তীব্র যন্ত্রণাবৃষ্টির মধ্য দিয়ে চলমান একটি দল থেকে একসঙ্গে দৌড়ে এলো তিনটি ছায়ামূর্তি।

'দাঁড়াও—বেশবাস থেকে মনে হচ্ছে ভ্রষ্টাচারে-ভরা আমাদের দেশের একজন মানুষ তুমি!' প্রত্যেকেই এই বলে চীৎকার করতে করতে আমাদের দিকে ছুটে এলো।

হায়! এঁদের অঙ্গপ্রত্যঙ্গে নতুন এবং পুরনো কত অগ্নিখচিত ক্ষত যে দেখলাম! এখনও তা স্মরণ করলে মনে দুঃখভার বয়ে আনে।

আমার গুরু তাঁদের আর্তনাদ শুনে আমার দিকে ফিরে বলে উঠলেন: 'দাঁড়াও, আমাদের উচিত এঁদের প্রতি সৌজন্য দেখানো। এখানকার পরিবেশ যদি এই অগ্নিবর্ষণ না ঘটাত, তাহলে বলতাম ওঁরা নন, তোমারই ওঁদের কাছে ত্বরায় ছুটে যাওয়া উচিত।'

আমরা থামতেই তাঁরা পূর্ব্ববৎ চলতে লাগলেন, তারপর আমাদের কাছাকাছি এসে তিনজনে মিলে একটি বৃত্ত রচনা করে চক্রাকারে ঘুরতে লাগলেন,

যেমন উলঙ্গ তৈলাক্ত মল্লবীরেরা একে অপরকে আক্রমণ করার আগে জাপটে ধরার জন্য পরস্পরকে নজরে রাখে;

সেভাবেই ঘুরপাক খেতে খেতে প্রত্যেকে তাঁদের মুখ আমার দিকে ফিরিয়ে রাখছিলেন, যাতে তাঁদের পা আর মুখ দুই-ই ক্রমাগত চলমান থাকে।

তাঁদের মধ্যে একজন বলে উঠলেন: 'যদি এই বালুময় ভূমির দুর্দশা, আমাদের রোমশূন্য কালিমালিপ্ত রূপ আমাদের অনুনয়ের প্রতি তোমার বিতৃষ্ণা জাগায়,

অন্তত আমাদের খ্যাতি তোমাকে আগ্রহী করে তুলুক নিজের পরিচয় দিতে আর জানাতে কীভাবেই বা নরকের মধ্য দিয়ে অক্ষত শরীরে চলেছ জীবন্ত পদক্ষেপে।

যাঁর পদচিহ্ন ধরে চলেছি, সম্পূর্ণ নগ্ন এবং ছাল-ওঠা শরীর হলেও তুমি ভাবতে পারবে না কতখানি মর্যাদাবান ছিলেন তিনি।

উনি হলেন সাধ্বী গুয়ালদ্রাদার পৌত্র, নাম গুইদো গুয়ের্‌রা, জীবদ্দশায় তরবারি ব্যবহার এবং মন্ত্রণার গুণে অনেক কৃতিত্ব অর্জন করেছিলেন।

আর আমার পিছন-পিছন বালি মাড়িয়ে আসছেন তেগ্গিয়াইও আলদোব্রান্দি, যাঁর বচনের সমাদর করা উচিত ছিল ওপরের জগতের।

ওঁদের যন্ত্রণার সঙ্গী আমি হলাম য়াকোপো রুস্তিকুচ্চি—সত্যি বলতে কী, আমার বর্বর স্ত্রীই আর সব কিছুর চেয়ে বেশিমাত্রায় আমার সর্বনাশের মূলে।'

যদি রক্ষা পেতাম আগুনের তাত থেকে, তাহলে নীচে তাঁদের কোলে ঝাঁপিয়ে পড়তাম, আর মনে হয় আমার শিক্ষকও তা করতে দিতেন;

কিন্তু ঝলসে পুড়ে যাবার ভয় তাঁদের আলিঙ্গন করতে আমার শুভ উৎসাহটুকু গ্রাস করে নিয়েছিল।

তখন বলে উঠলাম: 'অবজ্ঞা নয়, বেদনায় আপনাদের এ অবস্থা দেখে আমার মন এমন ভরে গেছে যে তা পুরোপুরি দূর হতে অনেক কাল লাগবে।

আমার প্রভুর কথা শোনার সঙ্গে সঙ্গে বুঝেছিলাম যে আপনাদের মতো ব্যক্তিরাই আসছেন।

আপনাদের দেশেরই অধিবাসী আমি, এবং বরাবরই আপনাদের সমস্ত কীর্তি এবং সুনাম ভালবাসা-ভরে শুনেছি ও বিবৃত করেছি।

আমি চলেছি গরল ত্যাগ করে আমার সত্যনিষ্ঠ দিশারির প্রতিশ্রুত অমৃতফলের খোঁজে; কিন্তু প্রথমে আমাকে নামতে হবে নীচে, একেবারে কেন্দ্র পর্যন্ত।'

তিনি তখন বললেন: 'এইভাবে সুদীর্ঘকাল তোমার আত্মা দিশা দেখাক তোমার অঙ্গপ্রত্যঙ্গকে, আর তুমি চলে যাবার পরেও তোমার যশের আলোক যেন দীপ্যমান থাকে।

শিষ্টাচার এবং শৌর্য কি আগের মতোই বর্তমান আছে আমাদের নগরীতে, নাকি তা একেবারেই দূর হয়ে গেছে?

কেননা ওই যে চলেছে গুইল্যিয়েলমো বর্সিয়েরে, যে অল্পদিনই হলো আমাদের সঙ্গে যন্ত্রণা ভোগ করছে, যা খবর দিয়েছে তা আমাদের ব্যথিত করেছে।'

'হায় ফিরেন্ৎসে, তোমার মধ্যে একদল ভুঁইফোড় মানুষ আর তাদের হঠাৎ পাওয়া ধনসম্পত্তি ঔদ্ধত্য আর আতিশয্যের জন্ম দিয়েছে, যার কারণে তুমি ইতিমধ্যেই ক্রন্দনরতা!'

মুখ তুলে এভাবেই ডুকরে উঠলাম আমি, আর এটাই আমার উত্তর বুঝে সেই তিনজন পরস্পর মুখ চাওয়াচাওয়ি করলেন—সত্য কথা শুনলে যেমনটি করে থাকে লোকে।

'অন্য সময়েও যদি এত সহজে উত্তর দিয়ে অন্য লোককে সন্তুষ্ট করতে পারো, কথা বলতে পারো মনের মত করে, তবে সত্যিই তুমি সুখী', বলে উঠলেন তাঁরা সবাই।

'সুতরাং যদি নিষ্ক্রান্ত হতে পারো এই তমসাপুরী থেকে, ফিরে গিয়ে দেখতে পারো অপরূপ নক্ষত্রগুলিকে, যখন উৎফুল্ল হয়ে বলতে পারবে, "আমি সেখানে ছিলাম",

তখন লোকসমাজে আমাদের কথা বোলো।'

তারপর তাঁরা তাঁদের চক্র ভেঙে দিলেন—প্রস্থানের সময়ে তাদের ক্ষিপ্র পাগুলিকে মনে হলো যেন ডানা। এত দ্রুত অন্তর্হিত হলেন, যে একবার 'তথাস্তু' উচ্চারণ করার সময়-ও ছিল না।

আমার আচার্যের তখন মনে হলো, এবার যেতে হবে।

আমি তাঁর পিছন-পিছন চললাম, আর একটু এগোবার পরেই এত কাছে জলের শব্দ শুনতে পেলাম যে কথা বললে তা প্রায় শোনাই যেত না।

ঠিক যেমন মন্তে ভেসো থেকে তার প্রথম উৎপন্ন নদীটি

—উপরের দিকে যেটিকে বলা হয় আক্কুয়াকেতা, যতক্ষণ না ফর্লিতে নীচের খাতে নেমে তা সেই নামটি হারায়—

আপেন্নিনো পর্বতমালার বাম ঢাল ঘেঁষে পূর্বগামিনী হয়ে আল্পি পর্বতের সান বেনেদেত্তোর কাছে প্রতিধ্বনিত হয়, সহস্র ধাপের বদলে সরাসরি একবারেই নীচে লাফিয়ে নেমে,

সেভাবেই দেখলাম ঘন জলধারাটি একটি খাড়াই দিয়ে নীচে পড়ে এমন শব্দে প্রতিধ্বনিত হচ্ছে যে অল্পক্ষণেই আমাদের কানে তালা লেগে যেত।

আমার কোমরে বন্ধনীর মতো একটি রজ্জু জড়ানো ছিল, যা দিয়ে একসময় ভেবেছিলাম চিত্রল চিতাটিকে ধরব।

আমার দিশারির নির্দেশে সেটি খুলে দিলাম তাঁর হাতে, জড়িয়ে ফাঁস বেঁধে।

তিনি তখন ডাইনে ঘুরে, কিনারা থেকে কিছুটা বাইরের দিকে খাদের অতলে সেটিকে ছুঁড়ে দিলেন।

নিজের মনে বললাম: ‘এই অদ্ভুত ইশারার প্রত্যুত্তরে নিশ্চয় অদ্ভুত কিছু একটা ঘটবে, গুরু দৃষ্টি দিয়ে যা অনুসরণ করছেন।’

অহো, মানুষের কতই না সতর্ক হওয়া উচিত তাদের সম্পর্কে, যারা শুধু বাইরের কাজটাই দেখে না, বিবেচনাবোধ দিয়ে মনের ভেতরে প্রবেশ করে বুঝে ফেলে ভাবনাটাও!

তিনি আমায় বললেন: ‘যার অপেক্ষায় আছি শীঘ্রই তা উঠে আসবে, আর যার স্বপ্ন দেখছ, শীঘ্রই দেখবে চোখের সামনে।’

যে সত্যের চেহারা মিথ্যার মত, তা সম্পর্কে যথাসম্ভব মুখ বন্ধ রাখাই ভালো, নচেৎ বিনা দোষে লাঞ্ছনা জোটে।

কিন্তু এক্ষেত্রে আমার নীরব থাকা অসম্ভব: আমার মিলনকাব্যের সুরেলা চরণের নামে, হে পাঠক, শপথ করে বলছি, যাতে সেই কাব্য স্থায়ী সমাদর থেকে বঞ্চিত না হয়:

দেখলাম সেই ঘন তমসাচ্ছন্ন বায়ুর মধ্য দিয়ে উঠে আসছে সবচেয়ে নির্ভীক হৃদয়কেও বিচলিত করার মতো একটি অবয়ব—

যেমন সমুদ্রের নীচে লুকানো পাহাড়ের খাঁজ বা অন্য কিছুতে আটকে থাকা নোঙর আলগা করার জন্য কিছুক্ষণ সমুদ্রতলে নেমে কেউ আবার ফিরে আসে, ঠিক তেমনই—দুই বাহু ছড়িয়ে, পা দুটি ভাঁজ করে।

তিনটি ছায়ামূর্তি: তিন বিশিষ্ট ফিরেন্‌ৎসীয় রাজনৈতিক ব্যক্তি, গুয়লফোদের নেতা: গুইদো গুয়ের্‌রা, তেগ্গিয়াইও আলদোব্রান্দি ও য়াকোপো রুস্তিকুচ্চি। দান্তে এঁদের সমীহ করতেন: ৬ষ্ঠ সর্গে চ্যাক্কোর কাছে শেষোক্ত দুজন সম্বন্ধে জানতে চেয়েছিলেন। আগের সর্গে ব্রুনেত্তো লাতিনির শেষ কথা থেকে স্পষ্ট যে এই রাজনৈতিক ব্যক্তিদের সঙ্গে পূর্বেকার পণ্ডিত ও লেখকগোষ্ঠীর সংযোগ নিষিদ্ধ।

গুয়ালদ্রাদা: ফিরেন্‌ৎসের বিখ্যাত সাধ্বী রমণী, গুইদো গুয়ের্‌রার পিতামহী।

গুল্যিয়েলমো বর্সিয়েরে: ইনিও ফিরেন্‌ৎসের বিশিষ্ট নাগরিক, সামান্য থলি-সেলাইয়ের পেশা থেকে উন্নতিলাভ করেছিলেন।

মন্তে ভেসো: উত্তর ইতালির আপেন্নিনো পর্বতমালার অংশ। সেখান থেকে নেমে এসেছে আক্কুয়াকেতা নদী, যা ফর্লিতে পৌছে মন্তোনে নদীতে পরিণত হয়। সান

বেনেদেত্তো নদীটির উৎসের কাছে একটি স্থান। গুইদো গুয়েরৃরার বংশের উদ্যোগে এখানে একটি লোকালয়ের পত্তন হবার কথা ছিল কিন্তু হয়নি।

কোমরবন্ধনীর রজ্জু: এটির সঠিক ব্যাখ্যা করা যায়নি। ১ম সর্গের চিতা ছিল অসংযম বা প্রবৃত্তির আতিশায্যের প্রতীক; তাকে ধরার রজ্জু অতএব হতে পারে সংযম বা ব্রহ্মচর্যের প্রতীক। এখন কবিদ্বয় প্রবেশ করছেন অসংযমের চেয়ে গুরুতর পাপের জগতে, অতএব রজ্জুটি আর কাজে লাগবে না। সেটি ছুঁড়ে ফেলে দিয়ে দান্তে তাঁর গুরুর ভরসায় পুরোপুরি নিজেকে সঁপে দিলেন। তিনি সেই রজ্জু অর্থাৎ নৈতিক অবলম্বন ত্যাগ করছেন ভেবে ছলনার প্রতিরূপ গেরীওন প্রলুব্ধ হয়ে উঠে এল, কিন্তু জাগতিক প্রজ্ঞার প্রতিভূ ভের্গিলিউসের কাছে বশ মানল। কটিবন্ধন ছাড়াই দান্তে পৌঁছে যাবেন শুদ্ধিলোকে, সেখানে ভের্গিলিউস তাঁকে আরেকটি কটিবন্ধন পরাবেন।

বিচলিত করার মতো একটি অবয়ব: গেরীওন বা গেরীওনেস নামক জলদানব। হেরাক্লেস তাকে হত্যা করেন। গ্রীক-রোমক পুরাণকথা ও বাইবেলের কিছু কাল্পনিক জীবের সঙ্গে খানিক সাদৃশ্য থাকলেও এটি আদতে দান্তের নিজস্ব কল্পনার সৃষ্টি। এটিও মানুষ ও প্রাণীর সংমিশ্রণ, কিন্তু নরাশ্ব তো বটেই, মিনোতাউরস বা হার্পীইয়ার চেয়েও উদ্ভট ও জঘন্য। এ হল বুদ্ধির অপপ্রয়োগকারী কুমতলব আর প্রতারণার প্রতিভূ: তাই এর মাথা মানুষের কিন্তু বাকি শরীর সরীসৃপের মত, আবার পুরোপুরি তাও নয়। কবিদ্বয় এবার নামতে চলেছেন পাপের নিকৃষ্টতম নিদর্শন, প্রতারণা ও বুদ্ধির অপপ্রয়োগের জগতে, অষ্টম ও নবম চক্রে।

সর্গ-১৭

সৃষ্টিশীল শ্রমের বিরুদ্ধে হিংসার শাস্তি। গেরীওনের পিঠে আরো নীচে অবতরণ।

মূল রূপক: ১৪শ সর্গের শীর্ষটীকা ও ভূমিকায় 'নরকের ভূগোল' দ্রষ্টব্য। এই সর্গে দান্তে দেখা পাচ্ছেন 'সৃষ্টিশীল শ্রমের বিরুদ্ধে হিংসাকারী পাপী' অর্থাৎ সুদখোরদের।

'ছুঁচলো লেজওয়ালা বন্য জন্তুটাকে দেখো—যে পাহাড় ডিঙিয়ে আসে, ভেদ করে প্রাচীর ও অস্ত্রের বাধা, দূষিত করে গোটা দুনিয়াটাকে, দেখো ওকে!'

এভাবেই বলতে শুরু করেন আমার দিশারি, তারপর হাতের ইশারায় ওকে ডাকেন আমাদের পাথুরে পথের ধার বেয়ে ডাঙায় উঠে আসার জন্য।

প্রতারণার কদাকার মূর্তিটি এগিয়ে এল সামনে; মাথা আর বুক রাখল তীরে, কিন্তু লেজটিকে পাড়ে টেনে তুলল না।

তার মুখ ন্যায়পরায়ণ মানুষের মতো, এতই মহৎ ছিল তার বহিরাকৃতি; দেহের নিম্নাংশ ছিল সরীসৃপসদৃশ;

নখরযুক্ত দুই থাবা, সেখান থেকে বগল পর্যন্ত দেহ রোমশ; পিঠ, বুক আর শরীরের দু'পাশ চিত্রিত ছিল ছোট ছোট চক্র আর গ্রন্থির নকশায়;

জমির বুনোটে, বা সুতোর কারুকাজে এত রঙের বস্তু তাতার কিংবা তুর্কিরাও তৈরি করেনি, তাঁতে এমন জাল বোনেনি আরাখনেও।

যেমন নৌকো কখনো-কখনো শোওয়ানো থাকে তীরে—খানিক অংশ ডাঙায়, খানিকটা জলে—বা খাদ্যলোভী জার্মানদের দেশে বীভার নামক প্রাণীটি থেবড়ে বসে

শিকারের আশায়, সেভাবেই জঘন্য জন্তুটা খাপ পেতে বসেছিল বিস্তৃত বালুভূমির পাথুরে কিনারায়।

পুরো লেজটাই সে ঝাপটাচ্ছিল শূন্যে, উপরের দিকে প্যাঁচাচ্ছিল তার দুমুখো বিষাক্ত লাঙুল, ডগায় বিছের মতো হুলওয়ালা।

আমার পথপ্রদর্শক বললেন: 'এখন আমাদের পা ফেরানো উচিত ওই অবধি, যেখানে এই দুষ্ট পশুটা গুঁড়ি মেরে বসে আছে।'

সুতরাং বালি আর আগুনের শিখা থেকে নিরাপদ দূরত্ব রেখে ডান দিকের খাড়াই দিয়ে নেমে কিনারা ধরে আমরা দশ কদম এগোলাম।

সেখানে পৌঁছে আমার গুরু বললেন: 'যাও, ওদের অবস্থাটা দেখে এসো—যাতে এই চক্রের পুরো অভিজ্ঞতা লাভ করতে পারো।

তবে কথাবার্তা সেরো সংক্ষেপে। তুমি না ফেরা পর্যন্ত আমি এর সঙ্গে কথা বলি, যাতে ওর বলিষ্ঠ স্কন্ধে চড়তে দেয় আমাদের।'

সুতরাং একেবারে একা-একা হাঁটতে লাগলাম, সপ্তম চক্রের বহিঃসীমানা ধরে আরো এগিয়ে, সেই অসুখী মানুষগুলো যেখানে বসেছিল সেই পর্যন্ত।

যন্ত্রণা ফেটে পড়ছে তাদের চোখ দিয়ে, এধারে ওধারে হাত নেড়ে তারা নিজেদের রক্ষা করার চেষ্টা করে যাচ্ছে কখনো গরম বাষ্প কখনো বা তপ্ত ভূমি থেকে,

গরমকালে পিশু, ডাঁশ, পোকা আর মাছির কামড়ে অস্থির কুকুরের মতো, যারা কখনো থাবা, কখনো বা নাকের ডগা চালাতে থাকে।

যাদের ওপর ঝরছিল যন্ত্রণাভরা অগ্নিবৃষ্টি, তাদের অনেকের মুখ ভালো করে দেখে একটিকেও চিনতে পারলাম না, কিন্তু লক্ষ্য করলাম

তাদের প্রত্যেকের গলা থেকে ঝুলছে এক-একটি বিশেষ বর্ণের ও চিহ্নের ঝুলি, যার দিকে তাকিয়ে তারা উপভোগ করছে নয়নভোজ।

আরও কাছে এসে দৃষ্টি চালিত করে দেখলাম এক হলুদ রঙের থলির উপর আশমানি রঙে আঁকা এক সিংহের মুখ এবং আকৃতি।

তারপর লক্ষ্য করতে করতে দেখি একটি রক্তবর্ণ থলিতে আঁকা রয়েছে মাখনের চাইতেও সাদা এক রাজহংসী।

আর একজন, যার সাদা থলির ওপরে চিত্রিত ফিকে নীল রঙের এক মোটাসোটা গর্ভবতী শূকরী, আমাকে বলল: 'এই গর্তের মধ্যে কী করছ তুমি?

ভেগে পড়ো, আর যেহেতু এখনো জীবন্ত আছ, জেনে রাখো আমার শহরের ভিতালিয়ানো এইখানে আমার বাঁ পাশে বসবে।

এইসব ফিরেন্‌ৎসীয়দের মধ্যে আমিই পাদোভাবাসী। প্রায়ই ওরা আমার কান ঝালাপালা করে দেয় এই বলে চেঁচিয়ে: "সেই রাজকীয় অশ্বারোহীকে আসতে দাও, যে নিয়ে আসবে তিনটি অজচিহ্নিত থলি।"'

তারপর বলদ যেভাবে নাক চাটে, সেভাবে মুখ বিকৃত করে জিভ বের করল।

আমাকে সময় সংক্ষেপ করতে বলেছিলেন যিনি, বেশিক্ষণ থাকলে পাছে তিনি রুষ্ট হন, সেই ভয়ে আমি সেই দুঃখী আত্মাদের কাছ থেকে ফিরে এলাম।

দেখি ইতিমধ্যে আমার দিশারি সেই ভয়ঙ্কর জন্তুটার পিঠের ওপর চড়ে বসেছেন। আমাকে বললেন: 'এখন দেহে শক্তি আর মনে সাহস আনো! এই সিঁড়ি দিয়েই আমাদের নামতে হবে। তুমি ওঠো সামনের দিকে—ওই বিপজ্জনক ল্যাজ থেকে তোমায় রক্ষা করার জন্য মাঝখানে বসতে চাই আমি।'

তাঁর কথা শোনার পর আমার অবস্থা হলো পালাজ্বর আসার আগে কাঁপুনি-ধরা লোকের মতো, ইতিমধ্যেই যার নখ হয়ে উঠেছে বিবর্ণ আর শীতল ছায়ামাত্র দেখেই শিউরে ওঠে যার সর্বশরীর।

কিন্তু তাঁর সতর্কবাণী আমাকে তেমনই লজ্জা দিল যা যোগ্য প্রভুর সামনে ভৃত্যকে করে তোলে সাহসী; তাই

সেই বিশাল স্কন্ধে নিজেকে স্থাপন করলাম। বলতে চাইলাম, 'জড়িয়ে ধরে থাকো আমাকে', কিন্তু কোনো স্বর বেরোল না।

তবে যেমনি আমি ওর পিঠে চড়েছি, আগেও যিনি বিপদে আমার সহায় হয়েছিলেন, দুবাহুর বেষ্টনে তিনি দৃঢ়ভাবে জড়িয়ে ধরলেন আমাকে।

তারপর বলে উঠলেন: 'এখন চলো গেরীওন। তোমার পাকগুলো যেন বিশাল হয়, আর অবতরণ হয় ধীরে; মনে রেখো তুমি জীবন্ত মানুষের ভার বইছ।'

ঠিক যেমন একটি নৌকা তীর থেকে ক্রমাগত পিছোতে-পিছোতে বেরিয়ে আসে, দানবটিও সেভাবে ধীরে ধীরে পিছনে সরতে-সরতে যখন বুঝল সে পুরোপুরি মুক্তভাবে নিজেকে খেলাতে পারছে,

তখন লেজটিকে ঘুরিয়ে আনলো সামনে, যেখানে ছিল তার বক্ষদেশ, আর সেটিকে বানমাছের মতো ঢেউ খেলিয়ে প্রসারিত করে থাবা দিয়ে টেনে নিল বাতাস।

আমার ধারণা এর চাইতে বেশি ভয় পাবার মতো ব্যাপার ছিল না যখন ফায়থোন সূর্যদেবের রথের রশি আলগা করে আকাশ দগ্ধ করেছিল, যার চিহ্ন এখনো বর্তমান;

এবং তখনো না, যখন হতভাগ্য ইকারস বুঝল উত্তাপে তার কটিদেশ থেকে মোম গলে পালকগুলি খসে পড়ছে, আর তার পিতা তাকে চেঁচিয়ে ডাকল, 'তুই ভুল পথে চলেছিস!'—

যেরকম ভয় পেয়েছিলাম যখন দেখলাম চারপাশে বাতাস ছাড়া আর কিছু নেই, আর কিছুই দেখা যাচ্ছে না সেই প্রাণীটি ছাড়া।

ধীরে-ধীরে সাঁতার কেটে সে চলল, চক্রাকারে ঘুরে-ঘুরে নামতে-নামতে, কিন্তু মুখের ওপর নীচ থেকে আসা বাতাসের ঝাপটা না লাগলে তা বুঝতেই পারতাম না।

ইতিমধ্যে ডানদিকে, আমাদের নীচে ঘূর্ণিজলের লুকনো গর্জন শুনতে পারছিলাম। মাথা বাড়িয়ে তাকালাম নীচে।

নামার কথা ভাবতেই তখন আরো ভয় হলো, কেননা দেখতে পেলাম অগ্নিশিখা আর শুনলাম হাহাকার। ভয়ে কাঁপতে-কাঁপতে জড়োসড়ো হয়ে গেলাম।

তারপর যা প্রত্যক্ষ করলাম তা আগে দেখিনি: চতুর্দিক থেকে ক্রমশ-কাছে-আসা ভয়ঙ্কর অশুভর মধ্য দিয়ে পাক খেতে-খেতে নামা—

যেমন বহুক্ষণ ধরে উড়তে থাকা শিকারি বাজপাখি কোনো শিকার অথবা টোপ না পেয়ে,

ছোঁ মেরে না নেমে শতেক পাক খেয়ে নামে ক্লান্তভাবে (যাতে তার মালিক আর্তস্বরে বলতে বাধ্য হয়, 'আরে, তুই নামছিস!'), তার পর প্রভুর থেকে অনেকটা দূরে বসে ক্ষুব্ধ অভিমানে—

সেভাবেই গেরীওন নীচে ভগ্ন পর্বতটির পাদদেশে আমাদের নামিয়ে দিল; তারপর ভারমুক্ত হয়ে

জ্যামুক্ত তিরের মতো সবেগে অন্তর্হিত হলো।

আরাখনে: গ্রীক-রোমক পুরাণকথায় বয়নশিল্পে পটিয়সী নারী। এই পারদর্শিতার জন্য দেবী আথেনার ঈর্ষার কোপে পড়ে মাকড়শায় পরিণত হয়; তার বোনা বস্তু হয় মাকড়শার জাল।

হলুদ, রক্তবর্ণ, ফিকে নীল থলি: উল্লেখিত সুদখোর পাপীরা ফিরেন্ৎসের জ্যানফিলিয়াৎসি ও ওব্রিয়াকি পরিবারের, এবং পাদোভার রিনালদো দেল্যি স্ক্রোভেন্যিই (এখানে বক্তা) ও ভিতালিয়ানো দেল দেন্তে। এই রঙ ও নকশাগুলি তাদের বংশের প্রতীক। 'তিনটি অজচিহ্ন' প্রতীকধারী হল কুখ্যাত ফিরেন্ৎসীয় তেজারতির কারবারী জ্যোভান্নি বুইয়ামন্তে দেই বেক্কি।

টেনে নিল বাতাস: অর্থাৎ হাওয়ায় সাঁতরাতে লাগল।

ফায়েথোন: গ্রীক-রোমক পুরাণকথায় সূর্যদেব হেলিয়াসের পুত্র। পিতাকে প্রভাবিত করে একদিন সূর্যের রথ চালাতে গিয়ে, পৃথিবীর বেশি কাছে চলে এসে সব কিছু পুড়িয়ে ছারখার করার উপক্রম করেছিল। দেবরাজ জেউস বজ্র হেনে তাকে হত্যা করে পৃথিবী বাঁচান। ছায়াপথকে মনে করা হত, তার অগ্নিময় পথ বরাবর পোড়া বা ছেঁকার দাগ।

ইকারস: কারিগর দাইদালসের পুত্র। দাইদালসের নির্মিত ডানা মোম দিয়ে কাঁধে আটকে উড়তে সক্ষম হয়, কিন্তু সূর্যের বেশি কাছে গেলে মোম গলে নীচে পতিত হয় ও সমুদ্রে ডুবে মরে।

ফায়েথোন ও ইকারস, দুজনের কাহিনীই চরম উচ্চাভিলাষ বা অহমিকার রূপক। সব পাপের মূলে আছে এই দম্ভ বা অহমিকা। সেই পাপের চরম অভিব্যক্তির রাজ্যে এবার দান্তে প্রবেশ করছেন।

সর্গ-১৮

পাপ-পরিখা: মিথ্যাচারের শাস্তি। প্রথম খাদ: যৌনসম্পর্কের বেসাতির শাস্তি। দ্বিতীয় খাদ: চাটুকারিতার শাস্তি।

মূল রূপক: অষ্টম চক্রের দশটি খাদে শাস্তি পাচ্ছে দশ রকম পাপী, যাদের সকলের অপরাধই কোনও-না-কোনও অর্থে প্রতারণা, তঞ্চকতা বা মিথ্যাচার—অর্থাৎ যে মেধা বা বিচারবোধ মানুষের শ্রেষ্ঠ ভগবদ্দত্ত ক্ষমতা, তার অপব্যবহার। তবে এই চক্রের পাপীরা অপরাধ করেছে সাধারণভাবে সমাজ, পরিপার্শ্ব বা মানবজাতির বিরুদ্ধে; নবম চক্রের পাপীরা এমন লোকের বিরুদ্ধে, যাদের প্রতি তাদের কোনও বিশেষ বন্ধন বা কর্তব্য ছিল। ('নরকের ভূগোল' দ্রষ্টব্য।)

চক্রের প্রথম খাদে আছে যৌনসম্পর্কের দালাল, ব্যবসায়ী ও প্রলোভনকারী: তাদের এক দল অপরের জন্য, অন্য দল নিজেদের জন্য কাউকে অন্যায় যৌনসম্পর্কে প্ররোচিত করেছে (তাই তারা খাদ প্রদক্ষিণ করছে পরস্পরের উলটো মুখে)। তখন যেমন তারা অন্যদের এই পথে চালিত করেছে, এখন নিজেরাই তাড়িত হচ্ছে শয়তানদের চাবুকের ঘায়ে। লক্ষণীয় যে যৌনলালসা ও ব্যাভিচারের চেয়ে তার সহায়তাকে দান্তে আরও অনেক গুরুতর পাপ মনে করছেন। সেই সঙ্গে ফের দেখা যাচ্ছে, যৌনতার চেয়ে গুরুতর অপরাধ ভাবছেন চুরি, ঘুষ, বিভেদসৃষ্টি প্রভৃতি সামাজিক পাপকে, যার শাস্তি এই বলয়ের আরও নীচের স্তরে।

দ্বিতীয় চক্রে শাস্তিভোগ করছে চাটুকাররা। যে বিষ্ঠায় তারা নিমজ্জিত, তা যেন তাদের অপব্যবহৃত ও দূষিত ভাষার প্রতীক।

নরকে পাপ-পরিখা নামে একটি জায়গা আছে, সেটিকে ঘিরে যে বেষ্টনী তারই মতো এর সবটাই পাথরের, সবটাই লোহারঙের।

এই বিনাশক তলের ঠিক মাঝখানে এক গভীর বিশালাকৃতি কূপের ব্যাদিত মুখ, সেখানে পৌঁছবার পরে তার গঠনশৈলীর কথা বলব।

কূপ আর পাথরের বেষ্টনীর মাঝের অংশটুকু কটিবন্ধের মতো বৃত্তাকার, আর সেটি দুর্গপ্রাকার রক্ষার জন্য পরিখার মতো পরপর দশটি ক্রমনিম্ন উপত্যকায় ভাগ করা।

এখানকার চিত্রটি এইরকমই; আর যেমন কেল্লার প্রাকার থেকে পরিখার ওপর দিয়ে অপর পাড় পর্যন্ত সেতু থাকে, সেভাবেই পাহাড়ের গা থেকে পাথরের লম্বা লম্বা ফালি খাদগুলি পার হয়ে চলে গেছে কূপ পর্যন্ত,

তারপর সেখানে পৌঁছে থেমে যাচ্ছে।

গেরীওনের পিঠ থেকে নেমে এখানেই দেখতে পেলাম নিজেদের। বাঁদিকে ঘুরে কবি হাঁটতে শুরু করলেন, তার পেছন-পেছন চললাম আমি।

আমাদের ডানদিকে দেখলাম নতুন আর্তি, নতুন পীড়ন আর নতুন নিপীড়নকারীদের, যা দিয়ে ভরে আছে প্রথম খাদটি।

নীচে নগ্ন প্রেতাত্মারা দুটি সারিতে চলেছে। আমাদের দিকে আসছিল যে দল, পেরিয়ে যাবার সময় তাদের মুখ ছিল আমাদের দিকে; অন্যদল চলছিল আমাদের পাশে পাশে, কিন্তু আরো দ্রুত পদক্ষেপে।

জয়ন্তী পালনের সময় অত্যধিক ভিড় সামলাতে রোমকরা এই উপায়ই অবলম্বন করেছিল,

যে কারণে প্রাসাদের দিকে মুখ করে একদল চলে সান পিয়েত্রোর অভিমুখে, বিপরীতে অন্যরা যায় পর্বতের দিকে।

পাহাড়ে বিরাজমান বিষণ্ণতার মাঝে, এপাশে-ওপাশে শিংওয়ালা দানবরা বিশাল চাবুক দিয়ে বিদেহীদের পিঠে নৃশংসভাবে কশাঘাত করছে।

আহা! প্রথম আঘাতেই তারা যেভাবে ওদের লাফিয়ে উঠতে বাধ্য করছে তাতে কেউই দ্বিতীয় কিংবা তৃতীয় আঘাতের জন্য থামতে সাহস পাচ্ছে না।

যেতে যেতে একজনের চোখে পড়ল আর তখনি বলে উঠলাম: 'একে তো আগে দেখেছি!'

তাকে আরো ভালো করে দেখবার জন্য থামলাম। আমার দয়ালু দিশারিও থামলেন এবং আমাকে কিছুটা পিছিয়ে আসতে দিলেন।

সেই বেত্রাহত আত্মাটি মাথা নীচু করে তার পরিচয় গোপন করবার চেষ্টা করল; তবে তাতে বিশেষ সুবিধা হলো না, কেননা আমি বলে উঠলাম: 'এই যে তুমি ওই ওখানে মাথা নীচু করে আছো,

যদি তোমাকে ঠিকমতো চিনে থাকি তাহলে তুমি তো ভেনেদিকে কাচ্চ্যানেমিকো? কিন্তু তুমি কীভাবে এই ঝাঁঝালো আচারে মিশলে?'

উত্তরে সে বলল: 'উত্তর দেবার আমার বিশেষ কোনো ইচ্ছে নেই, কিন্তু তোমার সোজা সরল প্রশ্ন আমাকে বাধ্য করছে, আমাকে আর পৃথিবীতে আমার জীবনের পুরনো সময়ের কথা মনে করিয়ে দিচ্ছে।

রূপসী গিসোলাকে মার্কেসের লালসা পূরণ করতে প্ররোচিত করেছিলাম আমিই, তা সেই জঘন্য ব্যাপারটা যেভাবেই বলা হোক না কেন।

আর এখানে অশ্রুপাত করছি আমি একা নই, আমরা বলোন্যিয়ার এতজন আছি যে

সাভেনা আর রেনোর মাঝখানে 'সিপা' বলার মতো অত জিহ্বা টিকে নেই।

যদি এ ব্যাপারে নিশ্চিত হতে বা প্রমাণ পেতে চাও তাহলে আমাদের অর্থলোলুপ চিত্তের কথা মনে কোরো।'

সে এইসব বলছে, আর ঠিক তখনই একটা দানব এসে তাকে কশাঘাতে ক্ষতবিক্ষত করে গর্জে উঠল: 'ভাগ এখান থেকে, দালাল কোথাকার! তোর মেয়েবেচা ব্যবসা এখানে চলবে না।'

ফিরে গেলাম আমার শিক্ষকের কাছে। আরো কয়েক পা হেঁটে এমন এক জায়গায় এলাম যেখানে পাহাড়ের গা থেকে একটি খাড়াই বেরিয়ে আছে। অনায়াসে আমরা তার উপরে উঠতে পারলাম। একটি সঙ্কীর্ণ শৈলশিরা দিয়ে ডানদিকে ঘুরে সেই ছায়ামূর্তিগুলিকে চক্রাকার পথে তাদের চলার মাঝে ছেড়ে এলাম।

পাহাড়ের নীচে সেখানে কূপটি বিশাল হাঁ করে বেত্রাহতদের জন্য চলার পথ করে দিয়েছে, সেখানে পৌঁছাবার পর আমার দিশারি বললেন: 'দাঁড়াও—অন্য দলের দুর্ভাগা আত্মাগুলিকে দেখো যাদের মুখ আগে দেখনি, কারণ আমরা যেদিকে যাচ্ছিলাম ওরা তখন সেদিকেই যাচ্ছিল।

সুতরাং সেই প্রাচীন সেতু থেকে আমরা নিরীক্ষণ করলাম আমাদের দিকে মুখ করে তড়িঘড়ি ছুটতে থাকা কশাহত প্রেতাত্মার সারি।

প্রশ্ন করার আগেই দয়াল দিশারি বললেন: 'ওই মহান আত্মাটিকে দেখো, কোনো যন্ত্রণাতেই যার চোখে একবিন্দু অশ্রু নেই।

এখনও কী রাজোচিত ভঙ্গি ওর! ও হলো য়াসোন—সাহস আর তীক্ষ্ণ বুদ্ধি দিয়ে যে কলখিসের স্বর্ণমেষের পশম কেটে নিয়েছিল।

যাত্রাপথে সে হাজির হয়েছিল লেমনস দ্বীপে। তার কিছু সময় আগে সেখানকার নিষ্ঠুর নির্ভীক রমণীরা তাদের সমস্ত পুরুষদের হত্যা করেছিল।

প্রেমপূর্ণ বচন আর উপঢৌকনে সেখানে সে হীপসিপীলেকে প্রতারণা করে, যে তরুণী আগেই প্রতারিত করেছিল অন্য নারীদের।

অন্তঃসত্ত্বা এবং নিঃসঙ্গ অবস্থায় তাকে ফেলে ও চলে গিয়েছিল। এই পাপে ওর এই শাস্তি; আর প্রতিশোধ নিয়েছিল মেদেইয়াও।

ওর সঙ্গে চলেছে ওরই মতো অন্য সব প্রতারকেরা। প্রথম উপত্যকা যাদের গ্রাস করেছে, তাদের সম্পর্কে এটুকু জানাই যথেষ্ট।'

এর মধ্যেই আমরা সেইখানে এসে পড়েছি যেখানে সেই সরু পথ দ্বিতীয় বাঁধটিকে আড়াআড়িভাবে পেরিয়ে যাচ্ছে খিলানের মতো করে, বাঁধটা যেন তার পিলপে।

পরের খাদটিতে শুনতে পেলাম প্রেতাত্মারা গোঙাচ্ছে, নাকমুখ ফুলিয়ে ফুৎকার ছাড়ছে আর হাতের তালু দিয়ে আঘাত করছে নিজেদেরই।

নীচ হতে উঠে আসা পূতিগন্ধময় বাষ্প থেকে সৃষ্ট হড়হড়ে ছত্রাক আঠার মতো আটকে আছে তীরগুলিতে, যা চোখে আর নাকে সমান ঘৃণা জাগায়।

খাদের তলদেশটি এত গভীর যে খিলানের চূড়ায় উঠে খাড়াই-এর ওপর থেকে ছাড়া কিছুই দেখা যায় না।

আমরা সেখানে চড়ে দেখলাম গর্তের মাধ্যে একদল প্রেতাত্মা মানুষের শৌচাগার থেকে নিঃসৃত মলের মতো বিষ্ঠার পাঁকে হাবুডুবু খাচ্ছে।

দৃষ্টি নীচে নামিয়ে খুঁজতে-খুঁজতে এমন একজনকে দেখলাম যার মাথায় মলে এমন মাখামাখি যে দেখে বোঝার উপায় নেই সে ধর্মযাজক না সাধারণ লোক।

সে আমাকে ধমকিয়ে উঠলো: 'এই নোংরা জানোয়ারগুলোর চাইতে আমাকেই দেখতে এত আগ্রহ কেন?'

জবাবে বললাম: 'কারণটা ভালোভাবেই মনে স্মরণ করতে পারছি।

তোমাকে আগে একবার দেখেছি যখন তোমার চুল শুকনো ছিল, লুক্কা নগরীর আলেস্সিও ইন্তের্মিনেই—আর সেজন্যেই তোমাকে অন্যদের চাইতে বেশি করে দেখছি।'

কুমড়োর মতো মাথা চাপড়ে সে বলে উঠল: 'যে তোষামোদি করতে আমার জিভ কখনো ক্লান্ত হতো না, তাই আমাকে এখানে ডুবিয়ে দিয়েছে।'

তার কথা শেষ হলে গুরুদেব শুরু করলেন: 'আরো একটু ঝুঁকে নীচে ওইখানে ভালো করে নজর করো, যাতে

নোংরা আলুথালু চুল সেই ভ্রষ্টা নারীকে দেখতে পাও, বিষ্ঠামাখা নখ দিয়ে যে নিজের গা চুলকোচ্ছে, আর একবার পা দুটো কুঁকড়ে থেবড়ে বসছে, একবার দাঁড়িয়ে পড়ছে:

ও হলো বেশ্যা থাইস। ওর প্রেমিক যখন জিগ্যেস করেছিল, "তুমি কি আমায় যথেষ্ট ভালোবাসো?" উত্তরে সে বলেছিল, "একেবারে আশ্চর্য রকম!"

আমার মনে হয় এই আমাদের যথেষ্ট দেখা হল।'

পাপ-পরিখা: ইতালীয় 'মালেবলজে', অর্থাৎ 'মন্দ' বা 'অমঙ্গলের খাদ'। ('বলজিয়া' শব্দের অর্থ একাধারে থলি এবং খাদ বা গহ্বর।) অষ্টম চক্রের দশটি বৃত্তাকার তল বা স্তরকে দান্তে এই আখ্যা দিচ্ছেন।

জয়ন্তী পালন: ১৩০০ সালে পোপ অষ্টম বনিফাতিউস ক্যাথলিক চার্চের উৎসব বা জয়ন্তী পালনের ঘোষণা করেন। তখন রোমায় এত যাত্রীর ভিড় হয় যে তাদের চলাচল নিয়ন্ত্রণ করার জন্য আধুনিক যান-পরিচালনার আদলে রাস্তার একদিক দিয়ে যাওয়া, অন্য দিক দিয়ে ফেরার ব্যবস্থা করা হয়। ভাতিকানোর সান পিয়েত্রো বা সন্ত পিতরের মহাগির্জায় যাবার এই রাস্তার একপ্রান্তে ছিল কাস্তেল্লো সান্ত'আঞ্জেলো নামক প্রাসাদ, অন্য প্রান্তে মন্তে জ্যোর্দানো নামক 'পর্বত' বা টিলা।

ভেনেদিকো কাচ্চ্যানেমিকো: বলোন্যিয়ার এই গুয়েলফো নেতা নিজের বোন গিসোলাকে ওবিৎসো নামক এস্তে নগরের এক রাজপুরুষের কাছে বেচে দিয়েছিল।

মার্কেসে: এক শ্রেণীর রাজপুরুষ (ইং মার্কুইস)।

সিপা: 'হ্যাঁ' সূচক 'সি' শব্দ বলোন্যিয়ার উপভাষায় হয়েছিল 'সিপা'।

সাভেনা, রেনো: বলোন্যিয়ার দুই প্রান্তে দুই নদী।

পাহাড়ের একটি খাড়াই: দান্তে বৃত্তাকার খাদ ধরে ফিরে আসেন, যেখানে ভের্গিলিউস তাঁর জন্য অপেক্ষা করছিলেন। তারপর তাঁরা খাদের গা থেকে একটা বেরিয়ে-থাকা অংশ বা শৈলশিরায় উঠে, যেন সাঁকোয় দাঁড়িয়ে খাদের উপরে পৌঁছে গেলেন। এবার নীচে তাকিয়ে তাঁরা খাদের মধ্যে পাপীদের আসা-যাওয়া দেখতে

পাচ্ছেন। এই শৈলশিরাটি পুরো অষ্টম চক্র ধরে নেমে গেছে, সেই পথেই কবিদ্বয় চক্রের এক খাদ থেকে পরের খাদে চলেছেন।

য়াসোন: পৌরাণিক গ্রীক বীর। কলখিসের রাজার সম্পত্তি সোনার মেষচর্ম হরণ করতে দলবল নিয়ে জাহাজে কলখিস যাত্রা করেন। রাজকন্যা মেদেইয়ার প্রেম ও আস্থা অর্জন করে, তার সাহায্যে মেষচর্ম আয়ত্ত করেন; কিন্তু ফেরার পথে মেদেইয়াকে গর্ভবতী ও নিঃসঙ্গ অবস্থায় পরিত্যাগ করেন।

লেমনস, হীপসিপীলে: কলখিস যাবার পথে য়াসোনের জাহাজ লেমনস দ্বীপে থামে। এই দ্বীপের নারীরা তার অল্প আগে তাদের সব পুরুষদের হত্যা করেছিল, তারা থ্রাকে রাজ্য থেকে রক্ষিতা আমদানী করেছিল বলে। একমাত্র রাজকন্যা হীপসিপীলে চাতুরির সাহায্যে তার পিতা থোয়াসকে রক্ষা করে। য়াসোন হীপসিপীলেকেও প্রেম নিবেদন করেন ও তাঁর গর্ভে যমজ পুত্র জাত করেন; কিন্তু তাঁকেও তিনি পরিত্যাগ করেন।

ধর্মযাজক না সাধারণ লোক: যাজকদের মাথার চাঁদির চুল কামানো থাকত।

আলেস্‌সিও ইন্তের্মিনেই: সাদা গুয়েলফো, অর্থাৎ দান্তের নিজের দলের সদস্য; হয়তো সেজন্যই দান্তে তাকে দেখে থাকবেন। মিষ্ট বাক্য ও চাটুকারিতার জন্য প্রসিদ্ধ ছিল।

থাইস: প্রাচীন আথেনাই নগরের বিখ্যাত গণিকা। তবে এই উক্তিটি তার নয়, ঐ নামে লাতিন নাট্যকার তেরেন্তিউসের *এউনুকুস* (*খোজা*) নাটকের চরিত্র এক কাল্পনিক গণিকার। লক্ষ্যণীয় যে থাইসকে কামদোষের জন্য দ্বিতীয় বলয়ে রাখা হয়নি। সে আছে আরও অনেক নীচের বলয়ে, চাটুকারিতা ও অতিশয়োক্তির জন্য—সেটা দান্তে আরও অনেক জঘন্য পাপ বলে মনে করছেন, কারণ তাতে শুধু জৈব প্রবৃত্তি নয়, মানুষের বিশেষ ক্ষমতা ভাষার অপব্যবহার ঘটছে।

সর্গ-১৯

তৃতীয় খাদ: শিমোনবৃত্তির শাস্তি। পোপ তৃতীয় নিকোলাউস।

মূল রূপক: অষ্টম বলয়ের তৃতীয় খাদের পাপীরা অর্থের বিনিময়ে ধর্মীয় পদ বা সম্মানের বেচাকেনা করেছে। এদের পরাকাষ্ঠা সামারিয়ার শিমোন, যে খ্রিস্টের আদি শিষ্যদের কাছ থেকে তাঁদের আধ্যাত্মিক ক্ষমতা খরিদ করতে চেয়েছিল (বাইবেল, শিষ্যচরিত ৮:৯-২৪): তা থেকে এই অপরাধের নামই শিমোনবৃত্তি। পার্থিব ও অপার্থিবের অবস্থান গুলিয়ে ফেলেছিল বলে এই পাপীদের শাস্তি, মাথা নীচে পা উপরে রেখে অনন্তকাল অগ্নিদগ্ধ হওয়া।

হায়, যাদুবিদ শিমোন আর তার হতভাগ্য অনুগামীরা! হায়রে, ঈশ্বরের যে সম্পদ পবিত্র ন্যায়ের বাগদত্তা বধূ হবার কথা, সোনা-রূপোর বিনিময়ে তোমরা তাদের বেশ্যায় পরিণত কর।

এবার তোমাদের ডাকতে শিঙা বেজে উঠবে, কারণ তোমাদের জায়গা এই তৃতীয় খাদে।

ইতিমধ্যে পরের সমাধি স্থানটি দেখবার জন্য খাড়াই বেয়ে আমরা খাদের মাঝ বরাবর সেতুটির উপর উঠে দাঁড়িয়েছিলাম।

হে পরম প্রজ্ঞা, স্বর্গ-মর্ত্য-পাতালে কী মহান তোমার হস্তক্রিয়া, কেমন যথাযথভাবে বিন্যস্ত তোমার শক্তিলব্ধ ন্যায়বিচার!

দেখি নীলাভকৃষ্ণ পাথুরে জায়গাটির চারধার এবং তলদেশ সমমাপের গোলাকার বিবরে পূর্ণ।

আমার সুরম্য সান জ্যোভান্নি গির্জার দীক্ষাস্নানের কুণ্ডগুলির চেয়ে চওড়ায় এগুলি মনে হলো বেশিও না কমও না।

খুব বেশি বছর আগের কথা নয়, ডুবন্ত একজনকে বাঁচাবার জন্য এর একটিকে আমি ভেঙে ফেলেছিলাম। সকলের বিভ্রান্তি দূর করার জন্য এ কথা আমি এখানে প্রত্যয়িত করছি।

প্রতিটি বিবর থেকে একেকজন পাপীর পায়ের পাতা আর পায়ের গুল পর্যন্ত বেরিয়ে আছে; দেহের বাকি অংশটা রয়েছে ভেতরে।

প্রত্যেকের দুই পদতল জ্বলন্ত, তাই পায়ের গাঁটগুলো প্রবল আক্ষেপে এমন কাঁপছে যে তারা যে-কোনো শৃঙ্খল কিংবা রজ্জু কুটিকুটি করে ছিঁড়ে ফেলতে পারত।

ঠিক যেমন তৈলাক্ত পদার্থের শুধু উপরে অংশটুকুই জ্বলতে থাকে, তেমনই তাদের গোড়ালি থেকে আঙুলের ডগা পর্যন্ত পুড়ছে।

'প্রভু, সবার চাইতে বেশি কাঁপছে আর যন্ত্রণায় কুঁকড়ে যাচ্ছে ও কে?' প্রশ্ন করি: 'ওই যে, আরো গাঢ় লাল আগুনের তাত যাকে ঝলসে দিচ্ছে?'

তিনি বললেন: 'যদি চাও তো ওই নীচের প্রাচীর ধরে তোমাকে ওখানে বয়ে নিয়ে যাই। তাহলে ওর কাছেই জানতে পারবে ওর আর ওর পাপের কথা।'

আর আমি বলি: 'তোমার খুশিতেই আমার খুশি: তুমি আমার প্রভু, তুমি জানো তোমার ইচ্ছের অন্যথা আমি করব না। যে কথা আমি উচ্চারণ করিনি তাও তুমি জানো।'

চতুর্থ প্রাকারে পৌঁছে গেলাম আমরা, তারপর ঘুরে বাঁ দিক বরাবর নীচে নামতে লাগলাম গর্তভরা সঙ্কীর্ণ খাদটির উদ্দেশে।

যন্ত্রণায় যার পায়ের নলিদুটি থরথর করে কাঁপছিল, সেই আত্মাটির গর্তে না পৌঁছানো পর্যন্ত দয়াল দিশারি আমাকে তাঁর কাঁখ-ছাড়া করলেন না।

'আহা, যেই হও তুমি, উর্ধ্বাঙ্গ উল্টো করে খুঁটির মতো পোঁতা ক্লিষ্ট আত্মা,' বলতে শুরু করি: 'যদি পারো তো কথা বলো।'

স্বীকারোক্তি শোনার জন্য সেখানে দাঁড়িয়ে পড়লাম, সেই যাজকের মতো, গর্তে গাড়া বিশ্বাসহন্তা খুনি মৃত্যু বিলম্বিত করার জন্য ফের যাকে ডেকে এনেছে।

সে চেঁচিয়ে উঠল: 'এর মধ্যেই ওখানে তুমি খাড়া দাঁড়িয়ে, বনিফাতিউস? বেশ ক'বছরের ফারাক আমাকে মিথ্যা বুঝিয়েছে তবে লিখনগুলি!

এত তাড়াতাড়িই কি ধনসম্পদে ভোগক্লান্ত হয়ে পড়লে, যার জন্য সেই রমণীয় নারীটিকে ছলনা করে ফাঁদে ফেলতে ভীত হওনি, এবং তারপর তাকে ধ্বংস করতেও?'

উপহাসের পাত্রের মতো হতবুদ্ধি হয়ে দাঁড়িয়ে রইলাম—যে বুঝতে পারছে না তাকে কি বলা হল, কীই বা জবাব দেবে।

তখন ভের্গিলিউস বলে উঠলেন: 'ওকে চটপট বলো, তুমি যার কথা ভাবছ আমি সে নই।' যেভাবে তিনি বললেন, সেভাবেই উত্তর দিলাম।

তাতে প্রেতাত্মাটি তার পাদুটি একত্রে মুচড়ে ফেলল, তারপর দীর্ঘশ্বাস ফেলে কান্নাভেজা কণ্ঠে বলল: 'তাহলে কী চাও আমার কাছে?

আমি কে তা জানতে যদি তোমার এতই আগ্রহ যে সেজন্য তুমি এই বাঁধের পাড় দিয়ে নেমে এসেছো, তবে জেনে রাখো আমার শরীর আবৃত হয়েছিল যাজকের পরিধানে।

কিন্তু প্রকৃত পক্ষে আমি এক ভল্লুকীর সন্তান—শাবকদের জাগতিক উন্নতির জন্য এতই ব্যর্থ ছিলাম যে মর্ত্যে ধনসম্পদে ভরিয়েছিলাম আমার লালসার থলি, আর এখন এই বিবর ভরেছি নিজেকে দিয়ে।

'শিমোনবৃত্তিতে যারা আমার পূর্বসূরি, আমার মাথার নীচে তারা চাপা পড়ে গেছে: পাথরের ফাটলে চ্যাপ্টা হয়ে আছে তারা।

আমিও অধঃপতিত হবো সেখানে, যখন সে আসবে যাকে মনে করে আচমকা তোমাকে প্রশ্ন করেছিলাম।

কিন্তু ইতিমধ্যেই যতটা সময় আমি এভাবে উল্টো হয়ে পা দুটো ঝলসে ফেলেছি, আমার পরে যে আসবে সে আরও কম সময় থাকবে জ্বলন্ত পদতল নিয়ে।

কারণ তার পর পশ্চিম থেকে আসবে এক নীতিবর্জিত ধর্মীয় রাখাল, যার কুকর্ম আমাদের উভয়ের পাপের যোগফল ছাড়িয়ে যাবে।

ও হবে এক নতুন য়াসোন, মাক্কাবাইদের পুস্তকে যার কথা পড়া যায় তার মতো; আর তার প্রতি যেমন তার রাজা সদয় ব্যবহার করেছিল, এটির প্রতিও করবে ফ্রান্সের নৃপতি।'

জানি না, হয়তো অতিরিক্ত সাহসী হয়ে উঠেছিলাম বলেই তাকে জবাব দিয়েছিলাম তারই ছন্দে,

'তাহলে এখন আমায় বলো, স্বর্গদ্বারের চাবি দেবার আগে সাধু পিতরকে কত ধনদৌলত দিতে বলেছিলেন আমাদের প্রভু? অবশ্যই 'মামনুসর' ছাড়া আর কিছুই চাননি তিনি।

মাত্থিয়াস যখন পাপিষ্ঠের হারানো পদে নির্বাচিত হলেন তখন পিতর বা অন্যরা কেউ সোনারূপো কিছুই চাননি তার কাছে।

অতএব এখানেই পড়ে থাকো: এটাই তোমার উচিত শাস্তি। আর অসদুপায়ে পাওয়া যে পয়সার জোরে শার্লের বিরুদ্ধাচরণ করতে সাহস পেয়েছিলে, যত্ন করে তা রক্ষা করো।

‘তোমার সুখের জীবনে সর্বোত্তম যে চাবির গুচ্ছ তুমি পেয়েছিলে, সেটির প্রতি শ্রদ্ধা যদি না আমাকে সংযত করত তাহলে

আরো কঠিন কথা আমার বলা উচিত ছিল; কেননা শিষ্টজনকে পদদলিত করে আর দুষ্টের উত্থান ঘটিয়ে তোমার ধনলালসা পৃথিবীতে দুঃখ বয়ে এনেছে।

‘তোমার মতো ধর্মের রাখালদের কথাই মনে হয়েছিল সুসমাচার রচয়িতার, যখন দিব্যদর্শনে তিনি দেখেছিলেন জলরাশির উপর আসীন সেই নারীকে, নৃপতিদের সঙ্গে যে গণিকার মতো অবৈধ রতিতে লিপ্ত।

ওই নারী জন্মেছিল সপ্তশির নিয়ে, তার দশটি শৃঙ্গ ছিল তার অবলম্বন, যতদিন তার পতি তার ধর্মাচরণে সন্তোষলাভ করত।

সোনারূপো দিয়ে তোমরা বানিয়েছ তোমাদের দেবতা। পৌত্তলিকদের সঙ্গে তোমাদের তফাৎ কোথায়? এটুকু মাত্র, যে ওরা করে একটি মূর্তির পুজো, তোমরা একশটার!

হায় কনস্তান্তিনুস! কতখানিই না অনিষ্ট ঘটেছিল তোমার ধর্মান্তরের কারণে নয়, তোমার কাছ থেকে যে উপঢৌকন চার্চের প্রথম বিত্তবান পিতা লাভ করেছিল সেই জন্য।’

যতক্ষণ তার কাছে আমি এই সুরে গাইছিলাম, হয় আক্রোশে নয় বিবেকদংশনে সে পা দুটো দিয়ে প্রচণ্ড জোরে লাথি ছুঁড়তে থাকল।

যেভাবে আমার দিশারি স্মিতমুখে এই সত্যবচন শুনে চললেন, বুঝতে পারলাম তিনি প্রীত হয়েছেন।

তাই তিনি দুই বাহু দিয়ে জড়িয়ে ধরলেন আমাকে, দৃঢ়ভাবে চেপে ধরলেন; আর শক্ত করে বুকে নিয়ে যে পথ দিয়ে নেমেছিলেন, উঠে এলেন সেই পথেই।

আমাকে বুকে করে বয়েও তিনি ক্লান্ত হলেন না, বরং নিয়ে এলেন খিলানের শীর্ষে, যেখানে সেটি চতুর্থ থেকে পঞ্চম খাদে নেমে যাচ্ছে।

এখানে সযত্নে তিনি তাঁর বোঝাটি নামালেন—সযত্নে, কেননা খাড়াইটি এত ঢালু আর এবড়ো-খেবড়ো যে পাহাড়ি ছাগলদের পক্ষেও তা দুর্গম হতো।

সেখান থেকে উন্মোচিত হল আর একটি উপত্যকার দৃশ্য।

শিমোন: শীর্ষটীকা দ্রঃ। বাইবেলে বলা আছে যে শিমোন মায়াকর বা ওঝা ছিল; তাই তার আখ্যা হল 'মাগুস' বা যাদুবিদ।

ন্যায়ের বাগদত্তা বধূ: অর্থাৎ চার্চের ধর্মীয় পদ বা আসন। শিমোনের অনুসারীরা সেই পদ অর্থের বিনিময়ে কেনাবেচা করে।

সান জ্যোভান্নি: ফিরেন্ৎসের বিখ্যাত মহাগির্জার (দুওমো) সংলগ্ন ধর্মস্নানগৃহ। এতে ধর্মস্নানের কুণ্ডের চারপাশ ঘিরে অনেকগুলি গর্তের মত ছিল, যাজকেরা সেখানে দাঁড়িয়ে শিশুদের স্নাত করতেন। এরকম একটি গর্তে একটি শিশু আটকে পড়লে দান্তে তার শ্বেতপাথরের পাড় খানিকটা ভেঙে তাকে উদ্ধার করেন। ধর্মস্থানের ক্ষতি করার জন্য সেজন্য তাঁকে গঞ্জনা সইতে হয়। এখানে তিনি সেই অভিযোগ থেকে নিজেকে মুক্ত করতে চাইছেন।

নামতে লাগলাম: সাঁকোর মত শৈলশিরা দিয়ে খাদ পার হয়ে তারপর তাঁরা নীচে নামলেন, কারণ খাদের বাইরের পাড়ের তুলনায় ভিতরের পাড় কম খাড়া। তাও তা দান্তের পক্ষে নিজের শক্তিতে নামা অসম্ভব, তাই ভের্গিলিউস তাঁকে কোলে করে নিয়ে গেলেন।

সেই যাজকের মত: ইউরোপে সে সময়ে ভাড়াটে খুনিদের মাথা নিচে পা উপরে করে জ্যান্ত কবর দেওয়া হত। খ্রিস্টান রীতি অনুযায়ী মৃত্যুর আগে তাদের শেষ প্রার্থনা ও অনুশোচনাবাক্য শোনার জন্য এক যাজককে পাঠানো হত।

সেই আত্মাটি: পোপ তৃতীয় নিকোলাউস; পোপ ছিলেন ১২৭৭ থেকে ১২৮০।

বনিফাতিউস: দান্তের চক্ষুশূল পোপ অষ্টম বনিফাতিউস। কবি তাঁকে নানা অপরাধে অভিযুক্ত করেছেন। কথিত যে বনিফাতিউস ছলে-কৌশলে তাঁর পূর্বসূরি পোপ পঞ্চম কায়লেস্তিনুসকে পদত্যাগ করান (৩য় সর্গ দ্রঃ)। এখানে তাঁর হাতে ধ্বংস 'রমণীয় নারী' হচ্ছে রোমান ক্যাথলিক চার্চ (নীচে আরও টীকা দ্রঃ)।

লিখনগুলি: পরলোকগত আত্মাদের অবগত ভবিষ্যৎবার্তা। দান্তের পরলোক-পরিক্রমার কল্পিত সময় ১৩০০ সাল; বনিফাতিউস মারা যান ১৩০৩-এ, কাজেই বক্তা তখনও তাঁর নরকে আগমন প্রত্যাশা করছিল না। বলা বাহুল্য, কাব্যের এই অংশ প্রকৃতপক্ষে লেখা হয় আরও কিছু বছর বাদে।

ভল্লুকীর সন্তান: বক্তা পোপ নিকোলাউস ছিলেন ওর্সিনি পরিবারের সদস্য। 'ওর্সিনি' শব্দের মূলে 'ওর্সা'র অর্থ ভল্লুকী; ঐ পরিবারের বংশপ্রতীকও ভালুকের চিত্র।

শাবকদের: বিধি অনুসারে ব্রহ্মচারী হবার কথা থাকলেও সেকালের পোপ ও চার্চের অন্য উচ্চ পদাধিকারীরা প্রায়ই অবৈধ যৌনসম্পর্কে লিপ্ত হত, তাদের সন্তানসন্ততিও থাকত। লক্ষণীয় যে ধর্মীয় পদ বেচাকেনার বিবরণে দান্তে প্রায়ই বেশ্যাবৃত্তি ও অবৈধ যৌনক্রিয়ার উপমা নিয়ে আসছেন।

শীমোনবৃত্তি: শীর্ষটীকা দ্রঃ।

নীতিবর্জিত ধর্মীয় রাখাল: পোপ পঞ্চম ক্লেমেন্স: ১৩০৫ থেকে ১৩১৪ পর্যন্ত পোপ ছিলেন।

য়াসোন: উপ-বাইবেল বা আপোক্রিফার মাক্কাবাই গ্রন্থে, রাজাকে উৎকোচদান করে ইহুদীদের প্রধান পুরোহিত হয়ে পৌত্তলিক প্রথা ফিরিয়ে আনার চেষ্টা করে। তেমনি ফ্রান্সের রাজা চতুর্থ ফিলীপের সহায়তায় ক্লেমেন্স পোপ হয়েছিলেন। এই বৃত্তান্ত ভবিষ্যৎকালে বিবৃত হচ্ছে, কারণ কাহিনীর কল্পিত কাল ১৩০০ সালে এসব কিছুই ঘটেনি।

সাধু পিতরকে: যিশুখ্রিস্ট তার প্রধান শিষ্য পিতরকে খ্রিস্টীয় সংগঠন অর্থাৎ ভবিষ্যৎ চার্চের দায়িত্ব দিয়েছিলেন এই বলে: 'আমি স্বর্গরাজ্যের চাবিকাঠি তোমারই হাতে তুলে দেব' (মথি ১৬:১৯)। এর ভিত্তিতে পিতরকে প্রথম পোপ হিসাবে গণ্য করা হয়, চাবির গুচ্ছ হয় পোপের ক্ষমতার প্রতীক। তাছাড়া যিশু তাঁকে এও বলেছিলেন: 'এখন তুমি শুধু আমার অনুসরণ করা।' (যোহান ২১:১৯)

মাথিয়াস: যিশুর দ্বাদশ প্রধান শিষ্যের মধ্যে যিহূদা ('পাপিষ্ঠ') তাঁর সঙ্গে বিশ্বাসঘাতকতা করার পর, মাথিয়াসকে তার স্থলাভিষিক্ত করা হয়।

শার্ল: সিচিলিয়ার রাজা, ফ্রান্সের কনিষ্ঠ রাজপুত্র আঁঝুর শার্ল। নিকোলাউস তাঁর তথাকথিত 'ভ্রাতুষ্পুত্রী'কে (আসলে কন্যা) শার্লের সঙ্গে বিয়ে দিতে অসফল হয়ে শার্লের বিরুদ্ধে চক্রান্তে লিপ্ত হন, যার পরিণতি হয় 'সিচিলিয়ার সান্ধ্য প্রার্থনা' অভিহিত শার্লের বিরুদ্ধে হিংস্র বিদ্রোহ।

সুসমাচারের রচয়িতা: যিশুর দ্বাদশ আদি শিষ্যের একজন, যোহন। সুসমাচার (গস্পেল) ছাড়াও তিনি রচনা করেন উদ্ঘাটনপুস্তক নামক বাইবেলের শেষ গ্রন্থ। তাতে এইমত এক নারীমূর্তির বর্ণনা আছে, যার ব্যাখ্যা করা হত ভ্রষ্ট ও অধঃপতিত রোমক চার্চের প্রতিমূর্তি হিসাবে।

সপ্তশির: খ্রিস্টধর্মের সাতটি প্রধান অনুষ্ঠান বা ধর্মপ্রণালী (ইং 'সেক্রামেন্ট')। রোমা যে সাতটি টিলার উপর অবস্থিত, তার প্রতীক হিসাবেও ধরা হয়।

দশটি শৃঙ্গ: বাইবেলে মোশিকে দান করা ঈশ্বরের দশটি প্রধান অনুশাসন (যাত্রাপুস্তক ২০:১-১৭)।

তার পতি: খ্রিস্টধর্মের একটি প্রচলিত উপমা অনুসারে চার্চ হল খ্রিস্টের পত্নী। কিন্তু এখন দুর্নীতিগ্রস্ত চার্চ ধর্মপত্নীর মত আচরণ না করে বেশ্যাবৃত্তি করছে।

কনস্তান্তিনুস: চতুর্থ শতকের গোড়ায় রোমক সম্রাট। খ্রিস্টধর্মকে রোমক সাম্রাজ্যের রাষ্ট্রীয় ধর্ম হিসাবে প্রতিষ্ঠা করেন। দান্তে উল্লেখ করছেন রোমক সাম্রাজ্যের একটি জাল অনুশাসনের, যার ফলে কনস্তান্তিনুস পোপকে ইতালিতে রাজ্যদান করে শুধু ধর্মীয় নয়, পার্থিব ক্ষমতার অধিকারী হিসাবে অধিষ্ঠিত করেছেন বলে দাবি করা হত। রোমক চার্চের অধঃপাতের এটাই একটা বড় কারণ বলে মনে করা হত। দান্তের একশ বছরেরও পরে প্রমাণ হয় অনুশাসনটি মিথ্যা।

সর্গ-২০

চতুর্থ খাদ: দৈবজ্ঞ ও মায়াবিদদের শাস্তি। মান্তো: মান্তোভার প্রতিষ্ঠা।

মূল রূপক: এই খাদে শাস্তি পাচ্ছে দৈবজ্ঞ এবং মায়াবিদ্যা আর ওঝাগিরিতে পারদর্শীরা। এরা ভবিষ্যত জানতে অর্থাৎ কালের ধারা বিপরীতগামী করতে চেয়েছিল, তাই এখন এদের মুখ পশ্চাদদর্শী।

নতুন যন্ত্রণাকেই ছন্দে বেঁধে খুঁজতে হবে আমার কাব্যের প্রথম অংশের বিংশ সর্গের বিষয়বস্তু, যা হল নিমজ্জিত আত্মাদের নিয়ে।

উদগ্রীব ছিলাম সেই খাদের উন্মোচিত তলদেশ নিরীক্ষণ করতে, যা স্নাত ছিল যন্ত্রণার অশ্রুজলে।

দেখলাম লোকে নীরব অশ্রুপাত করতে-করতে উপত্যকাটির চক্রাকার পথে চলেছে, মর্ত্যে যে গতিতে প্রার্থনাকারীরা পরিক্রমা করে।

যখন তাদের শরীরের নিম্ন ভাগে আমার দৃষ্টি ন্যস্ত হলো, দেখি তারা প্রত্যেকেই চিবুক থেকে বুকের শুরু পর্যন্ত অদ্ভুতভাবে মুচড়ে গেছে;

মুখটা ঘুরে গেছে কটিদেশের দিকে, তাই তাদের পিছু হটে-হটে এগোতে হচ্ছে, যেহেতু তাদের সামনে তাকানো সম্ভব নয়।

পক্ষাঘাতের আক্রমণে কখনও হয়তো কারো দেহ এমন বেঁকেচুরে যেতে পারে, কিন্তু আমি কখনও এমন দেখিনি, আর এরকম যে হতে পারে বিশ্বাসও করতাম না।

হে পাঠক, ঈশ্বরের দানে যদি আমার কাব্যপাঠের সুফল পাও, নিজেই ভেবে দেখো কী করে আমার চোখদুটিকে শুকনো রাখা সম্ভব হত,

যখন কাছ থেকে দেখলাম আমাদের মানুষী প্রতিরূপ এতটাই বিকৃত যে তাদের দুই নিতম্বের বিভাজিকা ভিজিয়ে দিচ্ছে তাদেরই চোখের জল।

সত্যই সেই রুক্ষ পাথরের একটিতে হেলান দিয়ে আমি কাঁদতে লাগলাম। তা দেখে আমার পথদিশারি বলে উঠলেন: 'তাহলে তুমিও অন্যদের মতোই নির্বোধ।

এখানে করুণা একেবারে মৃত হলেই তা প্রাণ পায়। ঐশী বিধানকে যে নিজের তাড়নার বশীভূত করতে যায়, তার থেকে দুরাত্মা আর কে?

'মাথা তোলো, মাথা তোলো, আর দেখো ওকে, যার জন্য ধরণী দ্বিধা হয়েছিল থেবাইবাসীদের চোখের সামনে, যা দেখে তারা সমস্বরে আর্তনাদ করে উঠেছিল: "কোথায় যাচ্ছ,

আমফিয়ারায়স? কেন পালাচ্ছ লড়াই-এর ময়দান থেকে?"

সে কিন্তু থামল না, উপত্যকার সেই ফাটল দিয়ে ঝাঁপ দিল একেবারে নীচে, সকল পাপীকেই যে গ্রেপ্তার করে সেই মিনোসের কাছে না পৌঁছনো পর্যন্ত থামল না।

দেখো কেমন করে সে নিজের ঘাড়কেই বানিয়েছে বুক: অনেক সামনে দেখতে চেয়েছিল বলেই সে এখন পশ্চাতে তাকায়, আর পিছন দিকে হাঁটে।

'দেখো তেইরেসিয়াসকে, ভোল পালটে যে পুরুষ থেকে নারীতে রূপান্তরিত হয়েছিল সব অঙ্গপ্রত্যঙ্গে, তারপর

পুরুষপালক ফিরে পেতে আবার লাঠি দিয়ে আঘাত করতে হয়েছিল সর্পমিথুনকে।

ওর পেটে পিঠ ঠেকিয়ে যে আসছে সে আরুন্স। নীচের উপত্যকাবাসী কারারার চাষিরা যেখানে জমি চাষ করে, সেই লুনি পাহাড়ের

সাদা মর্মরের কন্দরে ছিল তার বাস, সেখান থেকে সে অবাধ দৃষ্টিতে পর্যবেক্ষণ করতে পারত সাগর আর নক্ষত্রগুলিকে।

আর যার এলো চুলে ঢাকা পড়ে গেছে তার দুই স্তন, যা দেখতে পাচ্ছ না তুমি, আর উল্টোদিকে আছে শরীরের রোমাবৃত অংশ,

ও হলো মান্তো, যে বহু দেশ ঢুঁড়ে আমার জন্মস্থানে এসে স্থিত হয়। ওর কথা তোমাকে একটু শোনালে আমার ভাল লাগবে।

'ওর পিতার জীবনাবসান ঘটলে আর বাক্‌খসের নগরী অধিকৃত হলে সে বহুদিন ধরে সারা পৃথিবী ঘুরে বেড়ায়।

উপরের মর্ত্যে রমণীয় ইতালিতে জার্মানির সীমানায় তিরোলের উপরে আল্পি পর্বতমালার পাদদেশে আছে এক হ্রদ, নাম তার বেনাকো।

গার্দা এবং কামনিকা উপত্যকার মাঝখানে, বোধহয় সহস্র বা আরো বেশি যে ঝর্ণায় আপেন্নিনো পাহাড় স্নাত হয়, তাদের জলধারা জড়ো হয় এই হ্রদে।

আবার এর মাঝখানে একটি স্থান আছে যেখানে ত্রেন্তো, ব্রেশ্যা আর ভেরোনার তিন রাখাল আশীর্বাদ বর্ষণ করতে পারতেন, যদি এই পথে আসতেন তাঁরা। এই হ্রদের তটের সবচেয়ে নীচু অবস্থানে

পেস্কিয়েরা নামে সুরম্য ও সুদৃঢ় এক কেল্লা আছে, ব্রেশ্যা আর বের্গামোবাসীদের প্রতিহত করার জন্য।

বেনাকোর বুকে যে জল জমে থাকতে পারে না, সেই সমস্ত জলরাশি উপচে পড়ে হয়ে ওঠে একটি নদী, যা শ্যামল তৃণভূমির মধ্য দিয়ে বয়ে যায়।

বহমান হবার সময় থেকেই এটির নাম আর বেনাকো নয়; মিঞ্চিও নামে গভের্নোলো অবধি গিয়ে এটি মিশে গেছে পো নদীতে।

অল্পদূর প্রবাহিত হয়েই এই মিঞ্চিও এক সমতলভূমিতে এসে বিস্তার লাভ করে সৃষ্টি করেছে একটি জলাভূমির, কখনো কখনো গ্রীষ্মে যা হয়ে ওঠে দুর্গন্ধময় আর অস্বাস্থ্যকর।

'সেইখান দিয়ে যেতে যেতে সেই হিংস্র কুমারী দেখেছিল জলার মাঝে অকর্ষিত, জনমানবশূন্য এক ভূমি।

সবরকম মনুষ্যসংশ্রব এড়াতে সে ওখানে তার অনুচরদের নিয়ে বাসা বেঁধে ভোজবিদ্যার সাধনা করতে লাগল। সেখানেই জীবন কাটাল, তার নশ্বর দেহও সেখানেই ছেড়ে গেল।

পরে এদিক-ওদিক ছড়িয়ে থাকা মানুষজন সেখানে একত্র হল, কারণ চারধারে জলা থাকায় জায়গাটি ছিল সুরক্ষিত।

তার মৃত অস্থির উপর তারা নগর নির্মাণ করল, আর যে প্রথম এই স্থান নির্বাচন করেছিল, তারই নামে নাম দিল মান্তোভা, অন্য কোনো যাদুর প্রয়োগ ছাড়াই।

একসময় এখানে লোকবসতি ছিল ঘন, কাসালোদির নির্বুদ্ধিতা পিনামন্তের ছলনায় প্রতারিত হবার আগে পর্যন্ত।

তাই তোমাকে দোহাই, যদি আমার নগরীর উদ্ভব সম্পর্কে অন্য কথা শোনো, দেখো কোনো মিথ্যা কাহিনী যেন সত্যকে প্রবঞ্চিত না করে।'

উত্তরে বলি: 'প্রভু, তোমার কথা আমার কাছে এতই ধ্রুব, আর তাতে এমনই আমার আস্থা যে অন্য সব কথাই আমার কাছে নির্বাপিত অঙ্গারের মত।

কিন্তু বলো, এই চলমান জনতার মধ্যে উল্লেখযোগ্য কাউকে যদি দেখো, কারণ আমার মন কেবল সেই চিন্তায় ফিরে যাচ্ছে।'

তখন তিনি বলেন: 'ওই যার শ্মশ্রুরাশি গাল থেকে ছড়িয়ে পড়েছে শ্যামবর্ণ ঘাড়ের উপর, ও হলো এক দৈবজ্ঞ—সেই সময়ের যখন গ্রীস হয়ে পড়েছিল পুরুষশূন্য,

এতটাই যে দোলনায়-শোয়া পুরুষ শিশুও ছিল না প্রায়। কালখাসের সঙ্গে গণনা করে সে জানিয়েছিল আউলিস থেকে প্রথম পোতটির নোঙর তোলার লগ্ন। ওর নাম এউরীপীলস।

ওর কথা এভাবেই লিখেছি আমার মহান কাব্যের এক জায়গায়—তা তুমি ভালোই জানো, কারণ এর পুরোটাই তোমার জানা।

'শীর্ণ গাত্রপার্শ্বের ওই যে অন্যজন, ও হলো মাইকেল স্কট। সে যা সত্যিই ভালোমতো জানত তা হলো লোকঠকানো ভেলকির খেলা।

দেখে নাও গুইদো বোনাত্তিকে; আসদেন্তেকেও দ্যাখো, সে এখন চায় ফিরতে তার রুজিরোজগার তন্তু ও চামড়ার কাজে, কিন্তু বড্ড দেরি করে ফেলেছে অনুশোচনা বোধ করতে।

ওই হতভাগিনীদের দ্যাখো—ছুঁচ, মাকু আর কাটিম ছেড়ে যারা ভবিষ্যৎদ্রষ্টা বনেছে, তুকতাক করেছে জড়িবুটি আর পুতুলমূর্তি নিয়ে।

কিন্তু চলে এসো এইবার—কেননা কাঁটা ঝোপসহ কয়িন এখনই দুই গোলার্ধের সীমায় পৌঁছে সেভিল্লার নীচে সাগরতরঙ্গ ছুঁয়েছে,

আর গত রজনীতে এই সময় চাঁদ ছিল সুগোল। এ কথাটা তোমার মনে রাখতে হবে, কারণ সেই বনের গহনে এতে তোমার ক্ষতির চেয়ে বরং লাভই হয়েছে।'

তিনি এসব কথা বলতে-বলতেই আমরা হাঁটতে থাকলাম।

প্রার্থনাকারীরা পরিক্রমা করে: খ্রিস্টান ভক্তেরা প্রার্থনা করতে করতে পুরো গির্জা বা অন্য ধর্মস্থান পরিক্রমা করে।

করুণা: ইতালীয় 'পিয়েতা' শব্দে আছে দুটি অর্থের সংমিশ্রণ, 'করুণা' ও 'ভক্তি'। নরকের পাপিষ্ঠদের প্রতি করুণা প্রদর্শন না করলেই তা হবে ঈশ্বরভক্তির প্রমাণ।

আমফিয়ারায়স: গ্রীক রাজা ও দৈবজ্ঞ, থেবাই নগর আক্রমণকারী সাত রাজার একজন। যুদ্ধে নিজের মৃত্যু হবে বুঝে লুকিয়ে ছিল কিন্তু তার স্ত্রী তাকে ধরিয়ে দেয়। যুদ্ধে অগ্রসর হলে ধরণী দ্বিধা হয়ে তাকে গ্রাস করে নেয়। তাই ভের্গিলিউস বলছেন সে ফাটল দিয়ে সোজা পাতালের বিচারক মিনোসের কাছে এসে পৌঁছল।

তেইরেসিয়াস: থেবাই নগরীর দৈবজ্ঞ। যৌবনে মৈথুনরত দুটি সাপকে লাঠি দিয়ে আলাদা করে দেবার অপরাধে সাত বছর নারীতে পরিণত হয়, শেষে অনুরূপভাবে পৌরুষ ফিরে পায়।

আরুন্স: মধ্য ইতালির এত্রুরিয়া অঞ্চলের দৈবজ্ঞ: যে গৃহযুদ্ধের শেষে য়ুলিউস কায়সার শাসনক্ষমতা লাভ করেন, সেটির ভবিষ্যদ্বাণী করেছিল। লুনা বা লুনি এত্রুরিয়ার একটি পবর্তস্থিত শহর। তার নীচে আছে শ্বেতপাথরের খাদানের জন্য বিখ্যাত কার্‌রারা।

মান্তো: তেইরেসিয়াসের কন্যা। ভের্গিলিউসের আদি শহর মান্তোভার প্রতিষ্ঠাত্রী বলে কথিত, তাই ভের্গিলিউস তার বিশদ বিবরণ দিতে আগ্রহী।

বাক্‌খসের নগরী: থেবাই। বাক্‌খস বা দিওনীসস সুরার দেব। তাঁর কথিত জন্মস্থান ও আরাধনার আদি কেন্দ্র তেইরেসিয়াস ও মান্তোর আদি বাসস্থান থেবাইয়ে।

বেনাকো: আধুনিক নাম গার্দা হ্রদ। বাকি ভৌগোলিক বিবরণ সহজবোধ্য।

তিন রাখাল: অর্থাৎ ঐ তিন শহরের বিশপ। তাদের অধিক্ষেত্র গার্দা হ্রদের একটি দ্বীপে একত্রে মিশছে।

যাদুর প্রয়োগ ছাড়া: পুরাকালে কোনও নতুন শহরের নামকরণ হত দৈবজ্ঞদের পরামর্শ অনুসারে; কিন্তু মান্তোভার নাম সেভাবে নয়, সরাসরি মান্তোর নাম থেকে হয়েছে। লক্ষণীয় সে যদিও মান্তো মায়াবিদ হিসাবে নরকে পতিত, তার বিবরণে কোনও ধিক্কার বা বিরূপতা প্রকাশ পাচ্ছে না, হয়ত ভের্গিলিউসের জন্মস্থানের প্রতিষ্ঠাত্রী বলেই।

কাসালোদি, পিনামোন্তে: ব্রেশ্যার গুয়েলফোপন্থী কন্তে বা অধিপতিরা ১২৭২-এ মান্তোভা দখল করে। মান্তোভার এক গিবেল্লিনো অধিবাসী পিনামোন্তে দেই বুওনাকোর্সি তৎকালীন শাসক আলবের্তো দি কাসালোদিকে কৌশলী পরামর্শ দেয়, কাসালোদির প্রতিপক্ষ সব গুয়েলফো উচ্চবংশীয়দের নির্বাসিত করতে। করামাত্র পিনামোন্তে সাধারণ নাগরিকদের নিয়ে কাসালোদির বিরুদ্ধে বিদ্রোহ করে তাকে মান্তোভা থেকে উৎখাত করে।

এউরীপীলস: ত্রইয়ার যুদ্ধের সময় (যখন গ্রীস প্রায় পুরুষশূন্য হয়ে পড়ে) গ্রীক শিবিরের গণৎকার। ভের্গিলিউসের মহাকাব্য *আয়েনেইদ*-এ উল্লেখিত।

আউলিস: যে বন্দর থেকে গ্রীক বাহিনী জলপথে ত্রোইয়ার উদ্দেশ্যে রওনা দেয়। কথিত যে দৈবজ্ঞদের পরামর্শে পালের হাওয়া পাওয়ার জন্য গ্রীক সর্বাধিপতি আগামেমনোন তাঁর কন্যা ইফিগেনেইয়াকে দেবতাদের কাছে বলি দেন।

কালখাস: গ্রীক শিবিরের আরেক গণৎকার।

মহান কাব্য: ভের্গিলিউসের মহাকাব্য *আয়েনেইদ*। মূলে ভের্গিলিউস তার উল্লেখ করছেন কেবল 'ত্রাজেদিয়া' (ট্রাজেডি) বলে, যদিও *আয়েনেইদ* অবশ্যই নাটক নয়। মধ্যযুগে ট্রাজেডি সম্বন্ধে ধারণা ভাসা-ভাসা ছিল। এখানে বিয়োগান্ত সমাপ্তির চেয়ে কাব্যের গুরুত্ব ও বিষয়গাম্ভীর্যের কথা বেশি করে ভাবা হচ্ছে।

মাইকেল স্কট: সম্রাট দ্বিতীয় ফেদেরিকোর সভার খ্যাতনামা স্কটিশ পণ্ডিত। তৎকালীন অনেক জ্ঞানী গবেষকের মত তাকে যাদুবিদ্যার অধিকারী মনে করা হত।

গুইদো বনাত্তি: ত্রয়োদশ শতকের জ্যোতিষ বিষয়ক বিখ্যাত লেখক ও পণ্ডিত।

আসদেন্তে: পার্মা শহরের এক জুতো-সেলাইওয়ালা, ভবিষ্যদ্বাণী করার জন্য স্বীকৃতি অর্জন করেছিল। 'আসদেন্তে' আসলে ঠাট্টার নাম, অর্থ 'দন্তহীন, ফোকলা'।

হতভাগিনীদের: সে যুগে ডাইনি ও মায়াবিদ্যার পসারিণীদের এইভাবে দেখা হত। ভের্গিলিউসের অষ্টম এক্লোগা মায়াবিদ্যার এমন এক প্রয়োগকারিণীকে নিয়ে।

কয়িন: আদম ও হবার পুত্র। বাইবেলে বর্ণিত প্রথম খুনি, তার ভাই হেবলকে হত্যা করেছিল। লোকসংস্কার অনুসারে সেই পাপের জন্য তাকে চাঁদে নির্বাসিত করা হয়: চাঁদের গায়ে কালো দাগগুলি তারই মূর্তি, কাঁটাঝোপ কাঁধে। এখানে চাঁদ বোঝাচ্ছে।

সেভিল্লা: স্পেনের বিখ্যাত শহর। স্পেন ইউরোপের পশ্চিম প্রান্তে অবস্থিত, তাই ভাবা হত চন্দ্র-সূর্য স্পেনের ওপারে অস্ত যায়। ভের্গিলিউস বলতে চাইছেন, চাঁদ অস্ত যাচ্ছে, রাত শেষ হয়ে এল।

সর্গ-২১

পঞ্চম খাদ: প্রশাসনিক দুর্নীতি ও পদ কেনাবেচার শাস্তি। দানবীয় শয়তানের দল।

মূল রূপক: এই খাদের পাপীরা সরকারি চাকুরি এবং প্রশাসনিক অনুমতি ও অনুদানের কেনাবেচা করত, অর্থাৎ ঘুষ নিয়ে সরকারি ক্ষমতার অপব্যবহার করত। সাধারণভাবে বলা যায়, সব দুর্নীতিগ্রস্ত ও ঠগবাজ সরকারি কর্মচারীরা এখানে শাস্তিভোগ করছে। দেখা যাচ্ছে ধর্মীয় পদ কেনাবেচার চেয়েও এই সামাজিক ও প্রশাসনিক ভ্রষ্টাচারকে দান্তে বেশি গুরুতর পাপ বলে মনে করছেন। এই লোকেরা তাদের পাপ ব্যবসা চালাত গোপনে, তাই নরকে তারা কালো আলকাতরায় ডুবে; কিন্তু তাদের পাপার্জিত অর্থের দাগ আলকাতরার মতই তাদের হাত থেকে মুছে ফেলা যায় না। দান্তেকে এই অভিযোগেই নির্বাসিত করা হয়েছিল; তার তিক্ত প্রতিফলন যেন অনুভব করা যায় এই সর্গে।

এইভাবে এক সেতু থেকে আরেকটিতে আমরা চলে গেলাম হেঁটে হেঁটে—অন্য বিষয়ে কথা বলতে বলতে, এই গাথা প্রসঙ্গে যা অবান্তর। শীর্ষে পৌঁছে থামলাম

পাপ-পরিখার পরের খাদটা দেখতে ও আরেক প্রস্থ নিষ্ফল বিলাপ শুনতে। সেখানে দেখলাম এক অদ্ভুত আঁধার।

যেমন জখম জাহাজ মেরামত করার জন্য ভেনেৎসীয়দের অস্ত্রশালায় সারা শীতকাল ধরে ঘন চটচটে আলকাতরা ফোটানো হয়—যেহেতু শীতকালে তারা সাগরে ভাসতে পারে না; তার বদলে একজন নির্মাণ করে তার নতুন পোত, আরেকজন তার পুরোনোটির বহু যাত্রায় আলগা-হয়ে-আসা পাঁজরের জোড়গুলো আটকে দেয়,

কেউ হাতুড়ির ঘা মারে সামনের দিকে, কেউ বা পেছনে, কেউ কেউ বানায় দাঁড়, অন্যেরা পাকায় কাছি, একজন তাপ্পি লাগায় ছোট পালগুলোয়, আরেকজন প্রধান পালটিতে—

তেমনই সেখানে আগুনের তাতে নয়, দৈবশক্তিতে ফুটছিল থকথকে আলকাতরা, আর উপচে গিয়ে বাঁধের চারপাশ আঠালো করে তুলছিল।

এই দৃশ্য দেখতে পেলাম, কিন্তু ফুটন্ত বুদবুদের ফুলে ওঠা আর ফের বসে যাওয়া ছাড়া অন্য কিছুই সেখানে দেখলাম না।

যখন নীচে ওদিকেই একদৃষ্টে তাকিয়েছিলাম, 'সাবধান, সাবধান' বলতে বলতে আমার দিশারি, যেখানে দাঁড়িয়েছিলাম সেখান থেকে আমাকে নিজের কাছে টেনে নিলেন।

ঘাড় ঘুরিয়ে পেছনে তাকালাম, যেমন একটা লোক করে যখন যা থেকে তার দ্রুত পালানো উচিত সেটা দেখার জন্য পিছুটান বোধ করে, কিন্তু আচমকা ভয়ে বিবশ হয়ে তাকাতে-তাকাতেই

পালাতে দেরি করে না; আর দেখলাম, আমাদের ঠিক পেছনে খাড়া পাড় দিয়ে দৌড়ে আসছে এক কৃষ্ণকায় দানব।

হায়, কী হিংস্র তার চেহারা! কী ভয়ঙ্কর লাগছিল বিস্তৃত ডানায় লঘু পায়ে তার ধেয়ে আসার ভঙ্গী!

উঁচু ছুঁচলো কাঁধে চেপেছিল এক পাপাত্মার দুই উরুর ভার; তার দুই গোড়ালির রগ শক্ত করে ধরা ছিল দানোটার মুঠোয়।

আমাদের সেতুর ওপর থেকে সে চেঁচিয়ে উঠল, 'হেই মন্দ-নখর শয়তানের দল, দ্যাখ তোদের জন্য আসছে সান্তা জিতার বুড়ো মোড়লদের একটা!

এটাকে নীচে চালান করে দে, ততক্ষণে আরো কয়েকটাকে ধরে আনতে যাই এর মতো লোকে ঠাসা সেই শহরটাতে। বন্তুরো বাদে সেখানে প্রত্যেকেই ঘুষখোর, পয়সার খাতিরে 'না'-ও সেখানে 'হ্যাঁ' হয়ে যায়।'

ওকে নীচে ছুঁড়ে দিয়ে সে কঠিন পাথুরে খাড়াই দিয়ে ফিরে চলে গেল। শেকল থেকে ছাড়া পাওয়া পাহারাদার কুকুরও চোরের পেছনে অত জোরে ছোটে না।

পাপীটা তরলে তলিয়ে ফের দুমড়ে মুচড়ে ভেসে উঠল, কিন্তু সেতুর নীচের দানবরা সবাই চেঁচিয়ে উঠল: 'এখানে সেই পবিত্র মুখ নেই, এখানে সাঁতার কাটতে হবে সেরকিয়ো নদের থেকে অন্যভাবে। তাই আমাদের আঁকড়ার স্বাদ যদি না চাখতে চাস, এই আলকাতরার ওপরে কোনোভাবেই মাথা তুলবি না।'

তারপর শতাধিক অঙ্কুশ দিয়ে তাকে খুঁচিয়ে বলে উঠল: 'তোর এই নাচানাচিটা তলায় লুকিয়েই করতে হবে। যদি চুরি করতে পারিস, তাও করতে হবে চোখের আড়ালে।'

এভাবেই পাচকের নির্দেশে জোগাড়েরা মাংসের টুকরোগুলো হাঁড়ির ভেতর কাঁটা দিয়ে ঠেসে দেয়, যাতে সেগুলো ভেসে না ওঠে।

সহৃদয় প্রভু আমাকে তখন বললেন: 'মাথা নীচু করে একটা পাথরের খাঁজের আড়ালে লুকিয়ে পড়ো, যাতে তোমাকে দেখা না যায়।

আমার ওপর যাই অনাচার ঘটুক না কেন, তোমার ভয়ের কিছু নেই, কারণ আমি এই ব্যাপারগুলো জানি, নিজে আগে একবার এমন বিপাকে পড়েছিলাম।'

তারপর সেখান দিয়ে সেতুর শেষ প্রান্ত পার হয়ে যেই পৌঁছে গেলেন ষষ্ঠ খাদের পাড়ে, তখনই তাঁর প্রয়োজন হলো নিজেকে নির্ভীকরূপে দেখাবার।

যেভাবে ক্ষিপ্রতার সঙ্গে গর্জন করতে-করতে কুকুরের পাল তেড়ে যায় কোনো ভিখারির দিকে, যাতে সে হঠাৎ থেমে গিয়ে সেখান থেকেই ভিক্ষা চায়,

সেভাবেই সেতুর নীচ থেকে দানবগুলো লাফিয়ে উঠে তাঁর দিকে আঁকড়া উঁচিয়ে তেড়ে এলো। কিন্তু তিনি ডেকে বললেন: 'অনিষ্ট করার চেষ্টা করিস না কেউ—কাঁটা দিয়ে আমাকে ধরার আগে তোদের মধ্যে থেকে একজন এগিয়ে এসে আমার কথা শোন, তারপর না হয় ঠিক করিস কাঁটা দিয়ে আমায় বিঁধবি কিনা।

সবাই চেঁচিয়ে উঠল: 'মালাকোদা যাক।'

এগিয়ে এল একজন, অন্যেরা দাঁড়িয়ে রইল নিশ্চল হয়ে। সে শুধলো: 'ওর এতে কী ভাল হবে শুনি?'

'তুই কি ভাবছিস মালাকোদা, যে ঈশ্বরের ইচ্ছা এবং অনুকূল ভাগ্য ছাড়াই তোদের সব বাধা কাটিয়ে আমি এতদূর নিরাপদে এসেছি, যাতে আমাকে এখানে দেখতে পাচ্ছিস?' আমার দিশারি তাকে বললেন।

'আমাদের যেতে দে। এই অন্য মানুষটিকেও আমি এই বন্য পথ দিয়ে নিয়ে যাবো, এটাই দিব্যলোকের ইচ্ছে।'

এতে তার গর্ব এতই চুপসে গেল যে তার হাত থেকে আঁকড়াটা পড়ে গেল নিজেরই পায়ের ওপর, আর সে অন্যদের বলে দিল: 'একে একদম ছোঁয়া যাবে না।'

তখন আমার দিশারি আমাকে ডাকলেন: 'ওহে, ওইখানে যে বাঁধের পাথরের মধ্যে জড়োসড়ো হয়ে লুকিয়ে আছ, এখন নিরাপদেই আমার কাছে ফিরতে পারো।'

তাই শুনে তাড়াতাড়ি উঠে দৌড়ে এলাম তাঁর কাছে। দানবগুলো সকলে এমনভাবে এগিয়ে এলো যে আমার ভয় হলো ওরা হয়তো কথা রাখবে না।

এভাবেই একবার দেখেছিলাম, সাময়িক যুদ্ধবিরতির চুক্তিতে কাপ্রোনার কেল্লা ছেড়ে পদাতিক বাহিনীকে চলে যেতে—এত শত্রুবাহিনীর মধ্য দিয়ে যেতে হচ্ছিল বলে এরকমই সন্ত্রস্তভাবে।

সর্বক্ষণ ওদের চোখে চোখ রেখে তাঁর কাছ ঘেঁষে দাঁড়ালাম—ওদের চাউনি মোটেও ভালো লাগছিল না।

আঁকড়াগুলো নীচে নামানো ছিল, তবু একটা আরেকটাকে বলল: 'দেব নাকি এটা ওর পাছায় ঠেকিয়ে?' আর সে জবাব দিল: 'হ্যাঁ হ্যাঁ, চিরে দে!'

কিন্তু আমার দিশারির সঙ্গে যে বাক্যালাপ করছিল, সেই দানবটা তক্ষুনি ঘুরে দাঁড়িয়ে বলে উঠল, 'থাম থাম স্কারমিল্যিওনে।'

তারপর আমাদের বলল: 'এই খাড়াই দিয়ে আর এগোনো সম্ভব নয়, কারণ ষষ্ঠ খিলানটা ভেঙে চুরমার হয়ে তলায় পড়ে গেছে।

যদি আরো এগোতে মন চায়, তাহলে এই কিনারা বরাবর চলে যাও, কাছেই আরেকটা উঁচু পাথর দিয়ে যাবার রাস্তা আছে।

গতকাল এখনকার থেকে আরও পাঁচ ঘণ্টা বেলায় সেতুটা ভেঙে পড়ার পর এক হাজার দুশো ছেষট্টি বছর পূর্ণ হলো।

আমি ওই পথে আমার দলের কয়েকজনকে নীচে পাঠাচ্ছি, দেখতে যেন পাপীগুলো কেউ হাওয়া খেতে মাথা না তোলে; ওদের সঙ্গে যাও, ওরা কোনো অনিষ্ট করবে না।

আলিকিনো, কাল্কাব্রিনা—এগিয়ে আয়,' সে আদেশ জারি করল: 'তুইও আয় কান্যিয়াৎসো; আর বার্বারিচ্চ্যা, দশজনের দলপতি হবি তুই।

লিবিকোক্কো আর দ্রাগিনিয়্যাৎসোকেও সঙ্গে নে; দাঁতাল চিরিয়াত্তো আর গ্রাফ্‌ফিয়াকানে, ফার্ফারেল্লো আর আমাদের ক্ষ্যাপা রুবিকান্তেও যাক।

ফুটন্ত আলকাতরার আশেপাশে পথ খুঁজে দেখ, যাতে এই দুজন খাদগুলোর উপর দিয়ে আস্ত সেতু পর্যন্ত নিরাপদে যেতে পারে।'

'হায় গুরুদেব, এ কী দেখছি!' বলে উঠি আমি: 'যদি পথ চেনো, কোনও রক্ষী ছাড়া চলো, শুধু তোমাতে আমাতে যাই। আমি তো একেবারেই কোনও রক্ষী চাই না।

তোমার অভ্যস্ত সতর্কতায় দেখছো না কি, ওরা কেমন দাঁত কড়মড় করছে আর ভ্রূকুটি দিয়ে অনিষ্ট করার হুমকি দিচ্ছে?'

আর তিনি বললেন: 'আমি চাই না তুমি ভয় পাও। ওদের খুশিমতো দাঁত কড়মড় করতে দাও—ওরা এমন করছে সেদ্ধ হতে থাকা অভাগাগুলোর উদ্দেশ্যে।'

ওরা বাঁধের ধার বরাবর বাঁয়ে ঘুরে চলল। কিন্তু যাবার আগে প্রত্যেকে জিভে দাঁত ঠেকিয়ে দলপতির দিকে একটা সংকেত পাঠাল। আর পশ্চাদ্দেশ থেকে শিঙা ফুঁকে সে দিল উত্তর।

ভেনেৎসীয়দের অস্ত্রশালা: তৎকালীন ইউরোপে জাহাজ মেরামতের সবচেয়ে বড় কারাখানার একটি, ভেনেৎসিয়ার অস্ত্রভাণ্ডারের মধ্যে অবস্থিত।

মালেব্রাঙ্কে: আক্ষরিক অর্থ 'দুষ্ট নখরযুক্ত'।

সান্তা জিতা: অর্থাৎ লুক্কা শহর, সাধু জিতা যার অধিষ্ঠাতা সন্ত। সে সময়ে প্রশাসনিক দুর্নীতির জন্য লুক্কা কুখ্যাত ছিল।

বন্তুরো: বন্তুরো দাতি, লুক্কার এক কুখ্যাত দুর্নীতিগ্রস্ত প্রশাসক। ১৩০০ সালে জীবিত ছিল বলেই দানবটা তাকে নীচে নিক্ষেপ করতে পারছে না।

পবিত্র মুখ: লুক্কার মহাগির্জার এক প্রাচীন ক্রুশমূর্তি। মনে করা হত, তার মহিমায় বিপদ থেকে মুক্তি পাওয়া যায়।

সের্কিও: লুক্কার কাছে একটি নদী।

ষষ্ঠ খাদের পাড়ে: অর্থাৎ তাঁদের বর্তমান বা পঞ্চম খাদের ভিতরের পাড়, যা ষষ্ঠ খাদের উপরের পাড়ও বটে।

মালাকোদা: আক্ষরিক অর্থ 'দুষ্ট লেজবিশিষ্ট'। মনে করা হয়, এই দানব বা শয়তানগুলি তৎকালীন ফিরেন্‌ৎসের কিছু ভ্রষ্টাচারী শাসক ও আমলার প্রতিভূ।

কাপ্রোনা: পিসা অঞ্চলের একটি দুর্গ। এটি দখল করার যুদ্ধে ফিরেন্‌ৎসের গুয়েলফোদের পক্ষে দান্তে অংশ নেন।

স্কারমিল্যিওনে: আক্ষরিক অর্থ 'আলুথালু, উসকোখুসকো'।

খিলানটা ভেঙে চুরমার: পঞ্চম থেকে ষষ্ঠ খাদে যাবার সেতু অর্থাৎ শৈলশিরাটি ভেঙেছিল যিশুখ্রিস্টের পাতাল মন্থনের সময়, মর্ত ও পাতালে ভূমিকম্পের ধাক্কায়। (৪র্থ সর্গে 'আদি পিতা' বিষয়ে টীকা দ্র।) যিশুর মৃত্যু ঘটেছিল তাঁর তেত্রিশ বছর বয়সে অর্থাৎ ৩৪ খ্রিস্টাব্দে। তাঁর ১২৬৬ বছর বাদে দান্তের কল্পিত যাত্রার আগের দিন ১৩০০ সাল পূর্ণ হল।

আলিকিনো ইত্যাদি: এই নামগুলির আক্ষরিক অর্থ যথাক্রমে 'বাঁকা-ডানা', 'হিম-গোড়ালি', 'ঘৃণ্য কুকুর', 'কোঁকড়া-দাড়ি', 'কামুক নিম্নাঙ্গ', 'জঘন্য ড্রাগন', 'শুয়োরমুখো', 'খামচাখামচি-করা কুকুর', 'ফড়ফড়ে প্রজাপতি', 'লালমুখো'।

সর্গ-২২

দানবদের মধ্যে বিবাদ। চ্যাম্পোলোর বিড়ম্বনা।

মূল রূপক: ২১শ সর্গের শীর্ষটীকা দ্রষ্টব্য। শয়তান দানবেরা এখানে নিজেদের মধ্যে ঝগড়া-মারামারি করছে। পাপের রাজত্বের কোনও সংহতি নেই, তার অধিবাসীরা পরস্পরের বিরুদ্ধে বিবাদমান।

অশ্বারোহীবাহিনীকে শিবির ছাড়তে দেখেছি, দেখেছি তাদের আক্রমণ শুরু করতে, কিংবা হাজিরার জন্য জমায়েত হতে, বা মাঝে মাঝে পালিয়ে যেতে;

ওহে আরেৎসোবাসীরা, তোমাদের দেশে দেখেছি অনুসন্ধানকারী শত্রুসৈন্য; দেখেছি রসদের জন্য সৈন্যদের হানা, যুদ্ধক্রীড়া আর অশ্বারোহীদের দ্বৈরথ—

কখনো শিঙা, কখনো বা ঘণ্টা বাজিয়ে, রণভেরীর আওয়াজ বা কেল্লার অগ্নিসঙ্কেতের সঙ্গে, দেশি-বিদেশি নানা কৃৎকৌশল ব্যবহার করে;

কিন্তু কখনও দেখিনি এত বিচিত্র তূর্যনাদে চলেছে কোনো অশ্বারোহী বা পদাতিকবাহিনী, কিংবা নক্ষত্র বা স্থলের নিশানা ধরে কোনো জাহাজ!

দশ-দশটা দানবের সঙ্গে চলছিলাম আমরা—উফ্ফ্, কী ভয়ানক সঙ্গ! কিন্তু ওই যে বলে, 'গির্জায় সাধুদের সঙ্গে, শুড়িখানায় মাতালদের সঙ্গে!'

অবশ্য আমার নজর ছিল আলকাতরার ওপর পরিখার আর তার অভ্যন্তরে সেদ্ধ হতে থাকা লোকগুলোর সব কিছু দেখবার জন্য।

শুশুকরা যেমন পিঠ বাঁকিয়ে নাবিকদের জাহাজ বাঁচাবার ব্যবস্থা নেবার নিশানা দেয়, তেমনি কোনো-কোনো পাপাত্মা যন্ত্রণার তীব্রতা হ্রাস করার জন্য মাঝেমধ্যেই পিঠ দেখিয়ে তড়িৎগতিতে ফের লুকিয়ে পড়ছিল আলকাতরার নীচে।

আর ব্যাংগুলো যেভাবে নালার মধ্যে বসে থাকে জলের পাড়ে পা আর দেহের বাকি অংশ জলের নীচে লুকিয়ে শুধু মুখটুকু বের করে,

সেভাবেই এই পাপাত্মারা চারদিকে ছড়িয়েছিল; কিন্তু বার্বারিচ্চ্যা এগিয়ে আসামাত্রই তারা চটপট ডুব দিল ফুটন্ত আলকাতরার অন্দরে।

কিন্তু দেখলাম—ভাবলে এখনও আমার অন্তরাত্মা কেঁপে ওঠে—একজন রয়ে গেল, যেমন কখনো-কখনো হয় যে একটা ব্যাঙ পড়ে রইল, বাকিরা যখন পালিয়েছে;

তখন গ্রাফ্‌ফিয়াকানে, যে ওর একেবারে মুখোমুখি ছিল, ওর আলকাতরা-মাখা চুলে বঁড়শি বিঁধিয়ে টেনে তুলল; ওকে ভোঁদড়ের মতো লাগল আমার।

আমি দানবদের সবারই নাম জানতাম—যখন তাদের দল বাছা হচ্ছিল, তখনই ভালো করে শুনে নিয়েছি, দেখেছি ওরা পরস্পরকে কী নামে ডাকে।

'অ্যাই রুবিকান্তে—দেখিস, এটার পিঠে যেন নখ বসিয়ে আচ্ছা করে ছালচামড়া ছাড়িয়ে নিস!' সমস্বরে চেঁচিয়ে উঠল অভিশপ্তের দল।

বললাম: 'প্রভু আমার, যদি পারেন তবে জেনে নিন, শত্রুর হাতে পড়া এই অভাগাটা কে।'

তখন আমার দিশারি তার কাছে গিয়ে জিজ্ঞাসা করলেন সে কোথা থেকে এসেছে। উত্তরে সে বলল: 'নাভার্‌রা রাজ্যে আমার জন্ম।

মা আমাকে এক ভূস্বামীর সেবায় নিযুক্ত করে দিয়েছিলেন, কারণ তিনি আমার জন্ম দিয়েছিলেন এক উড়নচণ্ডী ইতরের ঔরসে, সে তার বিষয়সম্পত্তির সঙ্গে শেষে নিজেকেও ধ্বংস করেছিল।

আমি মহান রাজা তেওবালদোর সেবাদাস হলাম; ওখানেই নিজেকে নিবেদিত করলাম সরকারি নিযুক্তির কেনাবেচায়। তার জন্য এই গরমের মধ্যে আজ হিসাব মেটাচ্ছি।'

আর বুনো শুয়োরের মতো মুখের দুপাশে দুটো লম্বা দাঁতওয়ালা চিরিয়াত্তো তাকে সমঝে দিল, তার একটা দিয়েই কীভাবে সে তাকে কেটে ফালা-ফালা করতে পারে।

শয়তান বেড়ালদের খপ্পরে পড়েছে ইঁদুরটা! কিন্তু তাকে দু হাতে ধরে বার্বারিচ্চ্যা চেঁচিয়ে উঠল: 'যতক্ষণ আমি এটাকে ধরে আছি, ততক্ষণ ওখানেই দাঁড়িয়ে থাকো।'

তারপর আমার প্রভুর দিকে মুখ ফিরিয়ে বলল: 'যদি ওর কাছ থেকে আরো কিছু জানতে চাও, তাহলে আর কেউ ওকে ফালাফালা করার আগেই প্রশ্ন করো।'

আমার দিশারি বললেন: 'তাহলে বলল, আলকাতরার নীচে অন্যদের মধ্যে ইতালির কাউকে চেনো কি?'

উত্তরে সে বলল:

'এইমাত্র সেখানকার কাছাকাছি বাসিন্দা একজনের কাছ থেকে এলাম। যদি ওর সঙ্গে নীচেই থাকতাম, এই নখ আর বঁড়শিগুলো ভয় পেতে হতো না!'

'বড্ড বেশি সহ্য করেছি তোর কাছ থেকে!' লিবিকোক্কো বলল। তারপর অঙ্কুশ দিয়ে ওর বাহু থেকে ছিঁড়ে আনল পেশির একটা টুকরো।

দ্রাগিন্যিয়াৎসোও চেষ্টা করছিল লোকটার ঠ্যাং দুটো ধরে নিতে। কিন্তু সর্দার দানো পাক খেয়ে খরচোখে তাদের দিকে ঘুরে দাঁড়াল। তাতে ওরা কিছুটা ঠাণ্ডা হলে আর দেরি না করে যে পাপী তার নতুন ক্ষতস্থানটি নিরীক্ষণ করছিল, আমার গুরু ওকে জিগ্যেস করলেন:

'কে সে, যার কথা বলছিলে, দুর্ভাগ্যক্রমে যাকে ফেলে তীরে উঠে এসেছিলে?'

সে বলে উঠল: 'ও হলো গাল্লুরার ফ্রা গমিতা, যতরকম প্রতারণার পরাকাষ্ঠা।

মালিকের শত্রুদের সে হাতের মুঠোয় এনেছিল, আর তাদের এমন মোকাবিলা করত যে সবাই তার তারিফ করে।

ওই যেমন বলে, টাকা নিত আর চুপচাপ ছেড়ে দিত। অন্যান্য ব্যাপারেও তার টাকার বদলে সুযোগসুবিধা করে দেবার কারবার ছিল ছোটোখাটো না, একেবারে রাজকীয়!

ওর সঙ্গে আছে লোগোদারোর কর্তা মিকেলে ৎসানকে; সার্দিনিয়ার কথা আলোচনা করতে তাদের জিভে কখনো ক্লান্তি আসে না।

ওহ্ কপাল! দেখো, আবার ওই ওটা কেমন দাঁত কড়মড় করছে! ভয় হচ্ছে ও আমার গায়ের পাঁচড়া চেঁচে নেবার মতলব আঁটছে, নইলে আমি আরো বলতাম।'

ফার্ফারেল্লো তার দৃষ্টিবাণ হানবার জন্য এদিক ওদিক তাকাচ্ছে দেখে তাদের সর্দার ওর দিকে ফিরে হাঁক দিল: 'যা, ওদিকে ভেগে পড়, শয়তান পাখি কোথাকার!'

'যদি তোমরা তস্কানা বা লম্বার্দিয়ার লোকেদের দেখতে বা শুনতে চাও,' ত্রস্ত পাপাত্মাটি আবার বলতে লাগল, 'তাহলে আমি ওদের কয়েকজনকে নিয়ে আসি—কিন্তু এই নখরওয়ালা শয়তানগুলো যেন একটু তফাতে থাকে, যাতে ওরা ওদের প্রতিহিংসার ভয় না করে।

আর আমি যে এই একটামাত্র মানুষ, এখানে বসেই শিস দিয়ে ওদের সাতজনকে উপস্থিত করতে পারি: এটাই আমাদের রীতি, কেউ ওপরে উঠলে এই সঙ্কেত পাঠায়।'

শুনে কান্যিয়াৎসো তার শুঁড় উঁচিয়ে মাথা ঝাঁকিয়ে বলে উঠল: ‘কেমন বদমতলব আঁটছে দেখো—যাতে লাফ দিয়ে পালাতে পারে নীচে।’

আর সে, যার দুষ্টবুদ্ধির মস্ত ভাণ্ডার, জবাব দিল: ‘সত্যিই আমি একটু বেশিই বদমতলবি, যখন সাথীদের জন্য ডেকে আনছি আরও দুঃখ।’

এবারে আলিকিনো নিজেকে আর সামলাতে পারল না। অন্যদের গ্রাহ্য না করেই চেঁচিয়ে উঠল: ‘যদি তুই নীচে ডুবিস, তোর পেছন-পেছন আমি ছুটে যাব না,

বরং আলকাতরার ওপর দিয়ে উড়ে তোকে ডানার ঝাপট মারব। পাহাড়চূড়া থেকে নেমে আমরা বাঁধের আড়ালে চলে যাচ্ছি—দেখি তুই একা আমাদের সবাইকে টেক্কা দিতে পারিস কি না!’

পাঠক, এবার শুনবে এক নতুন খেলার কথা। সবাই চোখ ফেরাল উল্টোদিকের পাড়ে—সবার আগে সে, যে গোড়ায় সবচেয়ে আপত্তি করেছিল।

নাভার্রার বাসিন্দাটির সময়জ্ঞান ছিল নিখুঁত: ডাঙার ওপর পাদুটি রেখে হঠাৎ এক লাফে সর্দারের কাছ থেকে নিজেকে ছাড়িয়ে নিল সে।

গোটা দলটাই এতে লজ্জাহত হল; সব চাইতে বেশি সে, যে এই সাংঘাতিক গাফিলতির জন্য দায়ী। ‘এবার তোকে ধরছি!’ বলে সে এগিয়ে গেল;

কিন্তু তাতে খুব লাভ হলো না, কারণ ডানার গতিতে আতঙ্ককে ছাড়িয়ে যাওয়া যায় না।

একজন তলিয়ে গেল, অন্যজন বুক চিতিয়ে উপরদিকে উড়তে থাকল।

ঠিক এভাবেই বাজপাখী আসছে দেখে বুনো হাঁস সঙ্গে-সঙ্গে ডুব দেয়, আর বাজটা বিরক্ত আর হতাশ হয়ে আবার উপরে ওঠে।

এই চাতুরিতে খেপে গিয়ে কাল্কাব্রিনা ওর পেছন-পেছন উড়ছিল এই ভেবে, যে পাপীটা পালাক—তাহলেও একটা কলহ বাধবে।

আর সেই চাতুরির কারবারি যেই অদৃশ্য হয়ে গেল, সে নখ বসিয়ে দিল তারই পাশের সঙ্গীর গায়ে, আর দুজনে পরস্পরকে জাপটে ধরে খাদের উপর ঝটাপটি করতে লাগল।

কিন্তু অপরজনও ছিল ধাড়ি শিকারী বাজ, সেও ভালো করেই তাকে নখ দিয়ে খামচাতে লাগল, আর দুজনে জড়াজড়ি করে পড়ে গেল সেই ফুটন্ত পুকুরের মধ্যিখানে।

সেই প্রচণ্ড তাপে সঙ্গে-সঙ্গে তারা পরস্পরকে ছেড়ে দিল। কিন্তু তাদের ডানায় আলকাতরা লেগে এমন জমে গিয়েছিল যে তারা কিছুতেই উঠতে পারছিল না।

বাকিগুলোর সঙ্গে 'হায় হায়' করতে-করতে বার্বারিচ্চ্যো ওদের মধ্য থেকে চারজনকে আঁকড়া সমেত ওপারে পাঠিয়ে দিল। তারপর সকলে উভয় পাড়ে নিজের নিজের জায়গায় দ্রুত নেমে এল।

পাড়ে দাঁড়িয়ে তারা আঁকড়াগুলো বাড়িয়ে দিল সেই আঠামাখা মূর্তি দুটোর দিকে, যারা ইতিমধ্যেই তাদের কঠিন আবরণের নীচে ভালোমতো ভাজা-ভাজা হতে শুরু করেছে।

এরকম বিপর্যস্ত অবস্থায় ওদের রেখে আমরা চলে এলাম।

দেখেছি: দান্তে ১২৮৯ সালে কাম্পালদিনোর যুদ্ধে অংশ নেন, যেখানে ফিরেন্‌ৎসের গুয়েলফোরা গিবেল্লিনোদের পরাজিত করে। গিবেল্লিনোরা আগেই ফিরেন্‌ৎসে থেকে বিতাড়িত হয়ে আরেৎসো শহরে আশ্রয় নেয়। আরেৎসোর অধিবাসীদের বলে আরেতিনো।

ঘণ্টা: সে যুগে ইতালির প্রত্যেক শহরে একটা ঘন্টাবাহী যুদ্ধরথ থাকত। যুদ্ধের সময়ে সৈন্যরা তার চারদিকে সমবেত হয়ে অভিযান শুরু করত।

এই অভাগাটা: খুব সম্ভব চ্যাম্পোলো নামে এক হিস্পানী।

নাভার্‌রা: উত্তর স্পেনে ফ্রান্সের সংলগ্ন একটি অঞ্চল।

তেওবালদো: নাভার্‌রার ১৩শ শতকের রাজা দ্বিতীয় তিবো বা তেওবালদো।

কাছাকাছি বাসিন্দা: উক্ত লোকটি ফ্রা গমিতা (নীচে দ্রঃ), ইতালির দক্ষিণে সার্দিনিয়া দ্বীপের অধিবাসী।

গোমিতা: সার্দিনিয়ার গাল্লুরা অঞ্চলে (সে সময়ে পিসার অধীনস্থ) যাজক ও সহকারী বিচারক। ঘুষ খেয়ে কিছু বন্দিদের ('মালিকদের শত্রুদের') পালাতে দেবার অপরাধে তার ফাঁসি হয়েছিল।

মিকেলে ৎসাংকে: সার্দিনিয়ার লগোদোরা অঞ্চলের যাজক, পরবর্তীকালে বিচারবিভাগের দুর্নীতিগ্রস্ত প্রশাসক।

তস্কানা, লম্বার্দিয়া: অর্থাৎ উত্তর ইতালি। ভের্গিলিউস আর দান্তের ভাষা শুনে চ্যাম্পোলো বুঝতে পারছিল তাঁরা উত্তর ইতালীয়।

নাভার্‌রার বাসিন্দাটি: পূর্বোক্ত চ্যাম্পোলো।

ডানার গতি... আতঙ্ক: অর্থাৎ চ্যাম্পোলো ভয়ের চোটে এত জোরে পালাচ্ছিল যে দানবেরা উড়েও তাকে ধরতে পারল না।

সর্গ-২৩

ষষ্ঠ খাদ। ভণ্ডামির শাস্তি। কাতালানো আর লদেরিংগো।

> **মূল রূপক**: অষ্টম চক্রের ষষ্ঠ খাদে আছে ভণ্ডেরা। উপযুক্ত শাস্তি হিসাবে তাদের পরিচ্ছদ বাইরে সোনায় মোড়া, ভিতরে সীসার তৈরি ও সেজন্য দুঃসহ ওজনের।

নীরবে, কোনো সঙ্গী ছাড়াই আমরা চলছিলাম—ফ্রান্সিস্কীয় সাধুরা যেমন, একজন আগে অন্যজন তার পিছনে।

গণ্ডগোলের ফলে আমার মনে পড়ল ঈশপের গল্প, যেখানে তিনি মূষিক আর ব্যাঙের কথা বলছেন: কেননা উভয়ের শুরু আর শেষ তুলনা করলে 'এবার' আর 'এখন'-এর মধ্যে যতটা মিল, ততটাই মিল খুঁজে পাওয়া যাবে এই ঘটনা আর সেই গল্পের মধ্যে।

যেমন একটি ভাবনা থেকে প্রায়শই উদয় হয় আর একটির, সেরকমই এই চিন্তা থেকে দ্রুত জন্ম নিল আর একটা, যাতে আমার আগের ভয় দ্বিগুণ হয়ে উঠল।

আমাদের জন্যই ওই দানবদের এত লাঞ্ছনা, তাও এত আঘাত আর বিদ্রূপের সঙ্গে, যে মনে হয় ওরা খুব চটে গিয়ে থাকবে।

আর ওদের কুমতিতে যদি মেশে ক্রোধ, তাহলে তো তারা খরগোশের বাচ্চাকে কামড়াতে-যাওয়া শিকারি কুকুরের থেকেও বেশি হিংস্র হয়ে ধাওয়া করবে আমাদের।

ইতিমধ্যেই অনুভব করলাম, ভয়ে আমার লোম খাড়া হয়ে উঠছে। নিবিষ্টভাবে পেছনে লক্ষ্য করতে করতে বলে উঠলাম: 'প্রভু, যদি খুব শিগগির তুমি আর আমি লুকিয়ে না পড়ি, আমার তো ভয় শয়তানের থাবাকে। ওরা এর মধ্যেই আমাদের পেছনে লেগেছে। এত স্পষ্টভাবে তা অনুমান করছি, যে মনে হচ্ছে আমি ওদের আওয়াজ শুনতে পাচ্ছি।'

উত্তরে তিনি বললেন: 'আমি যদি সীসা-মাখানো কাচ হতাম, তোমার বাইরের চেহারা তত দ্রুত প্রতিফলন করতে পারতাম না, তোমার ভিতরের চেহারা এখন যতটা করছি। তোমার আর আমার ভাবনা এই মুহূর্তে এমনভাবে মিলে গেছে, আকারে আর কাজে দুটো এতটাই এক, যে দুটো জুড়ে আমি একটাই সমাধানে পৌঁছেছি।

ডানদিকের ঢালু পাড়টা যদি এমন হয় যে তা দিয়ে আমরা পরের খাদে নেমে যেতে পারি, যে তাড়া খাওয়া তুমি অনুমান করছ, তা থেকে রেহাই পেতে পারি।'

তাঁর এই উদ্দেশ্যের কথা শেষ হতে না হতেই আমাদের পাকড়ে ধরার জন্য ডানা মেলে তাদের আসতে দেখলাম—খুব বেশি দূরেও নয়।

যেমন লোকজনের চ্যাঁচামেচিতে জেগে উঠে নিকটেই অগ্নিশিখা দেখে জননী তার শিশুটিকে আঁকড়ে ধরে দৌড়োয়, নিজের চেয়ে তার কথা বেশি ভেবে গায়ে একটা কাপড় চড়াতেও থামে না—তারই মতো আমার দিশারি সহসা আমাকে কোলে তুলে নিলেন,

আর পাথুরে খাড়াইয়ের মাথা থেকে চিৎ হয়ে নেমে গেলেন পরের খাদটির একপাশে দেয়ালের মতো ঢালু চাঁইয়ে।

পেষাই কলের চাকা ঘোরাবার জন্য খাত দিয়ে জল এত বেগে ছোটে না, এমনকি কলের হাতার কাছে পৌঁছোয়ও না,

যেমন আমার প্রভু সেই ঢাল দিয়ে অবতরণ করলেন—যেন আমি সঙ্গী নই, তাঁর সন্তান, এমনভাবে আমাকে বুকে চেপে ধরে।

নীচের মাটিতে তাঁর পা পড়তে-না-পড়তেই ওরা পৌঁছে গেল খাড়াইয়ের চুড়োয়, ঠিক আমাদের মাথার উপরে। কিন্তু তখন আর ভয়ের কোনো কারণ ছিল না,

কারণ যে সুউচ্চ দৈবশক্তির ইচ্ছায় তারা পঞ্চম খাদটির অধিকর্তা, তাঁর বিধানই তাদের সেই স্থান আদৌ পরিত্যাগ করার শক্তি কেড়ে নিয়েছে।

এবার দেখলাম একদল চিত্রিত মানুষকে—তারা অতি শ্লথ পায়ে পরিক্রমা করছে, ক্রন্দনরত ও দৃশ্যতই ক্লান্ত, বিধ্বস্ত।

তাদের পরণে জোব্বা, তাতে ক্লুনির সন্ন্যাসীদের ধাঁচে ঘোমটার মত টুপি।

বাইরের দিকে সেগুলি সোনায় মোড়া, চোখ ধাঁধিয়ে দিচ্ছে, কিন্তু ভেতরে সবটাই সীসের এবং এতই ভারী যে তুলনায় ফেদেরিগোরগুলো যেন খড়ের তৈরি।

হায়! অনন্তকালের জন্য এমন অবসাদক পরিধেয়!

আমরা আবার ঘুরলাম বাঁ দিকে আর চলতে লাগলাম ওদের সঙ্গে, ওদের ক্লিন্ন বিলাপে নিবিষ্ট হয়ে।

কিন্তু ভারে ক্লান্ত সেই ছায়ামূর্তির দল এত ধীরে ধীরে চলছিল যে প্রতিটি পদক্ষেপেই আমরা পাচ্ছিলাম নতুন নতুন সঙ্গী।

তাতে আমি আমার দিশারিকে শুধোলাম: 'যেতে-যেতে চারদিকে চোখ ফিরিয়ে দেখো, এদের মধ্যে নামে বা কাজের জন্য পরিচিত কাউকে খুঁজে পাও কি না।'

তস্কানার ভাষায় কথা শুনে একজন পিছন থেকে চীৎকার করে উঠল: 'পা দুটো একটু থামাও গো, ওই যে তোমরা ধূসর বাতাসের ভেতর দিয়ে এত দ্রুত চলেছ—

হয়তো যা চাইছ, আমার কাছ থেকেই পেয়ে যাবে।'

এই কথা শুনে আমার চালক ঘুরে দাঁড়িয়ে আমাকে বললেন: 'অপেক্ষা করো, তারপর ওর সঙ্গে পা মিলিয়ে চলো।'

দাঁড়িয়ে পড়লাম। দেখলাম দুটি ছায়ামূর্তি চোখে-মুখে বুঝিয়ে দিচ্ছে, আমার সঙ্গ পাবার জন্য তাদের মন কত উন্মুখ; কিন্তু ভারী বোঝা আর সঙ্কীর্ণ পথের জন্য বিলম্ব ঘটছে।

যখন তারা কাছে এলো, একটিও শব্দ উচ্চারণ না করে আমাকে তির্যক দৃষ্টিতে দেখতে থাকল, তারপর একে অপরের দিকে ফিরে পরস্পর বলাবলি করল: 'এর কণ্ঠের স্পন্দনে মনে হচ্ছে এ জীবিত; আর মৃতই যদি হয়, কীসের খাতিরে ভারী জোব্বা ছাড়া যাচ্ছে?'

তারপর আমাকে বলল: 'ওহে তস্কানীয়, তুমি তো এসে পড়েছ বিষাদগ্রস্ত ভণ্ডদের সমাবেশে। ঘৃণা না করে আমাদের বলো, তুমি কে।'

আমি তাদের বললাম: 'সুন্দরী আর্নোর তীরে, মহান নগরীতে আমি জন্মেছি এবং বড় হয়েছি। সেই দেহেই আছি যা আমার বরাবর ছিল।

কিন্তু তোমরা কে, যাদের গাল বেয়ে বেদনা ঝরে পড়ছে? আর কীই বা সেই শাস্তি, যা তোমাদের গায়ে এমন ঝলমল করছে?'

একজন উত্তর দিল: 'এই কমলা রঙের জোব্বাগুলো সীসে দিয়ে বানানো আর এত পুরু যে তার ভারে দাঁড়িপাল্লা আর্তনাদ করে ওঠে।

আমরা দুজনেই বলোনিয়ার খোশমেজাজী সাধু সম্প্রদায়ের। আমার নাম কাতালোনা আর ও হল লোদেরিংগো। তোমার নগরীর মানুষ আমাদের দুজনকে একইসঙ্গে শান্তিস্থাপন করতে নির্বাচিত করেছিল,

যেখানে সাধারণত একজনকেই নেওয়া হয়। আর আমরা কেমন ছিলাম, তার প্রমাণ পাওয়া যাবে গার্দিংগোর চারধারে।'

বলতে শুরু করছিলাম: 'ওহে ভ্রাতারা, তোমাদের কুকর্ম ...' কিন্তু এটুকু বলেই থেমে গেলাম, কারণ দেখলাম তিনটি খোঁটা দিয়ে ভূমিতে প্রোথিত ক্রুশবিদ্ধ একজনকে।

আর সে আমাকে দেখে যন্ত্রণাভরা দীর্ঘশ্বাসে শ্মশ্রুজাল আলোড়িত করে মুচড়ে ফেলল তার সমস্ত শরীর।

তা দেখে সাধু কাতালোনা বলে উঠল: 'ওই যে মাটিতে গাঁথা যাকে তুমি দেখছ, ফরিসিদের সেই পরামর্শ দিয়েছিল যে জনগণের স্বার্থে একজনকে চরম দণ্ড দেওয়া যায়।

আর যেমনটি দেখছ—পথের ওপর নগ্নদেহে আড়াআড়িভাবে ও টেনে শোয়ানো আছে; এ পথ দিয়ে যারাই যাচ্ছে, ওর শরীর অনুভব করছে প্রত্যেকের ভার।

একই ভাবে এই খাদে প্রলম্বিত হয়ে পড়ে আছে ওর শ্বশুর আর মন্ত্রণা পরিষদের বাকি সদস্যরাও, যারা ইহুদিদের মধ্যে বপন করেছিল অমঙ্গলের বীজ।'

তখন ভের্গিলিউসকে দেখলাম বিস্ময়াবিষ্ট হয়ে তাকিয়ে রয়েছেন, অনন্ত নির্বাসনে এমন কদর্যভাবে ক্রুশের ওপর প্রসারিত সেই দেহটির দিকে।

তারপর ফ্রাতের দিকে ফিরে তিনি বললেন: 'যদি তা বিধিসম্মত হয়, তোমাদের মতি হোক আমাদের বলতে, এখানে ডানদিকে কি কোনো পথ আছে

যা দিয়ে আমরা দুজনে এখান থেকে বেরিয়ে যেতে পারি, যাতে ওই কুচকুচে দেবদূতগুলোকে আমাদের এই খাদ থেকে তুলে না নিয়ে যেতে হয়?'

সে উত্তর দিল: 'তুমি যতটা আশা করছ, তার চেয়েও কাছে পাথরের একটা আলি আছে যা এই বিশাল চক্রাকার প্রাচীর থেকে শুরু হয়ে সবকটা ভয়ানক পরিখার উপর দিয়ে গেছে, শুধু এখানটাতেই ভেঙে গিয়ে এই একটাকে আচ্ছাদন করছে না।

তার ভাঙা অংশগুলি খাদের ধার দিয়ে ঢালু হয়ে উঠে গেছে, আর তলদেশে সৃষ্টি করেছে একটি স্তূপ; তার উপর দিয়ে তোমরা উঠে যেতে পার।'

একদণ্ড মাথা হেলে দাঁড়িয়ে থেকে আমার দিশারি বলে উঠলেন: 'এই ওখানে যে পাপাত্মাদের আঁকড়ায় গাঁথছে, সে পথের মিথ্যা নির্দেশ দিয়েছিল।'

আর সন্ন্যাসী বলল: 'বলোনিয়াতে একসময় শয়তানের অনেক বদগুণ সম্পর্কে ওদের বলতে শুনেছি; তার একটা হলো যে সে মিথ্যাভাষী আর মিথ্যার জনক।'

আমার দিশারি তখন দীর্ঘ পদক্ষেপে এগিয়ে চললেন, মুখচোখ ক্রোধে খানিক অস্থির করে।

আর তাঁর প্রিয় পদচিহ্ন অনুসরণ করে এ ভাবেই অমি সেই ভারবহনকারী আত্মাদের ছেড়ে এলাম।

ফ্রাঞ্চিস্কীয় সাধুরা: সাধু ফ্রাঞ্চেস্কো বা ফ্রান্সিসের প্রতিষ্ঠিত সন্ন্যাসীসম্প্রদায়।

ঈশপের গল্প: এক ব্যাং এক ইঁদুরকে পিঠে করে পুকুর পার করিয়ে দেবে বলেছিল, কিন্তু মাঝপথে ডুব দিয়ে ইঁদুরটিকে মেরে ফেলার চেষ্টা করে। তাতে প্রলুব্ধ হয়ে এক চিল ছোঁ মেরে দুটিকেই উদরস্থ করে, বা গল্পের আরেক রূপে ইঁদুরটি বেঁচে যায়। এখানে ইঁদুর হচ্ছে পাপিষ্ঠ চ্যাম্পোলো, ব্যাং আর বাজপাখি দুই শয়তান।

'এবার' আর 'এখন': ইতালীয় উপভাষায় 'মো' আর 'ইস্‌সা', দুইয়েরই মানে 'এখন'।

সীসামাখানো কাচ: আয়না। সে যুগে কাচের নীচে সীসা লাগিয়ে আয়না বানানো হত।

নীচের মাটিতে: অর্থাৎ ষষ্ঠ খাদে। উপরের দানবগুলি পঞ্চম খাদে আবদ্ধ।

ক্লুনির সন্ন্যাসীদের মত: সাদৃশ্যটা কেবল পোশাকে নয়। সাধু বের্নার্দো বলেছিলেন, ফ্রান্সের ক্লুনি মঠের সন্ন্যাসীরা বিলাসী ও ভোগপ্রিয়। পাঠান্তরভেদে ক্লুনি নয়, 'কলোনিয়া' অর্থাৎ জার্মানির কলোন শহরের কথা বলা হচ্ছে। এখানকার সন্ন্যাসীরা বিলাসী ও উদ্ধত হয়ে পোপের কাছে আবেদন করেছিল খুব দামি ও জমকালো পোশাক ও অলঙ্কার পরার অনুমতির জন্য। তাদের নিবৃত্ত করার জন্য পোপ উলটে বিধান দিলেন, তারা যেন বিশেষভাবে সস্তা মোটা কাপড়ের পোশাক পরে।

ফেদেরিকো: সম্রাট দ্বিতীয় ফেদেরিকো (১০ম সর্গ দ্রষ্টব্য)। বলা হয় তিনি বিশ্বাসঘাতকদের শাস্তি দিতেন সীসার আবরণে পুড়ে অগ্নিকুণ্ডে নিক্ষেপ করে; কিন্তু এই বিবরণের সত্যতা নিয়ে সন্দেহ আছে।

আর্নো: ফিরেন্‌ৎসে শহরের নদী।

খোশমেজাজি যাজক: ইতালীয় 'ফ্রাতি গদেন্তি': সাধ্বী মারিয়ার নামে প্রতিষ্ঠিত সন্ন্যাসী সম্প্রদায়। আয়েশি জীবনযাত্রার জন্য ঐ নামে অভিহিত ছিল।

কাতালানো, লদেরিংগো: যথাক্রমে গুয়েলফো ও গিবেল্লিনো। দুই গোষ্ঠীর বিরোধ মেটাবার জন্য ১২৬৬তে এদের যুগ্মভাবে ফিরেন্‌ৎসের শাসনভার গ্রহণ করতে আমন্ত্রণ করা হয়। কিন্তু তাদের শাসনকাল ছিল অশান্ত ও দুর্নীতিগ্রস্ত। তাদের চক্রান্তেই শহরের গার্দিংগো নামক পল্লিতে উবের্তি পরিবারের (১০ম সর্গ দ্রঃ) প্রাসাদ পুড়িয়ে দেওয়া হয়।

ক্রুশবিদ্ধ একজন: কাইয়াফাস, ইহুদিদের ধর্মপ্রধান। যিশুকে রোমক শাসকদের হাতে তুলে দেবার জন্য প্রভাবশালী ফরিসি সম্প্রদায়কে এখানে উল্লেখিত যুক্তির দ্বারা প্ররোচিত করে (যোহন ১১:৪৯-৫০)।

শ্বশুর: আন্নাস। সেও যিশুর বিরুদ্ধে ষড়যন্ত্রে লিপ্ত ছিল (যোহন ১৮:১৩)

মন্ত্রণা পরিষদ: সানহেদ্রিন: যিশুর আমলে জুদেয়া রাজ্যের প্রধান ধর্মসঙ্ঘ ও বিচারমণ্ডলী।

বিস্ময়াবিষ্ট হয়ে: কাইয়াফাস ভের্গিলিউসের পরের আমলের লোক; তাই ভের্গিলিউস যখন আগে পাতালে এসেছিলেন, সে ওখানে ছিল না।

মিথ্যার জনক: শয়তানের একটি বহুপ্রচলিত আখ্যা।

সর্গ-২৪

সপ্তম খাদ। চৌর্যবৃত্তির শাস্তি। ভান্নি ফুচ্চি।

মূল রূপক: সপ্তম খাদে শাস্তি পাচ্ছে চোরের দল। এরা নিজের ও পরের সম্পত্তির মধ্যে পার্থক্য করেনি; তাই নরকে এদের বাহ্য রূপও নিজেদের থাকছে না, বারবার সাপের জঠরে ধূলিসাৎ হয়ে মিশ্রিত ও পুনর্গঠিত হচ্ছে।

নবীন বছরের সেই ঋতুতে, সূর্য যখন কুম্ভরাশির নীচে তার কেশরাশি সুদৃঢ় করে, আর দীর্ঘ রাত্রিগুলি দক্ষিণ দিকে সরতে শুরু করে,

যখন জমাট শিশিরকণা তার শ্বেতবর্ণ সহোদরার প্রতিচ্ছবি তৈরি করে মাটির ওপর, যদিও তার কলমের ডগা বেশিক্ষণ তীক্ষ্ণ থাকে না,

তখন যদি কোনও চাষির ভাণ্ডারে গরুভেড়ার খাদ্য কমে আসে, আর সে উঠে দেখে সমস্ত মাঠ শিশির-ধবল, সে যেমন উরু চাপড়িয়ে ঘরে ফিরে যায় আর

হতভাগ্যের মত হা হুতাশ করে, এদিক-ওদিক পায়চারি করে, যেন কী করবে ভেবে পাচ্ছে না;

তারপর আবার ফিরে তাকিয়ে আশায় বুক বাঁধে, যখন সে দেখে অল্প সময়ের মধ্যেই ধরণী বদলিয়ে ফেলেছে তার মুখশ্রী,

পাচন তুলে সে ভেড়ার পাল চরাবার জন্য মাঠে নিয়ে চলে,

পভুর বিচলিত মুখ এভাবেই হতাশ করেছিল আমাকে, আবার সেই ক্ষতের শুশ্রুষাও এল তেমনই দ্রুত।

কেননা আমরা যখন ভগ্ন সেতুটির ধ্বংসস্তুপের কাছে পৌঁছালাম, আমার দিশারি সেইরকম মধুর দৃষ্টিতে আমার দিকে ফিরলেন যেমনটি পাহাড়ের পাদদেশে প্রথম দর্শনে দেখেছিলাম।

প্রথমে ধ্বংসাবশেষটি ভালভাবে পর্যবেক্ষণ করে নিয়ে, মনে-মনে একটা কিছু উপায় উদ্ভাবন করে দু বাহু বাড়িয়ে তিনি আমাকে তুলে নিলেন;

একটি বড়সড় প্রস্তরখণ্ডের ওপর আমাকে চড়িয়ে দিতে-দিতে অন্য একটি পাথর দেখে নিলেন—ঠিক তারই মতো, যে কাজ করে ভেবেচিন্তে এবং সর্বদাই প্রস্তুত থাকে পরবর্তী পদক্ষেপের জন্য।

'এবার ওইটা ধরো,' তিনি বলে উঠলেন, 'কিন্তু আগে দেখে নাও এটা তোমার ভার সইতে পারবে কিনা।'

সীসের জোব্বা পরা কারো পক্ষে এ পথে যাওয়া আদৌ সম্ভব ছিল না। আমরা দু'জনে—তিনি ভারহীন আত্মা, আর আমাকে তিনিই ঠেলে নিয়ে যাচ্ছেন—কোনোক্রমে ভাঙা খোঁচাগুলোয় পা ফেলে-ফেলে উঠলাম।

এই বাঁধের পাড়টা যদি আগেরটার চেয়ে দৈর্ঘে কম না হতো, তাহলে ওঁর কথা জানি না, আমি তো পর্যদুস্ত হতাম;

কিন্তু যেহেতু নরকের এই পরিখাগুলি ঢালু হয়ে নেমে গেছে সবচাইতে নীচের কূপটির হাঁ-করা গহ্বরের দিকে, প্রতিটি উপত্যকার একদিকের প্রাকার উঁচু, অন্যদিকেরটি নীচু।

অবশেষে আমরা পৌঁছলাম যেখানে সেই পাহাড়ের শেষ পাথরটি হঠাৎ ভেঙে শেষ হয়ে যাচ্ছে।

উপরে উঠে আমার এতটাই দম ফুরিয়ে গিয়েছিল যে আর এগোতে পারলাম না—তক্ষুনি বসে পড়লাম সেখানেই।

'আলস্য ঝেড়ে উঠে পড়ো,' বলে উঠলেন প্রভু, 'কারণ কোমল আসনে বা কম্বলের তলায় বসে যশ লাভ করা যায় না।

আর যশ ছাড়া যে তার জীবন অতিবাহিত করে, পৃথিবীতে সেটুকুই পদচিহ্ন রেখে যায়, ধোঁয়া যেমন হাওয়ায় আর ফেনা যেমন জলের ওপর।

তাই উঠে পড়ো! অবসাদ জয় করো সেই আত্মার জোরে যা প্রতিটি যুদ্ধে জয়ী হয় যদি না ডুবে যায় দেহের ভারে।

এর চেয়ে আরো লম্বা সিঁড়ি আমাদের ভাঙতে হবে। ওই পাপাত্মাদের ছাড়িয়ে ফেলে আসাই যথেষ্ট নয়। আমার কথা যদি অনুধাবন করে থাকো, তা থেকে লাভবান হবার মত আচরণ কর।'

তখন আমি উঠে পড়লাম, যতটা দম ফিরে পেয়েছি তার চাইতে বেশি দেখিয়ে বললাম: 'চলো, এখন আমি বলীয়ান ও উদ্দীপ্ত।'

আমরা পাড়ের ঢাল ধরে উঠতে লাগলাম—উঁচু-নীচু খাঁজে ভরা, সঙ্কীর্ণ, দুর্গম, আর আগের চেয়ে অনেক বেশি খাড়া।

উঠতে উঠতে কথা বলছিলাম, যাতে আমাকে দুর্বল মনে না হয়; তাতে পরের খাদ থেকে ভেসে এল শব্দোচ্চারণে অক্ষম একটি স্বর।

যদিও আমি সেই খাদের উপরের খিলানের একেবারে মাথাতেই ছিলাম, ও যে কী বলছিল বুঝতে পারলাম না, তবে মনে হল বক্তা খুব ক্রুদ্ধ।

দেখবার জন্য নীচের দিকে ঝুঁকলাম, কিন্তু আমার চর্মচক্ষু সেই গাঢ় তমিস্রাকে তলা পর্যন্ত ভেদ করতে পারল না। তাই বললাম: 'প্রভু দেখো তো, যদি পরের পরিখা অবধি গিয়ে তার ধার দিয়ে নেমে যাওয়া যায়—

কারণ এখান থেকে আমি কেবল শব্দ শুনলেও শুধু বুঝতে পারছি না তাই নয়, নীচে তাকিয়ে দেখতেও পাচ্ছি না কিছু।'

তিনি উত্তর দিলেন: 'তুমি যা বললে, সেটাই করে আমি তোমার জবাব দেব, কারণ সঠিক অনুরোধের উত্তর হচ্ছে তা নীরবে পালন করা।'

সেতুর শেষ প্রান্ত দিয়ে আমরা নেমে এলাম সেই স্থানে যেখানে ওটি যুক্ত হয়েছে অষ্টম খাদের পাড়ের সঙ্গে, আর তখন খাদটা দেখতে পেলাম পুরোপুরি।

দেখলাম সাপ আর নানা বিচিত্র জীবের ভয়-জাগানো এক ভিড়—স্মরণ করলে এখনো আমার রক্ত হিম হয়ে যায়।

লিবিয়া যেন তার মরুবালুরাশি নিয়ে গর্ব না করে, যদিও সেখানে জন্মায় নানারকম বিষধর সাপ; কারণ সঙ্গে ইথিওপিয়া এবং লোহিত সাগরের তীরবর্তী অঞ্চলগুলি জুড়ে দিলেও, তারা কখনই এত সংখ্যক বা এত কালান্তক ছিল না।

এই হিংস্র ভীষণতম প্রাণীর ঝাঁকের মধ্য দিয়ে ছুটে চলেছে ভীত সন্ত্রস্ত নগ্ন মানুষেরা—লুকোবার কোনও জায়গা, বা অদৃশ্য করে দিতে পারে এমন কোনো জাদুপাথরের আশা ছেড়ে।

সর্পরজ্জু দিয়ে পিছমোড়া করে বাঁধা তাদের হাত; নিম্নাঙ্গের মধ্য দিয়ে ঢুকিয়ে সাপগুলির মাথা আর লেজ সামনের দিকে গিঁট দিয়ে বাঁধা।

আর দেখলাম, প্রাকারের যে দিকে আমরা ছিলাম, সেদিকেই একজনের ওপর ঝাঁপিয়ে পড়ল একটি সাপ আর তার কাঁধ আর ঘাড়ের মাঝখানে কামড়ে চেপে ধরল।

যত দ্রুত ওর শরীর আগুন ধরে পুড়ে ছাই হয়ে মাটিতে পড়ে গেল, 'ও' কিংবা 'আই' অক্ষর কখনো তত দ্রুত লেখা হয়নি।

আর এভাবে মাটিতে ঝরে যাবার পরে ছাইগুলো তৎক্ষণাৎ আপনা হতে জড়ো হয়ে ফিরে গেল তার আগের অবয়বে—

ঠিক যেমন জ্ঞানী ব্যক্তিরা বলেন যে ফইনিক্স পাখি প্রতি পাঁচশ বছর আগত হলে এভাবেই মৃত্যু ও পুনর্জন্ম লাভ করে।

যতদিন জীবন্ত থাকে, না খায় গুল্মাদি, না কোনো শস্যদানা, কেবল সুগন্ধি গাছের আঠা আর নির্যাস। সুগন্ধি নির্যাসে রচিত হয় তার মৃত্যু-আবরণ।

কোনও মানুষ যখন হঠাৎ নিজের অজান্তে মূর্ছিত হয়ে পড়ে যায়—হয়তো কোনো দানো তাকে মাটিতে পেড়ে ফেলেছে বলে, কিংবা অন্য কোনো বাধা পেয়ে;

তারপর জেগে উঠে, যে ভয়ানক যন্ত্রণা সে ভোগ করেছে তাতে বিহ্বল হয়ে ফ্যালফ্যাল করে চারদিকে তাকায়, আর বড়-বড় শ্বাস ফেলে,

পাপাত্মাটি উঠে বসে ঠিক সেরকমই করছিল। ঈশ্বরের কী ক্ষমতা! ওহো, তা কত কঠোর, যা এমন আঘাতে পাপের প্রতিদান করে!

আমার দিশারি তখন তার পরিচয় জানতে চাইলেন। সে বলল: 'কিছুক্ষণ আগে তস্কানা থেকে আমি এই ভয়ঙ্কর গহ্বরে বৃষ্টির মত ঝরে পড়েছি।

মানুষের নয়, জানোয়ারের জীবন খুশি করত আমাকে; আমি ছিলাম খচ্চরের মত বেজন্মা। আমি 'পশু' নাম দেওয়া ভান্নি ফুচ্চি; পিস্তোইয়া ছিল আমার উপযুক্ত আস্তানা।'

আমার চালককে বললাম: 'ওকে পালাতে নিষেধ করো। কোন পাপে ও এইখানে পতিত হয়েছে তাও জিজ্ঞাসা কর। আমি তো ওকে জানতাম রক্তপাত আর নিষ্ঠুরতার জন্য।'

পাপাত্মাটি এসব শুনে আর কোনো ভান না করে আমার দিকে তার মুখ ফেরাল, মন ফেরাল, আর মর্মভেদী লজ্জায় লাল হয়ে বলল: 'মর্ত্যজীবন থেকে আমাকে যে ছিনিয়ে আনা হয়েছে, সে যন্ত্রণার চাইতেও বেশি কষ্ট পাচ্ছি এই দুর্দশার মধ্যে তুমি আমাকে দেখে ফেলেছ বলে।

এখন তুমি যা প্রশ্ন করবে, তার উত্তর আমি না দিয়ে পারব না।

এতটা নীচে আমাকে পাঠানো হয়েছে কারণ আমি পিস্তোইয়ার গির্জার অন্ধকারময় উপাসনাকক্ষের ধনসম্পদ চুরি করেছিলাম, যার মিথ্যা দায় অন্যদের উপরে বর্তায়।

কিন্তু যদি এই অন্ধকার লোক থেকে কখনো বেরোতে পার, পাছে এই দৃশ্য দেখে তুমি খুশি হও, যে কথা বলছি তা কান খাড়া করে শোনো:

প্রথমে পিস্তোইয়ায় কালোর দলের উপস্থিতি পাতলা হয়ে আসবে; তারপর ফিরেন্ৎসের মানুষজন আর হালচালের নতুন করে পরিবর্তন ঘটবে।

ভাল দি মাগ্রা থেকে রণদেবতা মঙ্গলদেব ঘোলা মেঘে আবৃত বাষ্প ওঠাবেন, আর

পিচেনোর ময়দানে প্রচণ্ড দুর্বহ ঝঞ্ঝার সঙ্গে লড়াই বাধবে—যেখানে অকস্মাৎ মেঘ ছিন্ন করে আগুন হানবে, আর সাদার দলের সকলের উপর পড়বে সেই আঘাত।

তোমাকে এটা বললাম যাতে শুনে তুমি কষ্ট পাও।'

সেই ঋতুতে: সূর্য কুম্ভরাশিতে অবস্থান করে বছরের গোড়ায়, ২১শে জানুয়ারি থেকে ২১শে ফেব্রুয়ারি পর্যন্ত।

কেশরাশি: সূর্যের রশ্মি।

শ্বেতবর্ণ সহোদরা: অর্থাৎ তুষার। জমাট শিশির তুষারের চেয়ে তাড়াতাড়ি গলে।

আরও লম্বা সিড়ি: শুদ্ধিলোকের পাহাড় বেয়ে। কেবল নরক থেকে নিস্তার পাওয়া 'যথেষ্ট' নয়।

লিবিয়া: লিবিয়ার মরুভূমির এই ভয়াবহ সরীসৃপগুলির বিবরণ দান্তে পেয়েছিলেন লুকানুসের লাতিন মহাকাব্য *ফারসালিয়া* (৯:৭০৮-২১) থেকে। প্রাচীনকালে এমনকী মধ্যযুগেও 'লিবিয়া' বলতে কেবল ঐ নামে আধুনিক দেশটিকেই নয়, বোঝাত মিশরের পশ্চিমে পুরো উত্তর আফ্রিকা।

ও, আই: এই অক্ষর দুটি একটানে গঠিত হয় বলে দ্রুত লেখা যায়।

ফইনিক্স: ইতালীয় ফেনিচে, ইং ফিনিক্স। এই কাল্পনিক পাখি মাত্র একটি জীবন্ত থাকত; মৃত্যুকাল উপস্থিত হলে স্বনিঃসৃত আগুনে পুড়ে মরত, আর সেই ছাই থেকে নতুন একটি পাখি জন্ম নিত।

ভান্নি ফুচ্চি: পিস্তোইয়া শহরের কালো গুয়েলফোদের সদস্য। কুখ্যাত হিংস্র স্বভাবের জন্য দান্তে ভেবেছিলেন সে থাকবে সপ্তম বলয়ে রক্তের নদী ফ্লেগেথোনে ডুবে। কিন্তু জানা গেল সে গির্জার ধন চুরি করে নরকের আরও নীচের স্তরে পতিত হয়েছে। পিস্তোইয়ার মহাগির্জার কোষাগার বহুমূল্য ধর্মসামগ্রীর জন্য বিখ্যাত ছিল। ফুচ্চির এই পাপের জন্য এক নিরপরাধ ব্যক্তি ধরা পড়ে, যদিও অবশেষে ছাড়া পায়। যে ব্যক্তি চোরাই মাল পাচার করেছিল তার ফাঁসি হয়। ফুচ্চির অপরাধের কথা জানা যায় তার মৃত্যুর পর।

পিস্তোইয়া থেকে: গুয়েলফোদের 'সাদা' ও 'কালো' সম্প্রদায়ের বিভাজন পিস্তোইয়া থেকে ফিরেন্‌ৎসেতে আমদানি হয়।

ভাল দি মাগ্রা: তস্কানার এক উপত্যকা; মারকেসে মোরোয়েল্লো মালাস্পিনা এখানকার অধিপতি ছিলেন। এই পংক্তিগুলিতে দান্তে ১৩০১ সালে (অর্থাৎ গল্পের

কাহিনীকাল অনুসারে ভবিষ্যতে) পিস্তোইয়া, ফিরেন্‌ৎসে আর লুক্কার সাদা ও কালো গুয়েলফোদের অন্তর্দ্বন্দ্ব ও যুদ্ধের কথা বলছেন। পিচেনোর যুদ্ধে মালাস্পিনার নেতৃত্বে কালোরা সাদাদের পরাজিত করে। দান্তে সাদাদের দিকে ছিলেন, তাই কালোদের নেতা মালাস্পিনাকে তিনি দেখছেন দূষিত বাষ্প হিসাবে।

সর্গ-২৫

সাপের জঠরে কয়েকজন ফিরেন্‌ৎসীয় পাপীর শাস্তি।

মূল রূপক: নিজের ও পরের সম্পত্তি নিয়ে চোরদের বিভ্রান্তি এখানে চরমে পৌঁছেছে: পাপীদের ও সর্পরূপী দানবদের অবয়বগুলি মিশে এক হচ্ছে, বা বিনিময় হয়ে আবার খণ্ডিত হচ্ছে।

বলা শেষ করে তস্করটি দুই মুঠি ডুমুরের ছাঁদে ঊর্দ্ধে তুলে চেঁচিয়ে উঠল: 'এই যে ভগবান! শুধু তোর জন্যেই এরকমটা করছি!'

তখন থেকেই সাপগুলো হল আমার মিতা; কারণ তাদের একজন তার গলা পেঁচিয়ে ধরল, যেন বলতে, 'আর কোনো কথা নয়!'

এবং আরেকটি তার দুই বাহু আবেষ্টন করে শরীরটা গিঁট পাকিয়ে তার সামনের দিকে এমন কষে চেপে বসল যে তার এতটুকু নড়াচড়াও বন্ধ হয়ে গেল।

হায় পিস্তোইয়া, পিস্তোইয়া! কেন তুমি সংকল্প করো না, নিজেকে ভস্মীভূত করে তোমার অস্তিত্ব বিলোপ করতে—কারণ অপকর্মে তুমি তোমার স্থাপকদেরও হার মানিয়েছ।

নরকের সব অন্ধকার চক্রের মধ্যেও আমি কোথাও দেখিনি ঈশ্বরের বিরুদ্ধে এমন দর্প, এমনকী থেবাইয়ের প্রাচীর থেকে যে পতিত হয়েছিল তার মধ্যেও না।

একটিও কথা না বলে সেই পাপাত্মা পালিয়ে গেল, আর দেখলাম এক ক্রোধোন্মত্ত নরাশ্ব ছুটে এল 'কোথায় সে? কোথায় সে?' বলতে-বলতে।

আমার মনে হয় সমস্ত মারেম্মাতেও অত সাপ নেই যত ছিল তার কটিদেশে, ঠিক যেখানে তার মানব শরীরের শুরু।

আর তার কাঁধের ওপর, ঘাড়ের পেছনে গুঁড়ি মেরে বসেছিল এক ডানামেলা ড্রাগন—যে তার সামনে পড়ছে তাকেই মুখনিসৃত আগুনে দগ্ধ করছে।

আমার প্রভু বললেন: 'ও হলো কাকুস, আভেন্তিনো পাহাড়ের পাথুরে খাড়াইয়ের নীচে প্রায়ই যে রক্তভরা হ্রদ সৃষ্টি করেছে।

ভ্রাতাদের সঙ্গে সে একই পথে হাঁটছে না; তার কারণ তার প্রতারকবৃত্তি, যা দিয়ে সে চুরি করেছিল তার পার্শ্ববর্তী বিরাট গরুর পালকে।

হেরাক্লেসের মুগুরের ঘায়ে সাঙ্গ হয়েছিল তার বক্রগতি কুকর্ম; সম্ভবত একশ ঘা মেরেছিলেন তিনি, তার মধ্যে দশটিও সে অনুভব করার অবস্থায় ছিল না।'

কথা বলতে-বলতেই সে ছুটে চলে গেল, আর নীচে আবির্ভূত হল তিনটি প্রেতাত্মা।

আমি আর আমার দিশারি তাদের দেখতেই পাইনি যতক্ষণ না তারা চেঁচিয়ে উঠল, 'কে তোমরা?'

এতে আমাদের কথাবার্তা থেমে গেল, এবং আমরা মনোযোগ দিলাম পুরোপুরি ওদেরই দিকে।

ওদের চিনতে পারিনি; কিন্তু মাঝে-মাঝে যেমনটি ঘটে, একজন আরেকজনের নাম করে বলল,

'চ্যানফা কোথায় আটকে পড়ল?' জিগ্যেস করল সে; আর আমি ওষ্ঠাধরে তর্জনী চেপে ধরলাম যাতে আমার গুরু সতর্ক থাকেন।

পাঠক, এখন আমি যা বলব যদি তুমি তা বিশ্বাস করতে দ্বিধাবোধ করো, তাতে আশ্চর্য হবার কিছু নেই, কেননা স্বচক্ষে দেখা সত্ত্বেও আমিও প্রায় বিশ্বাস করতে পারছিলাম না। তাদের দিকে নির্নিমেষ চোখে তাকিয়ে থাকতে-থাকতেই দেখলাম, ছয়-পাওয়ালা এক সরীসৃপ একজনের সামনে আবির্ভূত হয়ে তাকে আষ্টেপৃষ্ঠে আঁকড়ে ধরল।

মাঝের পা দুটো দিয়ে সে জড়ালো তার উদর, সামনের পায়ে দুই বাহু আর এ-গালে ও-গালে বসিয়ে দিল তার দাঁত।

পেছনের দুই পা উরুর উপর প্রসারিত করে, দু পায়ের ফাঁকে লেজ ঢুকিয়ে নিতম্বের পিছন দিয়ে উঁচিয়ে দিল।

আইভিলতা গাছের চারপাশে এতখানি ওতপ্রোত জড়িয়ে থাকে না, যেমন পাপাত্মাটির অঙ্গপ্রত্যঙ্গের সঙ্গে নিজেরগুলো জড়িয়ে দিল সেই বীভৎস প্রাণী।

তারপর গলানো মোমের মত তারা পরস্পরে বিলীন হয়ে গেল, তাদের শরীরের রংও গেল একাকার হয়ে: দুটির কোনোটিকেই দেখা গেল না তার আগের মূর্তিতে—

ঠিক যেমন আগুনের শিখার সামনে-ধরা কাগজের ওপর ফুটে ওঠে বাদামী আভা, সাদা রং মরতে-মরতে তখনো যা পুরোপুরি কালো হয়ে যায়নি।

অন্য দুজন এই দেখে চীৎকার করতে শুরু করল: 'হায় আনিয়েল! কেমন করে তুই বদলে যাচ্ছিস! তুই এখন দুই না, আবার একও না!'

ইতিমধ্যেই দুটো মাথা মিশে হয়েছে এক, যখন মনে হলো দুটো আকৃতিই একাকার হয়ে মিলেছে একটি মুখে, যেখানে হারিয়ে গেছে দুটোই।

তাদের চারটি অঙ্গ মিলে হল দুটি বাহু; আর পায়ের সঙ্গে উরু, পেটের সঙ্গে বুক মিলে গিয়ে গজালো এমন সব অঙ্গপ্রত্যঙ্গ যা আগে কখনও দেখা যায়নি।

নিশ্চিহ্ন হয়ে গেল তাদের আগের অবয়ব—এই বিকৃত জীব যেন তারা দুজনেই, আবার একজনও নয়। ধীরে ধীরে সেটি চলে গেল।

ভরগ্রীষ্মের খরতাপের ভেতর গিরগিটি যেমন ঝোপ থেকে ঝোপে যেতে রাস্তা পার হয় বিদ্যুতের মত,

সেরকমই বাকি দুজনের তলপেট নিশানা করে লাফিয়ে এল এক ছোট্ট আগুনে সরীসৃপ, গোলমরিচের মতো নীলাভ কৃষ্ণবর্ণ।

সেটা একজনের দেহের সেই অংশটি ফুঁড়ে ফেলল যেখান দিয়ে প্রথম আমরা খাদ্য গ্রহণ করি; তারপর তার সামনে পড়ে গেল টানটান হয়ে।

বিদ্ধ হওয়া মানুষটি তার দিকে একদৃষ্টে তাকিয়ে থাকল কিন্তু বলল না কিছুই। নিশ্চল পায়ে দাঁড়িয়ে শুধু বড়-বড় হাই তুলতে লাগল, যেন তার ঘুম পেয়েছে কিংবা জ্বর এসেছে।

সে সরীসৃপটার দিকে, আর ওটা তার দিকে তাকিয়ে রইল—একজন ক্ষতের থেকে, অন্যজন তার মুখবিবর থেকে প্রবলবেগে ধূম উদ্গিরণ করছিল, আর সেই নিঃসৃত ধূম একসঙ্গে মিশে যাচ্ছিল।

লুকানুস এখন হতভাগ্য সাবেল্লুস আর নাস্সিদিউস সম্বন্ধে নীরব থাকুন, অপেক্ষায় থাকুন এখন কী ঘটে শোনার জন্য!

ওভিদিউস নীরব থাকুন কাদমস আর আরেথূসা সম্বন্ধে। যদিও তিনি তাঁর কাব্যে একজনকে সাপে এবং অপরজনকে ঝর্ণায় রূপান্তরিত করেছেন, তবু আমি তাকে ঈর্ষা করি না;

কারণ তিনি কখনই মুখোমুখি দুটি প্রজাতিকে এমনভাবে রূপান্তরিত করেননি, যে তারা পরস্পরের সারাৎসার বিনিময়ের জন্য এমনভাবে প্রস্তুত ছিল।

তাদের সংযোগ ছিল এমনই পারস্পরিক যে সরীসৃপটি তার লেজ দুভাগে চিরে ফেলল, এবং আহত আত্মাটি জড়ো করে ফেলল তার দুটি পা; উরু সমেত দুই ঠ্যাং এমনভাবে একে অপরের সঙ্গে মিশে গেল যে একটু পরে সেই জোড়ের কোনো চিহ্নই রইল না।

বিভাজিত লেজটি ধারণ করল সেই আকার যা অন্যটির মধ্যে লুপ্ত হয়ে গেছে; তার ত্বক নরম হতে লাগল, আর অন্যটির হতে থাকল কর্কশ।

দেখলাম বাহুগুলি প্রবিষ্ট হলো বাহুমূলে, আর জন্তুটার বেঁটে পা দুটো ততটাই লম্বা হলো যতটা গুটিয়ে গেল ওর বাহুদ্বয়।

জন্তুটার পেছনের পা দুটো পরস্পরের সঙ্গে জড়িয়ে পরিণত হলো সেই অঙ্গে যা মানুষ লুকিয়ে রাখে, আর অভাগাটির সেখান থেকেই গজিয়ে উঠল দুটো পা।

ধূম্ররাশি দুটিকেই আচ্ছন্ন করে বদল ঘটাচ্ছিল রঙের, নির্লোম জায়গায় গজিয়ে উঠছিল কেশ আর কেশহীন হয়ে যাচ্ছিল রোমশ স্থানগুলি।

একজন উঠে দাঁড়ালো, অন্যজন পড়ে গেল। কিন্তু কেউই তাদের অশুভ দৃষ্টিদীপ সরিয়ে নিল না, যার নীচে উভয়ে আকারবিনিময় করছে।

দণ্ডায়মান জীবটা তার মুখমণ্ডল গুটিয়ে নিল দুই রগের দিকে, আর দেহবস্তুর সেই অতিরেকের চাপে মসৃণ গণ্ডদেশ দিয়ে বেরিয়ে এল কান দুটো।

এদিকে মাথার মধ্যে থেকে-যাওয়া অতিরিক্ত দেহবস্তু দিয়ে তৈরি হলো মুখের সঙ্গে মানানসই এক নাক, আর ফুলিয়ে মাপসই করে দিল দুই ঠোঁট।

মাটিতে পড়েছিল যে, সে তার ছুঁচলো নাকটা সামনে বাড়িয়ে, শামুক যেমন করে শুঁড় গুটিয়ে আনে তেমনি করে মাথার মধ্যে গুটিয়ে আনল তার কান দুটো। তার জিহ্বা, যা এতক্ষণ অখণ্ড ও শব্দোচ্চারণে সমর্থ ছিল, এবার দুভাগ হয়ে গেল; আর একজনের চেরা জিভ গেল জুড়ে এবং বন্ধ হলো ধূম উদ্‌গীরণ।

যে আত্মাটি রূপান্তরিত হয়েছিল জন্তুতে, হিশহিশ আওয়াজ তুলে সেটি দ্রুত পালিয়ে গেল উপত্যকা বরাবর, আর অন্যটি চলল তার পেছন-পেছন, কথা আর থুতু ছেটাতে-ছেটাতে।

তারপর সে তার নতুন-তৈরি কাঁধ অন্য ছায়ামূর্তিটির দিকে ফিরিয়ে বলে উঠল: 'আমি চাই বুয়োসো ঠিক আমারই মতো এই পথ দিয়ে চার পায়ে হেঁটে যাক।'

এভাবে সপ্তম খাদ-বোঝাই আত্মাদের পরিবর্তন ও পুনঃপরিবর্তন দেখলাম। তার বর্ণনায় আমার লেখনী যদি অপটু হয়ে থাকে, সেই দৃশ্যের অভিনবত্বের দোহাইয়ে তা ক্ষমা করা হোক।

যদিও আমার চোখ দুটি কিছুটা বিমূঢ় এবং মন বিহ্বল ছিল, তবু ওরা আমাকে ফাঁকি দিয়ে গোপনে পালাতে পারেনি। খঞ্জ পুচ্চোকে তো ভালোমতোই চিনতে পেরেছিলাম—প্রথমাগত তিন সঙ্গীর মধ্যে একমাত্র তারই কোনো রূপান্তর ঘটেনি।

আর অন্যজন হলো সেই, যার জন্য তুমি, গাভিল্লে, বিলাপ করো।

ডুমুরের ছাঁদে: তর্জনী আর মধ্যমার মধ্যে বুড়ো আঙুল ঢুকিয়ে অশ্লীল ভঙ্গি।

পিস্তোইয়া: কথিত যে রোমার বিরুদ্ধে ষড়যন্ত্রকারী (অতএব তৎকালীন বিচারে চূড়ান্ত পাপী ও বিশ্বাসঘাতক) কাতিলিনার কিছু অনুগামী পিস্তোইয়া প্রতিষ্ঠা করেছিল।

মারেম্মা: দক্ষিণ তস্কানার অস্বাস্থ্যকর জলা। বিশ শতকে সংস্কার করা হয়।

কাকুস: এ আদতে নরাশ্ব নয় (১২শ সর্গ দ্রঃ), অর্ধমানব এক দানব। হেরাক্লেস তাঁর দ্বাদশ কীর্তির একটি হিসাবে আরেক দানব গেরীওনের গাভীর পাল হরণ করে আনার সময় কাকুস সেগুলি তার কাছ থেকে হরণ করে, এবং হেরাক্লেসের চোখে ধুলো দেবার জন্য তাদের উলটোমুখে তার গুহায় টেনে নেয়, যাতে পায়ের ছাপ দেখে হেরাক্লেস না বুঝতে পারেন তাদের কোনদিকে নিয়ে যাওয়া হয়েছে। কিন্তু হেরাক্লেস হাম্বারব শুনে তাদের সন্ধান পেয়ে কাকুসকে হত্যা করে তাদের পুনরুদ্ধার করেন।

আভেন্তিনো: রোমা যে সাতটি টিলার উপর অবস্থিত তার একটি। কাকুসের গুহা এর নীচে বলে বর্ণিত।

তার বন্ধুদের: চুরির পাপের জন্য কাকুস অন্য নরাশ্বদের সঙ্গে সপ্তম চক্রে না থেকে আরও নীচে শাস্তিভোগ করছে।

দশমটি টের পায়নি: কারণ নবমটির ঘায়েই সে মরে গিয়েছিল।

তিন ছায়ামানব: আন্যিয়েল্লো দেই ব্রুনেল্লেস্কি, বুওসো দেল্যি আবাতি, পুচ্চ্যো দেই গালিগাই। পরে উল্লেখিত চ্যানফা দেই দোনাতি ও ফ্রাঞ্চেস্কো গুয়ের্চ্যো দেই কাভালকান্তির মত এরা সকলেই ফিরেন্ৎসের সম্ভ্রান্তবংশী, কিন্তু বোঝাই যাচ্ছে চৌর্যবৃত্তি ও অসাধুতার জন্য এদের কুখ্যাতি ছিল। তবে এ কথা নিশ্চিতভাবে জানা যায় একমাত্র আন্যিয়েল্লো এবং চ্যানফা সম্বন্ধে। কাহিনীর মুহূর্তে চ্যানফা এবং ফ্রাঞ্চেস্কো সরীসৃপের রূপ ধারণ করে আছে।

ছয় পাওয়ালা সরীসৃপ: এ-ই চ্যানফা, এই মূর্তিতে পরিণত হয়েছে।

আনিয়েল: অর্থাৎ আন্যিয়েল্লো দেই ব্রুনেল্লেস্কি।

একটি ছোট্ট সরীসৃপ: ফ্রাঞ্চেস্কো গুয়ের্চ্যো দেই কাভালকান্তি, এই মূর্তিতে রূপান্তরিত। এর পরিচয় জানা যায় সর্গের শেষ পংক্তিতে।

দেহের সেই অংশটি: নাভি।

সাবেল্লুস, নাসিদিউস: লুকানুসের *ফারসালিয়া* (২৫:৯৫) কাব্যে বর্ণিত লিবিয়ার মরুভূমির সরীসৃপদের আক্রমণে নিহত দুই সৈনিক। ২৪শ সর্গের টীকা দ্রঃ।

ওভিদিউস: বিখ্যাত প্রাচীন লাতিন কবি। তার *রূপান্তর* (*মেতামর্ফোসেস*) নামের দীর্ঘ কাব্য গ্রীক-রোমক পুরাণকথার নানাবিধ রূপান্তরের কাহিনীতে ভর্তি। তার মধ্যে থেবাই শহরের প্রতিষ্ঠাতা কাদমস হয় সাপ; জলপরী আরেথূসা, ঝর্ণা বা প্রস্রবণ।

খঞ্জ পুচ্চ্যো: পুচ্চ্যো দেই গালিগাই (উপরে দ্রঃ)। খঞ্জ বলেই দান্তে তাকে চিনতে পারলেন।

গাভিল্লে: ফ্রাঞ্চেস্কোর অত্যাচারের জন্য গাভিল্লে গ্রামের অধিবাসীরা তাকে হত্যা করে। তার পরিজনেরা আবার সেজন্য গ্রামবাসীদের বিরুদ্ধে প্রতিশোধ নেয়।

সর্গ-২৬

অষ্টম খাদ। কুপরামর্শদানের শাস্তি। উলীস্‌সেসের শেষ যাত্রা।

মূল রূপক: এই খাদের পাপীরা কুপরামর্শদাতা। যেহেতু তারা জিহ্বা দিয়ে সেই কুমন্ত্রণা উচ্চারণ করেছিল, তাদের লেহনকারী আগুনের শিখাগুলিও জিহ্বার আকারে।

আনন্দ করো, ফিরেন্‌ৎসে, কারণ তুমি এতই মহান যে সাগর ও স্থলভূমির ওপর তুমি ডানা ঝাপটাও, আর নরকময় ছড়িয়ে পড়ে তোমার নাম!

তস্করদের ভিড়ে তোমার পাঁচজন নাগরিককে দেখে মরমে মরে গেলাম। তুমিও এর ফলে কোনও উচ্চ সম্মানে উন্নীত হলে না।

কিন্তু ভোরের স্বপ্ন যদি সত্য হয়, তাহলে শীঘ্রই তুমি অনুভব করবে, বহুপূর্বেই প্রাতো এবং অন্যান্যরা তোমার জন্য তীব্রভাবে যা আকাঙ্ক্ষা করে আসছে।

আর যদি আজই হয় সেই দিন, তাও তা বেশি তাড়াতাড়ি হবে না। হতে যেখানে বাধ্য, তা হয়েই যাক না কেন, নইলে বয়সের সঙ্গে সঙ্গে এই ভার আমার পক্ষে হয়ে উঠবে আরো দুর্বহ।

সেখান থেকে আমরা প্রস্থান করলাম। বেরিয়ে-থাকা পাথরের যে সিঁড়ি দিয়ে আমরা আগে নেমে এসেছিলাম, সেখান দিয়েই আমার দিশারি আবার উঠে আমাকেও টেনে তুললেন।

পাথরের ঢিবি আর শৈলশিরার মধ্য দিয়ে নির্জন পথ বেয়ে চললাম, যেখানে হাতের সাহায্য ছাড়া পা অচল।

দুঃখ পেয়েছিলাম তখন, আর যা দেখেছিলাম তা স্মরণ করে আবার দুঃখ পাচ্ছি এখনো। তাই সচরাচর অভ্যাসের চেয়ে বেশি করেই আমার কবিশক্তি সংযত করছি।

পাছে তা ধর্মের দ্বারা চালিত না হয়ে অন্য পথে যায়, কোনো শুভ নক্ষত্র বা আরো কল্যাণকর কিছু যদি আমাকে এই আশীর্বাদ প্রদান করে থাকে, আমি নিজেই যেন তার অপব্যবহার না করি।

সেই ঋতুতে, যখন বিশ্বের আলোকদাতা আমাদের থেকে সবচাইতে কম আড়াল করেন তার মুখটিকে, আর সেই সময়ে যখন মাছির উৎপাত কমে যায় আর তাদের জায়গা দখল করে নেয় মশারা,

তখন পাহাড়ের ওপরে বিশ্রাম করতে করতে চাষি নীচে উপত্যকায় যত জোনাকি দেখে—যেখানে হয়তো সে আঙুর তুলেছে অথবা কর্ষণ করেছে ভূমি—

তেমনি অসংখ্য আলোকশিখায় দীপ্যমান ছিল অষ্টম খাদটি; যেখান থেকে তলদেশটি দেখা যায়, সেখানে ওঠামাত্র আমি তা লক্ষ্য করলাম।

ভল্লুকে যার হয়ে প্রতিহিংসা নিয়েছিল, তিনি যেমন প্রস্থানরত এলিয়র রথ দেখতে পেরেছিলেন, যখন তার ঘোড়াগুলি লাফিয়ে উঠে স্বর্গের পথে উড়ে যায়—যেমন তিনি দৃষ্টি দিয়ে তা অনুসরণ করতে পারেননি, দেখেছিলেন শুধু ক্ষুদ্র মেঘের মত একটি অগ্নিশিখা উপরে উঠে যাচ্ছে—

সেরকমই গহ্বরটির গলদেশ বরাবর চলছিল প্রতিটি অগ্নিশিখা; চোরের মত বয়ে নিয়ে যাচ্ছিল একটি করে পাপাত্মাকে, চুরিটা লুকিয়ে রেখে।

ভালো করে দেখব বলে সেতুর ওপরে উঠে দাঁড়িয়েছিলাম—এতটাই যে যদি একটি পাথর ধরে না থাকতাম, তাহলে কেউ ঠ্যালা না মারলেও পড়ে যেতে পারতাম।

আমাকে এতখানি মগ্ন দেখে আমার দিশারি বললেন: 'এই চলমান আগুনের মধ্যে রয়েছে আত্মারা; যা তাদের দহন করছে, তাতেই তারা আবৃত।'

বললাম: 'প্রভু, ইতিমধ্যেই যা ভেবেছিলাম, তোমার কথা শুনে নিশ্চিত হলাম যে সেই ধারণাই ঠিক—তেমন আন্দাজ করেই প্রশ্ন করতে যাচ্ছিলাম,

কে ওই শিখার মধ্যে, যা এতেয়ক্লেস আর তার ভ্রাতার চিতার অনল থেকে নির্গত শিখার মত দ্বিধাবিভক্ত?'

তিনি উত্তরে বলেন: 'ওর ভেতরে রয়েছে উলীস্‌সেস আর দিওমেদেস—একদা যেমন বিদ্বেষে, তেমনি এখন শাস্তিতে যুক্ত হয়ে।

ওই শিখার মধ্যে তারা গুঙিয়ে উঠছে সেই অশ্বের দ্বারা গোপন আক্রমণের জন্য, যা রোমক জাতির মহান বীজের নিষ্ক্রমণের দ্বার খুলে দিয়েছিল।

ওর মধ্যেই বিলাপ করছে সেই কৌশলের জন্য, যার ফলে মৃতা দেইদামেইয়া এখনও আখিল্লেউসের জন্য রোদন করে; তারা সেখানেই শাস্তিভোগ করছে পাল্লাদিওনের জন্য।'

বললাম: 'প্রভু, যদি ওই অগ্নিশিখার মধ্য থেকে ওরা কথা বলতে পারে, তোমার কাছে প্রার্থনা আমার, আবারও প্রার্থনা—এ প্রার্থনা যেন হয় সহস্রসমান—যে ওই শৃঙ্গাকার অগ্নিশিখা এখানে পৌঁছনো পর্যন্ত আমাকে অপেক্ষা করতে তুমি নিষেধ কোরো না—দেখতেই পাচ্ছো কতটা আগ্রহের সঙ্গে আমি ওদিকে ঝুঁকে পড়েছি।'

তাতে তিনি আমাকে বললেন: 'তোমার প্রার্থনা খুবই প্রশংসার যোগ্য, সুতরাং আমি তা মঞ্জুর করলাম; কিন্তু তুমি যেন কথা কয়োনা,

আমাকে বলতে দাও। কারণ তুমি কী জিগ্যেস করতে চাও আমি বুঝে গেছি, আর তারা গ্রীক ছিল বলে হয়ত অবজ্ঞায় তোমার কথায় কান নাও দিতে পারে।'

কাজে কাজেই আমার দিশারির বিচারে সেই অগ্নিশিখা যখন সঠিক স্থানে সঠিক সময়ে পৌঁছল, শুনলাম তিনি তাঁদের বলছেন: 'ওহে শোনো, একই অনলে দুজনে একসঙ্গে চলেছ যারা, যদি আমার জীবৎকালে তোমাদের কাছে আমার কিছু প্রাপ্য থেকে থাকে, যদি মর্ত্যলোকে আমার উতুঙ্গ কাব্য রচনা করে তোমাদের কাছে কিছু প্রাপ্য আশা করতে পারি, তাহলে তোমরা চলে যেয়ো না; বরং তোমাদের একজন বলো কোথায় হারিয়ে গিয়ে সে মৃত্যুমুখে পতিত হয়েছিল।'

বাতাসের প্রতিকূলে নড়তে-থাকা শিখার মতো সেই প্রাচীন অগ্নিশিখার বৃহত্তর শৃঙ্গটি মৃদু গুঞ্জন করে কাঁপতে থাকল, যেন বাতাসের ঝাপটায়;

তারপর বাচনরত জিহ্বার মত সেই শিখার ডগা আন্দোলিত হয়ে বাইরে নিক্ষেপ করল এক কণ্ঠস্বর, এই বলে: 'যখন আমি কাইয়েতার কাছে (আয়নেয়াস জায়গাটার এই নাম দেবার আগেই) কির্কে আমাকে বছরখানেক আটকে রাখার পর তার কাছ থেকে বিদায় নিলাম,

জগৎকে জানার, মানুষের গুণাগুণ সম্পর্কে অভিজ্ঞতা অর্জনের জন্য আমার তীব্র আকাঙ্ক্ষাকে কোনো কিছুই দমিয়ে রাখতে পারল না—

না পুত্রস্নেহ, না বৃদ্ধ পিতার প্রতি ভক্তি, না পেনেলোপের প্রাপ্য প্রেম যা তাকে সুখী করতে পারত।

একটিমাত্র জাহাজ, আর আমাকে পরিত্যাগ করেনি এমন অল্প কয়েকজন সঙ্গী নিয়ে আমি খোলা সমুদ্রে পাড়ি দিলাম।

'দেখলাম একেবারে স্পেন পর্যন্ত, মরক্কো পর্যন্ত, দু ধারের তটভূমি, চারিদিকে সমুদ্রস্নাত অন্যান্য দ্বীপের সঙ্গে সার্দিনিয়া।

বৃদ্ধ আর শ্লথ অবস্থায় শেষে আমি আর আমার সঙ্গীরা পৌঁছে গেলাম সেই সঙ্কীর্ণ সাগর প্রণালীতে যেখানে হেরাক্লেস তার সংকেতস্বরূপ স্তম্ভগুলি স্থাপন করেছিলেন, যাতে মানুষজন তার ওপারে যায়। ডান হাতে ছাড়িয়ে গেলাম সেভিল্লা, অন্যদিকে ইতিমধ্যেই সেউতা পেছনে ফেলে এসেছি।

"ভাই সব", আমি বললাম: "শত সহস্র বিপদের ভেতর দিয়ে যারা পশ্চিমে এসে পৌঁছেছ, বোধবুদ্ধি জাগ্রত থাকার আর যে স্বল্প সময়টুকু আমাদের বাকি আছে, তাতে সূর্যের ওপারে জনহীন ভুবনে কী আছে তার অভিজ্ঞতা গ্রহণ থেকে বিরত হোয়ো না।

ভেবে দ্যাখো কোন বীজ থেকে তোমাদের উৎস। পশুর জীবন যাপন করার জন্য জন্মাওনি তোমরা, জন্মেছ মহত্ত্ব আর জ্ঞানের পথ অনুসরণ করবার জন্য।"

এই সংক্ষিপ্ত ভাষণে আমার সঙ্গীদের পথে এগোবার জন্য এতটাই আগ্রহী করে তুললাম যে তাদের প্রায় ঠেকিয়ে রাখা যেত না।

প্রভাতী আলোর দিকে পাছগলুই ফিরিয়ে, আগাগোড়া বাঁদিকে গতিপথ ধরে সেই মত্ত অভিযানে আমাদের দাঁড়গুলোকে করে তুললাম ডানা।

রাত্রি তখন দেখতে লাগল অন্য মেরুর তারা; আর আমাদেরগুলো হয়ে গেল এত নীচু যে সাগরের সমতল থেকে সেগুলি আর ওপরে ওঠেনি।

সেই অতলস্পর্শ পথে প্রবেশ করার পর আমরা চাঁদের অধোদেশের জ্যোতি পাঁচবার প্রজ্জ্বলিত হতে আর ততবার ফের নির্বাপিত হতে দেখলাম,

যখন একটা পর্বত আমাদের সামনে দেখা গেল—দূরত্ববশত আবছা, তবে মনে হল এত উঁচু পর্বত আগে কখনো দেখিনি।

এতে আমরা উৎফুল্ল হলাম, কিন্তু সেই আনন্দ পর্যবসিত হলো দুঃখে। সেই নতুন দেশ থেকে উঠে আসা এক প্রবল ঘূর্ণিঝড় আছড়ে পড়ল আমাদের জাহাজের সামনের দিকে,

উন্মত্ত জলরাশির মধ্যে জাহাজটিকে পাক খাওয়ালো তিনবার, তারপর একজনের দৈব ইচ্ছায় চতুর্থবারে পাছগলুই উপরে তুলে সামনের গলুইটা নীচে ডুবিয়ে দিল,

যে পর্যন্ত না আমাদের গ্রাস করে নিল সমুদ্র।'

প্রাতো: প্রাতো শহর তখন ফিরেন্‌ৎসের অধীনস্থ ছিল। প্রাতোর বাসিন্দারা তাই স্বভাবতই ফিরেন্‌ৎসের বিনাশ চাইত, বিদ্রোহও করেছিল। কিন্তু দান্তে হয়ত ইঙ্গিত করছেন প্রাতোর কার্দিনাল নিক্কোলোর প্রতি। ১৩০৪ সালে পোপ একাদশ বেনেদিক্তুস তাঁকে দুই বিবাদমান গোষ্ঠীর মধ্যে শান্তিস্থাপনের উদ্দেশ্যে ফিরেন্‌ৎসে পাঠান। বিফল হয়ে নিক্কোলো ফিরেন্‌ৎসেকে অভিসম্পাত দেন এই বলে: 'ধন্য যেখানে হবেই না, অভিশপ্ত হও।' এই অভিশাপের পর ফিরেন্‌ৎসের জনজীবনে কয়েকটি বড় বিপর্যয় হয়।

আরও কল্যাণকর কিছু: অর্থাৎ ঈশ্বরের আশীর্বাদ।

সেই ঋতুতে: গ্রীষ্মকালে, যখন সূর্যকে সবচেয়ে বেশিক্ষণ দেখা যায়।

এলিয়: বাইবেলে উল্লেখিত প্রাচীন ইহুদি সাধু বা পয়গম্বর। অগ্নিময় রথে স্বর্গারোহণ করেন। তাঁর শিষ্য ইলীশায় এই দৃশ্য দেখেন (২ রাজাবলি ২:১১-১২)। পরের এক ঘটনায় কিছু বেয়াড়া শিশু ইলীশায়কে বিদ্রূপ ও উত্ত্যক্ত করে। তাঁর অভিশাপে সেই শিশুদের দুটি ভালুক খেয়ে ফেলে (২ রাজাবলি ২:২৩-২৪)।

এতেয়ক্লেস: থেবাইয়ের রাজা ওইদিপূসের পুত্র। ভাই পলীনেইকেসের সঙ্গে শাসনের দখল নিয়ে যুদ্ধ হয়। শেষ অবধি এক চিতায় দাহ হলেও, তাদের বৈরিতার জন্য সেই চিতার অগ্নিশিখা দুই ভাগ হয়ে জ্বলত।

উলীস্‌সেস, দিওমেদেস: ত্রইয়ার যুদ্ধে গ্রীক পক্ষের দুই যোদ্ধা ও পরামর্শদাতা। তাদের একাধিক মিথ্যাচার ও কুমন্ত্রণা এ প্রসঙ্গে উল্লেখ্য। তারা আখিল্লেউসকে ত্রইয়ায় যুদ্ধে যেতে উদ্বুদ্ধ করে, সেই যুদ্ধে তার মৃত্যুর ভবিষ্যদ্বাণীর কথা গোপন করে। ত্রইয়ার প্রাণস্বরূপ দেবী আথেনা বা পাল্লাস-এর পবিত্র বিগ্রহ (পাল্লাদিওন) হরণ করে তারা ত্রইয়ার পতন ত্বরান্বিত করে, এবং এক বিরাট কাঠের ঘোড়ার মধ্যে গ্রীক সৈন্য ভরে ত্রইয়ার ভিতরে পাঠাবার ফন্দি এঁটে শেষ আক্রমণ হানে। শেষোক্ত কীর্তিগুলি অবশ্য ত্রইয়ান শিবিরের ক্ষতি করেছিল, গ্রীকদের পক্ষে এগুলি কুমন্ত্রণা বলা চলে না। তবু রোমার ভক্ত ও অনুসরণকারী হিসাবে দান্তে সেগুলি অন্যায় হিসাবে দেখছেন, কারণ ত্রইয়ার পতনের পর সেখানকার নেতা ও যোদ্ধা আয়েনেয়াস সমুদ্র পাড়ি দিয়ে ইতালিতে এসে রোমা নগর স্থাপন করেন। ত্রইয়াকে তাই রোমার পূর্বরূপ বলে দেখা হত; তার বীর আয়েনেয়াস রোমার 'আদি বীজ'। ('উলীস্‌সেস' নামটি লাতিন; দান্তে-ব্যবহৃত ইতালীয় নাম 'উলীস্‌সে'-এর সূত্র বলে এখানে ব্যবহৃত হল। গ্রীক নাম 'ওদীস্‌সেউস'।)

নিষ্ক্রমণ: ত্রইয়ার পতনের সময় আয়েনেয়াস তাঁর পিতা ও পুত্রকে নিয়ে শহরের ভগ্নদ্বার দিয়ে পালিয়ে যান।

দেইদামেইয়া: আখিল্লেউসের প্রেমিকা। ত্রইয়ার যুদ্ধে গেলে আখিল্লেউসের প্রাণনাশ হবে, এই ভবিষ্যদ্বাণী শুনে তার মা তাকে স্কীরসের রাজা লীকোমেদেসের সাত কন্যার সঙ্গে (হয়ত বা নারীবেশে) লুকিয়ে রাখে। দেইদামেইয়া এই সাত রাজকন্যার একজন। উলীস্‌সেস আখিল্লেউসের পুরুষ পরিচয় ফাঁস করে, তাকে দেইদামেইয়াকে ত্যাগ করে যুদ্ধে যেতে উদ্বুদ্ধ করে।

পাল্লাদিওন: উপরে দ্রঃ।

গ্রীক: দান্তে গ্রীক ভাষা জানতেন না। মধ্যযুগে দীর্ঘ বিলম্বের পর, তাঁর সময় গ্রীক ভাষা সম্বন্ধে সবে পশ্চিম ইউরোপে আবার আগ্রহ দেখা দিচ্ছিল। তাছাড়া, রোমক সভ্যতার অংশীদার হিসাবেও হয়ত গ্রীকরা তাঁকে অবজ্ঞা করতেন, কারণ রোমা স্থাপন করেছিলেন ত্রইয়ার যুদ্ধে গ্রীকদের কাছে পরাজিত পক্ষ।

উলীস্‌সেসের শেষ যাত্রার এই বিবরণ প্রায় পুরোপুরি দান্তের নিজের সৃষ্টি। হমেরস বা অন্য কোনও পূর্বেকার কবির রচনায় এর কোনও পূর্বরূপ নেই। পরবর্তীকালে ইংরেজ কবি টেনিসনের বিখ্যাত কবিতা 'ইউলিসিস' দান্তের এই আখ্যানের সূত্র ধরে রচিত।

আমার উত্তুঙ্গ কাব্য: ভের্গিলিউসের *আয়েনেইদ* কাব্যে ত্রইয়ার পতনের বিবরণ আছে।

কাইয়েতা: গায়েতা, দক্ষিণ ইতালির সমুদ্রবর্তী শহর। আয়েনেয়াস তাঁর ধাইমার নামে শহরটির এই নাম দেন। উলীস্‌সেস তার আগেই সেখানে এসেছিলেন, হমেরসের *ওদীস্‌সেইয়া* মহাকাব্যের আখ্যান অনুসারে ত্রইয়ার যুদ্ধের পর গৃহে ফেরার অভিযানের এক পর্বে।

কির্কে: এক মায়াবী যাদুকরী, মানুষদের পশুতে রূপান্তরিত করে তাদের বশে রাখত। *ওদীস্‌সেইয়া*-র এক পর্বে উলীস্‌সেস তার সাক্ষাৎ পান।

পেনেলোপে: উলীস্‌সেসের পতিব্রতা পত্নী।

হেরাক্লেসের স্তম্ভ: অতলান্তিক মহাসাগরে মেলার মুখে ভূমধ্যসাগরের পশ্চিম প্রান্তের অপরিসর মুখ বা দ্বারের দুই ধার, ইউরোপের দিকে জিব্রাল্টার এবং আফ্রিকার দিকে হাচো (পুরাকালে আবিলা) পর্বত।

সেভিল্লা: স্পেনের দক্ষিণ কুলবর্তী শহর।

সেউতা (হিস্পানী উচ্চারণে 'থেউতা'): উত্তর আফ্রিকার কুলবর্তী শহর, মরোক্কোর সংলগ্ন কিন্তু স্পেনের অংশ।

সূর্যের ওপারে: যে পশ্চিম সাগরের পাড়ে সূর্য ডোবে বলে ইউরোপের লোকেরা ভাবত, তারও ওপারে।

অন্য মেরুর তারা: দক্ষিণ গোলার্ধে যে আলাদা নক্ষত্রমণ্ডলী দেখা যায়, তা দান্তের সময়ের মধ্যেই ইউরোপের মানুষ জেনে গিয়েছিল।

চাঁদের অধোদেশের জ্যোতি... পাঁচবার: অর্থাৎ পাঁচটি চন্দ্রমাস কেটে গেল।

পর্বতের মত: শুদ্ধিলোকের পর্বত: দান্তের ভূগোল অনুসারে দক্ষিণ গোলার্ধে অবস্থিত ও সেখানকার একমাত্র ডাঙা।

সর্গ-২৭

গুইদো দা মন্তেফেলত্রোর কাহিনি।

মূল রূপক: ২৬শ সর্গের শীর্ষটীকা দ্রষ্টব্য।

কথা শেষ হলে অগ্নিশিখাটি নিষ্কম্প এবং শমিত হয়ে সুজন কবির অনুমতি নিয়ে বিদায় নিতে-নিতেই

তার পিছনে আসা আর একটি শিখার শীর্ষ থেকে উদ্গত একটা এলোমেলো আওয়াজ শুনে আমরা সেদিকে দৃষ্টি ফেরালাম।

যেমন সিচিলিয়ার ষণ্ডটি যথোচিতভাবেই প্রথমবার বৃষনাদ করে উঠেছিল যে তাকে উকো দিয়ে ঘষে ঘষে রূপদান করেছিল তারই আর্তস্বরে, যাতে প্রাণীটা তামার তৈরি হলেও মনে হত সেই আর্তনাদ যন্ত্রণাপ্রসূত,

তেমনি আগুনের মধ্য থেকে কোনও নির্গমনের পথ না পেয়ে যন্ত্রণাদীর্ণ শব্দগুলি হয়ে উঠছিল আগুনেরই ভাষা।

কিন্তু যখন তারা শিখার শীর্ষ থেকে বেরোবার পথ খুঁজে পেল, যাতে সেগুলি উচ্চারণের সময়ে জিহ্বার কম্পন সঞ্চারিত হল শিখার মধ্যে, শুনলাম সে বলছে: 'এই যে তুমি আমার কথার লক্ষ্য, লম্বার্দীয় ভাষায় বলছিলে যে এখনই "এবার যাও, আর পীড়াপীড়ি করব না"—

যদিও তোমাদের কাছে আসতে হয়ত একটু দেরি করে ফেলেছি, তবু তাতে বিরক্ত না হয়ে একটু দাঁড়াও আর কথা বলো আমার সঙ্গে। দেখতেই পাচ্ছ তাতে আমি অখুশি নই, এবং দগ্ধ হচ্ছি অগ্নিশিখায়।

যেখান থেকে আমার সমস্ত পাপ বয়ে এনেছি, সেই মধুময় লাতিনাভূমি থেকে যদি তুমি এই অন্ধ ভুবনে সদ্য সদ্য পতিত হয়ে থাক

তবে বলো, রোমানিয়ার মানুষেরা শান্তিতে আছে নাকি যুদ্ধে রত? কারণ আমি ছিলাম উরবিনো আর যে পাহাড় থেকে তেভেরে নদী মুক্ত হয়, তারই মাঝের পাহাড়ের লোক।'

তখনো আমি ঝুঁকে পড়ে একমনে তার কথা শুনছিলাম, যখন আমার পার্শ্বদেশ স্পর্শ করে আমার দিশারি বললেন: 'কথা বলো: ও ইতালীয়।'

আমি উত্তর দিতে তৈরিই ছিলাম, তাই অবিলম্বে শুরু করে দিলাম: 'ওগো নীচে লুকিয়ে-থাকা আত্মা,

তোমার রোমানিয়ায় তার উৎপীড়ক রাজাদের মনের চিন্তা যুদ্ধমুক্ত নয়, কখনও ছিলও না; কিন্তু এখন আমি চলে আসার সময়ে সেখানে কোনো প্রকাশ্য যুদ্ধ দেখিনি।

রাভেন্না আছে যেমন ছিল বহু বছর ধরে; পোলেন্তার ঈগল তাকে আগলে রেখেছে ডানা দিয়ে, ঢেকে রেখেছে চের্ভিয়াকে।

যে নগরী বহুকাল যন্ত্রণাভোগ করেছে এবং ফরিসিদের পরিণত করেছে রক্তাক্ত শবের স্তূপে, আবারও সে সবুজ নখরের অধীন।

ভেরুক্কিয়োর দুই শিকারী কুকুর, বুড়ো আর জোয়ান, যারা দাঁত বসিয়ে মন্তানিয়ার দফারফা করেছিল, আগে যেখানে দাঁত বসিয়েছে এখনো সেখানেই বসাচ্ছে।

লামোনে আর সানতেনোর তীরবর্তী নগরগুলি শাসন করছে শাদা আস্তানার সিংহ শাবক, গ্রীষ্ম থেকে শীতের মধ্যেই যে দল বদল করে।

আর অন্য যে নগরীর তীর ধুয়ে চলে সাভিও নদী, সেটি যেমন সমতল আর পাহাড়ের মধ্যে, তেমনি জীবন কাটাচ্ছে কখনও স্বৈরাচরী শাসন আর কখনও স্বাধীন অবস্থার মধ্যে।

এখন প্রার্থনা করি বলো তুমি কে। আমার প্রশ্নের জবাব দাও যেমন আমি দিয়েছি তোমার; এতে পৃথিবীতে তোমার যথোচিত স্থানে মর্যাদা পাবে।'

স্বভাবসিদ্ধভাবে কিছুক্ষণ গর্জন করার পর শিখাটি তার সুতীক্ষ্ণ অগ্রভাগ এদিক-ওদিক দোলাতে থাকল, তারপর তা থেকে নিঃসৃত হলো:

'যদি মনে করতাম, যার সঙ্গে কথা বলছি যে একদিন পৃথিবীতে ফিরে যাবে, তাহলে এই শিখা আর না কেঁপে স্থির হয়ে থাকত।

কিন্তু যেহেতু এই পাতাল থেকে কেউ কখনো জীবন্ত ফেরেনি—যা শুনেছি তা যদি সত্য হয়—তাহলে অপযশের আশঙ্কা না করেই আমি উত্তর দেব।

'আমি ছিলাম যোদ্ধা; তারপরে হই ফ্রান্সিস্কীয় সম্প্রদায়ের যাজক, এই আশায় যে ওই পোশাকের পবিত্র কটিবন্ধন পরে আমার পাপের স্খালন করব; এবং আমার এ আশা

নিশ্চয় সত্য হতো যদি না আবার আমাকে পুরনো কুকর্মে ফিরিয়ে আনত সেই মহাযাজক মহাশয়—সর্বনাশ হোক ওর! কেমন করে এবং কেন তা ঘটল, আমার ইচ্ছে তুমি তা শোনো।

যখন আমার মাতৃদত্ত অস্থিমজ্জায় অধিষ্ঠিত ছিলাম, আমার কাজকর্ম ছিল শেয়ালের মতো, সিংহের মতো নয়।

সব রকমের ছলনা আর চোরাপথের সন্ধান জানা ছিল আমার, এবং সেগুলি এমন কায়দায় কাজে লাগিয়েছিলাম যে পৃথিবীর দূরতম প্রান্তেও তা ধ্বনিত হত।

যখন জীবনের সেই সময়ে এসে পৌঁছেছি, যখন সকলেরই উচিত দড়িদড়া গুটিয়ে পাল নামিয়ে ফেলা,

তখন যা আগে আনন্দ দিত তাই আমাকে পীড়িত করতে লাগল। অনুতাপ আর পাপস্বীকার করে আমি হলাম সন্ন্যাসী; আর হায় কপাল! তা কার্যকরও হতে পারত।

তখন নব্য ফরিসিদের অধিনায়ক যুদ্ধ শুরু করে দিল—মুসলমান কিংবা ইহুদিদের সঙ্গে নয়, লাতেরানোর সন্নিকটে:

তার প্রতিপক্ষ সকলেই ছিল খ্রিষ্টান, আক্কা জয়ে তারা কেউ উপস্থিত ছিল না, সুলতানের রাজ্যে কেউ বাণিজ্যও করেনি।

তার নিজের উচ্চাসন বা পবিত্র শপথবাক্য, অথবা আমার পবিত্র কটিবন্ধনী যার ধারকেরা হয় ক্ষীণতনু, এ সব কোনও কিছুই সে বিবেচনা করল না;

তার বদলে কনস্তান্তিনুস যেমন তাঁর কুষ্ঠ সারাবার জন্য সোরাক্তে থেকে সিলভেস্তেরকে খুঁজে নিয়েছিলেন, তেমনি নিজের অহঙ্কারের জ্বর সারাবার জন্য চিকিৎসক হিসেবে সে বেছে নিল আমাকে।

সে আমার পরামর্শ চাইল; আমি নীরব রইলাম, কেননা তার কথাগুলো মনে হচ্ছিল মাতালের প্রলাপ।

তখন আবার সে বলল: "মনে সংশয় রেখো না। তোমার পাপের দায় থেকে আমি তোমাকে অব্যাহতি দিলাম। আমাকে বাতলে দাও, কেমন করে পেনেস্ত্রিনোকে আমি ভূলুণ্ঠিত করব।

"তুমি জানো, স্বর্গের দুয়ার খোলার এবং বন্ধ করার শক্তি আমার আছে। আমার পূর্বসূরী এই চাবি দুটোর যথাযোগ্য মূল্য দেয়নি।"

এই প্রবল যুক্তির চাপে তখন আমায় ভাবতেই হলো যে নীরব থাকাই বেশি অপরাধ হবে; তাই বললাম: "হে পিতা, যে পাপে আমি এখন পতিত হতে বাধ্য, তুমিই যদি আমাকে তা থেকে ধৌত করো, তবে বলি:

বিরাট প্রতিশ্রুতি দিয়ে তা অল্প পালন করলেই তোমার উচ্চাসনে তুমি জয়যুক্ত হবে।”

মৃত্যুর সঙ্গে সঙ্গেই আমাকে নিতে এলেন সন্ত ফ্রাঞ্চেস্কো; কিন্তু এক কৃষ্ণকায় যমদূত তাঁকে বলল: “ওকে নিয়ে যেও না, আমাকে ফাঁকি দিও না।

আমার হতভাগ্য অনুগামীদের মধ্যে ওকে আসতে হবে, কারণ ও প্রতারণা করতে পরামর্শ দিয়েছিল; তখন থেকেই ওর চুলের মুঠি ধরে আছি।

অনুতপ্ত না হলে কেউ পাপমুক্ত হতে পারে না, সেও পারে না যে একই সঙ্গে অনুতাপ করে আর কুকর্মে সায় দেয়: এমন স্ববিরোধ সেটা হতে দেয় না।”

‘হায় অভাগা আমি! কেমন চমকে উঠেছিলাম, সে যখন আমাকে ধরল এই বলে: “কখনোই বোধহয় ভাবিসনি আমি এমন নৈয়ায়িক!”

আমাকে ধরে নিয়ে গেল মিনোসের কাছে। সে তার কর্কশ পিঠ বেড়ে ল্যাজটি আটবার পাক দিল, তারপর প্রবল আক্রোশে সেটিকে কামড়াতে কামড়াতে বলল:

“এই পাপী যাবে হারক অগ্নিকুণ্ডে।” তাই আমি এখানে আছি, যেমনটি দেখছ— বিনষ্ট, অনলাবৃত, বিষাদাচ্ছন্ন।’

এভাবে কথা শেষ করে অগ্নিশিখাটি বিলাপ করতে-করতে চলে গেল, তার তীক্ষ্ণ অগ্রভাগটি মোচড় দিয়ে দোলাতে-দোলাতে।

আমি আর আমার দিশারি এগিয়ে চললাম গিরিপৃষ্ঠের উপর দিয়ে পরবর্তী খিলান পর্যন্ত, যার নীচে সেই খাদ যেখানে পাপের কড়ি গুনছে তারা, যারা বিবাদ সৃষ্টি করে আখের গোছায় নি।

সিচিলিয়ার ষণ্ড: সিচিলিয়ার অত্যাচারী রাজা ফালারিস ষাঁড়ের আকারে একটি নির্যাতন-যন্ত্র তৈরি করিয়েছিল। সেটি আসলে একটি তামার চুল্লি, যার মধ্যে অপরাধী বা শত্রুদের পুড়িয়ে মারা হত। তাদের আর্তনাদ ষাঁড়ের মুখ দিয়ে বার হলে মনে হত যেন ষাঁড়টা ডাকছে। পেরিল্লস নামে যে কারিগর এটি বানিয়েছিল, ফালারিস তাকেই সর্বপ্রথম এই যন্ত্রে পুরে হত্যা করে।

আগুনেরই ভাষা: দান্তের অনুবাদক ও ভাষ্যকার ডরোথি সেয়ার্স ব্যাপারটা বুঝিয়েছেন টেলিফোনের উপমা দিয়ে। টেলিফোনে যেমন ভাষা বিদ্যুৎপ্রবাহে পরিণত হয়ে সঞ্চারিত হয়, তারপর অন্য প্রান্তে পৌঁছে ফের ভাষায় রূপান্তরিত হয়, তেমনি

এই আত্মার কথাগুলি আগুনের মাধ্যমে প্রবাহিত হয়ে, শ্রোতাদের কানে পৌঁছে ফের ভাষা হয়ে শোনা গেল।

লম্বার্দীয় ভাষায়: ভের্গিলিউসের আদি নিবাস মান্তোভা উত্তর ইতালির লম্বার্দিয়া অঞ্চলে অবস্থিত। অর্থাৎ ভের্গিলিউস দান্তের এবং আত্মাদের সঙ্গে ইতালীয় ভাষায় কথা বলছেন, তাঁর নিজের ভাষা লাতিনে নয়। এও বোঝা যাচ্ছে, গ্রীক ভাষা না জানাটা দান্তের পক্ষে সরাসরি আত্মাদের সঙ্গে কথা বলার অন্তরায় হচ্ছে না।

পাপাত্মাটি: বক্তা উত্তর-মধ্য ইতালির রোমান্যিয়া অঞ্চলের বিখ্যাত গিবেল্লিনো নেতা ও সেনাধ্যক্ষ গুইদো দা মন্তেফেলত্রো। শেষ জীবনে ফ্রাঞ্চিস্কীয় সম্প্রদায়ের সন্ন্যাসী হয়ে যান।

লাতিনাভূমি: দান্তে এই নামটি ব্যবহার করছেন ইতালি, বিশেষত মধ্য ও দক্ষিণ ইতালি বোঝাতে।

উর্বিনো: মধ্য-পূর্ব ইতালির বিখ্যাত শহর।

তেভেরে: রোমার পাশ দিয়ে বহমান নদী; আপ্পেনিনো পর্বতমালার ফুমাইওলো থেকে শুরু হয়ে পশ্চিমদিকে বইছে। ঐ পর্বতের পুব দিকে উর্বিনো অবস্থিত।

রাভেন্না: বৃহত্তর রোমান্যিয়ার অংশ; নির্বাসিত দান্তের শেষ আশ্রয় ও মৃত্যুস্থল। ঐ সময়ে পোলেন্তার অধিপতিরা রাভেন্না শাসন করতেন। (ভূমিকার 'দান্তের জীবন' অংশ দ্রঃ।) তাঁদের বংশপ্রতীক ছিল ঈগল পাখি। তাদের আধিপত্য একটু দূরে চের্ভিয়া পর্যন্ত বিস্তৃত ছিল।

যে নগরী: ফর্লি। এই শহর একটানা ফরাসী আক্রমণকে সফলভাবে প্রতিরোধ করেছিল, নেতৃত্ব দিয়েছিলেন দান্তের সঙ্গে সংলাপকারী গুইদো দা মন্তেফেলত্রো। ১৩০০ সালে ফর্লির শাসকের বংশপ্রতীক ছিল সবুজ সিংহ ('সবুজ নখর')।

ভেরুক্কিয়ো: রিমিনির শাসকদের বাসস্থান। দুই 'শিকারী কুকুর' হল তার শাসক মালাতেস্তা ও তার পুত্র মালাতেস্তিনো। এরা ছিল কালো গুয়েলফো; তাদের গিবেল্লিনো প্রতিপক্ষ মন্তান্যিয়া দেই পার্চিতাতিকে খুন করেছিল।

সিংহ শাবক: লামোনে নদীর উপর অবস্থিত ফায়েন্‌ৎসা এবং সান্তের্নো নদীর উপর ইমোলার শাসক ছিল মাইনার্দো পাগানো। তার বংশপ্রতীক ছিল রূপালি জমির উপর ফিরোজা রঙের সিংহ। রাজনৈতিক সুবিধাবাদী, তস্কানায় গুয়েলফোদের আর রোমন্যিয়ায় গিবেল্লিনোদের সঙ্গে ঘনিষ্ঠ।

অন্য যে নগরী: ফর্লি আর রিমিনির মধ্যবর্তী চেসেনা শহর, সাভিও নদীর উপর। চেসেনার কর্তৃত্বের ক্রমাগত পরিবর্তন ঘটেছিল।

যদি ভেবে থাকি: গুইদো ভাবছে দান্তে নরকের মৃত আত্মাদের অন্যতম।

পবিত্র বন্ধনী: অন্য অনেক সম্প্রদায়ের মত ফ্রাঞ্চিস্কীয় সন্ন্যাসীরা আলখাল্লার উপর কোমরবন্ধনী হিসাবে একটি দড়ি ব্যবহার করত।

মহাযাজক: পোপ অষ্টম বনিফাতিউস। রোমার প্রসিদ্ধ কলোন্না বংশের সঙ্গে এর ঘোর বিবাদ ছিল। যাজক হবার পরও গুইদো পোপকে কুমন্ত্রণা দেয়, কলোন্নাবংশের সঙ্গে পোপের বোঝাপড়া ভঙ্গ করে তাদের অধীনস্থ পালেস্ত্রিনা বা পেনেস্ত্রিনো দুর্গ দখল করতে।

নব্য ফরিসিদের রাজা: বনিফাতিউস। ফরিসিরা ছিল প্রাচীন ইহুদি সমাজের একটি ক্ষমতাবান সম্প্রদায়। যিশুখ্রিস্ট এদের ঘোর বিরোধী ছিলেন, সেজন্য খ্রিস্টানরা এদের নাম ব্যবহার করত ভণ্ড ও দুর্নীতিগ্রস্ত সমাজপতিদের বোঝাতে।

যুদ্ধ শুরু করে দিল: অর্থাৎ বনিফাতিউস ধর্মীয় প্রতিপক্ষদের বিরুদ্ধে ক্রুসেড অভিযানে নেতৃত্ব দেননি, রোমার মধ্যেও বিশেষ করে পোপের নিজের সভামণ্ডলীতেই বিবাদসৃষ্টি করেছেন।

লাতেরানো (বহুবচনে 'লাতেরানি'): চার্চের অধীনস্থ রোমার অনেকগুলি স্থান বা সম্পত্তির নাম।

আক্কা: পালেস্তাইনের শেষ খ্রিস্টান ঘাঁটি; ১২৯১ সালে মুসলমানদের দখলে আসে। বর্তমানে ইজরায়েলের অন্তর্গত।

সুলতানের রাজ্যের বণিক: মুসলমান বণিকদের সঙ্গে ব্যবসা করার বিরুদ্ধে খ্রিস্টানদের উপর পোপদের দীর্ঘস্থায়ী নিষেধাজ্ঞা ছিল।

হয়ে পড়ে ক্ষীণতনু: প্রকৃত ধর্মপ্রাণ যাজকের মত পরিশ্রম আর কৃচ্ছ্রসাধন করে।

কনস্তান্তিনুস: চতুর্থ শতকের যে সম্রাট প্রথম খ্রিস্টধর্মকে রোমক সাম্রাজ্যের আনুষ্ঠানিক ধর্ম হিসাবে প্রতিষ্ঠা করেন। কথিত আছে যে কুষ্ঠরোগে আক্রান্ত হয়ে তিনি পোপ সিলভেস্তেরকে রোমার নিকটবর্তী সোরাক্তে পর্বত থেকে ডেকে আনেন। সিলভেস্তেরের চিকিৎসায় সেরে উঠে কৃতজ্ঞতাবশত তিনি পোপকে রোমার ভূম্যধিকার দান করেন। এই পুরো বিবরণ অনৈতিহাসিক, এবং এই ভূমিদানের ধারণা (যার ফলে পোপেরা ইহলোকেও ক্ষমতাবান হয়ে ওঠেন) সম্পূর্ণ ভিত্তিহীন।

পেনেস্ত্রিনো: কলোন্না পরিবারের পালেস্ত্রিনা দুর্গের আরেক নাম।

দুটো চাবি: ১৯শ সর্গের ভাষ্য দ্রষ্টব্য।

আমার পূর্বসূরি: পোপ পঞ্চম কেলেস্তিনুস। ইনি পোপের পদ ত্যাগ করেছিলেন। ৩য় সর্গের ভাষ্য দ্রষ্টব্য।

সন্ত ফ্রাঞ্চেস্কো: যাঁর প্রতিষ্ঠিত ফ্রাঞ্চিস্কীয় সম্প্রদায়ের গুইদো সন্ন্যাসী ছিলেন, তাই তিনি গুইদোকে স্বর্গে নিয়ে যেতে এসেছিলেন।

সর্গ-২৮

নবম খাদ। বিভেদসৃষ্টির শাস্তি। পিয়েরো দা মেদিচিনা। বের্ত্রান দ্য বোর্ন।

মূল রূপক: নবম খাদে শাস্তি পাচ্ছে বিভেদসৃষ্টিকারীরা। এই বিভেদ হতে পারে ধর্মীয়, বা রাজনৈতিক, বা পারিবারিক। শাস্তি এদেরই পাপের উপমা বা রূপক: তরবারি দিয়ে তাদের ক্রমাগত খণ্ডিত বা বিচ্ছিন্ন করা হচ্ছে।

কেউ কি কখনো পারবে অবাধ বাক্যে বহুবার বর্ণনা করেও সেই রক্ত আর ক্ষতের কাহিনী পুরোপুরি বলতে, যা এবার আমি দেখলাম?

প্রতিটি জিহ্বাই নিশ্চয় হার মানবে, কারণ আমাদের ভাষা আর স্মরণশক্তি, কোনওটাই এতটা ধারণ করতে সক্ষম নয়।

যদি পুল্যিয়ার ভাগ্যতাড়িত ভূমিতে ত্রইয়াবাসীদের হাতে রক্তক্ষরণের বিলাপকারী সেই জনতাকে আবার জড়ো করা যেত, আর একই সঙ্গে তাদের, যাদের দীর্ঘ যুদ্ধে জড়ো হয়েছিল স্তূপীকৃত আংটির রাশি—যেমন লিখে গেছেন অভ্রান্ত লিভিউস—

আর তাদের, যারা ভীষণ আঘাত ভোগ করেছিল রবেয়র জিস্কারের বিরুদ্ধে যুদ্ধে; আর তাদেরও, যাদের অস্থি এখনও জড়ো হয়ে আছে চেপেরানোতে, যেখানে প্রতিটি পুল্যিয়াবাসী মিথ্যাচার করেছিল; এবং তাল্যিয়াকোৎসোয় পরাজিতদের, যেখানে বিনা অস্ত্রে বৃদ্ধ আলার্দ জয়লাভ করেছিল;

আর একজন যদি দেখাত তার বিধ্বস্ত অঙ্গ, আরেকজন তার অস্ত্রাঘাতে ছিন্ন শরীর—এত করেও নবম পরিখার বীভৎস অবস্থার সমতুল্য হত না।

দেখলাম একজনের চিবুক থেকে বায়ু নির্গমনের ছিদ্র পর্যন্ত ফাড়া—একটা মদের পিপের ঢাকনা বা পাশ খুলে গেলেও কখনও এমন হাঁ করে না।

তার দুপায়ের মাঝখানে ঝুলছে যকৃৎ; দেখা যাচ্ছে নাড়িভুড়ি, আর ভোজ্যকে পূরীষে পরিণত করে যে নোংরা থলি, সেটাও।

নিবিষ্ট হয়ে যতক্ষণ দেখছিলাম, তার মধ্যেই দু হাতে সে তার বুক টেনে ফাঁক করে ফেলল আর বলল: 'দ্যাখো আমি নিজেকে কীরকম ছিঁড়ে ফেলছি!

দ্যাখো কীভাবে মাওমেত্তো ছিন্নবিচ্ছিন্ন হচ্ছে! আমার সামনে আলি চলেছে কাঁদতে কাঁদতে, তার মুখটা চিবুক থেকে চুলের গোড়া অবধি চেরা;

আর অন্য যাদেরই তুমি এখানে দেখছ, জীবদ্দশায় তারা বপন করেছে কেচ্ছা আর বিদ্বেষের বীজ, তাই তারা এভাবে ছিন্ন হয়ে আছে।

এখানে আমাদের পেছনে এক দানব আছে যে আমাদের এরকম নির্মমভাবে ফেড়ে ফ্যালে, এবং এই বিষাদপথ প্রতিবার পরিক্রম করার পর আমাদের প্রত্যেককে আবার তার তরবারির ধারে বিক্ষত করে, কারণ তার সামনে ঘুরে আসতে-আসতে প্রত্যেকবার ক্ষতগুলি মিলিয়ে যায়।

কিন্তু তুমি কে, আলিপথের উপর এভাবে দাঁড়িয়ে কালক্ষেপ করছ, নিজেই নিজের পাপ স্বীকারের পর প্রাপ্য দণ্ড ভোগ করতে হয়ত দেরি করার জন্য?'

'মৃত্যু এখনো স্পর্শ করেনি ওকে, পাপের সাজা পাবার জন্যও ও এখানে আসেনি,' বললেন আমার গুরু।

'কিন্তু যাতে ও সমস্ত রকম অভিজ্ঞতা অর্জন করতে পারে, সে জন্য মৃত আমি, নরকের চক্রের পর চক্রের মধ্য দিয়ে ওকে নিয়ে চলেছি। তোমার সঙ্গে আমি কথা বলছি এটা যেমন সত্য, তেমনি এই কথাটাও।'

এই শুনে শতাধিক আত্মা বিস্ময়ে যন্ত্রণা ভুলে পরিখার মধ্যে দাঁড়িয়ে পড়ল আমাকে দেখবার জন্য।

'তাহলে তুমি, যে হয়তো বেশ তাড়াতাড়িই সূর্যের মুখ দেখবে, ফ্রা দলচিনোকে বোলো সে যদি আমাকে শীঘ্র অনুসরণ করতে না চায়,

তাহলে ভালো করে যেন খাদ্য মজুত করে রাখে; নইলে তুষারের প্রকোপই নোভারেসেদের জয় এনে দেবে, যা নইলে তারা সহজে অর্জন করতে পারত না।'

যাবার জন্য এক পা বাড়িয়ে মাওমেত্তো আমাকে এ কথা বলল, তারপর তা মাটিতে ফেলে চলে গেল।

আরেকজন, যার গলা বিদ্ধ করা, ভুরুর গোড়া থেকে নাক কাটা আর একটি মাত্র কান,

সবার সঙ্গে অবাক দৃষ্টিতে দাঁড়িয়েছিল; অন্যদের আগেই তার বাইরের দিকে রক্তে ভেজা কণ্ঠনালী খাঁকারি দিয়ে বলল,

'এই যে তুমি, যাকে পাপ স্পর্শ করেনি—আর যদি অন্য কারো সঙ্গে চেহারার অতিরিক্ত সাদৃশ্যের ফলে ভুল না করে থাকি, যাকে উপরের পৃথিবীতে লাতিন দেশে আমি দেখেছি—

পিয়েরো দা মেদিচিনাকে স্মরণ করো, যদি ভেরচেল্লি থেকে মারকাবো পর্যন্ত নেমে যাওয়া মধুর সমতলটি দেখার জন্য ফিরতে পারো।

আর ফানো নগরের দুই বরিষ্ঠ ব্যক্তি, সর্বশ্রী গুইদো এবং আনজ্যোলেল্লোকে জানিয়ে দিয়ো: আমাদের ভবিষ্যৎ দর্শন যদি মিথ্যা না হয়,

তাহলে ওরা এক নির্মম অত্যাচারীর বিশ্বাসঘাতকতায় কাত্তোলিকার কাছে ওদের জাহাজ থেকে নিক্ষিপ্ত হয়ে ধ্বংস হবে।

কীপ্রস আর মাইয়র্কা দ্বীপের মধ্যে নেপতুনুস কখনো এত বড় অপরাধ দ্যাখেননি—জলদস্যুদের কিংবা গ্রীকদের হাতেও নয়।

সেই বেইমান যে কিনা দ্যাখে একটিমাত্র চোখে, আর যারই দখলে ছিল সেই ভূমি, যা আমার এখানকার একজন সঙ্গী কখনও না দেখলেই খুশি হত,

আলোচনার ছলে তাদের আহ্বান করে আনবে; আর তারপর এমন ব্যবস্থা করবে, যে ফোকারার ঝড়ের আশঙ্কায় প্রার্থনা করার সুযোগটুকুও তাদের মিলবে না।'

তখন তাকে বলি: 'যদি চাও তোমার বার্তাকে উপরে পৌঁছিয়ে দিই, তবে আমাকে দেখাও আর বোঝাও, কে সেই ব্যক্তি যার কাছে সেই দৃশ্য ছিল এমন তিক্ততায় পূর্ণ?'

তখন সে তার এক সঙ্গীর চোয়ালে হাত রেখে তার মুখবিবর উন্মুক্ত করে, সরবে বলে উঠল: 'এই সে: ও কথা বলে না।

নির্বাসিত হয়ে ও কায়সারের সংশয় নির্বাপিত করেছিল, দৃঢ়ভাবে এই অভিমত দিয়ে যে প্রস্তুত হবার পর দেরি করার অর্থ নিজের ক্ষতি করা।' হায়, তাকে কতই না হতচকিত মনে হচ্ছিল—সেই কুরিও, গলবিবর পর্যন্ত তার জিহ্বা কাটা, একদা যে বাচনে এত তেজস্বী ছিল!

আরেকজন যার এ-বাহু ও-বাহু দুটিই ছিন্ন, আর তমসাচ্ছন্ন বাতাসে বাহুমূল দুটি তুলে ধরায় তা থেকে রক্ত ছিটকে কলুষিত করল তার মুখমণ্ডল,

চেঁচিয়ে বলল; 'মস্কাকেও তোমার মনে থাকবে, যে বলেছিল—হায়!—"কাজ শেষ হলে চুকে বুকে যায়।" এই কথাটাই তস্কানোদের পক্ষে অমঙ্গলের বীজ বপন করল।'

আমি যোগ করি: '—আর তোমার বংশের মরণও বটে!' তাতে তার দুঃখের সঙ্গে আরও দুঃখ যোগ হল, চলে গেল শোকাতুর উন্মাদের মতো।

কিন্তু আমি সেই দলটাকে দেখতে সেখানেই রয়ে গেলাম; আর দেখলাম এমন এক ব্যাপার যে আরো প্রমাণ ছাড়া সে দৃশ্যের বর্ণনা দিতেও ভয় পেতাম,

যদি না আমায় আশ্বস্ত করত আমার বিবেক—সেই সৎ সঙ্গী, যা উপলব্ধ সততার উরস্ত্রানের সুরক্ষা দিয়ে সাহস যোগায়।

আমি নিশ্চিত দেখলাম, আর যেন মনে হয় এখনো দেখছি, এক কবন্ধ হেঁটে চলেছে অন্য সেই বিষাদগ্রস্ত মানুষজনগুলোর মতো।

নিজের ছিন্ন মাথা ঝুঁটি ধরে হাতে নিয়ে দোলাচ্ছে লণ্ঠনের মত, আর সেটা আমাদের দেখে বলে উঠল: 'হায়, আমি!'

নিজেকে দিয়েই নিজের জন্য সে বানিয়েছে এক বাতি: হয়েছে একের ভিতর দুই আর দুইয়ের ভিতর এক। এটা কেমন করে সম্ভব, তা তিনিই জানেন যিনি এমনতর বিধান দিয়েছেন।

ঠিক আমাদের সেতুর প্রান্তে পৌঁছে সে মাথাসমেত উঁচুতে হাত তুলল, যাতে তার কথাগুলি আমরা আরো কাছ থেকে শুনতে পাই, যা কিনা:

'প্রত্যক্ষ করো এই কঠিন শাস্তি, তুমি যে শ্বাসমান অবস্থায় মৃতদের নিরীক্ষণ করছ: দ্যাখো, এর চেয়েও বড় কোনও শাস্তি আছে কি?

যাতে আমার সংবাদ দিতে পার, জেনে রাখো আমি হচ্ছি বের্ত্রান দ্য বোর্ন, তরুণ রাজাকে যে অন্যায় সমর্থন দিয়েছিল।

পিতাপুত্রকে আমি করে তুলেছিলাম পরস্পরের বৈরী: অহীথোফল পর্যন্ত তার অন্যায় প্ররোচনা দিয়ে অবশালোম আর দায়ুদের মধ্যে এর বেশি কিছু করতে পারেনি।

ওইভাবে যারা যুক্ত ছিল তাদের ছিন্ন করেছি বলে ধড়ের মূল থেকে কর্তিত আমার এই মস্তককে এভাবে বয়ে বেড়াচ্ছি।

এভাবে আমার মধ্যেই আমার শাস্তির রূপ দেখতে পেলে।'

পুলিয়া: দক্ষিণ-পূর্ব ইতালির একটি অংশ। পরবর্তী যে যুদ্ধগুলির কথা বলা হচ্ছে তার সবগুলিই এই অঞ্চলে ঘটেছে।

ত্রইয়ার যুদ্ধ: গ্রীক-ত্রইয়ানদের মধ্যে হমেরস-বর্ণিত যুদ্ধ নয়। আয়েনেয়াস ও তাঁর দলবল (পরাজিত ত্রইয়া থেকে নির্গত বাহিনী) রোমা স্থাপন করেছিলেন বলে এখানে রোমকদের ত্রইয়ান বলা হচ্ছে। উল্লেখ করা হচ্ছে ইতালির পূর্বেকার অন্যান্য জনগোষ্ঠীদের ('সেই জনতা') সঙ্গে রোমকদের যুদ্ধের (খ্রিস্টপূর্ব ৩৪৩-২৯০ সাল)।

দীর্ঘমেয়াদী যুদ্ধ: প্যুনিক যুদ্ধ: রোমা ও কার্থাজের মধ্যে দফায়-দফায় যুদ্ধ (খ্রিস্টপূর্ব ২৬৪-১৪৬ সাল)। দ্বিতীয় দফায় একটি বড় রণক্ষেত্র ছিল খ্রিস্টপূর্ব ২১৬য় প্যুলিয়ার কান্নায়-তে। প্রাচীন ঐতিহাসিক লিভিউসের অবশ্যই অতিরঞ্জিত বিবরণ অনুসারে সেখানে এত সৈন্য মারা গিয়েছিল যে তাদের আংটির সম্মিলিত পরিমাণ ছিল প্রাচীন হিসাবে তিন মোদিউম অর্থাৎ প্রায় পঁচিশ লিটার বর্গমাপের।

রবেয়ার জিস্কার: ১১শ শতকে ফ্রান্সের নর্মাঁদি অঞ্চলের যোদ্ধা ও ভাগ্য-অন্বেষণকারী। পুল্যিয়া-সহ দক্ষিণ ইতালি ও সিচিলিয়ার অধিপতি হয়ে বসেন। সেই প্রক্রিয়ায় ইতালীয়দের সঙ্গে সঙ্গে ওই অঞ্চলে ক্ষমতাবান গ্রীক ও আরবদের সঙ্গেও তাঁর লড়তে হয়।

চেপেরানো: ত্রয়োদশ শতকে ফ্রান্সের রাজভ্রাতা, অঁঝুর অধিপতি শার্ল, উত্তর ইতালি ও রোমা জয় করে দক্ষিণ ইতালিতে অগ্রসর হন। সিচিলিয়ার রাজা মানফ্রেদ ১২৬৬তে প্যুলিয়ায় বেনেভেন্তোর যুদ্ধে তাঁর কাছে পরাজিত হন। পরাজয়ের এক কারণ, প্যুলিয়ার অধিপতিরা যুদ্ধের আগে চেপেরানোর গিরিপথে মানফ্রেদকে একা ফেলে পলায়ন করে।

তাল্যিয়াকোৎসো: এখানে এক যুদ্ধে অঁঝুর শার্ল মানফ্রেদের ভ্রাতুষ্পুত্র কনরাদিনকে পরাজিত করেন। অঁঝুর প্রবীণ পরামর্শদাতা আলার্দ দ্য ভালেরির কথামত অঁঝু তাঁর বাহিনীর দুই-তৃতীয়াংশ সৈন্যকে পিছু হটতে বলেন। তাই দেখে কনরাদিনের সেনা কিছুটা ছড়িয়ে পড়লে, বাকি বাহিনী দিয়ে অঁঝু তাদের পরাজিত করেন।

মাওমেত্তো: মুহম্মদ। মধ্যযুগে খ্রিস্টানরা তাঁকে দেখতেন পূর্বতন খ্রিস্টবিশ্বাসীদের মধ্যে বিভেদসৃষ্টিকারী হিসাবে।

আলি: মুহম্মদের আদি শিষ্য ও জামাতা।

ফ্রা (ভ্রাতা, অর্থাৎ যাজক) দলচিনো: এঁর নেতৃত্বে একটি ধর্মীয় দলকে ১৩০৫ সালে পোপ পঞ্চম ক্লেমেন্স অবিশ্বাসী ও চার্চ-বিভেদকারী আখ্যা দিয়ে তাদের বিরুদ্ধে অভিযান ঘোষণা করেন। এক বছর এক দিন উত্তর ইতালির নোভারার কাছে (তাই 'নোভারেসেদের জয়'-এর উল্লেখ) আবদ্ধ হয়ে প্রতিরোধের পর তারা আত্মসমর্পণ করে, এবং ১৩০৭-এ দলচিনোকে পুড়িয়ে মারা হয়। ঘটনাগুলি ঘটেছে কাহিনীকালের পর কিন্তু *কম্মেদিয়া* রচনার আগে, তাই কথাগুলি বলা হচ্ছে দলচিনোর প্রতি ভবিষ্যৎ সতর্কবাণী হিসাবে।

পিয়েরো দ্য মেদিচিনা: রোমান্যিয়ার পেলেন্তা ও মালাতেস্তা বংশের মধ্যে বিভেদসৃষ্টিকারী এক রাজনীতিক।

ভেরচেল্লি থেকে মারকাবো: উত্তর ইতালি ব্যেপে বিস্তীর্ণ সমতলভূমি। ভেরচেল্লি মিলানোর দক্ষিণে, মারকাবো ভেনেৎসিয়ার কাছে।

গুইদো (দেল কাস্সেরো), আঞ্জেলেল্লো (দা কালিন্যিয়ানো): ফানো নগরের দুই বিরুদ্ধগোষ্ঠীর নেতা। রিমিনির কালো গুয়েলফো নেতা মালাতেস্তিনো তাদের

কাত্তোলিকা নামক স্থানে আলোচনায় ডেকে বিশ্বাসভঙ্গ করে ডুবিয়ে মারে, এবং এভাবে ফানো নিজের দখলে আনে।

কীপ্রস: সাইপ্রাস দ্বীপ।

মাইয়র্কা: স্পেনের পূর্ব উপকূলের দ্বীপ। 'কীপ্রস থেকে মাইয়র্কা' অর্থাৎ ভূমধ্যসাগরের পুব থেকে পশ্চিম জুড়ে।

নেপতুনুস: (গ্রীক পসেইদোন) গ্রীক-রোমকদের প্রধান সমুদ্রদেবতা।

সেই বেইমান: রিমিনির মালাতেস্তিনো (উপরের টীকা দ্রষ্টব্য)।

ফোকারা: ঐ সমুদ্রতীরে ঝড়ঝঞ্ঝার জন্য কুখ্যাত একটি স্থান। সেখানে পৌঁছবার আগেই গুইদো আর আঞ্জ্যোলেল্লো (উপরে দ্রঃ) মারা যাবে। এই ঘটনা ঘটে ১৩১৩ সালে, অর্থাৎ কাহিনীকালের অনেক পরে, তাই এর উল্লেখ ভবিষ্যতের প্রেক্ষিতে। উল্লেখ থেকে এও প্রমাণ হয় যে দান্তে কাব্যের অন্তত এই অংশটুকু ১৩১৩-তে বা আরও পরে লিখেছিলেন।

কুরিও: গাইউস স্ক্রিবোনিউস কুরিও, খ্রিস্টপূর্ব ১ম শতকে রোমার ত্রিবুনুস বা জনপ্রতিনিধি। রোমার গৃহযুদ্ধে প্রথমে পম্পেইউস, পরে য়ুলিউস কায়সারের সমর্থক। একটি বিবরণ অনুসারে য়ুলিউসকে পম্পেইউসের বিরুদ্ধে অগ্রসর হয়ে গৃহযুদ্ধ শুরু করার পরামর্শ দেন, কিন্তু আসলে হয়ত দুই পক্ষের মধ্যে সন্ধিস্থাপনের চেষ্টা করেছিলেন।

মস্কা: ত্রয়োদশ শতকের গোড়ায় একটি বিবাহ কেন্দ্র করে দুই পরিবারের মধ্যে বিবাদ বাধিয়ে ফিরেন্‌ৎসের গোষ্ঠীযুদ্ধ শুরু করায় এর একটা বিশেষ ভূমিকা ছিল। 'কাজ শেষ হলে চুকে যায়'—এই কথা সে বলেছিল একটি পরিবারের একজনকে খুন করার পরামর্শ দেবার উপলক্ষে। শেষ অবধি অবশ্য মস্কা ও তার পরিবারও নির্বাসিত ও নিশ্চিহ্ন হয়: তাই দান্তে বলছেন, 'তোমার দলের লোকও মরবে।'

বের্ত্রান দ্য বোর্ন: ১২শ শতকে দক্ষিণ ফ্রান্সের প্রভাঁসের বিখ্যাত রাজপুরুষ ও কবি। তৎকালীন ইংল্যান্ডের রাজবংশ ফরাসি বংশোদ্ভূত ছিল। সেখানকার রাজা দ্বিতীয় হেনরির পুত্রকে (তারও নাম হেনরি) পিতার বিরুদ্ধে বিদ্রোহে প্ররোচিত করে এই বের্ত্রান।

অহীথোফল: ইহুদি রাজা দায়ূদের পুত্র অবশালোমকে পিতার বিরুদ্ধে বিদ্রোহ করতে প্ররোচিত করে (বাইবেল, ২ শমুয়েল, ১৫-১৮ পরিচ্ছেদ)।

সর্গ-২৯

দশম খাদ। জালিয়াতি ও মিথ্যাচারের শাস্তি। গ্রিফ্ফোলিনো। কাপোক্কিও।

মূল রূপক: দশম খাদের পাপীরা নানা প্রকারের জালিয়াত বা মিথ্যা রূপদানকারী। সেই রূপ হতে পারে বস্তুর (নিকৃষ্ট ধাতুকে সোনার রূপ দিয়ে); বা অর্থের (টাকা জাল করে); বা বাক্যের (মিথ্যাভাষণ করে); বা ব্যক্তির (নাম বা পরিচয় ভাঁড়িয়ে)। প্রথম দল কুষ্ঠে আক্রান্ত: অসুখটির তৎকালীন ব্যঞ্জনা অনুসারে এদের দৈহিক রূপের মূল্যহানি ঘটছে, যেমন এই অপরাধীরা বস্তুর রূপে ঘটিয়েছিল নকল সৃষ্টির ফলে। একই যুক্তিতে ওস্তাদ আদামোর মত জাল টাকার কারবারির শরীরটা দুমড়ে-মুচড়ে গেছে, যেন স্বাভাবিক শরীরের বিকৃত অনুকরণ। মিথ্যাভাষীরা ধোঁয়ার জালে অস্পষ্ট, যেমন তাদের উক্তি ছিল অবাস্তব ও অলীক। যারা পরিচয় ভঁড়িয়েছিল, তারা এখন উন্মাদ: সত্যিই তাদের ব্যক্তিত্বের কিছু বাকি নেই।

এতগুলি মানুষ আর তাদের এতরকম আঘাত আমার চোখদুটো এত নেশাগ্রস্ত করে তুলেছিল যে তারা চাইছিল, ওখানে দাঁড়িয়েই কেঁদে চলে।

কিন্তু ভের্গিলিউস আমাকে বললেন: 'কী দেখে যাচ্ছ এখনো? কেন তোমার দৃষ্টি এখনো নিবদ্ধ ওই বিকৃতদেহ হতভাগ্য ছায়ামূর্তিগুলোর দিকে?

অন্য খাদের বেলায় তো এমন করোনি! যদি ওদের সবকটাকে গুনতে চাও, মনে রেখো যে, এই পথ পাক খেয়ে বাইশ মাইল ঘুরে গেছে,

এবং চাঁদ ইতিমধ্যে আমাদের পায়ের নীচে চলে এসেছে। আমাদের সময়ের বরাদ্দ অল্প, আর এখানে যা দেখেছ তাছাড়া আরো জিনিস দেখার আছে।'

উত্তরে বললাম: 'যে জন্য তাকিয়ে আছি, তার কারণটা যদি মন দিয়ে শুনতে, তাহলে হয়তো আমাকে আর একটু থাকার অনুমতি দিতে।'

কিন্তু ইতিমধ্যেই আমার দিশারি চলতে শুরু করেছিলেন; আমিও বলতে-বলতেই তাঁর পিছন পিছন যাচ্ছিলাম। আরো বলতে লাগলাম: 'ওই যে খাদের মধ্যে একদৃষ্টে তাকিয়েছিল, মনে হলো আমারই বংশের একটি আত্মা বিলাপ করছিল তার কৃতকর্মের, যার জন্য এতখানি মূল্য দিয়ে তাকে ওইখানে নেমে আসতে হয়েছে।'

তখন আমার প্রভু বললেন: 'আর ওর কথা ভেবে তোমার চিন্তা বিদীর্ণ করা উচিত নয়।

অন্য দিকে মন দাও, ও ওখানেই পড়ে থাকুক; কারণ সেতুর নীচে ওকে দেখেছি, তোমার দিকে আঙুল উঁচিয়ে ভয় দেখাতে। ওরা ওকে ডাকছিল জেরি দেল বেল্লো বলে।

যে একসময় ওতফোর দখল করে রেখেছিল তাকে নিয়ে তখন তুমি এতটাই মগ্ন ছিলে যে ওই দিকে তাকাওনি, শেষে ও চলেই গেল।'

'হে আমার পথপ্রদর্শক! এখনো পর্যন্ত ওর অসম্মানের ভাগীদারদের কেউই ওর নৃশংস হত্যার প্রতিশোধ নেয়নি।

এটাই ওকে ক্রুদ্ধ করে তুলেছে; আমার মনে হয় এজন্যই ও আমার সঙ্গে কথা না বলে চলে গেল, আর তাতেই ওর প্রতি আমার করুণা গেল বেড়ে।'

পরবর্তী খাড়াই-এর নিকটতম যে অংশ থেকে আলো বেশি থাকলে উপত্যকাটির একেবারে তলদেশ পর্যন্ত দেখা যায়, সেখানে পৌঁছনো পর্যন্ত এভাবেই কথাবার্তা বলছিলাম আমরা।

পাপ-পরিখাগুলির শেষ আশ্রমচক্রের ওপরে উঠে যখন দেখতে পেলাম তার আশ্রমিকদের সমাবেশ,

বিচিত্র শোকদীর্ণ সব আর্তনাদ আমাকে বাণবিদ্ধ করল—সে কাঁটা-লাগানো বাণের দণ্ডগুলি এমন বিষাদের যে আমি দু'হাত দিয়ে আমার কান ঢেকে ফেললাম।

যেমন যন্ত্রণা হতে পারত যদি জুলাই থেকে সেপ্টেম্বরের মধ্যে ভাল দি কিয়ানা, মারেম্মা আর সার্দিনিয়ার সবগুলি হাসপাতালের সবগুলি রোগ জড়ো হতে একটি খাদে,

সেরকমটাই হচ্ছিল সেখানে, আর গলিত অঙ্গ থেকে যেমন পূতিগন্ধ ছড়িয়ে পড়ে, সেরকমই উঠে আসছিল সেখান থেকে।

বাঁ দিক ধরে আমরা দীর্ঘ সেতুটি থেকে শেষ পরিখার পাড়ে নেমে এলাম, আর সেখান থেকে খাদের গভীর তলদেশ পর্যন্ত আরো পরিষ্কারভাবে দেখতে পেলাম—সেখানে

পরম পিতার সেবিকা, অভ্রান্ত ন্যায়বিচারের দেবী, জালিয়াতদের নাম নথিভুক্ত করে শাস্তিবিধান করছেন।

মনে হয়, এই তমসাবৃত উপত্যকার মধ্যে নানা স্তূপে যে আত্মাগুলি পড়ে আছে, তার চাইতে কাতর দৃশ্য দেখাতে পারতো না

আইগিনার সমস্ত মুমূর্ষ অধিবাসীর দল, যখন বাতাস এমন দূষিত হয়ে উঠেছিল যে ক্ষুদ্রতম কীটশুদ্ধ সমস্ত প্রাণী বিধ্বস্ত হয়ে গেল;

তারপর কবিরা যেমন নিশ্চিতভাবেই বলেছেন, প্রাচীন জাতিগুলি পুনরুত্থিত হয়েছিল পিঁপড়ের বীজ থেকে।

এ ওর পেটের উপর শুয়ে, এ ওর কাঁধের উপর, আবার কেউ কেউ হামাগুড়ি দিয়ে চলেছে সেই দুঃখভরা পথ দিয়ে।

মাটি থেকে শরীরটা টেনে তোলার মত শক্তি নেই, এমন সব জীর্ণ মানুষগুলি দেখতে-দেখতে আর শুনতে-শুনতে আমরা এক-পা এক-পা করে নির্বাক হয়ে এগোচ্ছিলাম।

যেমন হাঁড়ির গায়ে হাঁড়ি বসানো থাকে গরম হবার জন্য, আপাদমস্তক পাঁচড়াভরা দুজন এ ওর গায়ে সেভাবেই ঠেশ দিয়ে বসে আছে দেখলাম।

অপেক্ষারত মনিবের তাগিদে, কিংবা ঘুমোতে যাবার তাগিদে, কোনো সহিস ছোকরাকেও দেখিনি ঘোড়ার গায়ে এত জোরে লোহার চিরুনি চালাতে,

যেভাবে এই দুজন পাগলের মতো নিজের গা নখের দংশনে জর্জরিত করছিল, সেই পাগল-করে-দেওয়া চুলকানির আর কোনও প্রতিষেধক ছিল না বলে:

নখ দিয়ে খুঁটে তুলছিল মামড়িগুলো, যেভাবে ছুরি দিয়ে ব্রীম বা অন্য কোনও বড় আঁশের মাছের ছাল ছাড়ানো হয়।

'ওহে!' তাদের একজনের উদ্দেশে আমার নেতা বলে উঠলেন, 'ওই যে তুমি নিজের নখ দিয়ে নিজেকে ছুলে ফেলছ, এমন কি কখনো সেগুলো সাঁড়াশি বানিয়ে ফেলছ, আমাদের বলো এখানকার বাসিন্দাদের মধ্যে ইতালীয় কেউ আছে কিনা; প্রতিদানে তোমার নখ যেন অনন্তকাল এই কাজের জন্য যথেষ্ট সক্ষম হয়।'

'এই যে আমাদের এরকম ক্ষতবিক্ষত শরীর দেখছ, আমরা দুজনেই ইতালীয়,' কাঁদতে-কাঁদতে একজন জবাব দিল। 'কিন্তু কে তুমি আমাদের কথা জানতে চাইছ?'

দিশারি বললেন: 'আমি এই জীবিত লোকটিকে সঙ্গে নিয়ে তল থেকে তলে নামতে-নামতে এসেছি, ওকে নরক দেখাব বলে।'

তখন পরস্পরকে ঠেকনো দেওয়া বন্ধ হলো। দুজনেই কম্পমান শরীরে ঘুরে বসল আমার দিকে; যারা তার কথা শুনতে পেয়েছিল, তারাও।

দয়াল প্রভু আমার কাছ ঘেঁষে বললেন, ‘ওদের বলল তুমি কী চাও।’ তার ইচ্ছা অনুসারে আমি শুরু করি:

‘যাতে তোমাদের আগের দুনিয়ায় মানুষের মনে তোমাদের স্মৃতি ক্ষীণ না হয়ে যায়, বরং সূর্যের আরো বহু প্রদক্ষিণ ধরে জীবন্ত থাকে,

বলো তোমরা কে, আর কোন জাতির। দেখো, এমন ভয়ঙ্কর ঘৃণ্য সাজা ভোগ করছ বলে আমাকে তোমাদের পরিচয় জানাতে ভয় পেয়ো না।’

‘আমি আরেৎসোর মানুষ,’ উত্তরে একজন বলল। ‘আমাকে পুড়িয়ে মেরেছিল সিয়েনার আলবের্তো। তবে যে কারণে মরেছিলাম, সেজন্যে আমি এখানে আসিনি।

সত্যি বটে আমি ওকে মজা করে বলেছিলাম, আমি আকাশে ওড়ার কৌশল জানি; সে বুদ্ধিতে খাটো, তাই চেয়েছিল আমি উপায়টা তাকে দেখাই।

ওকে দাইদালস বানাতে পারিনি, শুধুমাত্র এই কারণেই ও এমন একজনকে দিয়ে আমাকে পুড়িয়ে মারল যে তাকে পুত্রবৎ মনে করত।

কিন্তু ধরাধামে অপরসায়নের চর্চা করেছিলাম বলে এখানে দশটির মধ্যে শেষতম গহ্বরে মিনোস আমাকে দণ্ডিত করল, যে ভুল করতে পারে না।’

কবিকে বললাম: ‘সিয়েনাবাসীদের মত লঘুচিত্ত জাতি কোনোদিন দেখেছ? এমন কি ফরাসিরাও মোটেই অতটা নয়।’

তাতে অন্য কুষ্ঠরোগীটি আমার কথা শুনে জবাব দিল: ‘দোহাই তোমার, অবশ্যই স্ত্রিক্কা বাদে, যে পরিমিতভাবে টাকা খরচ করতে জানত;

আর নিক্কোলো, যে প্রথম আবিষ্কার করেছিল লবঙ্গের ব্যয়বহুল ব্যবহার, সেই বাগানে যেখানে বীজ থেকে অঙ্কুরিত হয় তার চারা;

আর সেই দঙ্গল নয়, তাদের সঙ্গে একজোটে আশিয়ানোর কাচ্চ্যা, যে নষ্ট করেছিল তার বনসম্পদ এবং দ্রাক্ষাক্ষেত; আর ভণ্ডুলবাজ সেই লোকটা, যে জাঁকিয়ে তার বুদ্ধি দেখিয়েছিল।

আর সিয়েনার লোকেদের বিরুদ্ধে কে তোমাকে এমন সমর্থন দিচ্ছে তা জানতে হলে চোখা দৃষ্টিতে আমার দিকে তাকাও—আমার এই চেহারাই তার উত্তর দিয়ে দেবে:

অপরসায়নের চর্চায় যে ধাতু ভেজাল করত সেই কাপোক্কিওর প্রেতচ্ছায়াকে চিনতে পারবে নিশ্চয়ই। আর আমি যা ভাবছি তুমি যদি সেই হও তাহলে তোমার নিশ্চয় মনে পড়বে স্বভাবপ্রকৃতিতে কী দারুণ একটা বাঁদর ছিলাম আমি!’

চাঁদ... পায়ের নীচে: অর্থাৎ উপরে মর্ত্যে এখন মধ্যদিন।

জেরি দেল বেল্লো: দান্তের সম্পর্কে খুল্লতাত। এও বিভেদসৃষ্টিকারী। সাক্কেত্তি পরিবারে বিরোধ বাধিয়ে ঐ বংশের এক সদস্যের হাতে বধ হয়।

ওতফোর: দক্ষিণ ফ্রান্সে অবস্থিত। বের্ত্রান দ্য বোর্ন এখানকার অধিবাসী ছিলেন।

প্রতিশোধ: তৎকালীন দৃষ্টিভঙ্গি অনুসারে, জেরি দেল বেল্লোর হত্যার জন্য তার পরিবারের সাক্কেত্তি পরিবারের কাউকে পাল্টা হত্যা করে প্রতিশোধ নেওয়া উচিত ছিল। কিন্তু অন্তত ১৩০০ সাল পর্যন্ত মনে হয় তা করা হয়নি।

ভাল দি কিয়ানা: তস্কানায় কিয়ানা নদীর মোহনার কাছে অস্বাস্থ্যকর অঞ্চল।

মারেম্মা: উত্তর ইতালির অস্বাস্থ্যকর জলাভূমি। এখান দিয়ে ভেনেৎসিয়া থেকে ফেরার সময় ম্যালেরিয়ায় আক্রান্ত হয়ে দান্তে নিজেই পরে মারা যান।

সার্দিনিয়া: ইতালির দক্ষিণ-পশ্চিমে অবস্থিত দ্বীপ। এটিও অস্বাস্থ্যকর জায়গা ছিল। স্বভাবত, এই সবগুলি জায়গাতেই গ্রীষ্মকালে বেশি করে রোগভোগের প্রকোপ হত।

পরমপিতার প্রতিনিধি: নরকের প্রবেশদ্বারেই লেখা ছিল যে তার নির্মাণকারী শক্তিগুলির মধ্যে আছে ঐশ্বরীয় ন্যায়বিচার। (৩য় সর্গের সূচনা দ্রঃ।)

আইগিনা: দেবী হেরা বা যুনোর অভিশাপে এই দ্বীপ মড়কে জনশূন্য হয়ে যায়। দেবরাজ জেউস বা য়ুপ্পিতের সেখানকার পিঁপড়েদের মানুষে পরিণত করে আবার সেখানে লোকবসতি ফিরিয়ে আনেন।

আরেৎসোর মানুষ: বক্তার নাম গ্রিফ্‌ফোলিনো। সিয়েনার বিশপের জারজ পুত্র আলবেরো বা আলবের্তোকে নানা অপবিজ্ঞানের ভাঁওতা দিয়ে প্রতারিত করে, যার মধ্যে উড়তে সক্ষম করার টোপ ছিল। শেষে আলবের্তো বিশপের কাছে নালিশ জানালে গ্রিফ্‌ফোলিনোকে যাদুবিদ্যাচর্চার অপরাধে পুড়িয়ে মারা হয়। কিন্তু সে শাস্তি পাচ্ছে অন্য মায়াকারদের সঙ্গে এই বলয়ের চতুর্থ খাদে নয়, আলকিমিয়া বা অন্য ধাতুকে সোনায় পরিণত করার, অর্থাৎ বস্তুকে নকল রূপ দেবার জন্য এখানে দশম খাদে।

দাইদালস: কারিগর। এর পুত্র ইকারস পিতার তৈরি ডানায় আকাশে ওড়ার চেষ্টা করেছিল। ১৭শ সর্গের টীকা দ্রষ্টব্য।

এমন একজনকে: অর্থাৎ তার পিতা সিয়েনার বিশপকে।

সিয়েনাবাসীদের মত: ফিরেন্‌ৎসীয়রা সিয়েনাবাসীদের নিয়ে নানা রঙ্গরসিকতা করত।

স্ত্রিক্কা *ইত্যাদি:* স্ত্রিক্কা দেই সালেম্বেনি, তার ভাই নিক্কোলো, কাচ্চ্যা দাশিয়ানো, এবং বার্তোলোমেও দেই ফল্কাক্কিয়েরি ('ভণ্ডুলবাজ'); 'উড়নচণ্ডীর দল' বলে পরিচিত বারোজন উচ্ছৃঙ্খল যুবকগোষ্ঠীর সদস্য। এরা সিয়েনারই লোক, সুতরাং 'বাদে' বলা হচ্ছে শ্লেষের সঙ্গে: অন্যান্য সিয়েনাবাসীদের চেয়েও এরা মূর্খ ও বিশৃঙ্খল।

লবঙ্গ: সে সময়ে অত্যন্ত দামি আমদানি-করা সামগ্রী।

বাগান: আক্ষরিক অর্থে নয়। সিয়েনার সমাজে লবঙ্গের দরাজ ব্যবহারের কথা বলা হচ্ছে।

কাপোক্কিও: এ-ও সিয়েনার লোক। আলকিমিয়া চর্চার জন্য একে পুড়িয়ে মারা হয়। দান্তের সতীর্থ ছিল, তাই সে মনে করছে, দান্তে চেহারা দেখে তাকে চিনতে পারবেন।

বাঁদর: অর্থাৎ অনুকরণপ্রিয় জীব, যে নকল বস্তু সৃষ্টি করে প্রকৃতির অনুকরণ করে।

সর্গ-৩০

অনুকরণ ও জালিয়াতির শাস্তি। জ্যান্নি শিক্কি ও মীর্‌রা। ওস্তাদ আদামো। সিনোন। ভের্গিলিউসের ভর্ৎসনা।

মূল রূপক: ২৯শ সর্গের শীর্ষটীকা দ্রষ্টব্য। এই সর্গে দশম খাদে শাস্তিভোগী অন্যান্য শ্রেণীর অনুকরণকারী ও জালিয়াতদের দেখা যাচ্ছে।

সেমেলে-র জন্য যে সময় য়ুনো দেবী থেবাইয়ের রাজরক্তের বিরুদ্ধে কুপিত হয়েছিলেন, যার প্রমাণ একাধিকবার দেখিয়েছিলেন তিনি,

তখন আথামাস এমন উন্মাদ হয়ে গিয়েছিল যে, দুই বাহুতে দুই সন্তান বয়ে তার পত্নীকে আসতে দেখে গর্জন করে উঠেছিল: 'জাল পেতে রাখা যাক যাতে শাবকসমেত সিংহীটাকে ওদের যাবার পথে ধরতে পারি।' তারপর তার নির্মম নখর বিস্তার করে লেয়ার্খস নামক এক পুত্রকে ছিনিয়ে, শূন্যে ঘুরপাক খাইয়ে পাথরে আছড়িয়ে ফেলে; অন্যটির ভার সমেত স্ত্রী নিজেই জলে ডুবে মরে।

আর ভাগ্য যখন ধূলিসাৎ করেছিল সর্বস্পর্ধী ত্রইয়ানদের অত্যুচ্চ গর্বকে, যাতে রাজ্যপাট সমেত নিশ্চিহ্ন হয়ে গিয়েছিল তাদের রাজা,

বিষাদময়ী, দুঃখিনী, বন্দিনী হেকাবে অস্ত্রাঘাতে নিহত পলীক্সেনেকে দেখে, আর সমুদ্র সৈকতে পরিত্যক্ত তার পলিদোরসকে শোকার্ত হয়ে চিনতে পেরে, জ্ঞানবুদ্ধি হারিয়ে কুকুরের মতো আর্তস্বরে চীৎকার করে উঠছিলো, তার হৃদয় শোকে এতই বিহ্বল হয়ে পড়েছিল।

কিন্তু না থেবাইয়ের না ত্রইয়ার প্রতিহিংসার দেবীদেরও কখনো এত হিংস্র হতে দেখা যায়নি, পশুর এমনকি মানুষের অঙ্গপ্রত্যঙ্গ এমন করে দংশায়নি, যেমন দেখলাম নগ্ন পাণ্ডুর দুটি ছায়ামূর্তিকে, খোঁয়ারছুট শূকরের মত খাবলাতে-খাবলাতে আসছে।

একজন ঝাঁপিয়ে পড়ল কাপোক্কিওর ওপর, দাঁত বসিয়ে দিল ওর স্কন্ধমূলে, তারপর এমনভাবে টানতে-টানতে নিয়ে চলল যে খাদের তলার পাথরে তার পেট ঘষটাতে থাকল।

তখনও অন্য আরেৎসোবাসীটি কাঁপতে-কাঁপতে আমায় বলল: 'এ প্রেতটা হলো জ্যান্নি শিক্কি, ক্ষিপ্ত হয়ে অন্য সবাইকেও এইমত আক্রমণ করতে-করতে যায়।'

'ওহো!' তাকে বলি: 'তাহলে অন্যটা যেন তোমার গায়ে দাঁত না বসায়—ও চলে যাবার আগেই ওর পরিচয়টা কী বলতে আজ্ঞা হোক।'

সে জবাব দিল: 'ও হলো ভ্রষ্টা মীর্‌রার প্রাচীন প্রেতাত্মা, যে তার বাবার কাছে বৈধ ভালোবাসার চেয়ে অতিরিক্তভাবে প্রিয় ছিল।

পিতার সঙ্গে সে এমনভাবে পাপে রত হয়েছিল, নিজের দেহে অন্যের ছদ্মরূপ ধরে। একইভাবে ওই যে দূরে পালাচ্ছে, সে ফন্দি আঁটে বুওসো দোনাতির ছদ্মরূপে ইচ্ছাপত্র তৈরি করে সেটিকে আইনি স্বীকৃতি দিতে, যাতে লাভ করতে পারে মন্দুরার রানীকে।'

যাদের উপর নজর রেখেছিলাম, সেই উন্মত্ত দুজন চলে গেলে অন্য কুজন্মা আত্মাগুলির দিকে দৃষ্টি ফেরালাম।

একজনকে দেখলাম যার বীণার মতো আকৃতি, যদি তার পেটের নীচে, যেখান থেকে তার পা দুটি আলাদা হয়েছে, বাকি দেহটা কাটা থাকত।

যে প্রচণ্ড শোথে দেহের তরল পদার্থগুলি অসমভাবে বন্টিত হয়ে অঙ্গপ্রত্যঙ্গের সামঞ্জস্য নষ্ট করে, যাতে মাথার সঙ্গে পেট খাপ খায় না, তার প্রকোপে তার ঠোঁট দুটো ফাঁক হয়ে পড়েছিল,

জ্বরাক্রান্ত ব্যক্তি যেমন তৃষ্ণায় একটি ঠোঁট ওপরের দিকে তোলে, অন্যটি ঝুঁকে পড়ে চিবুকের দিকে।

'ওহে! ওই দুঃখভরা দুনিয়ায় (জানিনে কেন) কোনো শাস্তি ছাড়াই যারা চলেছ,' আমাদের উদ্দেশে সে বলে উঠল, 'দেখো এবং মন দিয়ে শোনো

ওস্তাদ আদামোর দুঃখের কথা: জীয়ন্তে যা চেয়েছি তা যথেষ্টই পেয়েছি, আর হায়, এখন এক ফোঁটা জলের জন্য আমি ব্যাকুল।

কাসেন্তিনোর শ্যামল পাহাড় থেকে যে ছোট ছোট নদীগুলি তাদের তীরভূমি শীতল ও আর্দ্র করে নেমে এসেছে আর্নোতে,

আমার সামনে তারা সর্বক্ষণ আছে—অযথা নয়, কারণ তাদের কল্পিত মূর্তি আমাকে সেই রোগের চাইতেও বেশি শুকনো করে তুলেছে, যা খেয়ে নিয়েছে আমার মুখের মাস।

যে কঠোর ন্যায়বিচার আমাকে ধেয়ে বেড়াচ্ছে, যে স্থানে আমি পাপকর্ম করেছিলাম সেটাই আমার শাস্তির উপায় করে তুলেছে।

এইতো দেখতে পাচ্ছি সেই রোমেনাকে, যেখানে স্নানদীক্ষাগুরুর মূর্তি-ছাপা মুদ্রা জাল করেছিলাম, যার জন্য উপরেই আমার শরীর দগ্ধ হয়েছিল।

কিন্তু যদি এখানে গুইদো কিংবা আলেস্‌সান্দ্রো বা তার ভাইয়ের দুঃখ-জর্জরিত প্রেতাত্মাকে দেখতে পেতাম, তাহলে ব্রান্দার ঝর্ণার দৃশ্যের বিনিময়েও তা দেখতে আমি ছাড়তাম না।

যদি চারপাশে ছুটে-বেড়ানো উন্মত্ত প্রেতচ্ছায়াগুলি ঠিক বলে থাকে, তাহলে তাদের মধ্যে একজন নাকি ইতিমধ্যেই এখানে; কিন্তু আমার মতো যার হাত-পা বাঁধা তার তাতে কী-বা আসে যায়?

যদি অন্তত এটুকু হালকা হতাম যাতে একশ বছরে ইঞ্চিখানেকও নড়তে পারি, তাহলে তো এই বিকৃতাঙ্গদের মধ্যে ওকে খোঁজার জন্য এতক্ষণে পথে নেমে পড়তাম—হোক না এই খাদানের রাস্তা ঘুরে গেছে এগারো মাইল আর আড়াআড়িও আধ মাইলের কম নয়।

ওদের জন্যই এমন পরিবারের সঙ্গে মিশছি। তিন ক্যারেট খাদ মেশানো মুদ্রায় ছাপ মারতে প্ররোচনা দিয়েছিল ওরাই।'

আর আমি তাকে শুধোলাম: 'কারা ওই দুই দুর্ভাগা, তোমার ডান পাশ ঘেঁষে শুয়ে আছে আর শীতের দিনে ভেজা হাতের মতো বাষ্প ছড়াচ্ছে?'

উত্তরে সে বলল: 'এই খোঁয়াড়ে ঝরে পড়ার সময় থেকেই ওদের এখানে দেখছি। তখন থেকে ওরা একবারও পাশ ফেরেনি, আর আমার ততো মনে হয় অনন্তকাল ধরে নড়বেও না।

একজন হলো সেই মিথ্যাচারিণী, যে যোসেফের নামে অসত্য অভিযোগ এনেছিল। অন্যজন ঠগ সিমোন, ত্রইয়ার সেই গ্রীক। জ্বালাধরা জ্বরের জন্য ওদের গা থেকে ওরকম দুর্গন্ধ ছড়াচ্ছে।'

এবং ওদের একজন, খুব সম্ভবত এ হেন হেয় পরিচিতি পেয়ে ক্ষুব্ধ হয়ে, ওর চামড়ার মত কর্কশ ভুঁড়ির ওপর মারল এক ঘুঁষি;

শব্দটা হলো ঢাকপেটানোর মতো। ওস্তাদ আদামো ওর মুখে আঘাত হানল তার বাহু দিয়ে—সেটাও মনে হলো কিছু কম কর্কশ নয়—

আর ওকে বলল, 'আমার ভারী হাত-পা নিয়ে নড়তে পারি না বটে, কিন্তু এমন দরকার পড়লে আমার হাত চলে ঠিকই।'

তাতে সে উত্তর দিল: 'যখন আগুনে পুড়তে গিয়েছিলি তখন কিন্তু তা এত তৈরি ছিল না। অবশ্য যখন টাকা জাল করতিস তখন ঢের বেশি তৈরি থাকতিস।'

আর শোথরোগী বলল: 'এখন সত্যি বলছিস; কিন্তু ত্রইয়ায় যখন সত্যি কথা বলতে বলা হয়েছিল, তখন তো অত ধ্রুব সাক্ষ্য দিসনি!'

'আমার কথাগুলো যদি মিথ্যে ছিল, তেমনি মিথ্যে ছিল তোর বানানো মুদ্রাগুলো,' জবাব দিল সিমোন। 'আর আমি তো এখানে এসেছি একটামাত্র অপকর্মের জন্য, তুই অন্য যে কোনো শয়তানের চাইতে বেশি পাপ করে।'

'সেই অশ্বের কথা মনে করে দ্যাখ, জাল সাক্ষী কোথাকার!' ঢাউস পেটওয়ালা লোকটা চটপট জবাব দিল। 'গোটা দুনিয়ার লোক একথা জানে, এটাই যেন তোকে যন্ত্রণা দেয়।'

'আর তোকে যন্ত্রণা দিক সেই তেষ্টা যা তোর জিভ ফাটিয়ে দিচ্ছে,' গ্রীকটি বলে উঠল। 'আর তোর মধ্যেকার ওই পচা জল, যা তোর পেটটা ফুলিয়ে চোখের সামনে বেড়া তুলে দিয়েছে।'

এরপর সেই মুদ্রাশিল্পী: 'এই জন্যেই তো সবসময় নিজের ক্ষতি করার জন্যে তোর মুখ হাঁ করেই আছে। তোর চোয়াল এত চওড়া, নোংরা কথা বলার জন্য যেমন হয়, কারণ আমার যদি থাকে তেষ্টা আর শরীর-ভর্তি জল,

তোর তো আছে গা-পোড়া জ্বর আর মাথা-ফাটা যন্ত্রণা। নারকিস্‌সসের আয়না চেটে শুকিয়ে ফেলতে তোকে বেশি কথায় খোশামোদ করতেও হবে না।'

নিবিষ্ট হয়ে এই বাকবিতণ্ডা শুনছি, ঠিক তখনই গুরু বলে উঠলেন: 'দ্যাখো, দেখতেই থাকো—আর একটু করলেই তোমার সঙ্গে আমার ঝগড়া হয়ে যাবে।'

তাঁর কণ্ঠে ক্রোধের সুর শুনে তার দিকে এমন লজ্জায় ফিরলাম যে তা আজও আমার স্মৃতিকে তাড়না করে।

যে লোক দুঃস্বপ্নে নিজের অনিষ্ট দেখতে-দেখতে স্বপ্নেই ভাবে যেন তা স্বপ্ন হয়, যা ঘটছে তা যেন সত্যি না হয়, এমন লোকের মতই হয়েছিলাম আমি; বাক্‌শক্তি হারিয়ে, ক্ষমা প্রার্থনা করতে চেয়ে সত্যিই অপরাধের প্রায়শ্চিত্ত করছিলাম, করছি যে তা না বুঝেই।

'এর চাইতে কম লজ্জায় তোমার চেয়ে আরও বড়ো ত্রুটি ধুয়ে মুছে যায়,' প্রভু বললেন। 'সুতরাং মনের সব দুঃখ লাঘব করো।

আর জেনে রেখো, যদি ভাগ্য তোমাকে আবার এমন জায়গায় এনে ফ্যালে যেখানে লোকে এমন কলহ করছে, আমি সর্বদা তোমার পাশে থাকব;

কারণ এ ধরণের কথা শোনার ইচ্ছা হলো ইতর বাসনা।'

সেমেলে: থেবাইয়ের রাজা কাদমসের কন্যা। দেবরাজ জেউস বা য়ুপ্পিতের সেমেলের সঙ্গে সঙ্গমে লিপ্ত হলে (যার ফলে দ্রাক্ষাদেব দিয়নীসস বা বাক্‌খসের জন্ম), জেউসের পত্নী হেরা বা য়ুনো ক্ষিপ্ত হয়ে থেবাইয়ের রাজবংশের উপর নানা প্রকার প্রতিহিংসা হানেন। তার একটি হল, সেমেলের বোন ইনোর স্বামী আথামাসকে উন্মাদ করে দেওয়া।

হেকাবে বা হেকুবা: ত্রইয়ার রাজ্ঞী, ত্রইয়ার পতনের পর উন্মাদ হয়ে যান। পলীক্সেনে তাঁর কন্যা, পলীদোরস পুত্র।

প্রতিহিংসার দেবীদের: এরিনীয়েস, গ্রীক-রোমক পুরাণকথায় প্রতিহিংসার দেবীর দল।

অন্য আরেৎসোবাসী: অর্থাৎ গ্রিফ্‌ফোলিনো।

জ্যান্নি শিক্কি: ফিরেন্‌ৎসের কাভালকান্তি বংশের সদস্য। অভিনয় ও নকলে দক্ষ ছিল। বুওসো দোনাতির (২৫শ সর্গ দ্রঃ) মৃত্যুর পর তার পুত্র সিমনের ভয় হল, বাবা হয়ত তাঁর সম্পত্তি ছেলের নামে লিখে যাননি। বাবার মৃত্যু গোপন করে সে তাই জ্যান্নিকে নিযুক্ত করল, বুওসো সেজে একটি নতুন উইল জারি করতে যাতে সিমোনে সব সম্পত্তি পাবে। জ্যান্নি অবশ্য সেই সুযোগে নিজেও কিছু প্রাপ্তির ব্যবস্থা করে নিয়েছিল—তার মধ্যে ছিল একটি চমৎকার মাদী ঘোড়া, যার নাম 'মন্দুরার রানী'।

মীর্‌রা: কীপ্রসের রাজা কিনীরাসের কন্যা। পিতার জন্য অবৈধ প্রেমে পড়ে ছদ্মবেশে তাঁর সঙ্গে মিলিত হয়। পিতা জানতে পেরে মীর্‌রাকে হত্যা করতে যান। সে পালিয়ে

যায়, ও শেষে একটি গাছে রূপান্তরিত হয়। এখানে মীর্‌রাকে নরকের উপযোগী স্থূল শ্লেষের সঙ্গে পূর্বোক্ত কাহিনীর মাদী ঘোড়ার সঙ্গে তুলনা করা হচ্ছে।

ঐ যে দূরে পালাচ্ছে: জ্যান্নি শিক্কি।

উন্মাদ দুজন: জ্যান্নি শিক্কি ও মীর্‌রা।

ওস্তাদ আদামো: ব্রেশ্যার এই অধিবাসী তস্কানা প্রদেশের কাসেন্তিনো অঞ্চলের রমেনার অধিপতিদের দ্বারা মুদ্রা জাল করার জন্য নিযুক্ত হয়েছিল। ধর্মস্নানগুরু (ব্যাপ্টিস্ট) সন্ত যোহনের প্রতিকৃতিবিশিষ্ট এই মুদ্রাগুলি ছিল ফিরেন্‌ৎসের বিখ্যাত 'ফিওরিনো', লিলি ফুল (ফিওরে = ফুল) খোদাই করা থাকত বলে ঐ নাম। খাঁটি ও স্থাবর মূল্যের এই মুদ্রাটি সারা ইউরোপে আদৃত ছিল, তাই এটি জাল করে আদামোর অপরাধ যেমন একদিকে বৃহত্তর সমাজের, আরেকদিকে ফিরেন্‌ৎসের সুনামের উপর আক্রমণ। শেষ অবধি সে ধরা পড়ে ও তাকে পুড়িয়ে মারা হয়। নরকে তার শাস্তি মনে করিয়ে দেয় গ্রীক-রোমক পুরাণকথার তান্তালসের শাস্তির কথা, খাদ্য-পানীয় সর্বদা থাকত যার চোখের সামনে কিন্তু নাগালের বাইরে।

গুইদো, আলেস্‌সান্দ্রো, তাদের ভাই: রোমেনার যে গুইদি শাসকবংশের জন্য আদামো মুদ্রা জাল করত। এই 'ভাই'-এর নাম আগিনোলফো।

ব্রান্দার ঝর্ণা: এই নামে সিয়েনায় একটি বিখ্যাত ঝর্ণা ছিল, কিন্তু আদামো খুব সম্ভব বলছে রোমেনায় আরেকটির কথা। যে নিয়োগকারীরা তাকে শেষ অবধি বিপদের মুখে ত্যাগ করেছিল, তাদের নাগালে পেলে এত তৃষ্ণার মধ্যে ঝর্ণার জল পান করার সুযোগও সে পরিহার করত।

সেই মিথ্যাচারিণী: বাইবেলের কাহিনীতে (আদিপুস্তক ৩৯:৬-২৩) মিশরের রাজা ফারাওয়ের প্রাসাদের প্রধান রক্ষী পতিফারের স্ত্রী। ইহুদিদের পূর্বপুরুষ য়োসেফ তখন মিশরে দাসবৃত্তি যাপন করছেন। এই নারী তাকে প্রেমে প্রলুব্ধ করতে না পেরে প্রতিহিংসাস্বরূপ স্বামীর কাছে তাঁর নামে মিথ্যা অভিযোগ করে, যার ফলে য়োসেফ কারাবন্দি হন।

সিনোন: যে গ্রীক চরের মিথ্যাভাষণ ও কুমন্ত্রণায় ত্রইয়ানরা গ্রীক সৈন্যভর্তি কাঠের ঘোড়াটিকে শহরের ভিতরে নিয়ে আসে। তার এই খাদে শাস্তি পাওয়ার প্রধান কারণ অবশ্যই তার মিথ্যাচার, কিন্তু ঘোড়ার আকৃতি নকল করার অপরাধও যেন সেই সঙ্গে যুক্ত হচ্ছে। আদামো আর সিনোনের বাক্যবিনিময়ে এমনই ইঙ্গিত।

নার্কিস্‌সস: পুরাণকথায় এই যুবকটি নিজের চেহারা নিয়ে এতই মজে গিয়েছিল যে ঝর্ণার জলে তার প্রতিফলন দেখে বেড়াত।

সর্গ-৩১

দানবদের বর্ণনা। নবম চক্রে অবতরণ।

মূল রূপক: এই সর্গে কবিদ্বয় অষ্টম থেকে নবম চক্রে গমন করছেন। পথে তাদের ডিঙিয়ে যেতে হচ্ছে যে বিশাল দানবদের, তাদের কল্পনার আদি সূত্র বাইবেলের আদিপুস্তকে (৬:৪) পুরাকালে পৃথিবীতে দৈত্যদের অস্তিত্বের উল্লেখ। তাছাড়া গ্রীক-রোমক পুরাণকথায় কথিত আছে, দানবের দল স্বর্গ আক্রমণ করে প্রতিহত হয়। পূর্বেকার প্রজন্মের দেবতা বা তিতানদেরও দৈত্যরূপে দেখা হত। পরবর্তী প্রজন্মের দেবতারা (যাদের রাজা জেউস বা য়ুপ্পিতের) তাদের স্বর্গ থেকে বিতাড়িত করে। খ্রিস্টান আখ্যানে স্বর্গ থেকে বিতাড়িত পতিত দেবদূতদের সঙ্গেও তাই এদের মিল পাওয়া যায়। দান্তে এই দুই সুত্র যুক্ত করেছেন নরকের এই দানবদের কল্পনায়। তাদের কারও পরিচয় বাইবেল, কারও বা গ্রীক-রোমক পুরাণকথা থেকে গৃহীত। এদের শয়তানের অনুচর বা পারিষদ বলা যেতে পারে, নবম চক্রে তার খাসমহল ঘিরে তারই মত আবদ্ধ অবস্থায় দাঁড়িয়ে আছে।

একই জিহ্বা তার কথায় প্রথমে আমাকে দংশিয়ে গাল রাঙিয়ে দিল, তারপর দিল সেই ব্যথা উপশমের ওষুধ।

ঠিক তেমনই শুনেছি আখিল্লেউস আর তার পিতার বর্শা প্রথমে উপহার দিত যন্ত্রণা, তারপর সেই যন্ত্রণার নিবারণ।

দুঃখজর্জর সেই উপত্যকার দিকে পিঠ ফিরিয়ে আমরা আবার উপরে উঠতে লাগলাম সেই বেষ্টন করা বাঁধ ধরে, পার হয়ে গেলাম কোনও কথা না বলে।

এখানে অন্ধকার রাত্রির চাইতে ফিকে এবং আলো দিনের চাইতে কম, ফলে দৃষ্টি বেশিদূর যাচ্ছিল না। কিন্তু শুনতে পেলাম শিঙার আওয়াজ,

এতটাই জোরে যে তার চেয়ে যে কোনো বজ্রনির্ঘোষকে মনে হবে ক্ষীণ। তার গতিপথ ধরে আমার দৃষ্টি ফিরল একটিমাত্র স্থানে।

শোচনীয় পশ্চাদগমনের পর যখন শার্লমান হারিয়েছিলেন তাঁর পবিত্র সেনাবাহিনী, তখন রোলাঁও তার শিঙায় এত তীব্র নিনাদ বাজায়নি।

সেদিকে ঘাড় ঘুরিয়ে কিছুক্ষণ তাকাতেই মনে হলো উঁচু-উঁচু বুরুজ দেখছি। তাই জিগ্যেস করলাম: 'প্রভু, এটি কোন নগরী?'

তিনি বললেন: 'অনেকটা দূর থেকে অন্ধকারের মধ্য দিয়ে দেখতে গিয়ে তোমার কল্পনা বিপথে চালিত হচ্ছে।

যদি ওখানে পৌঁছোও, পরিষ্কার দেখতে পাবে দূরত্বের ফলে দৃষ্টি কেমন বিভ্রান্ত হয়। সুতরাং আরও জোর কদমে এগিয়ে চলো।'

তারপর সস্নেহে আমার হাত ধরে বললেন: 'বাস্তবটা যাতে তোমার কাছে কম আশ্চর্যের মনে হয়, তাই আর এগোবার আগে

জেনে রেখো ওগুলো বুরুজ নয়, দানব—প্রাচীরের ধার-বরাবর, কূপের চারধার ঘিরে নাভি পর্যন্ত প্রোথিত হয়ে আছে।'

যেমন কুয়াশা মিলিয়ে যাবার সময় যা বাষ্প আড়াল করে রেখেছিল, সেই বায়ুরোধকারী বস্তুগুলিকে চোখ একটু-একটু করে পুনর্নির্মাণ করে,

তেমনভাবেই ঘন কালো বাতাস ভেদ করে ধীরে-ধীরে পাড়ের কাছে এগোতে-এগোতে ভুল গেল ভেঙে আর বাড়ল ভয়।

ঠিক যেমন বৃত্তাকার প্রাচীর জুড়ে মিনারের মুকুটে ঘেরা মন্তেরেজ্জ্যোনে দুর্গ, তেমনি কূপের চারপাশ ঘেরা বাঁধ জুড়ে

তাদের আধখানা দেহ নিয়ে মাথা তুলে দাঁড়িয়ে আছে ভয়ঙ্কর দানবরা, যাদের আজও আকাশ থেকে বজ্র হেনে শাসান দেবতা য়োভিস।

ইতিমধ্যে আমি একজনের চেহারা ঠাওরাতে পারলাম—তার দুই কাঁধ, বক্ষদেশ এবং উদরের উপরিভাগ, আর দুপাশে লম্বিত দুই বাহু।

প্রকৃতি যখন এই ধরণের জীবসৃষ্টি বন্ধ করলেন, রণদেবকে তাঁর এই সহায়গুলি থেকে বঞ্চিত করে অবশ্যই ভালো কাজ করেছিলেন।

আর যদি তিনি হাতি এবং তিমি সৃষ্টির জন্য অনুতাপ না করে থাকেন, সূক্ষ্ম বিচারে দেখলে কেউ অবশ্যই বলবেন তিনি ন্যায়পরায়ণ ও সুবিবেচক

—তার কারণ মানসিক ক্ষমতা যদি যুক্ত হয় মন্দ অভিপ্রায় আর শক্তির সঙ্গে, তা থেকে রক্ষা পাওয়া কোনো মানুষের পক্ষে সম্ভব নয়।

দানবের মুখমণ্ডলটি মনে হলো আড়ে-বহরে রোমার সান পিয়েত্রো গির্জার সামনের পাইনবীজের মূর্তির মতো, আর অন্য হাড়গুলিও সেই অনুপাতে।

শরীরের মধ্যভাগের নীচে কটিবাসের মতো ঘিরে থাকা প্রাকারের ওপরে বাকি অংশটুকুই এত উঁচু ছিল যে তিনজন দীর্ঘাকৃতি ফ্রিসিয়াবাসীও এ-ওর কাঁধে দাঁড়িয়ে তার কেশাগ্র স্পর্শ করার বড়াই করতে পারত না; কেননা গলার কাছে যেখানে মানুষ তার জোব্বার বোতাম আটকায়, সেখান থেকে নীচ অবধি বিশাল শরীরটা তিরিশ বিঘৎ হবে দেখলাম।

'রাফেল মাঈ আমেক ৎসাবী আল্মি,' চিৎকার করতে শুরু করল সেই হিংস্র মুখবিবর, যার পক্ষে এর চেয়ে মধুর কোনো স্তোত্রগান উপযুক্ত হত না।

আর আমার দিশারি তাকে বললেন: 'নির্বোধ আত্মা! ওই শিঙা নিয়েই থাক্। যখন ভয়ানক ক্রোধ বা অন্য কোনো আবেগ জাগবে, ওটার মধ্য দিয়েই তা প্রকাশ করিস।

হায় বিমূঢ় আত্মা, নিজের ঘাড়ের কাছে খুঁজে দেখ্—সেই বন্ধনীটা খুঁজে পাবি যা দিয়ে ওটা বাঁধা আছে। দেখ্, তোর মস্ত বুকের উপরেই ওটা ঠেকা দেওয়া আছে।'

তারপর তিনি আমাকে বললেন: 'ওর নিজের কথাই ওকে অপরাধী সাব্যস্ত করছে। ও হলো নিম্রোদ, যার অলক্ষুণে আবিষ্কারে পৃথিবী এক ভাষায় কথা বলে না।

ওকে ওখানেই থাকতে দাও; বৃথা বাক্যব্যয় করব না, কারণ সব ভাষাই ওর কাছে তেমন, অন্যদের কাছে যেমন ওর ভাষা, যা আর কেউ জানে না।'

অতএব আমরা চলতে লাগলাম আরো দূরে বাঁয়ে মোড় নিয়ে; তির ছোঁড়া দূরত্বে দেখলাম পরেরটিকে—আরো বিশাল এবং আরো ভয়ঙ্কর।

জানি না তাকে এমন আষ্টেপৃষ্ঠে বেঁধেছে কোন যন্ত্রবিদ, কিন্তু ওর ডান বাহু পেছনে আর অন্যটি সামনে আটকানো একটা শিকল দিয়ে যা তার সর্বাঙ্গ বেষ্টন করে আছে, আর ঘাড় থেকে নেমে শরীরের যে অংশ দেখা যাচ্ছে, তাতেই পাক দেওয়া আছে পাঁচবার।

'এই অহঙ্কারীটা চেয়েছিল সর্বোত্তম য়োভিসের সঙ্গে শক্তি পরীক্ষায় নামবে,' আমার দিশারি বললেন, 'যার জন্য তার এই পুরস্কার!

ওর নাম এফিয়ালতেস। দানবরা দেবতাদের ভীত করে তোলার সময় সে প্রচণ্ড উদ্যোগ দেখিয়েছিল। যে দুই বাহু সে তুলেছিল, তা আর নাড়াতে পারে না।'

আমি তাঁকে বললাম: 'যদি সম্ভব হয় তো বিশাল ব্রিয়ারেওসকে চাক্ষুস দেখার অভিজ্ঞতা লাভের ইচ্ছে করি।'

দিশারি বললেন: 'এখানে কাছেই তুমি আন্তাইয়সকে দেখবে। সে কথা বলতে পারে এবং সে শেকলবাঁধা নয়; সে আমাদের নামিয়ে দেবে সব পাপের অতলতম গহ্বরে।

তুমি যাকে দেখতে চাও সে আছে আরো অনেক দূরে। এর মতো সেও শেকলবাঁধা, এর মতোই তার গড়ন, শুধু তার চেহারা আরো হিংস্র।'

কোনো প্রবল ভূমিকম্প কখনো এত প্রচণ্ডভাবে টলিয়ে দেয়নি কোনো মিনারকে, যেভাবে এফিয়ালতেস হঠাৎ নিজেকে ঝাঁকিয়ে উঠল।

তখন যতটা মৃত্যুভয় বোধ করেছিলাম, তেমনটি আর কখনোই করিনি। যদি শিকলগুলি না দেখতাম, তাহলে আমার ভয়ই আমার মৃত্যুর পক্ষে যথেষ্ট হতো। তারপর আমরা আরো এগিয়ে পৌঁছলাম যেখানে দাঁড়িয়েছিল আন্তাইয়স। মাথার মাপ বাদ দিয়ে সে গহ্বর থেকে বেরিয়ে আছে পুরোপুরি পাঁচ হাত।

'ওহে, তোমাকে বলছি যে সেই ভাগ্যনিয়ন্তক উপত্যকায়—স্কিপিওকে যা দিয়েছিল এক গৌরবময় উত্তরাধিকার, যখন আন্নিবাল আর তার লোকলস্কর পৃষ্ঠপ্রদর্শন করল—

সেখানে শিকার করেছিলে এক সহস্র সিংহ; তুমি, যে সেই ভীষণ রণে ভাইদের পাশে দাঁড়ালে এখনও বিশ্বাস করা যায় যে ধরিত্রীপুত্ররাই বিজয়ী হতো; বিরূপ না হয়ে আমাদের নামিয়ে দাও যেখানে হিমে জমাট বেঁধেছে কোকীতসের হ্রদ।

আমাদের তিতীয়স কিংবা তীফোনের কাছে যেতে বাধ্য কোরো না। যা এখানে আকাঙ্ক্ষিত, এই মানুষটি তা দিতে পারে; সুতরাং ঝুঁকে পড়, আর ঠোঁট বেঁকিয়ো না।

ও এখনো পৃথিবীতে তোমার যশ ফিরিয়ে দিতে পারে—কেননা ও জীবিত এবং দীর্ঘ জীবন আশা করে, যদি না সময়ের আগেই করুণাময় ওকে কাছে ডেকে নেন।'

এভাবেই বললেন আমার প্রভু, আর অন্যজন চটপট তার হাত বাড়িয়ে দিল, যার ভয়ঙ্কর মুঠির চাপ একদা অনুভব করেছিল হেরাক্লেস, এবং আমার দিশারিকে তুলে নিল।

তাঁকে তুলে নেওয়া হচ্ছে অনুভব করে ভের্গিলিউস আমাকে বললেন: 'কাছে এসো, যাতে আমি তোমাকে ধরতে পারি।' তারপর আমাদের দু'জনকে একটা পুঁটুলির মতো করে ফেললেন।

যখন একখণ্ড মেঘ গারিসেন্দার টালের উল্টোমুখে ভেসে যায়, তখন হেলান দিকটির নীচ থেকে মিনারটি যেমন দেখায়, আন্তাইয়সকে আমার তেমনই দেখতে লাগছিল যখন সে পাঁচিলে হাত ঠেকিয়ে নত হচ্ছিল—এমন একটা পরিস্থিতি, যে চেয়েছিলাম অন্য পথ ধরে যেতে।

কিন্তু শয়তান আর ইয়ূদাকে গ্রাস করে ফেলা সেই তলে সে আমাদের সন্তর্পণে নামিয়ে দিল; তারপর আর ঐভাবে নত রইল না, জাহাজের মাস্তুলের মতো সটান সোজা হয়ে উঠল।

আখিল্লেউস আর তার পিতা: গ্রীক বীর আখিল্লেউসের পিতা পেলেউসের একটা বল্লম ছিল, যার আঘাত দ্বিতীয়বার সেই বল্লম দিয়েই স্পর্শ করলে সেরে যেত।

শিঙা: সম্রাট শার্লমানকে ঘিরে যে কাব্য ও গাথা গড়ে উঠেছিল, তার বিখ্যাত নিদর্শন ফরাসি শাঁসন দ্য রোলাঁ (রোলাঁর গাথা)-তে বর্ণনা আছে, শার্লমানের প্রধানমন্ত্রী ও সেনাধ্যক্ষ রোলাঁ স্পেনে আরবদের সঙ্গে যুদ্ধে পরাজিত ও নিহত হয়েছিলেন পিরিনেওস বা পিরেনে পর্বতমালার রঁসভাল গিরিপথে। মৃত্যুর আগে তিনি তাঁর হাতির দাঁতের শিঙা বাজিয়ে শার্লমানের বাহিনীকে আহূত করেন। আট মাইল দূরে শার্ল সেই শিঙার আওয়াজ শুনতে পান।

মন্তেরেজ্জ্যোনে: সিয়েনার কাছে একটি দুর্গ।

বজ্র... য়োভিস: দেবরাজ জেউস বা যুপ্পিতের (য়োভিস) বজ্র হেনে স্বর্গ আক্রমণকারী দানবদের পরাস্ত করেন। (এই সর্গের শীর্ষটীকা দ্রঃ।)

রণদেব: যুদ্ধের দেবতা মার্স। দান্তে স্বস্তি প্রকাশ করছেন যে এখন এইরকম দানবীয় যোদ্ধারা রণক্ষেত্রে অবতীর্ণ হয় না।

সান পিয়েত্রোর পাইন: তৎকালীন সান পিয়েত্রোর গির্জা অর্থাৎ পোপের শাসনকেন্দ্র ভাতিকানোর মহাগির্জার সামনে সাড়ে সাত ফুট উঁচু একটি পাইন কোনের প্রতিকৃতি ছিল। সেই পুরনো গির্জার বদলে বর্তমান গির্জাটি যোড়শ শতকে নির্মিত হয়।

ফ্রিসিয়বাসী: বর্তমান হল্যান্ডের অন্তর্গত ফ্রিসিয়ার অধিবাসীরা দেহের উচ্চতার জন্য খ্যাত ছিল।

রাফেল মাই ইত্যাদি: অর্থহীন হুঙ্কার। এই দানবেরা মানবপ্রকৃতির নয়, বোধগম্য কথা বলতে পারে না।

নিম্রোদ: বাইবেলের বিবৃতি অনুযায়ী (আদিপুস্তক ১০:৮-৯) পুরাকালের ইহুদি রাজা ও বিখ্যাত শিকারী।

বাইবেলে তেমন বলা না হলেও বাবিলের মিনারের নির্মাতা হিসাবে এর নাম প্রচলিত। এই মিনারের নির্মাণ বন্ধ করার জন্য ঈশ্বর তার নির্মাণকারীদের নানা ভাষায় কথা বলার বিধান দিলেন, যাতে তারা পরস্পরে মিলে কাজটা সম্পন্ন না করতে পারে। মানবজাতির মধ্যে নানা ভাষার প্রচলনের এভাবে ব্যাখ্যা করা হয়েছে।

এফিয়ালতেস: এই দৈত্যকায় অর্ধদেবতা (সমুদ্রদেবতা পসেইদোন বা নেপতুনুসের পুত্র) ও তার ভাই ওতস মিলে ওস্সা পর্বতের উপর পেলিয়ন পর্বত চাপিয়ে স্বর্গের নাগাল পাবার চেষ্টা করেছিল।

ব্রিয়ারেওস: 'শতহস্তবিশিষ্ট' অভিহিত তিন দানবের একজন। তিতান দেবগোষ্ঠীর বিরুদ্ধে জেউসের নেতৃত্বাধীন পরবর্তী প্রজন্মের দেবতাদের জয়লাভে সাহায্য করে।

আন্তাইয়স: সমুদ্রদেবতা পসেইদোন ও ধরিত্রীদেবী গাইয়ার সন্তান। লিবিয়ানিবাসী সিংহ-শিকারী দৈত্য।

সেই উপত্যকা: লিবিয়া, আন্তাইয়সের বাসভূমি। লিবিয়াতেই পরে রোমক সেনাপতি স্কিপিও কার্থাজের অধিপতি হান্নিবালকে পরাজিত করেন।

ধরিত্রীপুত্ররা: আন্তাইয়স ধরিত্রীদেবীর সন্তান, কিন্তু অন্য দেবতাদের সঙ্গে স্বর্গ আক্রমণ করেনি। দান্তে অনুমান করছেন যে করলে দৈত্যদের জয় হত, কারণ আন্তাইয়স তার মায়ের সংস্পর্শে এলেই, অর্থাৎ মাটি ছুঁলেই, তার শক্তি পুনর্জীবিত হত। শেষে হেরাক্লেস তাকে দু'হাতে শূন্যে তুলে ধরে বধ করেন।

কোকীতস: ৩২শ সর্গের শীর্ষটীকা দ্রঃ।

তিতীয়স, তীফাওন: পসাইদোন ও ধরিত্রীদেবীগাইয়ার সন্তান আরও দুই দৈত্য। এরা স্বর্গ আক্রমণে সামিল হয়েছিল।

হেরাক্লেস: উপরে 'ধরিত্রীপুত্ররা' টীকা দ্রঃ।

গারিসেন্দা: বলোন্যিয়ার কেন্দ্রে একটি হেলানো মিনার। উপরের আকাশে মেঘ ভেসে গেলে দৃষ্টিভ্রম হয় যে মিনারটি পড়ে যাচ্ছে।

সর্গ-৩২

কোকীতস। বিশ্বাসঘাতকতার শাস্তি। কাইনা: আত্মীয়স্বজনের প্রতি কৃতঘ্নতা। আন্তেনোরা: স্বদেশের প্রতি কৃতঘ্নতা।

মূল রূপক: সচরাচর কল্পনা করা হয়, খ্রিস্টান নরকে পাপাত্মারা আগুনে দগ্ধ হচ্ছে। দান্তের নরকে কিন্তু অল্প কিছু শ্রেণীর পাপীরাই এইভাবে শাস্তি পাচ্ছে; আর নবম বলয়ে সবচেয়ে অধম পাপীদের কঠোরতম শাস্তি হল জমাট বরফে চিরকাল ডুবে থাকা। এই শাস্তিস্থল কোকীতস গ্রীক-রোমক পুরাণকথায় পাতালের একটি নদী, দান্তের আখ্যানে বরফজমা হ্রদ। এখানে শাস্তি পাচ্ছে বিভিন্ন শ্রেণীর বিশ্বাসঘাতক—অর্থাৎ যাদের ভ্রষ্ট বুদ্ধিবিচার ও নীতিবোধ কেবল সাধারণভাবে মানুষের ক্ষতি করেনি, করেছে বিশেষ করে তাদের, যাদের প্রতি এই পাপীদের কোনও নির্দিষ্ট বন্ধন বা কর্তব্য ছিল। পাপের মাত্রা অনুযায়ী এই বিশ্বাসঘাতকেরা ভিন্ন-ভিন্ন মাত্রায় বরফে ডুবে জমে আছে। এরা চার শ্রেণীর:

- আত্মীয় বা স্বজনের প্রতি বিশ্বাসঘাতক (৩২শ সর্গ)। এদের শাস্তিস্থানের নাম কাইনা, বাইবেলে আদম ও হবার ভ্রাতৃহন্তা পুত্র কয়িনের নামে (আদিপুস্তক ৪:৮)।
- স্বদেশের প্রতি বিশ্বাসঘাতক (৩২শ সর্গ)। এই ভাগের নাম আন্তেনোরা, ত্রইয়ার যুদ্ধে গ্রীকদের ত্রইয়ায় ঢুকতে সাহায্যকারী বিশ্বাসঘাতক ত্রইয়ান আন্তেনোরের নামে।
- অতিথির প্রতি বিশ্বাসঘাতক (৩৩শ সর্গ)। সম্ভবত য়েরিহো শহরের সেনাধ্যক্ষ তলোমাইয়সের নামে এর নাম তলোময়া। সে ইহুদিদের প্রধান যাজক শিমোন ও তার দুই পুত্রকে ভোজে ডেকে সেখানে

তাদের হত্যা করে। বাইবেলের সঙ্গে যুক্ত মাক্কাবাইদের সংক্রান্ত প্রথম পুস্তকে এর বিবৃতি আছে।

- প্রভুর প্রতি বিশ্বাসঘাতক (৩৪শ সর্গ)। স্বয়ং যিশুখ্রিস্টের প্রতি যে বিশ্বাসঘাতকতা করেছিল, সেই কৃতঘ্ন শিষ্য য়িহূদা (ইতালীয় 'জ্যুদা') ইস্কারিওথের নামে জঘন্যতম পাপীদের জন্য নরকের তলদেশে এই অঞ্চলের নাম জ্যুদেক্কা।

যদি আমার থাকত রুক্ষ ও পরুষ ছন্দ, যা উপযুক্ত হত সেই বিষণ্ণ গহ্বরটির বর্ণনা দিতে যার দিকে অন্য সব পাথর ঝুঁকে ভর করে,

তাহলে আমার মননের সমস্ত নির্যাস উজাড় করে নিংড়ে দিতাম। কিন্তু যেহেতু তা আমার নেই, আমি নির্ভয়ে কথা বলতে পারছিনা।

কারণ সারা ব্রহ্মাণ্ডের অধোদেশের কথা বলা সম্ভব নয় খেলাচ্ছলে, সেই জিহ্বারও কর্ম নয় যা রব তোলে 'মাম্মা' আর 'বাব্বা'।

কিন্তু থেবাইয়ের প্রাচীর নির্মাণে যাঁদের সহায়তায় আমফিওন হয়েছিল সফল, আমার কাব্যের সহায় হন সেই দেবীগণ, যাতে আমার বাচন ও প্রকৃত তথ্য হয় না ভিন্ন।

হায়, সবার চেয়ে অপজাত অধমের দল যারা এই জায়গায় ভিড় জমিয়েছ যার বর্ণনা করা অসম্ভব—তোমাদের ভাল হতো যদি ইহলোকে হতে ছাগল বা ভেড়া!

দানবদের পদতলের আরো অনেক নীচে নেমেছি যখন আঁধার বিবরের মধ্যে, তখনও উঁচু দেওয়ালটির দিকে তাকিয়ে দেখতে-দেখতে

শুনতে পেলাম আমাকে কে বলছে: 'দেখে শুনে পা ফেলো: এমনভাবে চলো, যাতে তোমার শ্রান্ত হতভাগ্য ভাইদের মাথা মাড়িয়ে না দাও।'

শুনে ঘুরে দাঁড়িয়ে দেখি, সামনে এবং পায়ের নীচে বিস্তৃত এক হ্রদ, যা হিমে জমে জলের চাইতে বেশি কাচের মত দেখাচ্ছে।

শীতের সময় অস্ট্রিয়ার দানিয়ুব বা হিমেল আকাশের নীচে সুদূর ডনেও গতিপথের উপর এমন পুরু আস্তরণ দেখা যায় না।

যদি তাম্বেরনিক পর্বত কিংবা পিয়েত্রাপানা তার উপর ভেঙে পড়ত, এক কোনে একটু চিড় পর্যন্ত ধরত না।

সেই ঋতুতে যখন চাষির মেয়ে প্রায়ই শস্যকাটার স্বপ্ন দেখে, তখন ব্যাংগুলি যেভাবে জলের ওপর নাক বার করে বসে ডাকে, সেভাবেই

লজ্জাপ্রকাশের স্থান পর্যন্ত তুষারে প্রোথিত হয়ে ঠাণ্ডায় কালশিটে পড়া বিষাদময় আত্মাগুলি দাঁত দিয়ে সারসের ঠোঁটের মতো ঠক্ঠক্ শব্দ করছিল।

প্রত্যেকেরই মুখ অবনত; ওষ্ঠাধরে শৈত্যের সাক্ষ্য, চোখে হৃদয়ের দুঃখভারের।

চারপাশে খানিক তাকিয়ে শেষে পায়ের দিকে চেয়ে দেখলাম দুজন এমন জড়াজড়ি করে বসে আছে যে তাদের মাথার চুলগুলো হয়েছে একাকার।

বললাম: 'এই যে তোমরা দুজন একেবারে বুকে বুক ঠেকিয়ে রয়েছ, আমায় বলো তোমরা কারা?' শুনে তারা ঘাড় বাঁকিয়ে যখন আমার দিকে মুখ তুলল,

তাদের চোখ, যা এতক্ষণ কেবল ভেতরেই বাষ্পার্দ্র হয়ে ছিল, এখন চোখের পাতা ছাপিয়ে বইতে লাগল; কিন্তু হিমে সেই অশ্রু আবার জমে গিয়ে চোখ দুটো বুজিয়ে দিল—

আঁকড়া দিয়েও কখনো কাঠের সঙ্গে কাঠ এত দৃঢ়ভাবে আটকানো হয়নি। তাতে তারা ক্রোধে পরাক্রান্ত হয়ে দুটো মদ্দা ছাগলের মতো পরস্পরকে গুঁতোতে লাগল।

আর একজন, যে ঠাণ্ডায় দুটো কানই খুইয়েছে, তেমনি নতমুখেই প্রশ্ন করল: 'কেন এতক্ষণ আয়নার মত করে দেখছ আমাদের?

যদি জানতে চাও এই দুজন কারা—বিসেন্‌ৎসিও নদ যেখান দিয়ে বইছে, সেই উপত্যকাটি ছিল ওদের এবং ওদের জনক আলবের্তোর।

ওরা সহোদর; এবং গোটা কাইনা ঢুঁড়ে দেখতে পারো, কুলপিতে জমানোর জন্য এদের চেয়ে যোগ্য ছায়ামূর্তি খুঁজে পাবে না—

সে নয়, রাজা আর্থারের হাতের আঘাতে যার বক্ষ আর সেই সঙ্গে ছায়াও বিদীর্ণ হয়ে গিয়েছিল; ফোকাচ্চ্যা নয়, এমন কি সেও নয়, যে এখানে তার মাথা দিয়ে আমার দৃষ্টিপথ এমনভাবে আটকে দিয়েছে যে সামনে তাকাতে পাচ্ছি না, যার নাম ছিল সাস্‌সোল মাস্কেরোনি। তুমি তস্কানার লোক হলে ভালো করেই জানবে ও কে ছিল।

আর যাতে আমাকে আর না বকাও, জেনে রাখো আমি হলাম কামিচিওন দে' পাৎসি। অপেক্ষা করছি, কবে কার্লিনো এসে আমাকে অভিযোগমুক্ত করবে।'

তারপর আরো হাজারো মুখ দেখলাম, ঠাণ্ডায় সেগুলি দেখতে হয়েছে কুকুরের মত। সেজন্য তুষারজমাট কোনো জলাশয় দেখলে আমি শিউরে উঠি, উঠবও চিরকাল।

আমরা যখন কেন্দ্রের দিকে এগোচ্ছিলাম, যেখানে এসে মিশেছে ব্রহ্মাণ্ডের সকল ভর, আর সেই চিরশৈত্যে আমি কাঁপছিলাম,

মাথাগুলোর মধ্য দিয়ে যেতে যেতে, জানিনা ইচ্ছায় না দৈবাৎ না নিয়তির বিধানে, হঠাৎ একজনের মুখে সজোরে পদাঘাত করে ফেললাম।

কাঁদতে কাঁদতে সে আর্তনাদ করে উঠল: 'কেন মাড়িয়ে দিলে আমাকে? যদি না তুমি মন্তাপের্তির হয়ে প্রতিশোধ নিতে এসে থাকো, কেন আমার অনিষ্ট করলে?'

আর আমি বললাম: 'প্রভু, আমার জন্য এখানে একটু অপেক্ষা করো যাতে ওর মারফৎ আমি একটা সন্দেহ ঘোচাতে পারি। তারপর যেমন চাইবে তাড়াতাড়ি তেমন করব।'

আমার নেতা দাঁড়ালেন এবং তখনও তীব্রভাবে অভিসম্পাত করে-চলা সেই ছায়াকে বললাম: 'কে হে তুমি, এমন করে গালাগাল দিচ্ছ অন্যকে?'

'আর তুমিই বা কে?' সে জবাব দিল। 'আন্তেনোরা দিয়ে যাচ্ছ আর লাথি মারছ অন্যের গালে, জীবন্ত হলে যতটা পারতে তার চেয়েও জোরে?'

'আমি জীবিত,' এটাই হল আমার উত্তর। 'তাতে তোমার অনেক লাভ হতে পারে: যদি তুমি যশ চাও, অন্যদের মধ্যে তোমার নামও আমি ঢুকিয়ে দিই।'

সে বলে উঠল: 'আমি চাই ঠিক তার উল্টো! সরে পড়ো এখান থেকে, আর জ্বালিয়ো না আমাকে! কারণ এই কুণ্ডের মধ্যে কীভাবে খোসামোদ করতে হয় তাও তুমি জানো না।'

তাতে আমি তার চুলের মুঠির গোড়া ধরে বলি: 'তোর নাম বলতেই হবে, নইলে এখানে তোর মাথায় আর একটা চুলও থাকবে না।'

সে বলল: 'যদি সব চুল ছিঁড়ে ফ্যালো, তবু তোমায় বলব না আমি কে, আর মাথায় হাজার বাড়ি মারলেও মুখ দেখাব না।'

ইতিমধ্যে ওর চুল আঙুলে জড়িয়ে একগোছারও বেশি উপড়ে ফেলেছি, আর ও দৃষ্টি নীচেই রেখে ঘেউ-ঘেউ করে চলেছে,

এমন সময় আর একজন চীৎকার করে উঠল: 'তোর হল কী বক্কা? চোয়াল ঠক্‌ঠক্ করে মন ভরছে না যে কুত্তার মতো চেল্লাচ্ছিস? কোন শয়তান ভর করল তোকে?'

'চাই না তুই আর কথা বলিস,' আমি বলে উঠি: 'জঘন্য বেইমান কোথাকার! তুই যাই করিস, তোর কুকীর্তির সত্য বিবরণ নিয়ে যাব আমি।'

'যাও যাও, চলে যাও,' জবাব দিল সে, 'আর যা খুশি তাই বলো, কিন্তু যদি এখান থেকে বেরোতে পারো তাহলে ওই বক্তিয়ারটার সম্বন্ধে চুপ করে থেকো না:

ফরাসিদের রুপোর জন্য এখানে ও কান্নাকাটি করছে। তুমি বলতে পারবে, "দুয়েরার লোকটাকে দেখেছি—সেই যেখানে পাপাত্মারা ঠাণ্ডা হয়ে থাকে।"

আর যদি তোমাকে প্রশ্ন করে আর কারা সেখানে ছিল, তোমার পাশে আছে বেক্কেরিয়ার সেই লোকটা, ফিরেন্‌ৎসে যার গলা কেটে দিয়েছিল।

মনে হয়, আরো খানিক দূরে আছে জ্যান্নি দে' সলদানিয়ের, সঙ্গে গানলোঁ আর তেবালদেল্লো, যে ঘুমন্ত ফায়েন্‌ৎসার প্রবেশদ্বার খুলে দিয়েছিল।'

ওর কাছ থেকে চলেই আসছিলাম যখন দেখি একটা গর্তে দুজন এমনভাবে জমে রয়েছে যে একজনের মাথা হয়েছে অন্যজনের টুপি।

আর বুভুক্ষু লোক যেমন দাঁতের কামড়ে রুটি ছিঁড়ে নেয়, উপরের জন তার দাঁত বসাচ্ছিল অন্যটির ঠিক সেই জায়গায়, সেখানে মাথার ঘিলু মিশেছে ঘাড়ের সঙ্গে।

করোটি ও বাকি অংশগুলো এমনভাবে চিবোচ্ছিল সে, যেমন মেনালিপ্পসের রগে আক্রোশেই কামড় বসিয়েছিল তীদেউস।

বলি: 'ওহে, যে এমন পশুর মত ভঙ্গীতে ওকে চিবিয়ে খেয়ে ওর প্রতি তোমার দ্বেষ প্রকাশ করছ, আমাকে তার কারণটি বলো—এই কড়ারে যে ওর প্রতি তোমার নালিশটা যদি যুক্তিসঙ্গত হয়, তাহলে তোমরা কে ছিলে, ওর পাপই বা কী, সেটা জানলে, উপরের জগতে তোমার বিশ্বাসের প্রতিদান দেব,

যদি না যে জিভ দিয়ে কথা বলছি সেটা শুকিয়ে যায়।'

আমফিয়োন: কথিত যে থেবাই শহর নির্মাণের সময় এই দক্ষ বীণাবাদকের বীণার সুরে পাহাড় থেকে আপনা-আপনি পাথর নেমে এসে শহরের প্রাচীরে গ্রথিত হয়েছিল। আমফিয়োন এটা করতে পেরেছিলেন নয় কলাদেবীর (মূসা, ইংরেজি মিউজ) আশীর্বাদে। দান্তেও তাঁর দুরূহ কাজে সেই কলাদেবীদের আশীর্বাদ প্রার্থনা করছেন। তার খ্রিস্টান কাব্য কীভাবে আগেকার 'পৌত্তলিক' পৌরাণিক উপাদানে সঞ্চারিত হচ্ছে, এটি তার শ্রেষ্ঠ উদাহরণ (ভূমিকা দ্রঃ)।

তাম্বেরনিক: সম্ভবত আলপির অন্তর্গত তাম্বুরা পর্বত।

পিয়েত্রাপানা: আলপির আরেকটি পর্বত। হ্রদের উপরে বরফের আস্তরণ এত পুরু যে একটা আস্ত পাহাড় তার উপর ভেঙে পড়লেও তাতে ফাটল ধরত না।

সেই ঋতুতে: গ্রীষ্মে, যখন ফসল কাটার সময় আসন্ন।

লজ্জা প্রকাশের স্থান: অর্থাৎ মুখ, যা লজ্জায় লাল হয়ে ওঠে।

দুটো কানই খুইয়েছে: বরফে প্রাণহীন হয়ে ('ফ্রস্টবাইটে') খসে পড়ে গেছে।

আয়নার মত: স্বচ্ছ বরফে দান্তের মুখের প্রতিবিম্ব স্পষ্ট দেখা যাচ্ছে।

এই দুজনের পরিচয়: তস্কানার বিসেনৎসিও নদীর প্রবাহিকা অঞ্চলের দুই রাজপুরুষ, নাপোলেওনে ও অ্যালেস্‌সান্দ্রো দেল্যি আলবের্তি। সম্পত্তি নিয়ে বিবাদে এরা পরস্পরকে হত্যা করেছিল।

রাজা আর্থারের ইত্যাদি: মর্ড্রেড। ব্রিটেনের প্রাচীন রাজা আর্থারের ভাগিনেয় (বা জারজ সন্তান)। আর্থারের জায়গায় রাজা হবার লোভে যুদ্ধে লিপ্ত হয়। সেই যুদ্ধে আর্থার মর্ড্রেডকে তলোয়ারের এমন সজোর আঘাতে নিহত করেন যে সেই আঘাতের ফাঁক দিয়ে আলো দেখা যায়। কিন্তু আর্থার নিজেও এই সংঘাতে মৃত্যুবরণ করেন।

ফকাচ্চ্যা: পিস্তোইয়ার এক সম্ভ্রান্তবংশীয়। তার কাকাকে হত্যা করে তস্কানায় সাদা ও কালো গুয়েলফোদের বিরোধের সূচনা করে।

সাস্‌সোল মাস্কেরোনি: ফিরেন্‌ৎসের এক সম্ভ্রান্তবংশীয়। সম্পত্তির লোভে তার খুড়তুতো ভাইকে (যাকে দেখাশোনার দায়িত্ব তার উপরই দেওয়া হয়েছিল) হত্যা করে।

কামিচিওন দে' পাৎসি: ভালদার্নোর এক সম্ভ্রান্তবংশীয়, তার জ্ঞাতির হত্যাকারী। একই বংশের কার্লিনো দে' পাৎসি তার দায়িত্বে অর্পিত পিয়ান্ত্রাভিন্যে দুর্গকে একবার কালো আরেকবার সাদা গুয়েলফোদের হাতে তুলে দিয়ে দুবার বিশ্বাসঘাতকতা করেছিল। কামিচিওন বলছে, কার্লিনোর পাপ তার চেয়েও গুরুতর, কারণ তা স্বদেশের প্রতি কৃতঘ্নতা। এর শাস্তি নবম চক্রের পরের অংশ আন্তেনোরায়, যেখানে ভের্গিলিউস আর দান্তে এখন প্রবেশ করছেন।

মন্তাপের্তি: এই স্থানে ১২৬০ সালে ফিরেন্‌ৎসের গিবেল্লিনোরা যুদ্ধে গুয়েলফোদের পরাজিত করে। বক্তা বক্কা দেল্যি আবাতি ছিল গিবেল্লিনো, কিন্তু গুয়েলফোদের দলে ভিড়ে তাদের পতাকাধারীর হাত কেটে দেয়। তাতে গুয়েলফোরা ভীত ও বিভ্রান্ত হয়ে পড়ে।

জীবন্ত হলে যতটা পারতে: বক্কার মনে হল কোনও অশরীরী আত্মার পক্ষে এত জোরে পদাঘাত করা সম্ভব নয়।

ঐ বক্তিয়ারটা: বুওসো দা দুয়েরা, গিবেল্লিনো নেতা। কিছু ফরাসি সৈন্য উত্তর ইতালির মধ্য দিয়ে আক্রমণকারী ফরাসি রাজা শার্লের কাছে পৌঁছবার চেষ্টা করলে স্থানীয় গিবেল্লিনো বাহিনী তাদের বাধা দেয়। কিন্তু বুওসো ঘুষ খেয়ে ফরাসী বাহিনীর যাবার রাস্তা পরিষ্কার করে দেয়।

বেক্কারিয়ার সেই লোকটা: তেসাউরো দেই বেক্কারিয়া, ফিরেন্‌ৎসেতে পোপের প্রতিনিধি। ফিরেন্‌ৎসে থেকে গিবেল্লিনোরা বিতাড়িত হবার পর তাদের হয়ে চক্রান্ত করার অভিযোগে গুয়েলফো শাসকরা তাকে মৃত্যুদণ্ড দেয়।

জ্যান্নি দেই সলদানিয়ের: গিবেল্লিনো হওয়া সত্ত্বেও ১২৬৬তে বেনেভেন্তোর যুদ্ধে গুয়েলফোদের নেতৃত্ব দেয়। (১ম সর্গের টীকা দ্রঃ।)

গানেলোঁ: এর বিশ্বাসঘাতকতার জন্য রঁসভালে শার্লমানের পরাজয় ও রোলাঁর মৃত্যু হয়। ৩১শ সর্গের টীকা দ্রষ্টব্য।

তেবালদেল্লো: ফায়েন্‌ৎসা শহরের সম্ভ্রান্তবংশীয়। বলোন্যিয়ার কিছু গিবেল্লিনো শরণার্থী ফায়েন্‌ৎসায় আশ্রয় নিলে তাদের বিরুদ্ধে বলোন্যিয়ার গুয়েলফোদের ঢোকার জন্য নগরদ্বার খুলে দেয়।

তীদেউস: পুরাকালে থেবাই নগর আক্রমণকারী সাত রাজার একজন। (২০শ সর্গের টীকা দ্রঃ।) নিজে মারাত্মক জখম অবস্থায় প্রতিপক্ষ মেনাপ্পলিসকে হত্যা করে তার মাথা কেটে চিবিয়ে খেয়েছিল। তবে এটা তুলনামাত্র। এই দুই পাপীর আসল পরিচয় পরের সর্গে পাওয়া যাবে।

সর্গ-৩৩

উগোলিনোর কাহিনি। তলোমেয়া: অতিথির প্রতি কৃতঘ্নতা। ফ্রা আলবেরিগো: নরকে কালবোধ।

মূল রূপক: এই সর্গে উগোলিনোর কাহিনী আন্তেনোরার বিবৃতির অংশ। তারপর কবিদ্বয় তলোমেয়ায় প্রবেশ করেন।

ভয়ঙ্কর ভোজন থেকে মুখ তুলে সেই পাপাত্মা প্রথমে সেটি মুছে নিল অপর মাথাটির চুলে, যার পিছনের ভাগ সে ধ্বংস করেছে;

তারপর শুরু করল: 'তুমি চাইছ আমার হতাশ যন্ত্রণা নতুন করে ভোগ করি, যা বলতে শুরু করার আগেই আমার বুকে বাজছে।

কিন্তু আমার বাক্য যদি বীজ হয়ে এই যে বিশ্বাসহন্তাকে আমি দংশাচ্ছি তার অপযশের ফল ফলায়, তাহলে দেখবে আমি একই সঙ্গে কাঁদব আর কথা বলব।

আমি জানি না তুমি কে, কেমন করেই বা এই পাতালে এসেছ, কিন্তু তোমার কথা শুনে আমার মনে হচ্ছে তুমি ফিরেন্‌ৎসের মানুষ।

তোমার জানা দরকার, আমি ছিলাম কন্তে উগোলিনো আর এ ছিল আর্চবিশপ রুজ্জ্যেরি। এবার তোমায় বলি কেন আমি ওর এমনতরো পড়শি।

কীভাবে ওর উপরে বিশ্বাস রেখে ওরই হীন চক্রান্তে আমি কারারুদ্ধ হই ও তারপর আমাকে হত্যা করা হয়, তা বলা নিষ্প্রয়োজন।

কিন্তু যেটা তুমি জেনে থাকতে পার না, তা হল কী নির্মমভাবে ঘটেছিল আমার সে মরণ। এখন শোনো, জানতে পারবে আমার প্রতি সে কোনো অন্যায় করেছে কিনা।

সেই খাঁচার ভিতরে ছোটো এক ঘুলঘুলি—আমার জন্য যার উপাধি হয়েছে 'ক্ষুধা' আর যেখানে এখনও অনেকের বন্দী হওয়া বাকি—

তার ছিদ্রপথে আমাকে বারকয়েক দেখিয়েছিল চাঁদের পালাবদল, যখন দেখলাম সেই দুঃস্বপ্ন যা ছিঁড়ে দিল আমার ভবিষ্যতের অবগুণ্ঠন।

দেখলাম পিসার মানুষ যে পাহাড়ের জন্য লুক্কাকে দেখতে পায় না, তার উপরে লোকটা এক বনেদী জমিদার হয়ে এক নেকড়ে আর তার শাবক শিকার করে বেড়াচ্ছিল।

ছিপছিপে, প্রশিক্ষিত, ব্যগ্র কুক্কুরীরা ছিল সঙ্গে; সে আগে আগে পাঠিয়েছিল গুয়ালান্দি, সিসমোন্দি আর লানফ্রাঙ্কিদের।

মনে হলো, খানিক ছোটার পরে শাবকগুলি আর তাদের জনক হয়েছে শ্রান্ত, আর তীক্ষ্ দাঁতের কামড়ে তাদের দেহের দুপাশ যেন ছিন্নভিন্ন। ভোর হবার আগেই জেগে শুনলাম পাশে আমার পুত্রেরা ঘুমের মধ্যেই কাঁদছে আর রুটি চাইছে।

আমার হৃদয় কী দুঃখের পূর্বাভাস পাচ্ছিল, তা ভেবে যদি ব্যথিত না হও তবে সত্যিই তুমি নিষ্ঠুর; আর এতে যদি না কাঁদো, তাহলে কবে কীসে কাঁদবে?

এতক্ষণে ওরা জেগে উঠেছে। আমাদের খেতে দেবার সময় এগিয়ে এল, এদিকে দুঃস্বপ্নের ফলে প্রত্যেকেই ছিলাম উদ্বিগ্ন।

তারপর শুনতে পেলাম নীচে পেরেক ঠুকে সেই ভয়ঙ্কর মিনারের দরজা এঁটে দেওয়া হচ্ছে। বাক্যহীন হয়ে চেয়ে রইলাম আমার ছেলেদের মুখের দিকে।

ভিতরে-ভিতরে এমনই পাথরের মত জমে গেছিলাম যে আমি কাঁদিনি। ওরা কাঁদছিল, আর আমার ছোট্ট আনসেলমো বলল: "কী হয়েছে বাবা, তোমাকে এমন দেখাচ্ছে কেন?"

এতেও অশ্রু সংবরণ করলাম, কোনো জবাবও দিলাম না সারাটা দিন, সারাটা রাত, যে পর্যন্ত না ধরণীতে এল আরেক সূর্য।

একটি ক্ষীণ রশ্মি যখন এসে পড়ল বিষাদময় কারাকক্ষের ভিতর, আর চারটি মুখে দেখতে পেলাম আমার নিজের মুখাবয়ব, দুঃখে নিজের দু'হাত দংশন করলাম।

তাতে ওরা, খাবার ইচ্ছেয় অমন করছি ভেবে, অকস্মাৎ উঠে দাঁড়িয়ে বলল: "বাবা, আমাদের অনেক কষ্ট কম হবে যদি তুমি আমাদেরই খাও। তুমিই আমাদের এই দুর্ভাগা দেহমাংসের পোশাকে সাজিয়ে দিয়েছ, তুমিই তা ছিঁড়ে নাও।"

তখন নিজেকে শান্ত করলাম, যাতে তারা আরও বেশি কষ্ট না পায়। সেদিন আর তার পরের দিন সবাই ছিলাম নির্বাক। হায় কঠিন ধরণী, কেন তুমি দ্বিধা হলে না?

যখন আমরা চতুর্থ দিনে উপনীত হলাম, গাদ্দো আমার পায়ের সামনে সটান পড়ে গেল এই বলে: "বাবা, কেন সাহায্য করছ না আমাকে?"

সেখানেই সে মারা গেল। এই যে তুমি আমাকে দেখছ তেমনই সত্য: পঞ্চম এবং ষষ্ঠ দিনের মধ্যে অন্য তিনজনকে একে একে পড়ে মরতে দেখলাম। আমি ততক্ষণে অন্ধ হয়ে ওদের প্রত্যেকের দেহের উপর হাতড়ে ফিরেছি, ওরা মারা যাবার দু'দিন পরও নাম ধরে ডেকেছি। তারপর শোকের থেকে বেশি প্রবল হলো অনাহার।'

এ কথা বলে বক্র দৃষ্টিতে সে ওই হতভাগ্য করোটিতে আবার বসাল দাঁত, কুকুরের দাঁতের মতই শক্ত হাড়ে গঠিত।

হায় পিসা! যেখানে 'সি' ধ্বনি উচ্চারিত হয় সেই সুরম্য দেশের অধিবাসীদের লজ্জা! তোমার প্রতিবেশিরা যেহেতু তোমার শাস্তিবিধানে এত মন্থর,

কাপ্রাইয়া আর গর্গোনা দ্বীপ যেন বাঁধ হয়ে আর্নোর মুখ আটকে দেয়, যাতে জলে ডুবে মরে তোমার প্রতিটি অধিবাসী!

নাহয় কন্তে উগোলিনো তোমার দুর্গ শত্রুর হাতে তুলে দেবার জন্য বিশ্বাসহন্তা বলে অভিযুক্ত, সেজন্য তোমার উচিত হয়নি তার শিশু সন্তানদের অমন যন্ত্রণা দেবার।

হে নবীন থেবাই! তাদের বালক বয়সই তাদের নিস্পাপ করেছিল—উগুচ্চ্যোনে, ব্রিগাতা আর অন্য যে দুজনের নাম আমার গানে আগেই উল্লেখ হয়েছে।'

আমরা এগিয়ে গেলাম আরো দূরে, যেখানে বরফ নির্মমভাবে জাপটে রেখেছে আরেক গোষ্ঠীকে, যাদের মুখ নিম্নগামী নয়, উপরের দিকে ফেরানো।

কান্নাই তাদের বাধা দিচ্ছে কান্না ঝরাতে; এবং যে যন্ত্রণা চক্ষু থেকে নির্গত হতে পারছে না, তা ভিতরে ফিরে নির্যাতন আরও বাড়িয়ে দিচ্ছে,

কারণ তাদের প্রথম অশ্রুবিন্দুগুলি একত্র জমে স্ফটিকের মুখচ্ছদের মতো আঁট হয়ে ভুরুগুলির নীচের গর্তটা ভরাট করে রেখেছে।

যদিও শীতের জন্য আমার মুখের ত্বক থেকে সব অনুভূতি লুপ্ত হয়েছিল,

কড়া পড়ে গেলে যেমন হয়, তবু মনে হলো খানিকটা বাতাসের স্পর্শ পেলাম, যাতে বলে উঠলাম: 'প্রভু আমার, এটা কে করছে? এখানে কি সমস্ত তাপ নির্বাপিত হয়নি?'

আর তিনি আমাকে বললেন: 'শীঘ্রই তুমি যাবে যেখানে তোমার চোখই তোমাকে এর উত্তর দেবে—দেখতে পাবে এই ঝোড়ো বাতাস বইবার কারণটা কী।'

আর বরফের সেই আস্তরণের এক হতভাগ্য চিৎকার করে আমাদের বলল: ‘ওহে আত্মারা, এতই নৃশংস যে তোমাদের বন্টন করা হলো এই সর্বশেষ স্থান,

এই কঠিন আবরণগুলো আমার মুখের ওপর থেকে তুলে দাও, যাতে যে দুঃখে আমার হৃদয় ভরে উঠছে তা একটুক্ষণের জন্য প্রকাশ করতে পারি, আবার অশ্রু জমাট বাঁধার আগেই।’

তাতে তাকে বললাম: ‘যদি আমার সহায়তা চাও বলো তুমি কে; তারপর যদি তোমাকে স্বস্তি না দিই, তাহলে পড়ি যেন এই বরফের একেবারে তলায়।’

তখন সে উত্তর দ্যায়: ‘আমি ফ্রা আলবেরিগো। আমি সেই দুষ্ট বাগিচার ফলের একটি, যে এখানে ডুমুরের বদলে খেজুর পাচ্ছে।’

‘তাই নাকি!’ বলে উঠি তাকে। ‘তুমি কি তবে এর মধ্যেই মৃত?’ আর সে আমাকে বলে: ‘ওপরের দুনিয়ায় আমার দেহটার কী অবস্থা তার আমি কিছুই জানি না।

তলোমেয়ার এই বৈশিষ্ট্য, যে অনেক সময় আত্রপস প্রেরণ করার আগেই আত্মাটি এখানে পতিত হয়।

আর যাতে তুমি আরো সাগ্রহে এই কাঁচ-হয়ে-যাওয়া অশ্রু থেকে আমার মুখটাকে মুক্ত করো, জেনে রাখো—আত্মা যখন হয় বিশ্বাসহন্তা,

যেমন হয়েছিলাম আমি, এক শয়তান তার দেহটার দখল নেয়, তারপর তার নির্ধারিত সময় পূর্ণ না হওয়া পর্যন্ত সে-ই সেটা চালনা করে।

আত্মাটির এই জলাধারে পতন হয়; আর আমার পিছনে যে ছায়াটা শীত কাটাচ্ছে, উপরে হয়তো এখনো তার দেহটা দেখা যাচ্ছে।

তুমি নিশ্চয় তা জানবে, যদি সদ্য-সদ্য এখানে এসে থাকো। এ হলো সের ব্রাংকা দোরিয়া। সে এখানে আবদ্ধ হবার পর বহু বছর কেটে গেছে।’

‘আমার মনে হয় তুমি আমাকে ধোঁকা দিচ্ছ,’ ওকে বললাম: ‘কারণ ব্রাংকা দোরিয়া কক্ষনো মরেনি। সে তো দিব্যি খাচ্ছে দাচ্ছে, মদ্যপান করছে, ঘুমোচ্ছে, পোশাক পরছে।’

সে বলল: ‘উপরে যে অমঙ্গলের খাতে ফুটছে ঘন আঠালো আলকাতরা, তখনো সেখানে যায়নি মিকেল ৎসাংকে,

যখন কিনা এই লোকটা নিজের দেহে নিজের বদলে রেখে আসে এক পিশাচকে, যেমন করে তার বেইমানির দোসর এক নিকট আত্মীয়।

কিন্তু এখন এদিকে হাত বাড়াও, খুলে দাও আমার চোখ।’ আমি কিন্তু তা উন্মুক্ত করলাম না: তার প্রতি এমন চোয়াড়ের মত আচরণই হল ভদ্রজনোচিত।

হায় জেনোভাবাসীগণ! সব শুভ সংস্কার থেকে বিচ্ছিন্ন, সব কলুষতায় পরিপূর্ণ! কেন তোমরা ধরাধাম থেকে বিতাড়িত হওনা?

কারণ রোমানিয়ার অধমতম আত্মার সঙ্গী হিসাবে আমি আবিষ্কার করলাম তোমাদের একজনকে, যে আপন কর্মফলে ইতিমধ্যেই কোকীতসে অবগাহন করেছে, আর উপরে দেখা যাচ্ছে তার জীবন্ত দেহ।

উগোলিনো: উগোলিনো দেল্লা গেরার্দেস্কা, পিসার কন্তে এবং উচ্চবর্গীয় গুয়েলফো। পিসায় গুয়েলফোদের অন্য গোষ্ঠীর প্রধান ছিল তারই ভাগ্নে নিনো দেই ভিস্কন্তি। ('শুদ্ধিলোক'-এর ৮ম সর্গে আমরা এর দেখা পাব।) নিনোকে বিতাড়িত করার জন্য উগোলিনো আর্চবিশপ রুজ্জিয়েরি দেল্যি উবালদিনির সাহায্য নেন। কিন্তু এভাবে গুয়েলফোদের শক্তিক্ষয় করে উবালদিনি শেষ পর্যন্ত উগোলিনো, তাঁর দুই পুত্র গাদ্দো আর উগোচ্চ্যোনে, এবং দুই পৌত্র নিনো ও আনসেলমোকে একটি মিনারে বন্দি করে ফেলে। সেখানে তাদের বিনা খাদ্যে আটদিন তালাবন্দি রেখে অনাহারে মেরে ফেলা হয়। মিনারটি সেজন্য 'ক্ষুধার মিনার' বলে পরিচিত হয়। অবশ্য সেই পৌত্রেরা, এবং অবশ্যই পুত্রেরা, দান্তের বিবরণের মত অত ছোট ছিল না। সর্বকনিষ্ঠ আনসেলমোর বয়স ছিল পনেরো, তাই তাকে 'আনসেলমুচ্চ্যো' (ছোট্ট আনসেলমো) বলা হচ্ছে।

যে পাহাড়ের জন্য: মন্তে দি সান জ্যুলিয়ানো, পিসা ও লুক্কা শহরের মধ্যে অবস্থিত।

নেকড়ে, শাবক: অর্থাৎ উগেলিনো ও তার পুত্র ও পৌত্রেরা।

গুয়ালান্দি প্রভৃতি: পিসার তিন গিবেল্লিনো পরিবার, যারা গুয়েলফো উগোলিনো ও তার বংশকে ধ্বংস করতে উবালদিনিকে সাহায্য করে। উগোলিনোর এই রূপকধর্মী দুঃস্বপ্নে এদের আবির্ভাব শিকারী কুকুরের ভূমিকায়।

যেখানে 'সি' ধ্বনি উচ্চারিত হয়: অর্থাৎ ইতালি, যেখানে 'হ্যাঁ' বোঝাতে 'সি' বলা হয়। পার্থক্য করা হচ্ছে দক্ষিণ ফ্রান্সের 'ওক' আর উত্তর ফ্রান্সের 'উই'র সঙ্গে।

কাপ্রাইয়া, গর্গোনা: পিসার কাছে আর্নো নদীর মোহনার দুটি দ্বীপ।

বিশ্বাসহন্তা: উগোলিনো অর্থের বিনিময়ে পিসার কিছু দুর্গ ফিরেন্‌ৎসে আর লুক্কার হাতে তুলে দেন। স্বদেশের বিরুদ্ধে এই বিশ্বাসঘাতকতার জন্য তিনি আন্তেনোরার বাসিন্দা।

নতুন থেবাই: প্রাচীন থেবাই নগর বহু হিংসা ও নির্যাতনের ইতিহাসের জন্য কুখ্যাত ছিল।

ব্রিগাতা: 'দস্যু'—উগোলিনোর পৌত্র নিনোর পদবী বা আখ্যা।

আরো দূরে: এবার কবিরা প্রবেশ করছেন তলোমেয়ায়।

তাপ নির্বাপিত: গরম-ঠাণ্ডা, অতএব নিম্ন ও উচ্চ চাপের তারতম্যে, বাতাস সৃষ্টি হয়। কোকীতস এত পুরোপুরি ঠান্ডা যে দান্তে ভেবে পাচ্ছেন না এখানে কী করে বাতাস বইতে পারে।

সর্বশেষ স্থান: এই পাপাত্মা স্বভাবতই মনে করছে ভের্গিলিউস আর দান্তে এত জঘন্য পাপী যে তাদের নবম চক্রের নিম্নতম স্তরে পাঠানো হয়েছে।

ফ্রা (ভ্রাতা, অর্থাৎ যাজক বা সন্ন্যাসী) আলবেরিগো: ফ্রাঞ্চেস্কীয় সম্প্রদায়ের সন্ন্যাসী। ভাইয়ের সঙ্গে মনোমালিন্য হওয়ায় তাকে ও দুই ভাইপোকে ভোজে আমন্ত্রণ করে সেখানেই তাদের খুন করা হয়। খুনিদের হত্যা শুরু করার সংকেত দেবার জন্য খেতে-খেতে বলে উঠেছিল, 'এবার ডুমুর নিয়ে এস।' তাই এখন সে বলছে সে 'ডুমুরের বদলে খেজুর' পেয়েছে। কথাটা ইতালীয়তে প্রবাদস্বরূপ। অর্থ হতে পারে ন্যায্য বিনিময়, যেমন কর্ম তেমনি ফল; বা হয়ত অনুপাতের অধিক, যা (লাভ) হবে ভেবেছিল তার চেয়ে অনেক বেশি (শাস্তি)।

এর মধ্যেই মৃত: ১৩০০ সালে আলবেরিগো জীবিত ছিল। তবু দান্তে তাকে নরকে এনে ফেলেছেন, কিন্তু অসঙ্গতিটা স্বীকার করে একটা ব্যাখ্যাও দিয়েছেন।

আত্রপস: গ্রীক-রোমক দৈব বা মৃত্যুর তিন দেবীর (গ্রীক মইরাই, লাতিন পার্কায়ে) একজন। এরা মানুষের আয়ুর সুতো বোনে, মাপে ও কাটে। তৃতীয় কাজটি আত্রপসের বরাদ্দ।

সের ('মহাশয়' বা 'শ্রীযুক্ত') ব্রাংকা দোরিয়া: জেনোভার বিশিষ্ট গিবেল্লিনো পরিবারের সদস্য। শ্বশুর মিকেলে ৎসাংকে-কে ভোজে ডেকে হত্যা করে। তাই আলবেরিগোর মত সেও শাস্তি পাচ্ছে আপনজন হত্যার জন্য নয়, অতিথি হত্যার জন্য। ৎসাংকে শাস্তি পাচ্ছে দুর্নীতিগ্রস্ত শাসক হিসাবে অষ্টম চক্রের পঞ্চম খাদে।

এক নিকট আত্মীয়: শ্বশুর-হত্যায় ব্রাংকার সহযোগী তার এক ভাইপো বা ভাগনে।

জেনোভাবাসীগণ: কারণ ব্রাংকা ঐ শহরের অধিবাসী।

রমানিয়ার চরম মন্দ আত্মা: ফ্রা আলবেরিগো, ইতালির রমানিয়া প্রদেশের লোক।

সর্গ-৩৪

জ্যুদেক্কা: প্রভুর প্রতি কৃতঘ্নতা। নরকরাজ; য়িহূদা, ব্রুতুস, কাস্‌সিউস। কবিদ্বয়ের পৃথিবীর কেন্দ্রস্থল দিয়ে দক্ষিণ গোলার্ধে যাত্রা।

মূল রূপক: নরকের একেবারে তলদেশে অর্থাৎ পৃথিবীর কেন্দ্রবিন্দুতে শৃঙ্খলিত আছে স্বয়ং শয়তান। আগে সে সারা বিশ্বে অবাধে বিচরণ করত, কিন্তু যিশুখ্রিস্ট পাতালমন্থনের সময়ে তাকে এইখানে বেঁধে ফেলেছেন। তার তিন মুখের দন্তরাজিতে অনন্তকাল চূর্ণ হচ্ছে ইতিহাসের সবচেয়ে ঘৃণ্য তিন বিশ্বাসঘাতক: যিহূদা, ব্রুতুস ও কাস্‌সিউস।

'নরকরাজের নিশান এগিয়ে আসছে আমাদেরই দিকে', বলে ওঠেন আমার গুরু: 'সামনে তাকিয়ে দেখ, দেখতে পাচ্ছ কিনা।'

যখন ঘন কুয়াশা জমতে থাকে, বা আমাদের গোলার্ধে রাত্রি নেমে আসে, তখন দূরে একটি বায়ুর কল হাওয়ায় ঘুরলে যেমন দ্যাখায়,

সেরকম একটা কাঠামো যেন দেখতে পেলাম; তারপর হাওয়ার ঝাপটে অন্য কোনো আড়াল না থাকায় আমার দিশারির আড়ালে আশ্রয় নিলাম।

ইতিমধ্যেই (একথা সভয়ে ছন্দে লিপিবদ্ধ করছি) আমরা পৌঁছে গেছি যেখানে আত্মারা পুরোপুরি বরফে ডুবে আছে, আর স্বচ্ছ কাচের ভেতরে রাখা খড়ের মতো দেখাচ্ছে তাদের।

কেউ রয়েছে শুয়ে, খাড়া দাঁড়িয়ে কেউ, এ মাথায় ভর দিয়ে, ও পায়ের ওপরে, আরেকজন ধনুকের মত পায়ে মাথা ঠেকিয়ে।

যখন এতটা এগিয়েছি যে আমার শিক্ষকের মনে হলো, এখন সেই সৃষ্ট জীবটিকে চেনাবার সময় হয়েছে যে একদা এত সুন্দর ছিল,

আমার সামনে থেকে সরে আমাকে দাঁড় করিয়ে তিনি বললেন: 'দেখো, এই হলো দিতে, আর এই সেই স্থান যেখানে তোমাকে মনোবলে বলীয়ান হতে হবে।'

শুনে কেমন শীতার্ত আর বিবশ হয়ে পড়েছিলাম, পাঠক, তা জানতে চেও না; আমি তা লিখছিও না, কারণ কোনও ভাষাই তা বোঝাতে যথেষ্ট নয়।

আমি মরে যাইনি, আবার বেঁচেও ছিলাম না। যদি ক্ষমতা থাকে তো নিজেই ভেবে দেখো, জীবন মৃত্যু উভয় থেকে বঞ্চিত হয়ে আমি কী হয়ে গেলাম।

সেই বিষাদময় সাম্রাজ্যের অধীশ্বরের বক্ষদেশের মধ্যভাগ পর্যন্ত বরফের উপরে উঠে দাঁড়িয়ে; আর আকৃতিতে আমি যতটা দানবদের কাছাকাছি, দানবরা তার বাহুর তুলনায় ততটাও নয়। তাহলে ভাবো, দেহের ওই অংশটুকুর সঙ্গে সামঞ্জস্য রেখে তার সম্পূর্ণ অবয়বটি কত প্রকাণ্ড হতে পারে!

এখন সে যতটা কুৎসিত, যদি এক সময় ততটাই সুন্দর ছিল এবং তার স্রষ্টার বিরুদ্ধেই ভ্রূকুটি করেছিল, সত্যই তবে সে হতে পারে সব দুঃখের উৎস।

হায়, কী আশ্চর্য যে লেগেছিল আমার, যখন দেখলাম তার একটিমাত্র মাথায় তিনটি মুখ: একটি সামনে, যার রং লাল; আর দুটি দুই কাঁধের ঠিক মাঝখানে বসানো, এবং সবগুলি শীর্ষে যুক্ত।

ডানদিকের মুখটি ছিলো হলুদ-শাদা; বাঁদিকেরটি সেই মানুষদের গাত্রবর্ণের মত, যারা নীল নদের উৎসস্থলে বাস করে।

প্রত্যেক মুখের নীচ থেকে বেরিয়েছে এমন পাখির মানানসই দুটি অতিকায় ডানা: এমন পাল সাগরবক্ষে দেখিনি কখনো।

পাখাগুলি পালকবিহীন, বাদুড়ের ডানার মতো। সেগুলি সে এমনভাবে ঝাপটাচ্ছিল যে তিনটি বাতাসের ধারা তা থেকে নির্গত হয়ে সমস্ত কোকীতস ঠাণ্ডায় জমে যাচ্ছিল।

ছয়টি চক্ষু দিয়ে সে অশ্রুপাত করছিল, তিনটি চিবুক বেয়ে ফোঁটা ফোঁটা গড়িয়ে পড়ছিল অশ্রু আর রক্তমাখা ফেনা।

এক-একটি মুখে শন ছড়াবার চিরুনির মত দাঁত দিয়ে চূর্ণ করছিল এক একটি পাপাত্মাকে, গোগ্রাসে খাচ্ছিল—এইভাবে যন্ত্রণার্ত করে রাখছিল সেই তিনজনকে।

যে সামনে ছিল, কামড়ের চেয়ে সে বেশি যন্ত্রণা সইছিল আঁচড়ের থেকে, কারণ মাঝে মাঝে তার পিঠে চামড়া বলতে আর কিছু থাকছিলই না।

প্রভু বললেন: 'ওই যে পাপাত্মাটি সবচাইতে বেশি শাস্তিভোগ করছে, ও হলো য়ূদাস ইস্কারিওথ, যার মাথা রয়েছে ভেতরে আর পা দুটি বাইরে, ছটফট করছে।

অন্য যে দুজনের মাথা নীচের দিকে ঝুলছে, তাদের মধ্যে কৃষ্ণবর্ণ মুখটি থেকে যে ঝুলে আছে সে হলো ব্রুতুস। দ্যাখো কেমন সে ছটফট করছে, কিন্তু একটা কথাও বলছে না।

আর অন্যজন হলো কাস্‌সিউস, যাকে দেখে মনে হয় কেমন শক্তপোক্ত। কিন্তু আবার রাত হয়ে আসছে। আমাদের চলে যাবার সময় হয়েছে, কারণ আমরা সব কিছু দেখে নিয়েছি।'

তাঁর কথামতো আমি পিছন থেকে তাঁর গলা জড়িয়ে ধরলাম। তিনি উপযুক্ত সময় এবং স্থানের জন্য অপেক্ষা করলেন, তারপর যখন ডানা দুটি সম্পূর্ণ উন্মেলিত হল,

তখন শয়তানের লোমশ পার্শ্বদেশ আঁকড়ে ধরলেন, আর তার জট পাকানো রোম আর জমাট চামড়ার মাঝখান দিয়ে একের পর এক রোমের গোছা ধরে নীচে নামতে লাগলেন।

নিতম্বের স্ফীত অংশের পর যেখানে উরুযুগল শুরু হচ্ছে, সেখানে পৌঁছে আমার দিশারি অনেক কষ্টে যেখানে তাঁর পা দুটি ছিল, সেদিকে মাথা ঘুরিয়ে সেই লোমের গোছা বেয়ে ওঠার মত করে মুঠোয় ধরলেন। তাতে আমি ভাবলাম আমরা আবার নরকেই ফিরে যাচ্ছি।

'শক্ত করে ধরো,' পরিশ্রান্তের মত হাঁপাতে-হাঁপাতে গুরু বললেন। 'এই মই দিয়েই আমাদের এত অমঙ্গলের থেকে নিষ্ক্রমণ করতে হবে।'

তারপর পাথরের একটা ফাটল দিয়ে গলে আমাকে তার কিনারায় বসিয়ে নিজে সাবধানে আমার দিকে পা ফেলে এগিয়ে এলেন।

ওপরে তাকালাম, এই ভেবে যে লুকিফেরকে আগের মতো দেখতে পাব; কিন্তু দেখলাম শূন্যে তোলা তার দুই পা।

এতে আমি হতবুদ্ধি হলাম কিনা, চিন্তা করুক সেই নির্বোধের দল, যারা বুঝতে পারছে না কোন বিন্দুটি আমি পার হয়ে এলাম।

'উঠে দাঁড়াও,' প্রভু বলে উঠলেন। 'আমাদের পথ বহুদূর এবং রাস্তা দুর্গম, আর সূর্য এর মধ্যেই দিনের প্রথম প্রহরের মাঝামাঝি।'

আমরা যেখানে ছিলাম সেটা মোটেই প্রাসাদোপম নয়, বরং স্বল্প আলোকিত এবড়ো-খেবড়ো মেঝের এক প্রাকৃতিক অন্ধকূপ।

দাঁড়িয়ে উঠে বলি, 'প্রভু, এই পাতাল থেকে আমি নিজেকে টেনে তোলার আগে আমার বিভ্রান্তি দূর করার জন্য আমাকে একটু বুঝিয়ে দাও,

কোথায় গেল সেই বরফ? আর ওই বা ওখানে এমন উল্টে গেল কীভাবে? আর এত অল্প সময়ের মধ্যে সূর্যই বা কীভাবে পৌঁছল সন্ধ্যা থেকে সকালে?'

তিনি আমায় বললেন: 'তুমি ভাবছ তুমি এখনো রয়েছ কেন্দ্রের ওধারে, যেখানে আমি পৃথিবী-ভেদ-করা পাপী কীটটার রোমশ চামড়া আঁকড়ে ধরেছিলাম।

যতক্ষণ নামছিলাম ততক্ষণ তুমি ওধারেই ছিলে; যখন উল্টো হয়ে গেলাম, তখনই তুমি সেই বিন্দুটি পার হয়ে গেলে যার অভিমুখে সব দিক থেকে সব ভার আকর্ষিত হয়।

যে গোলার্ধ ছেয়ে আছে শুকনো স্থলভূমি, যার গগনশিখরের নীচে বলি হয়েছিল সেই মানুষটি, পাপমুক্ত অবস্থায় যাঁর জন্ম ও জীবন, এখন তুমি এসে পড়েছ তার বিপরীত গোলার্ধের আওতায়।

তোমার পা রয়েছে একটি ছোট্ট গোলকের উপর, যা হল জিউদেক্কার বিপরীত মুখ।

ওখানে যখন সন্ধ্যা এখানে তখন সকাল; এবং লোম দিয়ে আমাদের জন্য মই বানিয়েছে যে দানব সে যেমন আগে ছিল, তেমনই আবদ্ধ হয়ে আছে।

স্বর্গলোক থেকে এই দিকেই তার পতন হয়েছিল; আর তার ভয়ে যে স্থলভূমি এখানে বিস্তৃত ছিল তা নিজেকে লুকিয়েছিল জলধির আবরণে,

আর হয়ত এখানে আবির্ভূত ওর কাছ থেকে পালাতেই এদিকটা ফাঁকা করে উঠে এসেছিল আমাদের গোলার্ধে।'

শয়তানের সমাধির মধ্যে, তার দেহ থেকে সবচেয়ে দূরের প্রান্তে একটি স্থান আছে যা চেনা যায় দেখে নয়, একটি ছোট নদীর শব্দ শুনে, যা অল্প ঢালু দিয়ে তার আঁকাবাকা গতিপথে একটি খাত খোদাই করে সেটা ধরেই ওখানে নেমে এসেছে।

আলোর জগতে আবার ফেরবার জন্য কোনও বিশ্রামের পরোয়া না করে আমার দিশারি আর আমি সেই গোপন পথে প্রবেশ করে উঠতে থাকলাম, তিনি আগে আর আমি পিছনে। শেষে একটি পাহাড়ের গায়ে এক গোল ফাঁক দিয়ে স্বর্গের সুন্দর বস্তুগুলির কিছু-কিছু দেখতে পেলাম;

আর বেরিয়ে এসে আবার দেখলাম নক্ষত্ররাজি।

***নরকরাজের নিশান** ইত্যাদি:* ষষ্ঠ শতকের বিশপ ও কবি ভেনান্তিউস ফরতুনাতুস রচিত, পবিত্র ক্রুশের উপর একটি ভক্তিমূলক লাতিন গানের অনুকরণ। মূল গানটি অবশ্যই ঈশ্বর সম্পর্কে; দান্তে 'নরক' কথাটি যোগ করেছেন।

সৃষ্ট জীবটি যে এত সুন্দর ছিল: খ্রিস্টান বিশ্বাস অনুসারে ঈশ্বরের প্রথম সৃষ্ট প্রাণী হল দেবদূতগণ। শয়তান হল স্বর্গের বিদ্রোহী ও বিচ্যুত দেবদূতদের নেতা। তার আদি নামের অর্থ ছিল 'আলোর বাহক' বা 'দীপ্তিমান' (তাই 'এত সুন্দর'); তার লাতিন অনুবাদ করা হয় 'লুকিফের', ইতালীয় 'লুচিফেরো'। (বাইবেলের য়িশাইয় ১৪:১২ দ্রষ্টব্য।)

দিতে: বা দিস। নরকরাজ, এখানে শয়তান। ৮ম সর্গের টীকা দ্রঃ।

তিনটি মুখ: তিন রঙের তিন মুখের ব্যাখ্যা করা হয় সে যুগের ইউরোপীয়দের পরিচিত পৃথিবীর তিনটি প্রধান মানবগোষ্ঠী বলে: ইউরোপ, এশিয়া ও আফ্রিকাবাসী। বাইবেলের বিবরণের প্রচলিত ব্যাখ্যা হিসাবে এদের আদি পুরুষ নোয়ের তিন পুত্র, যথাক্রমে য়েফথ, শেম ও হাম। তাছাড়া শয়তানের এই তিন রূপ যেন খ্রিস্টান ঈশ্বরের তিন রূপের (পিতা, পুত্র ও আধ্যাত্মিক সত্তা) অশুভ প্রতিফলন: যথাক্রমে শক্তি, প্রেম ও জ্ঞানের পরিবর্তে অক্ষমতা, বিদ্বেষ ও অজ্ঞতা।

ডানা: পতনের আগে লুকিফের ছিল দেবদূত। তখনকার ডানাগুলি এখন এই কদর্য রূপ নিয়েছে।

বাতাস: আগের সর্গে দান্তে যে বাতাস অনুভব করছিলেন, এই তার উৎস।

যিহুদা: যিশুখ্রিস্টের বারোজন আদি শিষ্যের একজন হয়েও, তিরিশ রৌপ্যমুদ্রার বিনিময়ে তাঁকে শাসক ও সৈন্যদের হাতে ধরিয়ে দিয়েছিল।

ব্রুতুস, কাস্‌সিউস: মার্কুস য়ুলিউস ব্রুতুস, কাইউস কাস্‌সিউস লংগিনুস: য়ুলিউস কায়সারের একান্ত বিশ্বাসভাজন হয়েও তাঁকে হত্যার ষড়যন্ত্রের পুরোভাগে ছিল। পরবর্তীকালে শেক্সপিয়রের *জুলিয়াস সীজার* নাটকে এই দুজনের প্রতি, বিশেষত ব্রুতুসের প্রতি যে সহানুভূতি ও সম্ভ্রম দেখা যায়, দান্তের কাব্যে তার লেশমাত্র নেই।

শূন্যে উত্থিত তার পদযুগল: অর্থাৎ কবিদ্বয় পৃথিবীর কেন্দ্রবিন্দু পেরিয়ে উলটোদিকে বেরোবার পথে পা দিয়েছেন। এবার তাঁরা বার হবেন অপর গোলার্ধে। এ কথাটাই ভের্গিলিউস তাঁর পরের বক্তব্যে দান্তেকে বোঝাচ্ছেন।

কীটটা: মূলে আছ 'ভেরমো', যার অর্থ কোনও কীট বা কেঁচো জাতীয় প্রাণী, কিন্তু সাপও বটে। শয়তান সাপের রূপ ধরে নন্দনকাননে হবাকে প্রলুব্ধ করেছিল, তাই তাকে এভাবে উল্লেখ করার প্রচলন।

যার অভিমুখে পৃথিবীর প্রতিটি অংশের টান: আরিস্ততেলেস বলে গেছিলেন, সব ভারি বস্তু বিশ্ব তথা পৃথিবীর কেন্দ্রের দিকে পড়তে থাকে (সে যুগে পৃথিবীকেই বিশ্বের কেন্দ্রে অবস্থিত বলে ভাবা হত), আর সব হালকা বস্তু উপরে চাঁদের দিকে ভেসে ওঠে। বলা বাহুল্য, আধুনিক মাধ্যাকর্ষণতত্ত্বের সঙ্গে এই ধারণার কোনও সাদৃশ্য নেই।

বলি হয়েছিল সেই মানুষটি: যিশুখ্রিস্টের ক্রুশে মৃত্যুর উল্লেখ। (খ্রিস্ট ঈশ্বরের মানবরূপী অবতার।) বাইবেল (য়েহেজকেল ৫:৫) অনুসারে খ্রিস্টের মৃত্যুস্থল য়েরুশালায়িম পৃথিবীর সব দেশের, অর্থাৎ দান্তের ভূগোলে স্থলময় উত্তর গোলার্ধের, কেন্দ্রে। জলময় দক্ষিণ গোলার্ধে য়েরুশালাইমের বিপরীত বিন্দুতে জেগে উঠছে এক শঙ্কুবৎ পাহাড়, সেটাই শুদ্ধিলোক।

পাপমুক্ত অবস্থায়: খ্রিস্টান ধর্মতত্ত্ব অনুসারে আদম ও হবার পতনের পর থেকে সব মানুষই জন্ম নেয় 'আদি পাপ'-এ কলুষিত হয়ে, একমাত্র দীক্ষাস্নানের দ্বারা তা থেকে সে মুক্ত হয়ে পরিত্রাণ পেতে পারে। সেই জন্যই সদাচারী বিধর্মীরা স্বর্গে প্রবেশ করতে পারে না। কিন্তু ঈশ্বরপুত্র যিশুখ্রিস্ট অবশ্যই এই আদি পাপ থেকে মুক্ত ছিলেন; আর সেটা সম্ভব করার জন্য তাঁর গর্ভধারিণী মারিয়াও জন্ম নিয়েছিলেন তা থেকে মুক্ত হয়ে।

জ্যুদেক্কা: নবম চক্রের শেষ অংশ। ৩২শ সর্গের শীর্ষটীকা দ্রঃ।

এখানে তখন সকাল: আমরা যেমন পুব ও পশ্চিম গোলার্ধের, দান্তে তেমনি উত্তর আর দক্ষিণ গোলার্ধের মধ্যে দিন ও রাতের প্রভেদ ধরছেন: উত্তর আর দক্ষিণ গোলার্ধের সময়ে বারো ঘণ্টার তফাৎ। (এগিয়ে না পিছিয়ে, তা স্পষ্ট বোঝা যায় না।) মনে রাখতে হবে যে তাঁর বিশ্বচিত্র অনুসারে য়েরুশালাইম আর শুদ্ধিপর্বত হচ্ছে পৃথিবীর দুই 'মেরু', অর্থাৎ সময়ের হিসাবটা আমাদের থেকে তত বেশি আলাদা নয়।

***যে স্থলভূমি বিস্তৃত ছিল** ইত্যাদি:* স্বর্গ থেকে শয়তানের পতন হয়েছিল দক্ষিণ গোলার্ধে। তখন ত্রাস ও ঘৃণায় দক্ষিণ গোলার্ধের সব স্থল সরে গেল উত্তর গোলার্ধে, দক্ষিণ গোলার্ধে রইল কেবল জল। কিন্তু শয়তানের পতন যখন পৃথিবীর কেন্দ্রে এসে শেষ হল, সেখানকার মাটি বা পদার্থ একই কারণে ঠেলে সরে এল দক্ষিণ গোলার্ধে, গঠন করল শুদ্ধিপর্বত। যে পথে তা ঠেলে বেরিয়েছিল, সেই সুড়ঙ্গ দিয়ে এখন কবিদ্বয় পৃথিবী ফুঁড়ে দক্ষিণ গোলার্ধে শুদ্ধিলোক-পর্বতের পাদদেশে এসে বার হবেন।

ক্ষুদ্র নদী: লেথে বা বিস্মৃতির নদী: শুদ্ধিপর্বতের চূড়া থেকে নেমে এসেছে, তারপর যে পথ দিয়ে পৃথিবীর কেন্দ্রের পদার্থ ঠেলে দক্ষিণ গোলার্ধে বেরিয়ে এসেছিল, সেই সুড়ঙ্গ ধরে নীচে বয়ে যাচ্ছে। কবিদের যাত্রাপথ তার প্রবাহের উলটো মুখে।

ব্যক্তিনামের নির্ঘণ্ট

(সব পৌরাণিক, ঐতিহাসিক ও কাল্পনিক চরিত্রের নাম, এবং কাল্পনিক পশুর নাম)

গ্রী: গ্রীক; লা: লাতিন; ফ: ফরাসি; জা: জার্মান

যে নামগুলি দান্তের মূল পাঠে নেই, কেবল টীকায় আছে, সেগুলির ইতালীয় রূপ সব সময় অন্তর্ভুক্ত হয়নি।

এই বইয়ে ব্যবহৃত বাংলা নাম	**ইতালীয় নাম**	**মূল ভাষায় আদি রূপ (যদি ভিন্ন হয়)**	**ইংরেজি নাম (যদি ভিন্ন হয়)**
অত্তাভিয়ানো দেল্যি উবালদিনি	Ottaviano degli Ubaldini		
অবশালোম	Absalone	হিব্রু	Absalom
অর্ফেউস	Orfeo	Orpheus (গ্রী)	
অহীথোফল	Achitofel	হিব্রু	Achitophel
আইয়েতেস		Aietes (গ্রী)	
আউগুস্তুস কায়সার	Augusto Cesare	Augustus Caesar (লা)	
আখিল্লেউস	Achille	Akhilleus (গ্রী)	Achilles
আগামেমনোন		Agamemnon (গ্রী)	
আগিনোলফো	Aghinolfo		
আঙ্খিসেস	Anchise	Ankhises (গ্রী)	Anchises
আব্রাহাম	Abraàm	হিব্রু	Abraham
আঞ্জোলেল্লো দা কালিনিয়ানো	Angiolello da Calignano		

এই বইয়ে ব্যবহৃত বাংলা নাম	ইতালীয় নাম	মূল ভাষায় আদি রূপ (যদি ভিন্ন হয়)	ইংরেজি নাম (যদি ভিন্ন হয়)
আৎসোলিনো	Azzolino		
আত্তিলা	Attila		
আত্রপস	Atropòs	Atropos (গ্রী)	
আথামাস	Atamante	Athamas (গ্রী)	
আথেনা		Athena (গ্রী)	
আদম	Adamo	হিব্রু	Adam
আনসেলমো	Anselmo		
আনসেলমুচ্চ্যো	Anselmuccio		
আনাক্সাগরাস	Anassagora	Anaxagoras (গ্রী)	
আনাস্তাসিউস	Anastasio	Anastasius (লা)	
আন্তাইয়স	Anteo	Antaios (গ্রী)	Antaeus
আন্তেনোর		Antenor (গ্রী)	
আন্দ্রেয়া দে’ মৎসি	Andrea de' Mozzi		
আন্নাস		Annas (হিব্রু)	
আন্যিয়েল্লো দেই ব্রুনেল্লেস্কি	Agnello dei Brunelleschi		
আমফিয়ারায়স	Anfiarao	Amphiaraos (গ্রী)	Amphiaraus
আয়েনেয়াস	Enëa	Aeneas (লা)	
আরাখনে	Aragne	Arachne (গ্রী)	
আরিয়াদনে	Arianna	Ariadne (গ্রী)	
আরিস্ততেলেস	Aristotele	Aristoteles (গ্রী)	Aristotle
আরুন্স	Aronta	Arruns (লা)	
আরেথূসা		Arethusa (গ্রী)	
আর্থার	Artú		Arthur

এই বইয়ে ব্যবহৃত বাংলা নাম	ইতালীয় নাম	মূল ভাষায় আদি রূপ (যদি ভিন্ন হয়)	ইংরেজি নাম (যদি ভিন্ন হয়)
আর্‌রিগো	Arrigo		
আলবেরো	Albero / Alberto		
আলিকিনো	Alichino		
আলার্দ দ্য ভালেরি	Alardo	Alard de Valéry (ফ)	
আলেক্তো	Aletto	Alekto (গ্রী)	Alecto
আলেক্সান্দ্রস	Alessandro	Alexandros (গ্রী)	Alexander
আলেস্‌সান্দ্রো দেল্যি আলবের্তি	Alessandro degli Alberti		
আলেস্‌সিও ইন্তের্মিনেই	Alessio Interminei		
আলবের্তো দি কাসালোদি	Alberto di Casalodi		
আসদেন্তে	Asdente		
ইকারস	Icaro	Ikaros (গ্রী)	Icarus
ইনো	Ino	Ino (গ্রী)	
ইফিগেনেইয়া		Iphigeneia (গ্রী)	Iphigenia
ইব্‌ন রুশ্‌দ	Averoìs	Ibn Rusd (আ)	Averroes
ইব্‌ন সিনা	Avicenna	Ibn Sina (আ)	
ইলীশা	Eliseo	হিব্রু	Elisha
ইস্রায়েল	Israèl	হিব্রু	
ইস্যুল্‌ত		Iseult (ফ)	
উগোচ্চ্যোনে	Ugoccione		
উগোলিনো দেল্লা গেরার্দেস্কা	Ugolino della Gherardesca		

এই বইয়ে ব্যবহৃত বাংলা নাম	ইতালীয় নাম	মূল ভাষায় আদি রূপ (যদি ভিন্ন হয়)	ইংরেজি নাম (যদি ভিন্ন হয়)
উলীস্‌সেস	Ulisse	Ulysses (লা), Odysseus (গ্রী)	
এউক্লেইদেস	Euclide	Eukleides (গ্রী)	Euclid
এউরিয়ালুস	Eurialo	Euryalus (লা)	
এউরীপীলস	Eurìpilo	Eurypylos (গ্রী)	Eurypylus
এতেয়ক্লেস	Eteòcle	Eteokles (গ্রী)	Eteocles
এপিকূরস	Epicuro	Epikouros (গ্রী)	Epicurus
এফিয়ালতেস	Fialte	Ephialtes (গ্রী)	
এম্পেদক্লেস	Empedoclès	Empedokles (গ্রী)	Empedocles
এরিখথো	Eritón	Erichtho (গ্রী)	
এরিনীয়েস	Erine	Erinyes (গ্রী)	Furies
এলিয়	Elia	হিব্রু	Elijah
এলেকত্রা	Elletra	Elektra (গ্রী)	Electra
ওইদিপূস		Oidipous (গ্রী)	Oedipus
ওতস		Otos (গ্রী)	
ওবিৎসো	Obizzo		
ওব্রিয়াকি	Obriachi		
ওভিদিউস (পুবলিউস ওভিদিউস নাসো)	Ovidio	Publius Ovidius Naso (লা)	Ovid
কনরাদিন	Corradino	Konradin (জা)	
কনস্তান্তিনুস	Costantino	Constantinus (লা)	Constantine
কাইন	Caino	হিব্রু	Cain
কর্নেলিয়া	Corniglia	Cornelia (লা)	
কাইয়াফাস	Caifa	হিব্রু	Caiaphas

এই বইয়ে ব্যবহৃত বাংলা নাম	ইতালীয় নাম	মূল ভাষায় আদি রূপ (যদি ভিন্ন হয়)	ইংরেজি নাম (যদি ভিন্ন হয়)
কাকুস	Caco	Cacus (লা)	
কাচ্চ্যা দাশিয়ানো	Caccia d'Asciano		
কাতালোনা দে’মালভোলতি	Catalona de' Malvolti		
কাতো (মার্কুস পোর্কিউস কাতো)	Caton	Marcus Porcius Cato (লা)	Cato
কাদমস	Cadmo	Kadmos (গ্রী)	Cadmus
কান গ্রান্দে দেল্লা স্কালা	Can Grande della Scala		
কান্যিয়াৎসো	Cagnazzo		
কাপানেউস	Capaneo	Kapaneus (গ্রী)	Capaneus
কাপোক্কিও	Capocchio		
কাভালকান্তে দেই কাভালকান্তি	Cavalcante dei Cavalcanti		
কামিচিওন দে’ পাৎসি	Camiciono de' Pazzi		
কামিল্লা	Cammilla	Camilla (লা)	
কায়েলেস্তিনুস (পোপ)	Celestino	Caelestinus (লা)	Celestine
কাতিলিনা		Catilina (লা)	Catiline
কার্লিনো দে’ পাৎসি	Carlino De' Pazzi		
কাল্কাব্রিনা	Calcabrina		
কালখাস	Calcanta	Kalkhas (গ্রী)	Calchas

এই বইয়ে ব্যবহৃত বাংলা নাম	ইতালীয় নাম	মূল ভাষায় আদি রূপ (যদি ভিন্ন হয়)	ইংরেজি নাম (যদি ভিন্ন হয়)
কাস্‌সিউস (গাইউস কাস্‌সিউস লঙ্গিনুস)	Cassio	Gaius Cassius Longinus (লা)	
কির্কে	Circe	Kirke (গ্রী)	
কুরিও (গাইউস স্ক্রিবোনিউস কুরিও)	Curïo	Gaius Scribonius Curio (লা)	
কেন্তাউরস (নরাশ্ব)	Centauro	Centauros (গ্রী)	Centaur
কেরবেরস	Cerbero	Kerberos (গ্রী)	Cerberus
কেরেস		Keres (গ্রী)	Ceres
কেলেস্তিনুস	Celestino	Celestinus (লা)	Celestine
কোপেরনিকুস (নিকোলাউস কোপেরনিকুস)		Nikolaus Copernikus (জা)	
ক্লেওপাত্রা	Cleopatra	Kleopatra (গ্রী)	
ক্লেমেন্স (পঞ্চম, পোপ)	Clemente	Clemens (লা)	Clement
খারোন	Caronte	Kharon (গ্রী)	Charon
খেইরোন	Chiron	Kheiron (গ্রী)	Chiron
গাদ্দো	Gaddo		
গানলোঁ	Ganellone	Ganelon (ফ)	
গালহোত	Galeotto	Galehaut (ফ)	Galleot
গালেনস	Galïeno	Galenos (গ্রী)	Galen

এই বইয়ে ব্যবহৃত বাংলা নাম	ইতালীয় নাম	মূল ভাষায় আদি রূপ (যদি ভিন্ন হয়)	ইংরেজি নাম (যদি ভিন্ন হয়)
গিসোলা	Ghisola		
গুইদি	Guidi		
গুইদো কাভালকান্তি	Guido Cavalcanti		
গুইদো গুয়েরর‍া	Guido Guerra		
গুইদো নভেল্লো ভেক্কিও দা পলেন্তা	Guido Novello Vecchio da Polenta		
গুইদো দা মন্তেফেলত্রো	Guido da Montefeltro		
গুইদো দেল কাস্‌সেরো	Guido del Cassero		
গুইদো বনাত্তি	Guido Bonatti		
গুইনেভেয়ের		Guinevere (ফ)	
গুল্যিয়েলমো বর্সিয়েরে	Guglielmo Borsiere		
গুয়ালদ্রাদা	Gualdrada		
গুয়ালান্দি	Gualandi		
গেরীওন	Gerïon	Geryon (গ্রী)	
গ্রাফ্‌ফিয়াকানে	Graffiacane		
গ্রিফ্‌ফোলিনো	Griffolino		
চিরিয়াত্তো	Ciriatto		
চ্যাক্কো	Ciacco		
চ্যানফা দেই দোনাতি	Cianfa dei Donati		
চ্যাম্পোলো	Ciampolo		

এই বইয়ে ব্যবহৃত বাংলা নাম	ইতালীয় নাম	মূল ভাষায় আদি রূপ (যদি ভিন্ন হয়)	ইংরেজি নাম (যদি ভিন্ন হয়)
জিতা	Zita		
জেউস	Zeus	Zeus (গ্রী)	
জেনোন	Zenone	Zenon (গ্রী)	Zeno
জেম্মা	Gemma		
জেরি দেল বেল্লো	Geri del Bello		
জ্যানফিলিয়াৎসি	Gianfigliazzi		
জ্যান্নি দে' সলদানিয়ের	Gianni dei Soldanier		
জ্যান্নি শিক্কি	Gianni Schicchi		
জ্যোভান্নি বুইয়ামন্তে দেই বেক্কি	Giovanni Buiamonte dei Becchi		
জ্যোভান্নি বোকাচ্চ্যো	Giovanni Boccaccio		
তম্মাসো দাকুইনো	Tommaso d'Aquino		Thomas Aquinas
তলেমাইয়স (ক্লাউদিয়স তলেমাইয়স)	Tolomeo	Klaudios Ptolemaios (গ্রী)	Ptolemy
তারকুইনুস সুপের্বুস	Tarquino	Tarquinus Superbus (লা)	
তিতান	Titan	Titan (গ্রী)	
তিতীয়স	Tizio	Tityos (গ্রী)	Tityus
তীফাওন	Tifo	Typhaon (গ্রী)	Typhon
তুর্নুস	Turno	Turnus (লা)	

এই বইয়ে ব্যবহৃত বাংলা নাম	ইতালীয় নাম	মূল ভাষায় আদি রূপ (যদি ভিন্ন হয়)	ইংরেজি নাম (যদি ভিন্ন হয়)
তুল্লিউস (মার্কুস তুল্লিউস কিকেরো)	Tullio	Marcus Tullius Cicero (লা)	
তিসিফোনে	Tesifone	Tisiphone (গ্রী)	
তীদেউস	Tideo	Tydeus (গ্রী)	
তেইরেসিয়াস	Tiresia	Teiresias (গ্রী)	Tiresias
তেওবালদো	Tebaldo	Teobaldo (হি)	Theobald
তেগ্‌গিয়াইও আলদোব্রান্দি	Tegghiaio Aldobrandi		
তেবালদেল্লো	Tebaldello		
তেসাউরো দেই বেক্কারিয়া	Tesauro dei Beccarìa		
ত্রিস্তান	Tristano	Tristan (ফ)	
থাইস	Taidè	Thais (গ্রী)	
থালেস	Tale	Thales (গ্রী)	
থেসেউস	Teseo	Theseus (গ্রী)	
থোয়াস		Thoas (গ্রী)	
দাইদালস	Dedalo	Daidalos (গ্রী)	Daedalus
দামিয়াতা	Dammiata	Dumyat (আ)	Damietta
দায়ূদ	David	হিব্রু	David
দিয়গেনেস	Diogenès	Diogenes (গ্রী)	
দিদো	Dido	Dido (লা)	
দিয়নীসস	Dioniso	Dionysos (গ্রী)	Dionysus
দিয়নীসিয়স	Dionisio	Dionysios (গ্রী)	Dionysius
দিয়মেদেস	Dïomede	Diomedes (গ্রী)	
দিয়স্কুরিদেস	Dïoscoride	Dioskourides (গ্রী)	Dioscorides

এই বইয়ে ব্যবহৃত বাংলা নাম	ইতালীয় নাম	মূল ভাষায় আদি রূপ (যদি ভিন্ন হয়)	ইংরেজি নাম (যদি ভিন্ন হয়)
দিয়ানা		Diana (লা)	
দিস, দিতে	Dite	Dis (লা)	
দেইয়ানেইরা	Deianira	Deianeira (গ্রী)	Deianira
দেমক্রিতস	Democrito	Demokritos (গ্রী)	Democritus
দেমেতের		Demeter (গ্রী)	
দ্রাগিনিয়াৎসো	Draghignazzo		
নাপোলেওনে দেল্যি আলবের্তি	Napoleone degli Alberti		
নার্কিস্‌সস	Narcisso	Narkissos (গ্রী)	Narcissus
নিকোলাউস (পোপ)	Niccolò	Nicolaus (লা)	Nicholas
নিক্কোলো দেই সালেম্বেনি	Niccolò dei Salembeni		
নিনস	Nino	Ninos (গ্রী)	Ninus
নিনো দেই ভিস্কন্তি	Nino dei Visconti		
নিম্রোদ	Nembrotto	হিব্রু	Nimrod
নিসুস	Niso	Nisus (লা)	
নেপতুনুস	Nettuno	Neptunus (লা)	Neptune
নেস্‌সস	Nesso	Nessos (গ্রী)	Nessus
নোহ	Noè	হিব্রু	Noah
পতিফার	Putifarre	হিব্রু	
পম্পেইউস		Gnaeus Pompeius (লা)	Pompey
পসেইদোন		Poseidon (গ্রী)	
পলীক্সেনে	Polissena	Polyxene (গ্রী)	Polyxena

এই বইয়ে ব্যবহৃত বাংলা নাম	ইতালীয় নাম	মূল ভাষায় আদি রূপ (যদি ভিন্ন হয়)	ইংরেজি নাম (যদি ভিন্ন হয়)
পলীদোরস	Polidoro	Polydoros (গ্রী)	Polydorus
পলীনেইকেস		Polyneikes (গ্রী)	Polynices
পাউলস	Paolo	Paulos	Paul
পারিস (ত্রইয়ার রাজপুত্র)	Parìs	Paris (গ্রী)	Paris
পার্কায়ে	Parche	Parcae (লা)	
পাল্লাস		Pallas (গ্রী)	
পাসিফায়ে	Pasife	Pasiphae (গ্রী)	
পিতর	Pietro	Petros (গ্রী), Petrus (লা)	Peter
পিনামোন্তে দেই বুওনাক্কোর্সি	Pinamonte dei Buonaccorsi		
পিয়েরো দা মেদিচিনা	Piero da Medicina		
পিয়েরো দেল্লে ভিন্যে	Piero delle Vigne		
পীর্‌রস	Pirro	Pyrros (গ্রী)	Pyrrhus
পুচ্চ্যো দেই গালিগাই	Puccio dei Galigai		
পেনেলোপে	Penelope	Penelope (গ্রী)	
পেন্থেসিলেইয়া	Pantasilea	Penthesileia (গ্রী)	Penthesilea
পেরসেফনে	Proserpina	Persephone (গ্রী), Proserpina (লা)	
পেলেউস	Peleo	Peleus (গ্রী)	
প্রিয়ামস		Priamos (গ্রী)	Priam
প্লাতোন	Platone	Platon (গ্রী)	Plato

এই বইয়ে ব্যবহৃত বাংলা নাম	ইতালীয় নাম	মূল ভাষায় আদি রূপ (যদি ভিন্ন হয়)	ইংরেজি নাম (যদি ভিন্ন হয়)
প্লূতোন	Plutone	Plouton (গ্রী)	Pluto
প্লূতস		Ploutos (গ্রী)	Plutus
ফকাচ্চ্যা	Focaccia		
ফরতুনা	Fortuna	Fortuna (লা)	Fortune
ফরিসি	Farisei		Pharisee
ফলকো পর্তিনারি	Folco Portinar	হিব্রু	
ফলস	Folo	Pholos (গ্রী)	Pholus
ফায়েথোন	Fetón	Phaethon (গ্রী)	
ফার্ফারেল্লো	Farfarello		
ফারিনাতা দেল্যি উবের্তি	Farinata degli Uberti		
ফিলীপ (ফ্রান্সের রাজা)	Felipe	Philippe (ফ)	
ফিলিপ্পো আর্জেন্তি	Filippo Argenti		
ফেদেরিকো (সম্রাট)	Federico		Frederick
ফোতেইনস	Fotin	Photeinos (গ্রী)	Photinus
ফ্রা আলবেরিগো	Fra Alberigo		
ফ্রা দলচিনো	Fra Dolcino		
ফ্রাঞ্চেস্কা	Francesca		Frances
ফ্রা গমিতা	Fra Gomita		
ফ্রাঞ্চেস্কো গুয়ের্চ্যো দেই কাভালকান্তি	Francesco Guercio dei Cavalcanti		
ফ্রাঞ্চেস্কো পেত্রার্কা	Francesco Petrarca		Petrarch

এই বইয়ে ব্যবহৃত বাংলা নাম	ইতালীয় নাম	মূল ভাষায় আদি রূপ (যদি ভিন্ন হয়)	ইংরেজি নাম (যদি ভিন্ন হয়)
ফ্লেগীয়াস	Flegïas	Phlegyas (গ্রী)	
বক্কা দেল্যি আবাতি	Bocca degli Abati		
বনিফাতিউস (পোপ)	Bonifazio	Bonifatius (লা)	Boniface
বাক্কিল্যিওনে	Bacchiglione		
বাক্‌খস	Baco	Bakkhos (গ্রী)	Bacchus
বার্তোলোমেও দেই ফল্কাক্কিয়েরি	Bartolomeo dei Folcacchieri		
বার্বারিচ্চ্যা	Barbariccia		
বুওসো দা দুয়েরা	Buoso da Duera		
বুওসো দেল্যি আবাতি	Buoso degli Abati		
বুওসো দোনাতি	Buoso Donati		
বেয়াত্রিচে	Beatrice		
বের্ত্রান দ্য বোর্ন	Bertram dal Bornio	Bertran de Born (ফ)	
ব্রাংকা দোরিয়া	Branca d'Oria		
ব্রিয়ারেওস	Brïareo	Briareos (গ্রী)	Briareus
ব্রুতুস: লুকিউস য়ুনিউস ব্রুতুস, মার্কুস য়ুনিউস ব্রুতুস	Bruto	Brutus (লা): Lucius Unius Brutus, Marcus Junius Brutus	
ব্রুনেত্তো লাতিনি	Brunetto Latini		
ভান্নি ফুচ্চি	Vanni Fucci		
ভুল্কানুস	Vulcano	Vulcanus (লা)	Vulcan

এই বইয়ে ব্যবহৃত বাংলা নাম	ইতালীয় নাম	মূল ভাষায় আদি রূপ (যদি ভিন্ন হয়)	ইংরেজি নাম (যদি ভিন্ন হয়)
ভিতালিয়ানো দেল দেন্তে	Vitaliano del Dente		
ভেনেদিকো কাচ্চ্যানেমিকো	Venedico Caccianemico		
ভের্গিলিউস (পুবলিউস ভের্গিলিউস মারো)	Virgilio	Publius Vergilius Maro (লা)	Virgil
মইরাই		Moirai (গ্রী)	Fates
মন্তান্যিয়া দেই পার্চিতাতি	Montagna dei Parcitati		
মরোয়েল্লো মালাস্পিনা	Moroëllo Malaspina		
মর্ড্রেড	Mordrèc		Mordred
মস্কা	Mosca		
মাইকেল স্কট	Michele Scotto		Michael Scott
মাইনার্দো পাগানো	Mainardo Pagano		
মাথ্থিয়াস	Mattia	Matthias (গ্রী)	
মানফ্রেদ	Manfredo		Manfred
মান্তো	Manto	Manto (গ্রী)	
মারিয়া	Maria	হিব্রু; Maria (লা)	Mary
মার্কিয়া	Marzïa	Marcia (লা)	
মালাকোদা	Malacoda		
মালাতেস্তা	Malatesta		
মালাতেস্তিনো	Malatestino		
মালেব্রাঙ্কে	Malebranche		

এই বইয়ে ব্যবহৃত বাংলা নাম	ইতালীয় নাম	মূল ভাষায় আদি রূপ (যদি ভিন্ন হয়)	ইংরেজি নাম (যদি ভিন্ন হয়)
মিকেলে ৎসাংকে	Michele Zanche		
মিনোতাউরস	Minotauro	Minotauros (গ্রী)	Minotaur
মিনোস	Minòs	Minos (গ্রী)	
মীর্‌রা	Mirra	Myrra (গ্রী)	Myrrha
মেগাইরা	Megera	Megaira (গ্রী)	Megaera
মেদেইয়া	Medea	Medeia (গ্রী)	
মেদূসা	Medusa	Medousa (গ্রী)	
মেনেলাওস	Menelao	Menelaos (গ্রী)	Menelaus
মেনালিপ্পস	Menalippo	Menalippos (গ্রী)	Menalippus
মোরোয়েল্লো	Moroello		
মালাস্পিনা	Malaspina		
মোশি	Moisè	হিব্রু	Moses
য়াকোপো রুস্তিকুচ্চি	Iacopo Rusticucci		
য়েফথ		হিব্রু	Japhet
য়াসোন	lasòn	lason (গ্রী)	Jason
যিহূদা ইস্কারিওথ	Giuda	হিব্রু; loudas Iskarioth (গ্রী)	Judas Iscariot
য়ুনো		Iuno (লা)	luno
য়ুপ্পিতের		Iuppiter (লা)	Jupiter
য়ুলিউস কায়সার	Iulio Cesare	Julius Caesar (লা)	
য়ুলিয়া	Julia	Julia (লা)	
রবেয়র জিস্কার	Ruberto Guiscardo	Robert Guiscard (ফ)	
রাহেল	Rachele	হিব্রু	Rachel

এই বইয়ে ব্যবহৃত বাংলা নাম	ইতালীয় নাম	মূল ভাষায় আদি রূপ (যদি ভিন্ন হয়)	ইংরেজি নাম (যদি ভিন্ন হয়)
রিনালদো দেল্যি স্ক্রোভেন্যিই	Rinaldo Scrovegni		
রুজ্জিয়েরি দেল্যি উবালদিনি	Ruggieri degli Ubaldini		
রুবিকান্তে	Rubicante		
রুস্তিকুচ্চি	Rusticucci		
রেয়া	Rea	Rea (গ্রী)	Rhea
রোলাঁ	Orlando	Roland (ফ)	
লানফ্রাঙ্কি	Lanfranchi		
লান্সলত	Lancialotto	Lancelot (ফ)	
লাভিনিয়া	Lavina	Lavinia (লা)	
লামোনে	Lamone		
লিনস	Lino	Linos (গ্রী)	Linus
লিবিকোক্কো	Libicocco		
লিভিউস	Livio	Titus Livius (লা)	Livy
লুকানুস (মার্কুস আন্নায়েউস লুকানুস)	Lucano	Marcus Annaeus Lucanus	Lucan
লুকিফের	Lucifero	Lucifer (লা)	
লুকিয়া	Lucia	Lucia (লা)	Lucy
লুক্রেতিয়া	Lucrezia	Lucretia (লা)	Lucrece
লোদেরিংগো দি লান্দোলো	Loderingo di Landolo		
শার্ল (আঁজুর)	Carlo	Charles (d'Anjou) (ফ)	
শার্লমান	Carlo Magno	Charlemagne (ফ)	

এই বইয়ে ব্যবহৃত বাংলা নাম	ইতালীয় নাম	মূল ভাষায় আদি রূপ (যদি ভিন্ন হয়)	ইংরেজি নাম (যদি ভিন্ন হয়)
শিমোন	Simon		
শেম		হিব্রু	Shem
সাকেত্তি	Sacchetti		
সাতুর্নুস	Saturno	Saturnus (লা)	Saturn
সালাউদ্দিন	Saladino	Salah-ad-din (আ)	Saladin
সাস্‌সোল মাস্কেরোনি	Sassol Mascheroni		
সিলভেস্তের (পোপ)	Silvestro	Sylvester (লা)	
সিসমোন্দি	Sismondi		
সীকাইউস	Sicheo	Sychaeus (লা)	
সেনেকা (লুকিউস আন্নায়েউস সেনেকা)	Seneca	Lucius Annaeus Seneca (লা)	
সেমিরামিস	Semiramis	Semiramis (গ্রী)	
সেমেলে	Semelè	Semele (গ্রী)	
সোক্রাতেস	Socrate	Sokrates (গ্রী)	Socrates
স্ত্রিক্কা দেই সালেম্বেনি	Stricca dei Salembeni		
হবা	Èva	হিব্রু	Eve
হমেরস	Omero	Homeros (গ্রী)	Homer
হান্নিবাল	Annibàl	Hannibal (লা)	
হাম		হিব্রু	Ham
হার্পীইয়া	Arpìa	Harpyia (গ্রী)	Harpy
হিপ্পোক্রাতেস	Ipocráte	Hippokrates (গ্রী)	Hippocrates
হীপসিপীলে	Isifile	Hypsipyle (গ্রী)	

এই বইয়ে ব্যবহৃত বাংলা নাম	ইতালীয় নাম	মূল ভাষায় আদি রূপ (যদি ভিন্ন হয়)	ইংরেজি নাম (যদি ভিন্ন হয়)
হেকাতে		Hekate (গ্রী)	Hecate
হেক্তোর	Ettòr	Hektor (গ্রী)	Hector
হেফাইস্তস		Hephaistos (গ্রী)	Hephaestus
হেবল	Abèl	হিব্রু	Abel
হেরা		Hera (গ্রী)	
হেরাক্লেইতস	Eraclito	Herakleitos	Heraclitus
হেরাক্লেস	Ercole	Herakles (গ্রী)	Hercules
হেলিয়স		Helios (গ্রী)	
হেলেনে	Elena	Helene (গ্রী)	Helen
হোরাতিউস (কুইন্তুস হোরাতিউস ফ্লাক্কুস)	Orazio	Quintus Horatius Flaccus (লা)	Horace

স্থাননামের নির্ঘন্ট

(সব বাস্তব ও কাল্পনিক স্থাননাম অন্তর্ভুক্ত হয়েছে। প্রসঙ্গ অনুসারে প্রাচীন, মধ্যযুগীয় বা আধুনিক নাম ব্যবহার করা হয়েছে।)

গ্রী: গ্রীক; লা: লাতিন; আ: আরবি; ফ: ফরাসি; হি: হিস্পানি; জা: জার্মান

এই বইয়ে ব্যবহৃত বাংলা নাম	দান্তের ব্যবহৃত ইতালীয় রূপ	মূল ভাষায় আদি রূপ (যদি ভিন্ন হয়)	ইংরেজিতে প্রচলিত রূপ (যদি ভিন্ন হয়)
অঁঝু		Anjou (ফ)	
আইগিনা	Egina	Aigina (গ্রী)	Aegina
আউলিস	Aulide	Aulis (গ্রী)	Aulis
আক্কা	Acri	Akka (আ)	Acre
আক্কুয়াকেতা	Acquacheta		
আখেরোন	Acheronte	Akheron (গ্রী)	Acheron
আথেনাই	Atene	Athenai (গ্রী)	Athens
আদিচে	Adice		Adige
আন্তেনোরা		Antenora	
আপেন্নিনো	Apennino		Apennines
আভেন্তিনো	Aventino		
আরেৎসো	Arezzo		
আরেথূসা	Aretusa	Arethousa (গ্রী)	Arethusa
আর্নো	Arno		
আর্ল		Arles (ফ)	
আলপি	Alpi (Alpe)		Alps
আলবেরো	Albero/Alberto		

এই বইয়ে ব্যবহৃত বাংলা নাম	দান্তের ব্যবহৃত ইতালীয় রূপ	মূল ভাষায় আদি রূপ (যদি ভিন্ন হয়)	ইংরেজিতে প্রচলিত রূপ (যদি ভিন্ন হয়)
ইদা	Ida	Ida (গ্রী)	
ইমোলা	Imola		
উইসান্ট	Guizzante	Wissant (ডাচ)	
উর্বিনো	Urbino		
এৎনা	Etna		
এম্পীরেয়ুস	Empireo	Empyreus	Empyrea
এস্তে	Este		
ওতফোর	Altaforte	Hautefort (ফ)	
ওস্‌সা		Ossa (গ্রী)	
কর্নেতো	Corneto		
কলখিস	Colchi	Kolkhis (গ্রী)	Colchis
কলোন্না	Colonna		
কাইনা	Caina		
কাইয়েতা	Gaeta	Kaieta (গ্রী)	
কাওর	Caorsa	Cahors (ফ)	
কাত্তোলিকা	La Cattolica		
কান্নায়	Cannae		
কাপ্রাইয়া	Capraia		
কাপ্রোনা	Caprona		
কামনিকা	(Val) Camonica		
কাম্পালদিনো	Campaldino		
কার্থাজ	Cartagine	Carthago (লা)	Carthage
কার্নারো	Carnaro		
কার্‌রারা	Carrara		
কাসেন্তিনো	Cascentino		

এই বইয়ে ব্যবহৃত বাংলা নাম	দান্তের ব্যবহৃত ইতালীয় রূপ	মূল ভাষায় আদি রূপ (যদি ভিন্ন হয়)	ইংরেজিতে প্রচলিত রূপ (যদি ভিন্ন হয়)
কাস্তেল্লো সান্ত'আঞ্জেলো	Castello Sant'Angelo		
কিয়ারেন্তানা	Chiarentana		
কীপ্রস	Cipri	Kypros (গ্রী)	Cyprus
কোকীতস	Cocito	Kokytos (গ্রী)	Cocytus
ক্রেতে	Creta	Krete (গ্রী)	Crete
ক্লুনি	Clugni	Cluny (ফ)	
খারীবদিস	Cariddi	Kharybdis (গ্রী)	Charybdis
গর্গোনা	Gorgona		
গাভিল্লে	Gaville		
গারিসেন্দা	Garisenda		
গার্দিংগো	Gardingo		
গাল্লুরা	Gallura		
গভের্নোলো	Governolo		
চেচিনা	Cecina		
চেপেরানো	Ceperano		
চের্ভিয়া	Cervia		
চেসেনা	Cesena		
জিতা	Zita		
জেনোভা	Genova		
জ্যুদেক্কা	Giudecca		
ডন	Tanai	রুশ	Don
তলোমেয়া	Tolomea		
তস্কানা (প্রদেশ)	Toscana		Tuscany

এই বইয়ে ব্যবহৃত বাংলা নাম	দান্তের ব্যবহৃত ইতালীয় রূপ	মূল ভাষায় আদি রূপ (যদি ভিন্ন হয়)	ইংরেজিতে প্রচলিত রূপ (যদি ভিন্ন হয়)
তাম্বেরনিক	Tambernicchi, Tambura		
তালিয়াকোৎসো	Tagliacozzo		
তিরোল	Tirolo	Tirol (জা)	Tyrol
তেভেরে	Tevere	Tiberis (লা)	Tiber
ত্রেন্তো	Trento		Trent
ত্রইয়া	Troia	Troia (গ্রী)	Troy
থেবাই	Tebe	Thebai (গ্রী)	Thebes
থ্রাকে		Thrake (গ্রী)	Thrace
দানিয়ুব	Danoia		Danube
নর্মাদি		Normandie (ফ)	Normandy
নাভার্‌রা	Navarra	Navarra (হি)	Navarre
নোভারা	Novara		
পাদোভা	Padova		Padua
পালেস্ত্রিনা/ পেনেস্ত্রিনো	Palestrina/ Penestrino		
পিয়ান্ত্রাভিন্যে	Piantravigne		
পিয়েত্রাপানা	Pietrapana		
পিরিনেওস, পিরেন		Pirineos (হি), Pyrénées (ফ)	Pyrenees
পিসা	Pisa		
পিস্তোইয়া	Pistoia		
পুল্যিয়া	Puglia		
পেলিয়ন		Pelion (গ্রী)	
পেস্কিয়েরা	Peschiera		
পোলা	Pola		

এই বইয়ে ব্যবহৃত বাংলা নাম	দান্তের ব্যবহৃত ইতালীয় রূপ	মূল ভাষায় আদি রূপ (যদি ভিন্ন হয়)	ইংরেজিতে প্রচলিত রূপ (যদি ভিন্ন হয়)
পোলেন্তা	Polenta		
প্রভাঁস		Provence (ফ)	
ফর্লি	Forlì		
ফানো	Fano		
ফায়েন্‌ৎসা	Faenza		
ফিরেন্‌ৎসে	Firenze		Florence
ফিয়েসোলে	Fiesole		
ফুমাইওলো	Fumaiolo		
ফ্লেগেথোন	Flegetonta	Phlegethon (গ্রী)	
ফ্লেগ্রা	Flegra	Phlegra (গ্রী)	
বলোন্যিয়া	Bologna		
বাক্কিল্যিওনে	Bacchiglione		
বুলিকামে	Bulicame		
বেনেভেন্তো	Benevento		
ব্রান্দা	Branda		
ব্রুজ	Bruggia	Bruges (ফ)	
ব্রেন্তা	Brenta		
ব্রেশ্যা	Brescia		
ভাতিকানো	Vaticano		Vatican
ভাল দি কিয়ানা	Val di Chiana		
ভাল দি মাগ্রা	Val di Magra		
ভালদার্নো	Valdarno		
ভিচেন্‌ৎসা	Vicenza		
ভেনেৎসিয়া	Venezia		Venice
ভেরচেল্লি	Vercelli		

এই বইয়ে ব্যবহৃত বাংলা নাম	দান্তের ব্যবহৃত ইতালীয় রূপ	মূল ভাষায় আদি রূপ (যদি ভিন্ন হয়)	ইংরেজিতে প্রচলিত রূপ (যদি ভিন্ন হয়)
ভেরুক্কিয়ো	Verucchio		
ভেরোনা	Verona		
মনজিবেল্লো	Mongibello		
মন্তে জ্যোর্দানো	Monte Giordano		
মন্তে দি সান জ্যুলিয়ানো	Monte di San Giuliano		
মন্তেরেজ্জ্যোনে	Montereggione		
মন্তোনে	Montone		
মাইয়র্কা	Maiolica	Majorca, Mallorca (হি)	Majorca
মান্তোভা	Mantova		Mantua
মারকাবো	Marcabò		
মিঞ্চিও	Mincio		
মেস্‌সিনা	Messina		
য়েরিহো		হিব্রু	Jericho
য়েরুশালায়িম		হিব্রু	Jerusalem
য়েহোশাফাত	Iosafat	হিব্রু	Jehosaphat
রমান্যিয়া	Romagna		
রমেনা	Romena		
রঁসভাল	Roncisvalle	Ronceval, Roncesvalles (ফ)	
রাভেন্না	Ravenna		
রিমিনি	Rimini		
রেনো	Reno		
লগুদোরো	Logudoro, Logodoro		

এই বইয়ে ব্যবহৃত বাংলা নাম	দান্তের ব্যবহৃত ইতালীয় রূপ	মূল ভাষায় আদি রূপ (যদি ভিন্ন হয়)	ইংরেজিতে প্রচলিত রূপ (যদি ভিন্ন হয়)
লম্বার্দিয়া	Lombardia		Lombardy
লামোনে	Lamone		
লুক্কা	Lucca		
লেথে	Letè	Lethe (গ্রী)	
লেমনস	Lenno	Lemnos (গ্রী)	
সদোম	Soddoma	হিব্রু	Sodom
সান বেনেদেত্তো	San Benedetto		
সান জ্যোভান্নি (গির্জা)	San Giovanni		St John's
সান পিয়েত্রো (গির্জা)	San Pietro		St Peter's
সান্তের্নো	Santerno		
সাভিও	Savio		
সাভেনা	Savena		
সার্দিন্যিয়া	Sardigna, Sardegna		Sardinia
সিচিলিয়া	Sicilia		
সিয়েনা	Siena		
সেউতা	Setta	Ceuta (হি)	
সেভিল্লা	Sobilia	Sevilla (হি)	Seville
সোরাক্তে	Siratti, Soratte	Soracte (লা)	
স্তীক্স	Stige	styx (গ্রী)	

অন্যান্য নামের নির্ঘণ্ট

গ্রী: গ্রীক

এই বইয়ে ব্যবহৃত বাংলা নাম	দান্তের ব্যবহৃত ইতালীয় রূপ	মূল ভাষায় আদি রূপ (যদি ভিন্ন হয়)	ইংরেজিতে প্রচলিত রূপ (যদি ভিন্ন হয়)
গিবেল্লিনো	Ghibellino (বহুবচনে Ghibellini)		Ghibelline
গুয়েলফো	Guelfo (বহুবচনে Guelfi)		Guelph
জ্যোভেদি সান্তো	Giovedi Santo		Good Friday
তস্কানো (ভাষা)	Toscano		Tuscan
দমেনিকা দি পাস্কুয়া	Domenica di Pasqua		Easter Sunday
পাল্লাদিওন	Palladio	Palladion (গ্রী)	Palladium
ফ্লেমিঙ্গীয়	Fiamminghi		Fleming
ভেনেরদি সান্তো	Venerdi Santo		Good Friday
সানহেদ্রিন	Sinedrio	(হিব্রু)	Sanhedrin

বাইবেলের পুস্তক বা অংশের নাম

এই বইয়ে ব্যবহৃত বাংলা নাম	ইতালীয় রূপ	ইংরেজিতে প্রচলিত রূপ
আদিবিধান	Vecchio Testamento	Old Testament
নববিধান	Nuovo Testamento	New Testament
উপ-বাইবেল	Vangeli Apocrifi	Apocrypha
....		
আদিপুস্তক	Genesi	Genesis
উদ্ঘাটনপুস্তক	Apocalisse	Revelation
গীতসংহিতা	Salmi	Psalms
বংশাবলি	Cronache	Chronicles
মাক্কাবাই	Maccabei	Maccabees
য়িশাইয়	Isaia	Isaiah
য়েহেজকেল	Ezechiele	Ezekiel
যাত্রাপুস্তক	Esodo	Exodus
যিরমিয়	Geremia	Jeremiah
যোহন	Vangelo Giovanni	John
যোহন, ১ম পত্র	Epistolo primo di Giovanni	First Epistle of John
রাজাবলি	Libro dei Re	Kings
শমুয়েল	Samuele	Samuel
শিষ্যচরিত	Atti degli Apostoli	Acts of the Apostles